JN117155

ニューレクチャー

労働法

［第3版］

有田謙司
唐津　博
古川陽二
［編著］

成文堂

第３版はしがき

新型コロナウィルス（COVID-19）のパンデミックである。世界各国の社会と経済は大混乱に陥り、日本でも、人々の日常生活は大きな制約を受け、経済情勢は悪化の一途を辿っている。社会経済の支柱である雇用労働の現場に目を転じると、企業活動の萎縮、停止（休業）、破綻は、リーマンショック時と同様に、まず、非正規雇用労働者の雇用を奪い、次いで正規雇用労働者を雇用不安（労働条件の劣化、希望退職募集等の雇用調整、解雇）に陥れ、パンデミック終息の時期も見通せないなか、この窮状を克服する有効な手立て（施策）が講じられないまま推移している。この激変期において、雇用労働のあり方を整序する法ルールとしての労働法は、何をなしうるのか、どのような役割を果たすことができるのか、あらためてその存在意義が問われている。

本書は、労働法ルールの基本的内容を解説する講義用テキストであるので、第３版では、第２版（2016年）以降の新たな労働立法（2018年のいわゆる「働き方改革関連法」等）、裁判例の動向を踏まえて、章立てを一部変更し、より簡明な形で、労働法の特徴と全体像を理解できるように改訂した。また、執筆者に新たに若手研究者に加わっていただき、執筆分担の変更も行っている。なお、本書は講義用テキストとして編集しているので、本文中の基本書等の参照、巻末の参考文献一覧を省いた。

現在、多くの大学では、コロナ禍のために対面授業（講義）に代えて、オンラインによる遠隔授業を実施しているが、社会の激変期にこそ確認すべき労働法ルールを正確に理解するために、本書が役立つことができれば幸いである。

最後に、今回の改訂についても、コロナ禍による大きな制約のなかでお世話をいただき、ご面倒をおかけした成文堂編集部の篠崎さんに感謝の意を表します。

2020年８月　　　　編　者　一　同

第２版はしがき

政権交代は政策転換をもたらす。労働党と保守党が交互に政権を担当してきたイギリスにおいて、政権が交代するたびに労働法制が大きな変転を重ねてきたことは広く知られていることであろう。2009年、連合の組織的支援のもとに政権交代を果たした民主党が、1990年代以降進展してきた労働法分野の規制緩和政策にブレーキをかけ、新たな法規制の導入等によって、規制緩和策から規制強化策に転じたのは、不思議なことではなかった。しかし、本書初版刊行後の2012年12月、稚拙な政権運営に終始した民主党は、世論の支持を失い、自民党に政権の座を明け渡すに至る。現在の自公連立・安倍政権は、再度、規制改革を標榜して、矢継ぎ早の労働立法改正に突き進み、再び、時代の基調は規制緩和に移った。

本書は、初版刊行後のこのような政治社会の激しい変化を背景とする労働立法、裁判例の新たな動向をフォローして、最新の法律情報を盛り込んだ。少子高齢化の一層の進行、増加一方のいわゆる非正規雇用と正規雇用との処遇格差の拡大、長時間労働による過労死・過労自死問題の閉塞状況、さまざまな形のハラスメントの蔓延等、現代の雇用社会は、日本社会それ自体の持続可能性をも危惧させる諸懸案を抱えて、重大かつ深刻な状況にある。

われわれは、このような時代状況を直視したうえで、労働法の意義とその基本的な考え方をあらためて確認し、労働法ルールの内容を正確に整理、習得し、それぞれの立場で、あるべき雇用社会のあり方について考え、論じなければならない。そのために本書が活用され、いくらかでも役に立つことができれば幸いである。

2016年３月

編　　者

はしがき

この教科書は、イギリス労働法研究会に参加しているメンバーにより執筆された最初の教科書である。とはいえ、この教科書の主たる読者となるはずの学生とっては、イギリス労働法研究会というのはどういう人間の集まりだ、ということにもなりかねないので少し説明をしておくこととしよう。イギリス労働法研究会は、1997年にブレア政権が登場して以降、イギリス労働法は、伝統的な集団的レッセフェールとも、それを批判して登場したサッチャリズムと呼ばれる新自由主義的な労働政策とも異なる、労働者としての人間の尊厳の確保と市場の効率性との適切な調整を目指した新たな理論的試みである「第三の道」労働政策を分析・検討して、これからの我が国における労働法の理論的枠組みを探ることを目的とした共同研究グループである。この研究グループは、文部科学省科学研究費補助金を得て2005年から研究に着手し、ヒュー・コリンズの著作である『イギリス雇用法』（成文堂・2008年）や『イギリス労働法の新展開』（成文堂・2010年）などの研究成果を公表したが、研究会を進めるなかで、せっかく集まった共同研究のメンバーで教科書を作り、今後の研究の足がかりにしてはどうか、という話に展開するのも自然の成り行きであった。

それが2008年夏のことであったが、その９月にはリーマン・ブラザーズの経営破綻に端を発した世界的大不況が進展するなかで、リーマン・ショック以前にわが国で「規制緩和なければ成長なし」の大号令の下に進められた労働市場の規制緩和策は、不安定雇用の拡大、そして「ワーキング・プア」や「格差社会」などの病理現象を創出するものであったことが広く認識されるに至った。この規制緩和の病理現象は、今日、労働法とは何であり、何であったのか、そして雇用労働に対する規制の理論体系としての労働法はどうあるべきか、を改めて問い直させている。

もちろん、これからの雇用労働に対する労働法的規制の在り方がどうあるべきか、その理論的枠組みや組み立て方についての研究会メンバーの考え方はさまざまであるが、本書は、今後、雇用社会の一員となっていくことになる学生を主に念頭に置いて、雇用社会のなかで普通の労働者がその自由と平等を保障され、人たるに値する生活を送るためにどのような労働法的規制がなされているのか、そして労働紛争に遭遇したときにはどのような紛争処理機関にアクセスすることができるのか、を基本的な内容としている点では共通している。ぜひ、授業でもってそのベイシクスを受け取っていただきたい。また、編者としては、学生以外の多くのサラリーマンの方々にも読んでいただくことを願っているし、特に労働紛争を抱えている方々にとって役に立てていただくことを願っている。さらに労働法は企業活動においても遵守されるべき行為規範をなしていることを考えると、労働関係の実務に携わる方々にも読まれ、実務に役立つことを願っている。そのうえで、多くの方々のご批判をいただき、版を重ねることができれば、編者にとっては望外の喜びである。

なお、本書は、前述したような成立経緯から、執筆者メンバーが研究代表者（有田謙司）および研究分担者（石田眞、石橋洋、唐津博、古川陽二）として交付を受けている、平成23年度科学研究費補助金基盤研究（B）（課題番号22330022）の研究成果の一部となっていることを記しておきたい。

最後になるが、本書の企画の段階から支援していただき、編集を担当していただいた篠崎氏には、謝意を表したい。

2012年 5 月　　　　編者を代表して

石　橋　　洋

初版第２刷発行にあたって

近年、労働法の領域では、法改正が相次いでおり、これを正確にフォローすることはきわめて重要なことである。しかし、今回の増刷にあたっては、全面的な改訂は後日に譲り、本書を講義用として利用する場合に最低限必要な限りで、本文を修正し、誤植等を訂正するにとどめた。

なお、本書刊行後の重要な判例や法改正等の主要な動向については、成文堂のホームページに補遺として掲載するので、それを参照していただきたい。

編　者

略　語　表

1　法令名

主な法令等の略称は以下の通りである。その他の法令は、有斐閣『六法全書（令和２年版）』の法令名略語に依拠した。

労契　労働契約法（平成19年法律128号）
労契法施行通達　労働契約法の施行について（平成20年１月23日基発0123004号）
労基　労働基準法（昭和22年法律49号）
労基則　労働基準法施行規則（昭和22年厚生省令23号）
雇均　雇用の分野における男女の均等な機会及び待遇の確保等に関する法律（昭和47年法律113号）
短時有期　短時間労働者及び有期労働者の雇用管理の改善等に関する法律（平成５年法律76号）
育介　育児休業、介護休業等育児又は家族介護を行う労働者の福祉に関する法律（平成３年法律76号）
最賃　最低賃金法（昭和34年法律137号）
労安衛　労働安全衛生法（昭和47年法律57号）
労災　労働者災害補償保険法（昭和22年法律50号）
労派遣　労働者派遣事業の適正な運営の確保及び派遣労働者の保護等に関する法律（昭和60年法律88号）
労審　労働審判法（平成16年法律45号）
労組　労働組合法（昭和24年法律174号）
労調　労働関係調整法（昭和21年法律25号）
雇保　雇用保険法（昭和49年法律116号）
労働施策推進　労働施策の総合的な推進並びに労働者の雇用の安定及び職業生活の充実等に関する法律（昭和41年法律132号）
職安　職業安定法（昭和22年法律141号）
高年　高年齢者等の雇用の安定等に関する法律（昭和46年法律68号）
憲　日本国憲法（昭和21年11月３日）
民　民法（明治29年法律89号）

2　判例関係

最大判（決）	最高裁判所大法廷判決（決定）
最一小判（決）	最高裁判所第一小法廷判決（決定）
高判（決）	高等裁判所判決（決定）
地判（決）	地方裁判所（決定）
民集	最高裁判所民事判例集
刑集	最高裁判所刑事判例集
労民集	労働関係民事裁判例集
集民	最高裁判所裁判集民事
命令集	不当労働行為事件命令集（中央労働委員会）
労判	労働判例
判時	判例時報
判タ	判例タイムズ
労経速	労働経済判例速報
労旬	労働法律旬報

目　　次

第２編　雇用関係法

第１章　雇用関係法の当事者

第２章　労働契約

第7章　有期雇用・パートタイム労働と派遣労働

第3編　労使関係法

第1章　労働基本権の保障

第2章　労使関係法の当事者

第3章　労働組合

第4章　団体交渉

第5章　労働協約

第6章　団体行動

第7章　不当労働行為

第4編 雇用・就労保障法

第1章 雇用・就労保障法の意義と当事者

第2章 雇用保障法

第１編
総　　説

第１章
労働法とは何か

第１節　労働法の歴史

1　第二次大戦前

18世紀のイギリスの産業革命の後、欧米諸国において資本主義経済体制が選択され、進展したが、この経済体制の人的基盤である労働者は資本家・経営者（使用者）の専断的な管理・抑圧のもと、悲惨な労働環境に置かれ続けた。このような社会的背景のもと、労働者は自らの生存をかけて、当初は自然発生的に、後には組織的に、使用者に抵抗、対抗する労働運動が展開されるに至る。この労働運動が労働法の生みの親（母体）である。

日本では、アジア諸国を植民地化する欧米列強に対抗もしくは伍すべく殖産興業を国是とした明治政府（1868年明治維新）のもとで、資本主義経済体制に移行し、その整備が進められたが、欧米諸国と同様に、過酷な労働環境に抵抗する労働運動が勃興、高揚した。

資本主義経済社会の法秩序は、私有財産制と経済活動の自由の保障を基本的骨格とする。すなわち、その法原則は契約自由の原則である。したがって、労働者と使用者は、法的には、自由で対等な人格として、双方の自由意思により労働関係が展開することになる。ところが、現実の社会経済環境のもとでは、労働者と使用者との間に契約自由の原則は妥当しない。社会的、経済的に圧倒的弱者の立場にある労働者の生存をかけた労働運動は、この資本主義経済社会の法原則への異議申立であった。資本主義経済の進展に歩調を合わせるように、労働運動が高揚、激化すると、生産体制の維持・確保のみならず、社会の平穏、社会体制の安定化を図る社会改良主義的な思潮が広まり、やがて、自由な法的関係であるはずの労働関係への国家の法的介入が始まる。

日本では、明治期末、イギリス等の西欧諸国で導入、整備されつつあった労働者保護立法に倣って、工場法（1911年制定、1916年施行）が制定され、第二次世界大戦前の時期、さらには戦中期に、様々な労働者保護立法が用意されるに至った。しかし、労働立法の本格的な展開は、第二次大戦後の日本国憲法（1946年11月3日制定、1947年5月3日施行）を待たねばならなかった（ただし、旧労働組合法は、憲法に先立って、1945年8月15日ポツダム宣言受諾の公示（敗戦）から間もない同年12月22日に制定（1946年3月1日施行）されたことに留意すべきであろう。戦前期の1931年、労働組合法案は、帝国議会の衆議院を通過（貴族院で審議未了廃案）していたのである）。

2　第二次大戦後

1952年、サンフランシスコ講和条約（1951年）の発効により、日本が国家としての独立を回復するまでの時期に、GHQ（アメリカを主体とする連合国総司令部）の政治的監視・統制のもとに、現行労働法の制度的骨格が形成された。その特徴は、①憲法に労働立法を基礎づける基本的権利（憲法25条、同27条、同28条等）が保障されていること、②この基本権保障に基づいて、労働基準法、労働者災害補償保険法等の個別的な労働契約関係を規律する立法、労組法等の集団的な労働関係（労使関係）を対象とする立法、そして職業安定法、失業保険法等の入職・離職に係る労働力の需給調整を図る立法が整備されたこと、③大戦後の労働運動の高揚、激化を抑止するために、当時の労働運動を主導した公務員労働者の労働関係を、民間労働者の労働関係とは切り離し、公務員労働者の労働基本権保障を制約（団結権・団体交渉権を制限し、争議権を剥奪）する公務員労働法制を編成したことである。

その後、1960年代からの高度経済成長の時期を経て、日本経済は大きな発展を遂げたが、1973年のオイルショック以降、低成長期に入り、バブル景気を挟んで、長期低迷期に陥り、2000年代から、デフレが進行し、これが克服されないまま、経済の停滞が続いた。このように、日本の社会経済状況は激しく変動してきたが、これに対応して、労働立法も大きく変化してきた。

特に、1980年代以降、労働市場への女性の大量参入、有期の非正規雇用（年功的処遇に定年制を組み込んだ、長期雇用を予定する期間の定めのない雇用に対比する用語）としてのパートタイム労働者の急増、いわゆる人材ビジネスへの労働需要の高まり、ホワイトカラーの労働時間管理の柔軟化への要請等、雇用就業形態の多様化を背景として、男女雇用機会均等法（1985年）、労働者派遣法（1985年）、育児休業法（1991年）、パートタイム労働法（1993年）等、相次いで新たな法律が制定され、1987年には、労働時間規制を大きく転換する労基法改正（週48時間制から40時間制へ移行、労働時間規制の弾力化、裁量労働制の導入等）も行われた。近年では、とくに育児、介護に対する法的保護を求める社会的要請の高まり、社会の急速な高齢化への対応として、育児・介護休業法（1995年）、高年齢者雇用安定法（1971年）は、改正が重ねられてきている（前者については、2004年改正、2009年改正、後者については1986年改正、2004年改正、2012年改正）。

他方、集団的労働関係の基本法である労組法については、つとにその機能不全（労働組合の推定組織率は1949年の50％超を頂点として下降を続け、2019年現在、僅か16.2％にすぎない）が指摘されながらも、抜本的な改正がなされていない。

なお、公務員関係では、三公社（日本専売公社、日本電信電話公社、日本国有鉄道）が相次いで民営化され（1985年日本たばこ産業（JT）、1985年 NTT グループ、1987年 JR グループ）、その後、郵便事業も民営化（2007年 JP）されるに至って、公務員法制の全般的改革への機運が高まったが、その後、この動きは頓挫している。

3　近年の動き
—法政策としての規制緩和と「働き方改革」の意味するもの—

1980年代以降の立法は、雇用社会の構造変化に対応して、景気の変動に応じた労働力調整に資するパートタイム労働者、派遣労働者等の有期契約・非正規雇用を、企業が積極的に活用する途を拡げるものであったが、1990年代には、経済界から、雇用・労働分野の規制緩和（政府レベルでは、市場競争の促進と市場経済の活性化を図る規制改革の一環として位置づけられる）への強い要望が出され、派遣労働に対する規制緩和政策（対象業務の全面自由化）が進められた。その背景には、世界市場の一元化（1989年のベルリンの壁崩壊から東欧諸国の民主化運動が進み、1991年のソビエト連邦の解体を経て、社会主義経済体制の東欧諸国、ロシアが市場経済体制に移行）、経済のグローバル化に伴う、企業の国際間競争の激化があった。

1995年、日経連（現在の日本経団連）は、雇用を①長期蓄積能力活用型、②高度専門能力活用型、③雇用柔軟型の３タイプに分け、無期雇用である①を企業活動の中核としつつ、②、③の有期雇用の積極的活用を提言し、その後、有期雇用の活用は急速に進み、その後、その割合は、雇用労働者の３分の１を超えるまで増加した。

しかし、2008年９月のアメリカの大手證券会社リーマン・ブラザーズの経営破綻に端を発した「100年に一度」とも言われる世界的大不況が日本にも波及し、日本を代表する大企業における有期雇用労働者の大量失職が社会的関心を呼んだ（マス・メディアでは、「派遣切り」のネーミングで大々的に報道された）。これは、雇用機会の拡大、就業形態の多様化として、その積極面が喧伝された非正規雇用の伸展が、不安定雇用の拡大に過ぎなかったことを、広く社会に知らしめるものであった。そして、この時期、「ワーキング・プア」や、「格差社会」も、規制緩和がもたらした社会的病理現象であるとの認識が、広く共有されるに至る。

このような社会経済状況を背景として、2009年、労働組合のナショナルセンターである連合（日本労働組合総連合会）の支持・支援のもと、民主党が自民党に代わって政権の座に就き、規制緩和政策に対して、労働者保護の観点からの規制強化の雇用政策を採った（例えば、派遣労働に対する規制等）。ところが、民主党は、稚拙な政権運営によって、急速に世論の支持を失い、僅か３年後の2012年、自民党の安倍政権の再登板を招いてしまう。

安倍政権（自民党と公明党の連立政権）は、民主党の雇用労働政策を反転させて、経済界・産業界の意向を受けて、改めて雇用分野における規制緩和政策を推し進め、2015年、労働者派遣法の法的性格を転換させる法改正に成功すると、「働き方改革」を掲げて、2018年、労基法の労働時間制度の改正、非正規雇用の制度改編等の一連の法改正を実現させた。

近年の一連の法改正、例えば、男女雇用機会均等法、育児介護休業法、パートタイム労働法、高年齢者雇用安定法の度重なる改正は、企業・使用者の雇用管理に対する規制強化の側面を有するので、雇用政策の展開は、必ずしも規制緩和一辺倒ではなく、規制再編成として把握することもできよう。2018年に成立した「働き方改革関連法」（労基法との８本の法改正を一括）では、正規・非正規の処遇格差を対象として、均等・均衡処遇ルールの明確化を標榜する労働契約法等の改正が行われたこともこのような見方を裏付けるかもしれない。しかし、労基法の改正は、常態化した長時間労働の是正のための時間外労働の上限規制の導入等と併せて、多様で柔軟な働き方の実現を名目とした、労働時間規制の新たな適用除外形態である特定高度専門業務・成果労働制（高度プロフェッショナル制度）の創設をその内容とするものであり、規制強化と規制緩和がいわば抱き合わせの形になっている。

「働き方改革」は、政府の説明によれば、少子高齢化、労働力人口の急減に対応するために、子育て支援を強化すると同時に、消費・投資の拡大、労働生産性の向上を通じて日本経済を強化し、「成長と分配の好循環メカニズム」を創り出すことを目的としている。しかし、その実質は新たな「生産性向上運動」であると喝破されているように、この政治スローガンの眼目は、企業活動の促進、活性化にある。職場を蝕む多くの労働問題（例えば、過労死・過労自殺に至る長時間労働、正規・非正規雇用の処遇格差、恒常化するハラスメント等）の深刻化、ブラック企業問題に典型的な雇用の著しい劣化は、雇用社会を柱とする日本社会の持続可能性をも危殆に陥らせるものである。「働き方改革」は、この現実に対して適切かつ有効に対応しうる雇用政策たりうるのであろうか。われわれは、労働法の生成、発展の歴史を踏まえて、「働き方改革」に欠落しているものが何であるのか、熟考する必要がある。

第2節　労働法の目的と体系

1　労働法の意義と目的

現代の商品交換社会において、労働契約の締結は、労働者にとっては、「賃金」（対価）と引き換えに自らの「労働」を売ることであり、この売買に係る社会経済的関係を「労働市場」と呼ぶ。この意味で、「労働」は「労働市場」における「商品」である。ただし、「労働」は、労働者の身体・人格と切り離せない「商品」である。したがって、この「商品」は、その売り手である労働者の身体・人格が適正に保証・尊重されることによってはじめて、「商品」としての価値を維持できる。この「商品」は、労働過程（「商品」の使用過程）における扱い方次第では、棄損（労働者の身体・人格の損傷）さらには破壊（死）のリスクを内包している。「商品」の扱い（労働者の処遇）に、ことさらの配慮が要求される所以である。また、この「商品」の価値は、労働者の自発的意思により（自己啓発）、あるいは外部からの刺激（教育訓練）によって、高まる可能性がある。「商品」としての「労働」は、自律的意思の働き、あるいは他律的働きかけによって、その質の向上を期待できるのである。

労働市場における「商品」としての「労働」は、それが「賃金」の対価であるという意味で、労働者の社会的評価の対象となるが、労働者は、その「商品」としての価値だけでは語ることのできない社会的存在である。すなわち、労働者は「労働」の売買によって雇用労働関係の下にある（使用者に対して、いわば従属的関係が展開される）と同時に、日本の政治システム（憲法体制）の下では主権者であり、経済システム（自由主義的経済社会）の下では財・サービスの利用者すなわち消費者であり、社会共同体システム（地域社会・家族）の下では地域住民、家族の一員（親、兄弟、子、配偶者等）でもある。労働者は、複合的社会システムのもとで、いわば多層的な生活空間を保持する社会的存在なのである。労働者をこのような意味における社会的存在としてトータルに把握することが、「労働市場」を論じる場合の前提でなければならない。1944年ILO（国際労働機関）がフィラデルフィア宣言に於いて確認した、「労働は商品ではない」の現代的な含意は、ここにある。

そうすると、近年、しばしば強調される「労働市場」の効率化、円滑化の議論には、労働者のこのような社会的実在を前提とする、雇用社会の安定、雇用社会を包摂する社会全体の持続可能性の確保という視点を組み込む必要がある。社会的実在としての労働者の自由と人格・人権保障、生活の安定があってはじめて、社会の安定が保持され、社会の活力とその持続可能性が展望できるからである。したがって、雇用労働関係を規律する「労働法」は、このような観点から、「労働市場」をコントロールする規範的枠組（憲法を頂点とする規範の体系としての労使間の権利カタログの整序）として把握・理解すべきものとなる。

すなわち、「労働法」の目的は、労使間の適正な権利バランスを図ることによって、雇用社会の安定と機能的、効率的な雇用システムを維持・確保することであり、これを実現するために、労働者の多層的な生活空間の基礎となる自由と人格・人権保障が要請されることになる。この意味で、「労働法」は「社会的公正さ」（労使だけでなく一般社会の納得性を担保しうるだけの公正さ）を体現するものでなければならない。

2　労働法の規制対象と体系

従来、労働法は、労使の個別的な労働契約関係を対象とする個別的労働関係法（労基法、男女雇用機会均等法等）と、労働組合と使用者間の集団的な労使関係を対象とする集団的労働関係法（労組法等）、そして雇用・労働関係への入り口（入職）と出口（離職）を規律する労働政策・雇用政策を対象とする雇用保障法または労働市場法（職安法、労働施策推進法等）の三領域に分けられ、それぞれについて解釈論的、立法論的検討、理論的体系化が進められてきた。

日本では、雇用労働関係の成立、展開、終了の各場面において、個別労使の労働契約による労働条件設定に対する国家法による規制（憲27条2項）と併せて、労働基本権保障（憲28条）に法的基礎をおく労働者の団結体（労働組合）と使用者による集団的な労働条件設定（労働協約の締結等）を想定している。

すなわち、個々の労働者とは法的に区別される労働組合が、「労働市場」における一方当事者として予定されている。労働組合は、「労働市場」における「労働」の取引・交渉の当事者である個々の労働者の事実上の社会経済的劣位、交渉力格差を克服するための法的権限（労働基本権）を付与されている。このような現行法システムに即して考えれば、このように労働法の規制対象を三分して論じることには十分な意味がある。

したがって、個別的な労働関係を対象とする労基法上の労働者と使用者の定義と、集団的な労使関係を対象とする労組法上の労働者の定義が異なるのは不思議ではない。また、新たな労働立法である労働契約法における労働者、使用者の定義と労基法上のそれらとの異同も、当然に議論の対象となる。規制対象が同一でも、労働立法には、それぞれ固有の法目的を認めることができるからである。

さらに、労働立法が想定している雇用労働関係とは異なり、労働契約以外の契約形式による属人的就労関係（例えば、委任もしくは請負的性格の業務委託契約による労務の供給とその受領）についても、それが実際上、典型的な雇用労働関係と同質的な問題を抱えている場合には、労働法の適用対象である「労働者」、「使用者」概念の拡張解釈、類推解釈問題として論じるだけではなく、労働法の意義・目的に則した「社会的公正さ」の観点から、当該就労関係の特性に即した法的ルールの定立（法的規制の論理と内容の確定）が試みられるべきことは言うまでもない。

3　労働法の体系と憲法規範

労働法は、個別的労働関係と集団的労働関係、そしてこれを対象とする労働政策・雇用政策が形成・展開される「労働市場」を、「社会的公正さ」の観点から規律する規範的枠組（憲法を頂点とする規範の体系としての労使間の権利カタログの整序）である。ここでは、個別的労働関係、集団的労働関係、そして労働政策・雇用政策を規律する法ルールを、それぞれ雇用関係法、労使関係法、そして雇用保障法と呼び、これらと憲法規範がどのような関係にあるのか素描する。

まず、雇用関係法は、労働条件（憲法条文では勤労条件）の基準の法定を定める憲27条２項に基礎づけられる。

私人間で形成・展開される雇用関係の法的基礎は労働契約であり、法的関係を特徴づける理念は私的自治（契約自治）である。すなわち、憲22条１項は職業選択の自由（一般に、営業の自由を含むと解されている）を、憲29条は財産権の不可侵を保障しており、これが自由主義的経済社会を基礎づけ、契約自由の原則が導かれる（なお、2018年改正民法により、「契約自由の原則」（民521条）が明文化された）。

しかし、憲25条が国民の生存権（健康で文化的な最低限度の生活を営む権利）の享受を宣言し、憲13条が個人としての尊重（人格権、幸福追求権の保障）を謳っていることから明らかなように、憲22条、憲29条によって保障される契約自由の原則は、憲13条、憲25条と衝突する可能性を孕むことになる。憲27条２項は、このような憲法規範の枠組のもとで、契約自由の原則を制約すること（私的関係である雇用関係への国家による法的介入・干渉）を正当化するものにほかならない。したがって、雇用関係法ルールの定立（立法的規制）、解釈（司法的規制）、運用（行政的規制、自治的規制）にさいしては、相互に対立的、抑制的に働くこれらの憲法上の原則、権利保障を、どのように調整して、その適正なバランスを図るかという点を常に考慮することが要請されている。

次に、労使関係法は、労働者（条文上は勤労者）に団結権、団体交渉権、団体行動権（組合活動権と争議権）の労働三権（労働基本権）を保障する憲28条に基礎を置く。

労使関係法の規制対象は、労働組合等の労働者団体・組織と使用者との法的対抗関係であるが、その法ルールは、労使自治の尊重を基礎に置く。すなわち、契約自治に対する国家の法的介入・規制としての労基法による労働条件の設定（雇用関係法ルール）をベースにしたうえで、労使の自主的・自治的な労働条件交渉による集団的な労働条件の形成（決定・変更）が、想定されている。

ただし、今日に至るまで、労働組合の推定組織率は低下の一途を辿り、集団的な労使自治による労働条件形成の法モデルは、雇用労働者の一部についてのみ妥当するに過ぎない。すなわち、労働組合制度に依拠した労使関係法制は空洞化していると言わざるを得ない。したがって、労使関係法については、現行の労働組合制度との整合性に配慮しつつ、ドイツ、フランスが採用している従業員代表制度の導入の現実的可能性、あるいは一般的に普及している労使協議の制度化等の議論を深め、その再編成に取り組む必要がある。

最後に、雇用保障法は、国民（条文上は勤労者の文言は使用されていないので、勤労者・労働者に限定されないことになる）に勤労の権利（労働法上は労働権に相当する権利）を保障する憲27条1項に基礎を置く（なお、同法は、勤労権と併せて勤労の義務を謳うが、国に対して労働する義務を負担することを意味するものではない。憲18条は、「意に反する苦役」（強制労働）を禁止している。）。

雇用保障法の規制対象は、主として国の行政作用（行政権の行使）として策定、展開される労働政策・雇用政策であるが、この法ルールは、労働権保障、具体的には、労働者の雇用機会の確保と雇用の安定を図るための適正な施策展開として意義づけられる。したがって、雇用社会を包摂する社会一般の安定と持続可能性を担保できる、あるべき雇用社会についての明確なビジョンとポリシーの確立がその前提となる。雇用保障法には、時々の行政府（政権）の政策判断に大きく左右される行政施策に対して、人権・基本権の体系である憲法規範を基礎におく規範的枠組を定立することが要請されている。

第２章 労働条件形成の基本的制度

第１節　労働条件形成（決定・変更）の法システム

賃金、労働時間等の労働条件の形成（決定・変更）について、現行法は、最低基準の法定（憲27条２項）と、この水準を超える労働条件交渉に係る労使（労働組合と使用者）の自主的交渉＝労使自治の保障（憲28条）という法システムを採用している。すなわち、法定労働条件を規定する基本法たる労働基準法（労基法）は、労働条件が「労働者が人たるに値する生活を営むための必要を充たすべきもの」であり、法定基準は「最低のものである」から、労使はその「向上をはかるように努めなければならない」と宣言する（労基１条）。憲25条の「健康で文化的な最低限度の生活を営む権利」（生存権）を労働関係において保障するために個別労使の契約自治（私的自治）を制約し（強行法規による労働条件基準の強制）、併せて、憲28条の労働基本権保障のもとで、労使が自主的に法定基準を上回る労働条件交渉を行うこと（労使自治）を促しているのである。

また、労基法は、労働条件は、労使が「対等の立場において決定すべきもの」とし（労基２条１項）、労組法は、労使交渉において「対等の立場に立つことを促進することにより労働者の地位を向上させること」を、法目的として掲げた（労組１条）。すなわち、労使の労働条件交渉における労使対等決定の原則が宣言されている。この労使対等決定原則のもとで、集団的、自治的な労使交渉による労働条件形成（決定・変更）が想定されているのである。

なお、労基法は、労使は「労働協約、就業規則及び労働契約を遵守し、誠実に各々その義務を履行しなければならない」（労基２条２項）と規定している。これは、労働関係が、労働協約、就業規則そして労働契約によって規律されることを前提としている。労働協約が労働組合と使用者との間の集団的な合意（団体的契約）であり、労働契約が個別労使間の合意（労契1条は、労働契約における合意原則を宣言する）であるので、それらの誠実な義務履行は当然のことである。しかし、労使の合意によるのではなく、使用者が原則として一方的に作成することができる労働条件文書である就業規則についても、同様に誠実履行義務が謳われているのは不思議である。この点は、就業規則の法的性質、法的効力をどのように解すべきか、という問題に関わっている（後述）。

このほか、労基法等において制度化されている、事業場労働者の過半数代表（過半数労働者代表）と使用者との間で締結される事業場協定（労使協定）、労使双方から構成される労使委員会の決議、さらに労働慣行（労使慣行）が、労働条件の形成（決定・変更）において一定の機能を果たす。また、個々の労働紛争における裁判所の判断（裁判例、判例法理）、不当労働行為紛争における労働委員会の判断（労委命令）、さらに、労働立法の施行、運用等に係る政府（行政当局）が策定する指針、行政通達は、法実務上ならびに企業実務上、重要な役割を果たしている。

第2節　労働条件形成（決定・変更）のツール

1　労働契約

雇用（契約）は、民法上は、契約当事者（労働者）の一方が「労働に従事する」ことを約し、相手方（使用者）がこれに対して報酬を与えることを約する契約（民623条）であり、諾成・不要式の双務契約である。民法の典型契約の一類型としての「雇用（契約）」と労働法上の「労働契約」の異同については、学説上、長きにわたり、歴史的、理論的な観点から多彩な議論が展開されてきた。しかし、法実務上ならびに企業実務上は、両者は区別されず、同一の概念として理解され、用いられている。

労働契約法（労契法）は、労働契約が労使の対等な立場における合意に基づいて締結され、変更すべきことを明記した（労契3条）。しかし、労基法は、労使の合意による労働条件であっても、労基法の基準に達しない（下回る）契約は、その部分については無効であり、無効となった部分は労基法の基準によると定めている（労契13条）。これを、労基法の労働契約に対する強行的直律的効力という。労基法基準を下回る部分について、契約自由の原則を否定するのである。

ところが、現実には、労働条件は労働契約によって個別的に決定・変更されるのではなく、使用者が一方的に作成する就業規則、あるいは労働協約によって集団的・画一的に規律されている場合がほとんどであるので、労働関係が個々の契約意思に基づく法的関係であるという意識はかなり希薄である（労働契約の附合契約化）。ただ、近年では、人事雇用管理が、従来一般的であった年功序列型から次第に成果主義・能力主義型へシフトし、労働条件のいわゆる個別化が進んでいるとも云われており、2007年に労契法が制定されたこともあって、労働契約は労働条件形成（決定・変更）において重要な役割を果たすものであるとして、その固有の意義が再確認され、重視されている。

2　労働協約

労働協約は、労働組合と使用者（または使用者団体）との間の労働条件等についての合意文書であり、労使当事者の署名または記名押印によりその効力を生じる（労組14条）。組合員の労働契約は、労働協約の定める労働条件等の待遇に関する基準に「違反」してはならず、違反した部分は無効となり、無効となった部分はその基準による。併せて、労働契約で定めがない部分についても同様となる。これを労働協約の規範的効力という（労組16条）。また、労働協約には、一定の要件のもとに、事業場内・外の組合員以外の労働者の労働条件を規律する効力（一般的拘束力）が与えられている（労組17条・18条）。

近年では、労働組合の推定組織率が下降の一途をたどり、２割にも届かない状況が続いているので、労働条件形成（決定・変更）において労働協約の機能する範囲は限定されている。しかし、労働協約の締結状況は、実際の労働条件の自治的形成のプロセス（労使自治）の現実を示すものであり、またその内容（協約の定める労働条件水準）は、労働立法が定める労条件水準（法定水準）の適正さを評価する考慮要素として重視すべきものである。

3　就業規則

就業規則は、元来、使用者が集団的雇用管理の必要性から、統一的な労働条件や服務規律などを定めた文書（沿革的には、従業員規則、就業規程や社則等と呼ばれていた）である。労基法は、一定規模（労働者数10人以上）の事業場について、使用者に対して、法所定の記載事項について、過半数労働者代表（過半数組織の労組があればその過半数労組、これがなければ民主的に選出された過半数代表者）の意見を聴取したうえで、就業規則を作成し、これを行政庁（所轄労基署長）に届け出、作業場への掲示等によって労働者へ周知することを義務付けている（労基89条・90条・106条）。そして、就業規則は法令、労働協約に反してはならない（労基92条）としたうえで、就業規則の基準に「達しない」労働契約の部分について、就業規則に労基法と同様の強行的・直律的効力を与えている（労基93条、労契12条）。

日本では、戦前の工場法の時代から、就業規則の定めに従って労働関係が成立、展開、終了するのが一般的であったので、就業規則の作成・適用に手続的な法的コントロールを加える（行政的監視）ことによって、労働者の保護（労働条件の適正化）を図るという法政策が採用され、労基法はこれを踏襲した。しかし、労基法には、個別の合意（労働契約）のない就業規則の定めがどのような法的効力を有するのか、また、就業規則の変更によって労働条件が不利益に変更される場合、その変更はどのような法的効力を認められるのかについては、これを解決する手がかりとなる規定がなかったので、学説、判例上、多岐にわたる議論が展開されてきた。

2007年制定の労契法は、就業規則内容の合理性と周知手続きの履践を要件として、就業規則の内容が労働契約の内容となる（労契7条）とし、併せて、周知手続きの履践と不利益変更の合理性を要件として、就業規則に契約内容である労働条件を変更する効力を認めた（労契10条）。この立法は、一般に、判例法理としての最高裁の定型契約論、不利益変更法理（合理性基準論）を明文化したものであるといわれている（後述）。仮に、判例法理の明文化であるとすれば、特に不利益変更法理については、判例法理が抱えている理論的な問題が立法の解釈レベルの課題ともなったことになり、この立法によって、不利益変更紛争における実務的課題（予測可能性の低さ）が解消されたわけではない。就業規則法理は、なお理論的な明晰さを欠いたままである。

４　労使協定（事業場協定）

労使協定（事業場協定）とは、過半数労働者代表と使用者との間で締結される書面協定のことである。労使協定は、当初は、労基法における強行的な労働条件規制を解除もしくは緩和するための手続きとして導入され、その後、労働時間関係規定の再編において活用が進み、育児・介護休業法等の個別的労働関係立法、さらには、雇用保障立法においても活用されている。労使協定の代表例は、労基36条の定める、労働時間の上限規制（１週40時間、１日８時間）、休日規制（週休制）を緩和する書面協定（いわゆる三六協定）である。三六協定の締結、行政庁への届出によって、上限規制を超えた労働（法定時間外労働、いわゆる残業）、休日労働に対して、労基法上の罰則は科せられない。これを、労使協定の免罰的効力（公法的効力）という。しかし、三六協定は、労働者の法定時間外労働義務、休日労働義務を法的に義務付ける（私法的効力）ものではない（後述するように、三六協定とは別に、労働契約、就業規則等に、これを根拠づける定めが必要である）。ただし、労使協定といってもその活用局面は多様であり、一律にその法的効力を論じることはできない。例えば、年休の計画的取得を定める労使協定（計画年休協定、労基39条４項）については、私法的効力を肯定する裁判例がある。

なお、強行法規である労基法自体に、強行的規制を解除もしくは緩和するための労使協定を制度化している点については、規制の柔軟なもしくは弾力的な運用を図るものとして積極的に、あるいは規制の実効性を損ねるものとして消極的に、と相反する評価がなされている。労使協定の労働側当事者である過半数労働者代表について法制度的な整備が不十分であり、そもそも労使協定にどのような労働条件規制権能を認めるべきか否かについて、いまだに共通理解が得られていないことが、その背景にある。

5　労使委員会決議

労基法は、企画業務型の裁量労働制（労基38条の4）、ならびに労働時間規制の新たな適用除外タイプとしての高度プロフェッショナル制度（労基41条の2）の導入にさいして、「賃金、労働時間その他の当該事業場における労働条件に関する事項を調査審議し、事業主に対し当該事項について意見を述べることを目的とする委員会」の決議を求めている。この委員会は、委員の半数が労働者の代表（過半数労働組合、これがない場合には過半数代表者に任期を定めて指名されている）であることから、労使委員会と呼ばれる。

この労使委員会は、法文上、労働条件の調査審議、意見陳述を行う法定組織（機関）ということになっているので、労働組合の組織率が低く、その労働者代表組織としての役割に疑問符がつけられていることもあって、この労使委員会に事業場における従業員代表組織としての役割を期待する議論がある。しかし、その権限、活動のあり方等について、理論的な課題（特に現行法上の労働組合制度との関係等）が十分に検討されないまま、その活用が進められていることは、問題である。そもそも、「労使委員会」は、戦前の「労働委員会」（工場委員会）をモデルとして、労基法に制度化されたものであり、労働者代表・従業員代表制、労働組合制度との関係で、検討すべき多くの論点を抱えていることを失念すべきではなかろう。

第2編
雇用関係法

第 **1** 章
雇用関係法の当事者

第1節　労働者

雇用関係法に含まれる法律は、労基法をはじめとして、その適用対象を労働者としている。最賃法や労安衛法は、その適用対象を労基法上の労働者（労基9条）とするものと明示的に定めている（最賃2条1号、労安衛2条2号）。また、裁判例において形成された労働契約法理についても、労基法を基礎に形成されたものなので、同法と適用対象をほぼ同じくしていると解釈されてきたし、労契法における労働者の定義（労契2条1項）も、「事業又は事務所」という要件を除けば、労基法の労働者と同じである。

それでは、労基法上の労働者とはいかなるものか。労基法は、労働者を、同法の適用事業に「使用される者で、賃金を支払われる者」（労基9条）と定義し、また、賃金を「名称の如何を問わず、労働の対償として使用者が労働者に支払うすべてのもの」（同11条）と定義する。この定義は抽象的であるがゆえに、実際に労務供給者が労働者に該当するかは、より具体的な基準に基づいて判断する必要がある。この点について、労働省（当時）労働基準局に設置された労働基準法研究会が1985年12月に公表した第1部会報告「労働基準法の『労働者』の判断基準について」が、従前の裁判例、学説を整理・分析し、労働者性の具体的判断基準を提示している。それによると、労働者といえるかどうかは、①指揮監督関係の存在と②報酬の労務対償性という2つの基準の総称である「使用従属性」によって判断され、指揮監督関係の存在の具体的判断要素として、（イ）仕事の依頼、業務従事の指示等に対する諾否の有無、（ロ）業務遂行上の指揮監督の有無、（ハ）勤務場所及び勤務時間の拘束性の有無、(二) 労務提供の代替性の有無が挙げられている。また、使用従属性の判断が困難な限界事例においては、①②に加えて、③事業者性の有無（機械・器具の負担関係、報酬の性格)、④専属性の程度、⑤採用の選考過程、使用者の服務規律の適用の有無、給与所得としての源泉徴収の有無、労働保険の適用、服務規律の適用などをも勘案して、総合的に判断されるべきものとされている。また、労働者性は、雇用、請負等の当事者が選択した契約形式にかかわらず、実態に基づいて判断されなければならない。当事者が選択した契約形式を尊重することは、契約締結時における交渉力の格差ゆえに、実際には、使用者側の意図により容易に労働法の適用回避を認めてしまうことになりかねないからである。

その後の裁判例は、概ね同報告書の判断基準を踏まえた諸要素を考慮して判断を行っている。もっとも、労働者性を肯定する要素とそれを否定する要素が混在する場合に、労働者性の判断にとって何が決め手となるのかは明らかでなく、職業類型や個別事案ごとに実質的な判断を行っていくよりほかないので、限界事例においては、その結論の予測がしばしば困難である。裁判例では、傭車運転手（横浜南労基署長（旭紙業）事件・最一小判平８・11・28労判714号14頁)、大工等の一人親方（藤沢労基署長（大工負傷）事件・最一小判平19・６・28労判940号11頁)、映画撮影技師（新宿労基署長（映画撮影技師）事件・東京高判平14・７・11労判832号13頁）などで労働者性が争われたものがある。

労基法上の労働者性が否定されると、労基法のみならず、前記のような労基法上の労働者をその適用対象とする雇用関係法のすべての適用がないものとされる。しかしながら、労働者か事業者かの限界事例に位置する労務供給者は、特定の相手方との間で専属的な関係にあり経済的に依存しているため労働者と同様に保護の必要性があることがしばしばある。そのため、そうした立場にある労務供給者に、一部の雇用関係法の規定を適用ないし類推適用することが考えられる。もっとも、雇用関係法と労使関係法では労働者の範囲が相対的に異なるものとして理解されているものの、雇用関係法の中では、法律ごとや規定ごとに労働者概念を相対的に把握するのではなく、統一的に把握するのが通説的理解である。これを前提とすると、解釈により労働者の範囲を広げると、当該事案の解決としては妥当であると考えられる一部の雇用関係法の規定のみならず、その他の雇用関係法の規定も適用されることになり、必ずしも妥当とはいえない結論が生じうる。また、労基法は使用者によるその遵守を刑罰法規と行政監督を通じて担保しているゆえに、その対象範囲を明確に特定することが要請される。それゆえ、裁判所は、労基法をはじめとする雇用関係法の適用対象を拡張することや類推適用することには慎重であると思われる。これに対して、労契法は、その適用対象を労基法とほぼその定義を同じくする労働者とするが、そうした刑罰法規や罰則を予定していない。このため、解雇権濫用法理（労契16条）をはじめとする同法の規定については、類推適用により労働者以外の労務供給者に適用する余地があろう。

第２節　使用者

1　労働契約上の使用者

労働契約上の使用者は、労働契約上の責任を負う主体であり、労働者が労働契約を締結している直接の相手方である（労契２条、６条参照）。もっとも、労働者が労働契約上の責任を、形式上は労働契約の相手方ではない主体に対して追及しようとすることがある。例えば、①労働者派遣や業務処理請負のようにある企業から他企業に出向いて業務に従事する労働者が派遣先（発注）企業に対して、あるいは、②親子会社の関係にある２つの会社の子会社の方に雇用された労働者が親会社に対して、労働契約上の責任を追及する場合である。

このような責任追及の法律構成は次の２つである。１つは、当該労働者と形式上は労働契約の相手方ではない主体との間での黙示の労働契約の成立を認めるものである。黙示の労働契約が成立するには、当該主体から作業上の指揮命令を受けて労務に従事するという意味での使用従属関係があるというだけでは不十分である（サガテレビ事件・福岡高判昭58・６・７労判410号29頁）。労働契約は、使用者が労働者に賃金を支払い、労働者が使用者に労務を提供することを基本的な要素とするので、賃金の支払の具体的な態様、労務提供の具体的な態様等の事情から、当該主体と当該労働者との間にそのような労働契約関係の基本的要素が認められることが黙示の労働契約の成立には必要である（安田病院事件・最三小判平10・９・８労判745号７頁―成立を肯定、パナソニックプラズマディスプレイ（パスコ）事件・最二小判平21・12・18民集63巻10号2754頁―成立を否定）。

もう１つは、法人格否認の法理であり、当該労働者の労働契約の相手方の法人格の独立性を形式的に貫くことで正義・衡平の理念に反する結果が生じる場合に、その事案に限って法人格の独立性を否定し、その背後にいる主体に対する責任追及を認めるものである。この法理には、法人格の形骸化と法人格の濫用の二類型がある。法人格の形骸化とは、法人とは名ばかりであって会社が実質的に株主の個人企業である状態や、子会社が親会社の営業の一部門にすぎない状態をいい、親会社が子会社を株式の所有や役員派遣等により完全に支配しているだけではこれに当たらず、株主総会や取締役会の不開催、業務の混同、財産や会計の混同など、法人形式無視の諸事情があって認められるものである（黒川建設事件・東京地判平13・７・25労判813号15頁等）。また、法人格の濫用とは、会社の背後の実体が会社を意のままに道具として支配していること（支配の要件）に加え、支配者に「違法または不当の目的」がある場合（目的の要件）をいう。法人格の濫用での支配の要件は、取引上の優越的な立場に基づく事実上の影響力では足りないが（大阪空港事業（関西航業）事件・大阪高判平15・１・30労判845号５頁）、法理の適用場面として形骸化類型とは別個に濫用類型を認める以上、形骸化類型の場合よりは緩やかなものでよいと考えられる。目的の要件を充足する労働事件の典型例は、親会社が労働組合の壊滅等の不当労働行為目的で子会社を解散する場合である（船井電機・徳島船井電機事件・徳島地判昭50・７・23労判232号24頁、中本商事事件・神戸地判昭54・９・21労判328号47頁等）。

２　労働基準法上の使用者

労基法は、当該事業において同法が規制する事項についての実質的な責任者という観点から同法上の使用者を定義している（労基10条）。それによると、労基法上の使用者は、①「事業主」、②「事業の経営担当者」、そして、③「その事業の労働者に関する事項について、事業主のために行為をするすべての者」である。①は、労働契約上の使用者が相当し、個人企業の場合には事業主個人、会社等の法人企業なら法人がこれに当たる。②は、法人の役員や支配人などがこれにあたり、③は、労基法が規制する事項について実質的に指揮監督・決定権限を与えられている者をいう。

第2章
労働契約

第1節　労働契約の意義

労働法の分野では、労働者と使用者の間の権利義務関係を把握するために労働契約という概念が用いられる。例えば、労基法は、労働契約の定義を定めていないものの、「労働契約」という章（第2章）を設けており、労基法上の労働者（労基9条）に該当する者が締結した労務供給契約が労働契約とみなされている。また、労契法も、労働契約の定義そのものを定めていないものの、労働契約という用語を用いており、労働者・使用者の定義（労契2条1項・2項）と、労働契約の成立要件に関する規定（同6条）を併せ読み、労働契約とは、「当事者の一方が相手方に使用されて労働し、相手方がこれに対して賃金を支払うことを内容とする契約」であると理解されている。

これに対し、民法では、他人の労務の利用を目的とする典型契約として雇用契約、請負契約、委任契約の規定がある。雇用契約は、当事者の一方が労働に従事し、他方がそれに対して報酬を支払う契約（民623条）であり、労働への従事それ自体を契約の目的とする。また、雇用契約では、原則として本人が労働に従事する必要があり、他人が労働に従事することや履行補助者を利用することは想定されていない（同625条2項）。請負契約は、当事者の一方が一定の仕事を完成し、相手方がその仕事の結果に対して報酬を支払う契約（同632条）であり、契約の目的は仕事の完成である。そのため、請負契約では、他人や履行補助者を利用することは当然には禁止されていない。委任契約は、当事者の一方が相手方に法律行為（準委任では事実行為）を行うことを委託する契約（同643条・656条）であり、契約の目的が労務の供給自体である点では雇用契約と同じであるが、委任契約は、受任者が自らの裁量により労務を給付するのに対し、雇用契約は、通説的な理解によれば使用者の指揮命令の下で労務を給付するものと解されている点で異なる。

労働法での労働契約は、民法での雇用契約と概ね重なるものと考えられるが、その関係が問題となり、古くから議論がなされてきた。もっとも、現在では、民法の雇用契約に該当するか否かの性質決定が契約形式ではなく実態を踏まえて実質的に行われるという理解を前提に、規律対象となる法律関係としては労働契約と雇用契約は基本的に一致するという見解が多数説である。ただし、労基法上の労働契約は、「事業」において使用されるという要件（労基9条参照）をみたさない労務供給契約を含まず、同居の親族のみを使用する事業における親族の労務供給契約や家事使用人の労務供給契約も含まない（同116条2項参照）。また、労契法は、使用者が同居の親族のみを使用する場合の労働契約を適用除外としている（労契21条2項参照）。それゆえ、ほとんどの場合、民法の雇用契約には、労基法や労契法の適用があるが、労基法の適用のない雇用契約や労契法の適用のない雇用契約もありうる。

第2節　労働契約の成立

使用者と労働者との間の労働関係は、労働契約を基礎としている。労契法は、「労働契約は、労働者が使用者に使用されて労働し、使用者がこれに対して賃金を支払うことについて、労働者及び使用者が合意することによって成立する」（労契6条）と定めている。

もっとも、労働者と使用者との間の法律関係は、入社時点からではなく、それ以前の段階から始まっている。特に、長期雇用を前提とする正規従業員（いわゆる正社員）については、入社以前の労働契約締結までの過程において多大な時間と費用がかけられている。また、入社後においても、当初の数ヶ月間は試用期間とされることが多く、確定的な労働契約関係（本採用）ではないとされることが多い。

こうした労働契約の成立過程においては、一方では、労働契約締結のイニシアティブを握っている使用者にどこまで採用の自由が認められるのか、他方で、労働契約締結過程の各段階における労働者の法的地位はいかなるものであるかが問題となる。

1　採用の自由とその制限

1 採用の自由

契約関係において一般に妥当する契約の自由は、労働契約関係においても妥当し、使用者と労働者は、労働契約を締結する自由を有する。このうち、使用者が労働契約を締結する自由を採用の自由といい、最高裁判所は、三菱樹脂事件（最大判昭48・12・12民集27巻11号1536頁）において、憲法22条、29条を根拠として、これを認めている。採用の自由は、使用者にとっては、その時々の求める人材を確保するためにも、また、いったん雇った労働者を解雇するに際しては、法律上解雇制限法理（労契16条）の厳しい制約を受けることからも、企業経営上重要な意義を有する。

もっとも、労働者と使用者の間に存在する構造的な交渉力の格差は、契約締結の場面において如実に表れ、使用者の自由を無限定に許すと、特定の労働者を労働市場から排除することにもつながりかねない。そこで、使用者の採用の自由を原則として認めつつもこれを制約することが必要となる。上記最高裁判決も、「法律その他による特別の制限がない限り」において採用の自由を認めるのである。

2 採用の自由の制限

使用者には、特定労働者との労働契約の締結を強制されない自由があり、これは、採用の自由の根幹をなすものと考えられている。そのため、使用者の採用拒否が違法とされる場合であっても、その救済は、不法行為責任（損害賠償責任）に止まり、裁判所が労働契約の締結自体を強制することはできないと解されている。

障害者雇用促進法には、事業主に一定比率以上の障害者の雇用を義務づける障害者雇用率制度があるが（障害雇用43条以下）、雇用率未達成の場合に使用者から障害者雇用納付金を徴収するに留まり、労働契約の締結を強制するものではない。

また、使用者は、採用の自由の一環として、いかなる者をどのような基準で採用するかという選択の自由を有する。しかし、これについては、一定の事由を理由とする差別的取扱いに対する法律上の規制がある。

まず、性別について、雇用機会均等法が、性別を理由とする募集・採用における差別的取扱いを禁止する（雇均５条）。また、同法は、募集・採用にあたって身長・体重・体力要件をつけることやコース別雇用制の総合職の募集・採用にあたって転居を伴う転勤要件をつけることを禁止している（同７条）。

年齢については、労働施策総合推進法が、募集・採用にあたって年齢制限をつけることを原則として禁止する（労働施策推進９条）。また、高齢者雇用安定法が、労働者の募集及び採用をする場合において、やむを得ない理由により一定の年齢（65歳以下のものに限る。）を下回ることを条件とするときは、求職者に対し、当該理由を示さなければならないとしている（高年20条）。

障害については、障害者雇用促進法が、募集・採用における障害を理由とする差別的取扱いを禁止する（障害雇用34条）とともに、事業主に対して障害の特性に配慮した必要な措置（合理的配慮）を講じることを義務づけている（同36条の２）。

また、労働基本権の行使としての組合所属や組合活動を理由とする採用拒否は、労働組合法が禁止する不当労働行為（労組７条１号）にあたると解されている。しかし、最高裁は、労組法７条１号は原則として採用には適用されないと解しており（JR北海道・JR貨物事件・最一小判平15・12・22民集57巻11号2335頁）、これに対しては、学説からの批判がある。

ところで、上記三菱樹脂事件は、思想・信条を理由とする採用拒否の適法性が争点となった事件であった。最高裁判所は、憲法14条および19条は国や公共団体と個人との関係を規律するものであり、私人間相互の関係を規律しないとの基本的立場を明らかにしたうえで、私人間に事実上の支配関係が生じ、個人の基本権に対する侵害が社会的に許容できる限度を超えるときには、立法措置によるほか、公序良俗や不法行為に関する民法の規定が適用されることがあり得るとしつつも、特定の思想、信条を有することを理由とする採用拒否は違法ではない、と判示した。しかし、この判決に対しては、憲法学、労働法学のいずれにおいても、学説上、強い批判がなされている。

また、最高裁判所は、同事件において、思想信条を理由とする採用拒否が違法でない以上、使用者が労働者の採否決定にあたり、労働者の思想、信条を調査し、関連する事項について申告を求めることも違法行為とすべき理由はないとした。しかし、思想信条についての調査の自由を認めた点については、労働者のプライバシー保護の観点から学説の批判が強い。使用者の調査の自由が認められるとしても、それは無限定なものではなく、職業上の能力や適格性に関連したものに限られ、また、調査の態様によっては人格権侵害の不法行為が成立しうると解すべきである。

最高裁判所は、雇用関係の人的、継続的性格、相互信頼性、さらにはいわゆる終身雇用に言及しており、このような理解が採用の自由を広く認める背景になっていると考えられる。しかし、こうした理解は、パートタイムやアルバイトなどの非正規従業員についてはあてはまらないし、正規従業員についても長期雇用の慣行が弱まる傾向にあり、雇用社会が変化しつつあることからすれば、最高裁判所の定立した採用の自由に関する法理の見直しが必要であろう。

2　採用内定

1　内定取消と採用内定の法的性質

日本企業の多くは、正規従業員の採用について、いわゆる定期一括採用の方式をとっている。新規学卒者の採用を例にとると、この方式では、卒業予定者に対する採用選考手続が入社予定日のかなり以前から進められ、企業は採用を決定した者に対して、採用内定通知を出し、内定者は、卒業後に当該企業に入社している。この方式は、企業にとっては良質な人材を早期に確保でき、労働者にとっても就職先を早期に確保でき、双方にメリットがある。しかし、この採用内定が取消されると、内定者は採用内定により当該企業への入社を期待し、他企業への就職の機会を放棄することが一般的であることから、不利益を受けることになる。特に、多くの企業が、正規従業員の定期一括採用方式をとる現状では、新規学卒者が内定取消によってその企業に入社できず、他企業で正規従業員になるためには次の年度まで待たねばならないことも多く、労働市場に参入する最初の一歩で多大な不利益を被ることになる。

そこで、内定取消に対する法的救済の可否が問題となるが、その前提として、まだ入社して就労しているわけではなく、正式な労働関係が生じているとはいえない内定段階を法的にどう捉えるか、すなわち採用内定の法的性質をどのように解するかが争点となる。

採用内定から本採用までの一連の手続全体を労働契約締結の過程と捉える、あるいは、採用内定を労働契約締結の予約と捉えると、内定段階では労働契約は成立していないことになり、内定取消による損害の賠償を請求することはできても、労働契約の締結を訴求することはできない。これに対して、採用内定により労働契約そのものが成立し、ただその効力発生や就労の始期が後にずらされているだけであると捉えると、内定者は、損害賠償のみならず、内定取消を無効であるとして労働契約の存続も主張することができる。

最高裁判所は、新規学卒者の内定取消が争われた大日本印刷事件（最二小判昭54・7・20民集33巻5号582頁）において、企業の募集が「申込みの誘引」、それに対する応募が「申込み」、企業の採用内定通知が「承諾」にあたるので、「申込み」と「承諾」が合致した採用内定通知の時点で労働契約が成立したと判断した。

ただし、最高裁判所は、上記判決において、採用内定の実態は多様であり、個々の事案に即して採用内定の法的性質を判断すべきであるとしている。内定段階で労働契約が成立していたとする判断は、当該事案において「採用内定通知のほかには労働契約締結のための特段の意思表示をすることが予定されていなかったこと」から、採用内定通知を確定的な採用の意思表示と捉えることができるという理由によるものであることに注意すべきである。したがって、採用内定通知の前に採用担当者が口頭等で採用が決まったことを通知する内内定の段階では、後に正式な採用内定通知が予定されているから、通常は労働契約の成立を認めるのは困難であり、内内定の取消に対しては損害賠償を求めることができるにとどまると考えられる（コーセーアールイー事件・福岡高判平23・3・10労判1020号82頁参照)。

この最高裁判決以後、裁判例では、新規学卒者のみならず、中途採用者についても内定段階で労働契約が成立したとする判断が行われている（インフォミックス事件・東京地決平9・10・31労判726号37頁、オプトエレクトロニクス事件・東京地判平16・6・23労判877号13頁等)。しかし、この場合も、採用内定通知があれば直ちに労働契約が成立するというのではなく、個々の事案に即して個別に判断を行うことが必要である。

2 内定取消の効力

採用内定により労働契約が成立したと解すると、内定取消は使用者による労働契約の解約、すなわち解雇となる。使用者による内定取消の法的根拠は、特約により内定段階に独自の解約権を留保していると解される場合には、この留保解約権であり、そうでなければ通常の解雇権である。

通常の解雇権の行使としての内定取消は、労契法16条の解雇権濫用法理の制約を受ける。また、大日本印刷事件最高裁判決は、留保解約権の行使としての内定取消について、労働契約締結に際して使用者に社会的優越性があり、内定者（労働者）は他企業への就職の機会と可能性を放棄するのが通例であることから、①取消事由が、「採用内定当時知ることができず、また知ることが期待できないような事実」であり、②それを理由に採用内定を取消すことが「解約権留保の趣旨、目的に照らして客観的に合理的と認められ社会通念上相当として是認」できる場合に限り認められると判示した。内定取消事由は、内定通知書等に記載された事由に限定されるものと解すべきであるが、内定通知書等に記載された解約事由は例示列挙であり、記載事由でなくとも内定取消事由とすることができると解する場合（電電公社近畿電話局事件・最二小判昭55・5・30民集34巻3号464頁）であっても以上の制約を受ける。

裁判例では、非違行為、虚偽申告などの労働能力や従業員としての適格性が欠けていることを示す事情が判明したことによる内定取消が争われたものが比較的多く見られるが、内定取消は容易には認められない傾向にある。景気が悪化すると経営上の理由による内定取消が増えるが、裁判例では、このような内定取消の効力について、いわゆる整理解雇の有効性判断において用いられる四要素を総合考慮して判断すべきとするものがある（前掲インフォミックス事件）。内定者と現従業員とでは当該企業との結びつきの強さが異なることや職務経験や習熟度にも違いがあることから、内定者が現従業員に先んじて整理解雇対象者に選定されるのはやむを得ないことと考えられるが、その場合であっても、内定取消の有効性は、整理解雇法理に照らして、慎重に検討されるべきである。

3 内定期間の法的関係

採用内定により労働契約が成立しても、内定期間中は労務の提供とそれに対する賃金の支払いは行われないが、内定者は企業から報告書の提出や実習・研修への参加を指示されることがある。内定者がこのような指示に従わなかったことを理由に内定を取り消された場合には、そもそも内定者にはこのような指示に従う義務があるのかが問題となる。

採用内定により契約の効力が発生しており、入社日は就労の始期であると解すると（就労始期付労働契約）、内定者は内定関係中も契約上の義務を負うことになるが、その義務は就労を前提としないものであり自ずと限度があると考えられる。また、入社日を契約の効力発生の始期と解すると（効力始期付労働契約）、入社日までは契約の効力は発生しないが、それでも、信義則や個別の同意に基づいて義務が発生することもありうる。従って、内定者の義務を包括的にいつから発生するのかを検討するのではなく、義務の有無、その具体的内容を、個別に、当該契約や個別同意の解釈を通じて確定する必要がある。例えば、入社前研修の無断欠席等を理由とする内定取消が争われた宣伝会議事件（東京地判平17・1・28労判890号5頁）では、当該内定は効力始期付労働契約であって、当該研修は個別合意によるべきであり、使用者は内定者の学業を阻害してはならない信義則上の義務を負うとされた。

3 試　用

1 試用の意義

多くの企業において、正規従業員の採用については、入社後一定期間を試用ないし見習い期間とし、その間に採用面接等では知ることのできなかった当該労働者の従業員としての適格性を評価・判断し、本採用とするかどうかを決定するという手続きがとられている。この期間を試用期間という。試用について法律上の規制はないが、労基法では、「試みの使用期間」が平均賃金の算定の基礎から除外され（労基12条3項5号）、また、「試の使用期間中の者」に対する解雇予告に関する規定の適用が排除されている（同21条4号）。

2 本採用拒否と試用の法的性質

労働者が、試用期間を経た後に、正規従業員としての本採用を拒否され、その効力が争われる場合、試用の法的性質が問題となる。試用期間とその後の労働関係を別個の契約関係と捉えると、本採用拒否は、新契約の締結の拒否にほかならず、本採用を拒否された労働者の労働契約上の地位の確認は認められない。これに対して、試用期間と本採用後の関係を一体的な契約関係として捉えると、本採用の拒否に対する労働契約上の地位の確認も認めうる。一方では、上記労基法の規定や就業規則上の規定に現れているように、試用期間と本採用後とでは、労働者の法的地位に質的な取扱いの差異があるといえるが、他方では、もともと試用期間中の労働者には正規従業員としての就労継続の期待が高く、実態としても正規従業員としての適格性判定期間としての性格は薄れ、むしろ基礎的教育訓練期間としての性格が強い場合が多く、試用期間と本採用後との間に一定の連続性も認められる。ここでは、これらをどのように法律構成に反映させるかが問題となっている。

この点について、最高裁判所は、3ヶ月の試用期間を付した労働契約の試用期間満了後の本採用拒否が争われた三菱樹脂事件（最大判昭48・12・12民集27巻11号1536頁）において、就業規則の規定のほか、「大学卒業の新規採用者を試用期間終了後に本採用しなかった事例はかつてなく、雇入れについて別段契約書の作成をすることもなく、ただ、本採用にあたり当人の氏名、職名、配属部署を記載した辞令を交付するにとどめていたこと等の過去における慣行的実態」に基づいて、当該試用期間付きの契約を、不適格とされた場合には解約しうる旨の解約権の留保された期限の定めのない労働契約であり、本採用拒否は、雇入れ後の解雇にあたるとした原審の判断を支持した。

最高裁判所は、この留保解約権について、「採否決定の当初においては…

適格性の有無に関連する事項について必要な調査を行い、適切な判定資料を十分に蒐集することができないため、後日における調査における調査や観察に基づく最終決定を留保する趣旨でされるもの」で「一定の合理的期間の限定の下にこのような留保約款を設けることも、合理性をもつ」とし、この留保解約権に基づく解雇は、通常の解雇の場合よりも広い範囲における解雇の自由が認められると判示した。

また、最高裁判所は、試用期間の法的性質について、「就業規則の規定の文言のみならず、当該企業内において試用契約の下に雇傭された者に対する処遇の実情、とくに本採用との関係における取扱についての事実上の慣行」も重視すべきであると判示しており、試用期間の法的性質は一義的に決まるものではなく、個々の実態を踏まえて判断されるべきものと考えている。しかし、上記最高裁判決において言及された事実は、試用の典型例であったため、その後の下級審裁判例では、同様に、試用期間において留保解約権付きの期間の定めのない労働契約が成立しており、使用者には通常よりも広い解約権が留保されているという判断が踏襲されている。

3　本採用拒否と留保解約権行使の効力

試用期間の法的性質を以上のように理解すると、本採用の拒否は法的には解雇になるが、それは通常の解雇権とは別個の留保解約権を法的根拠とするので、通常の解雇よりも解雇の自由が広く認められることになる。

しかし、本採用拒否は、企業の全くの自由というわけではなく、解約権留保の趣旨、目的による制約を受ける。すなわち、上記最高裁判決は、雇入れ段階と雇入れ後では問題が異なること、会社は社会的に優越的地位にあること、労働者は労働関係の継続についての期待の下に、他企業への就職の機会と可能性を放棄していることを挙げ、「解約権留保の趣旨、目的に照らして、客観的に合理的な理由が存し社会通念上相当として是認されうる場合にのみ許され」、「採用決定後における調査の結果により、または試用中の勤務状態等により、当初知ることができず、また知ることが期待できないような事実を知るに至った場合において、そのような事実に照らしその者を引き続き当該企業に雇用しておくのが適用でないと判断することが、…解約権留保の趣旨、目的に徴して、客観的に相当であると認められる場合」でなければ、留保解約権の行使は認められないと判示している。そして、裁判例では、本採用拒否の有効性は、厳しく判断される傾向にあり、実質的には、留保解約権の行使による本採用拒否は、通常の解雇に解雇権濫用法理（労契16条）が適用される場合とほとんど異ならないとの評価もなされている。

4 有期試用契約

以上のように、裁判例は、試用期間と本採用後との連続性については、試用を期間の定めのない労働契約が成立しているとし、また試用期間と本採用後での労働者の地位の質的相違については使用者に通常の解雇権よりも広い留保解約権を認めることで、試用の法的構成に反映させている。ただし、裁判例では本採用拒否の有効性が容易には認められない傾向からすると、従業員としての適格性を判定するという試用の意義が失われているともいえる。このような法的構成は、正規従業員については、特定の職種について採用するというよりは、慎重な選考過程を経て、長期の期間にわたって多様な職種をこなす者が採用されており、試用期間は、適格性の判定というよりは、基礎的な訓練期間にあてられており、よほどのことがない限り本採用の拒否は行われないという実態に適合的であるといえよう。

他方で、特定の職務に従事する者の採用については、当該職務に関する労働者の適格性判断を行うという本来的な試用目的のために有期労働契約が締結されることも考えられる。もっとも、最高裁判所は、教員としての適性を判断するため、１年の期間付の雇用契約書が作成された神戸弘陵学園事件（最三小判平２・６・５民集44巻４号668頁）において、期間を設けた趣旨・目的が労働者の適性を評価・判断するためのものであるときは、期間の満了により労働契約が当然に終了する旨の明確な合意が当事者間に成立しているなどの特段の事情が認められる場合を除き、当該期間は契約の存続期間ではなく、試用期間であると解するのが相当である、と判示している。これは、試用目的の有期契約を設定し、期間満了を理由にこの契約を終了させる（本契約を締結しない）ことにより、前掲の三菱樹脂事件最高裁判決が示した試用法理のルールの適用を使用者が回避することを防ぐと同時に、当事者間の明確な合意がある場合には有期試用契約を認めることにより、試用法理と契約自由の原則との抵触を調整したものと理解できる。

5 試用期間の長さ、延長

試用期間の長さについての法規制はないが、１～６ヶ月とするのがほとんどである。著しく長期に及ぶ試用期間の設定は、労働者を長期間、通常の解雇よりも広い自由が認められている不安定な立場におくことになるため、公序良俗違反となりうる。

試用期間の延長についても、さらに継続して労働者を不安定な立場におくことになるので、従業員として不適格と判断した者に再度の適格性判断を受ける機会を与えるなどの労働者の利益になる場合に、合理的な範囲内での延長が例外的に認められるにすぎないと解すべきである。

4 労働条件の明示

労働契約を締結する際には、契約内容を明確化し、紛争を防止することが望ましい。そこで、労基法は、使用者に対して、労働契約の締結に際し、賃金・労働時間その他の労働条件を労働者に明示することを義務づけ（労基15条１項）、使用者によって明示された労働条件が事実と相違する場合には、労働者は即時に労働契約を解除することができることとしている（同条２項）。

使用者は、この労働条件明示義務の履行について、労働契約の期間、有期契約の更新基準、就業場所、従事すべき業務、労働時間、賃金、退職（解雇事由を含む）に関する事項については、労働者に対して書面の交付を義務づけられている（労基則５条３項・４項）。また、労契法は、使用者に対して、契約内容についての労働者の理解を深めるような措置をとり（労契４条１項）、契約内容を出来る限り書面により確認すること（同条２項）を要請している。

労働契約締結時に明示された労働条件は、当事者間においてこれと異なる別段の合意をするなどの特段の事情がない限り、労働契約の内容となる。明示されなかった場合には罰則の適用がある（労基120条）が、労働契約全体が無効となるわけではない。明示されなかった労働条件部分は、就業規則（労契７条参照）もしくは当事者意思の合理的解釈によって決定されることになる。

求人に際して示された労働条件がいかなる意味を持つのかも問題となる。公共職業安定所（ハローワーク）・募集者・求人者（事業主）は、労働条件明示義務を負っており（職安5条の3）、求人票はこの義務に対応するものである。求人票による労働条件の明示を労働契約締結時に明示された労働条件と同一視することはできないが、特段の事情がない限り、その労働条件が労働契約の内容となるというべきである（千代田工業事件・大阪高判平2・3・8労判59頁―「常用」の記載、株式会社丸一商店事件・大阪地判平10・10・30労判750号29頁―「退職金共済制度に加入」の記載、福祉事業者A苑事件・京都地判平29・3・30労判1164号44頁―「契約期間の定めなし、定年制なし」との記載等）。

ところで、採用内定時に労働契約が成立すると解すると、実際に入社して就労するよりも以前の内定時に労働条件の明示が必要となるが、内定時に示される労働条件は、その時点での見込みとなることも多い。そこで、入社時に実際に支払われる賃金が、提示された見込額を下回った場合には、労働者が見込額との差額を請求できるかが問題となる。見込額として労働条件が提示されたのであれば、変動が予定されているので実際の賃金額が見込額を下回ったからといって、必ずしも差額請求権が認められるわけではない（八州測量事件・東京高判昭58・12・19労判421号33頁）。もっとも、使用者は、見込額についての労働者の期待を著しく侵害しないように賃金額を確定すべきであり、合理的な理由のない変更は不法行為となりうる。また、使用者は、労働者の誤解を招かないように労働条件を明示する必要があり、労働条件の説明が不十分で労働者の誤解を招いた場合にも不法行為となりうる（日新火災海上保険事件・東京高判平12・4・19労判787号35頁）。

第3節　労働契約上の権利義務

1　主たる義務

労働契約は、労働者が使用者に使用されて労働し、使用者がこれに対して賃金を支払うことを内容とする契約であり（労契2条、6条参照）、労働者の労働義務と使用者の賃金支払義務が、契約上の主たる義務として対価的な牽連関係にある。賃金支払義務については、第４章第１節で説明するので、ここでは労働義務について解説する。

1 労働義務と指揮命令権

労働義務は、労働者が使用者の指揮命令に従って労働する義務である。労働義務の内容は、その性質上、事前に契約によって特定・具体化することが困難であることもあり、使用者には契約上、労働義務の内容を具体化する指揮命令権（労務指揮権や業務命令権とも呼ばれる）が与えられる。

使用者が指揮命令権を行使することにより、労働の内容・遂行方法・場所などの労働義務の内容が特定・具体化されることになるが、労働者は使用者の指揮命令であればどんなものでも従わなければならないということになると一種の奴隷契約と変わらず妥当ではない。使用者の指揮命令権は、労働契約によって認められるものであることから、契約で合意された範囲内でのみ行使できるものと解されるし（電電公社帯広局事件・最一小判昭61・３・13労判470号６頁参照）、当該指揮命令権の行使が契約で合意された範囲内のものであっても、権利濫用と評価されれば無効であると解される（労契３条５項参照）。契約で合意できる指揮命令権の範囲は、労働時間の長さについての労基法の労働時間規制などの法律の規定による制約を受ける。また、指揮命令権に関する就業規則の規定内容は周知された合理的なものでなければ契約内容とはならない（労契７条）。さらに、労働者が思いもよらない事項を押しつけられないように契約の解釈を通じて労働契約で合意された指揮命令権の範囲が限定されうる。裁判例には、組合員バッジの取外し命令に従わないため点呼執行業務から外して営業所構内の火山灰の除去作業に従事することを命じた業務命令について、契約の範囲内であるとするものがある一方で（国鉄鹿児島自動車営業所事件・最二小判平５・６・11労判632号10頁）、就業規則違反に対して、本来の業務を一切外してある期間就業規則の周知、徹底のための訓練として就業規則全文の機械的書き写しを命じたことを違法としたものがある（JR東日本（本荘保線区）事件・最二小判平８・２・23労判690号12頁）。

2 債務の本旨に従った労働義務の履行

労働者による労働義務の履行は、債務の本旨に従ったものである必要がある（民493条参照）。何が債務の本旨に従った労働かは使用者の指揮命令により確定されるから、使用者の指揮命令に反する労働は債務の本旨に従ったものとはいえない。ただし、職種や業務内容を特定しない労働契約において、傷病により労働者の就労能力に制約がある場合には、使用者が命じた特定の業務ができなくても、配置しうる現実的可能性のある業務について労務を履行することができ、かつその提供を申し出ている場合には、信義則上、なお債務の本旨に従った履行の提供があるものと解すべき場合がある（片山組事件・最一小判平10・４・９労判736号15頁）。

また、一定の仕事の完成を目的とする請負契約の場合には、債務の本旨に従った義務の履行がなされたかどうかは、仕事の完成の有無により判断されるのに対し、労働への従事それ自体を目的とする労働契約の場合、目に見える結果では測れないこともあり、使用者の指揮命令に従って労働することが債務の本旨に従ったものであるには一定水準の注意力をもってなされることが必要であると解されている。このことは、誠実労働義務、あるいは公務員法（国公101条１項、地公35条）にならって職務専念義務と呼ばれているが、その注意力の水準については、見解の対立がある。最高裁判所は、目黒電報電話局事件（最三小判昭52・12・13民集31巻７号974頁）において、職務専念義務とは、「職務上の注意力のすべてを職務遂行のために用い職務にのみ従事すべき義務」であるとして、高度な水準の注意力を要求したのに対し、学説上は、「労働者が労働契約に基づきその職務を誠実に履行する義務」（大成観光事件・最三小判昭57・４・13民集36巻４号659頁伊藤正己裁判官補足意見）であって、社会通念上、当該職務に必要とされる通常の注意力で足りるとする見解が多数説である。

3 使用者による就労の拒否と就労請求権

使用者が労働者の就労を拒否する場合、労働義務は時の経過とともに履行不能となるが、当該労働者は、危険負担に関する民法536条２項の規定に従って、使用者に対して賃金を請求しうる。この賃金の問題とは別に、労働者は使用者に現実に就労させることを請求する権利を有するかが議論されている。これは、使用者が労働受領義務を負うかという問題でもある。

学説では、労働は義務としてのみならず、労働者にとって人格の形成、喜び、人とのつながりなどの利益となっていてそれを法的に保護すべきであるという問題意識のもとに、就労請求権が認められ、就労妨害禁止仮処分により履行を間接的に強制できるとする見解や、使用者には労働受領義務があり、使用者による就労拒否はその債務不履行として損害賠償責任を発生させるとする見解が有力に主張されている。しかし、通説・判例は、労働義務は義務であって権利ではなく、原則として労働者に就労請求権は認められず、例外的に就労請求権が認められるのは、特約がある場合や業務の性質上労働者が労働に特別の合理的な利益を有する場合にとどまると解している（読売新聞社事件・東京高決昭33・8・2労民集9巻5号831頁）。裁判例には、調理人について、その技量はたとえ少時でも職場を離れると著しく低下するから特別の合理的な利益を有するとして就労請求権を認めるものもあるが（レストラン・スイス事件・名古屋地判昭45・9・7労判110号42頁）、全体の傾向としては、就労請求権を認める裁判例は極めて少ない。なお、就労請求権が認められない場合であっても、使用者による就労拒否が労働者の人格的利益を侵害するものとして不法行為が成立する場合はありうる。

2　付随義務

労働契約では、労働義務と賃金支払義務という契約本来の債務以外にも一定の義務が存在するものと解されている。この義務は、付随義務と呼ばれ、合意内容の解釈により認められるものと、そのような解釈によっては認められない場合であっても労働契約の目的・性質により信義則上その存在が認められるものがある。

1　職場規律維持義務

労働契約による労働は、ほとんどの場合、多数の労働者が就労する企業という有機的組織に位置づけられて、企業施設を利用して行われる。このような組織的労働を円滑に遂行するために、労働者は、労働義務に付随して職場規律を維持する義務を負うものと解されている。この点について、最高裁判所は、労働者は労働義務に付随して「企業秩序遵守義務」を負っており、使用者は労働者の企業秩序違反行為を理由に懲戒処分を行うことができるものとしている（富士重工事件・最三小判昭52・12・13民集31巻7号1037頁、関西電力事件・最一小判昭58・9・8労判415号29頁参照）。もっとも、判例における「企業秩序」なる概念が拡大解釈されることにより労働者の私的領域の自由が大きく制約されることは妥当ではなく、企業秩序遵守義務が認められるとしても、その根拠は合意内容に求め、合理的解釈によりその範囲を限定することが必要である。

2 誠実・配慮義務

労働契約は継続的契約であり、また、人間による労働への従事それ自体を契約の目的とする。このような労働契約の人的・継続的な性格から信頼関係が要請され、相手方の利益を不当に侵害しないように労働者は誠実義務を、使用者は配慮義務を負うものと解される。

(1) 労働者の誠実義務

労働者は、使用者の利益を不当に侵害しないようにする誠実義務を負う。以下の義務は、その具体例である。

(a) 秘密保持義務　労働契約の存続中は、労働者は、使用者の営業上の秘密を保持すべき義務を負う。この義務は、就業規則上の規定や特約がなくとも、信義則により発生するものと解され、労働者が違反したときには、懲戒処分、解雇、損害賠償請求、履行請求がなされうる。

労働契約の終了後は、就業規則上の規定や特約がない場合には、契約が終了している以上、信義則上の秘密保持義務は存続しないものと解すべきである。もっとも、不正競争防止法の「営業秘密」（不正競争2条6項）については、不正な使用・開示行為が不正競争として禁止されており（同2条1項7号）、元従業員による禁止行為に対して、営業秘密の保有者は、同法上の差止（同3条1項）、損害賠償（同4条）等を求めうる。就業規則上の規定や個別合意により労働契約終了後も元労働者に秘密保持義務を設定する場合には、その有効性が公序良俗の観点から問われうる（ダイオーズサービシーズ事件・東

京地判平14・８・30労判838号32頁）。

(b) 競業避止義務

労働契約の存続中は、労働者は、就業規則上の規定や特約がなくとも、信義則上、競業他社への就職や競業他社の開業を差し控える競業避止義務を負い、違反行為に対しては、懲戒処分や損害賠償請求がなされうる。

退職後の労働者の競業避止義務については、労働者の職業選択の自由を制約するものとなるので、信義則ではなく、就業規則上の規定や特約などの明示の約定に基づいて設定される必要があると解すべきである。また、明示の約定がある場合でも、労働者の職業選択の自由や競争制限による独占集中の問題を考慮して合理性のない競業制限は公序良俗違反として無効となる。その判断の際には、競業を制限する必要性とその程度、労働者の職務・地位、競業が制限される範囲（期間・地域・対象とされる顧客）、代償措置の有無・内容等が考慮される（アメリカン・ライフ・インシュアランス・カンパニー事件・東京地判平24・１・13労判1041号82頁等）。競業避止義務違反に対しては、差止請求、損害賠償請求、退職金の減額・没収などがなされうるが、特に差止請求は退職労働者の職業選択の自由を直接的に制約するので、その可否は慎重に検討される必要がある。

なお、明示の約定に基づいた退職後の労働者の競業避止義務が設定されていない場合であっても、競業行為が社会通念上自由競争の範囲を逸脱した悪質なものである場合には不法行為が成立しうる（不法行為の成立を否定した最高裁判例として、サクセスほか（三佳テック）事件・最一小判平22・３・25民集64巻２号562頁）。また、不正競争防止法上の営業秘密を用いた競業行為は、同法が不正競争として禁止する営業秘密の使用（不正競争２条１項７号）に該当しうる。

(c) 使用者の名誉を毀損しない義務

労働者は、使用者の名誉信用を毀損しない義務を負い、違反行為に対しては、懲戒処分や損害賠償請求がなされうる。

企業内の法令違反行為などを労働者が所轄官庁やマスコミなどに通報する内部告発は、使用者の名誉信用を毀損しない義務や前述の秘密保持義務に違反するものと評価されうる。もっとも、①告発内容が真実か真実と信ずるに相当な理由があるか、②告発目的が公益性を有するか、③手段・方法が相当なものか、などを総合考慮して内部告発が正当なものと認められる場合には義務違反としてその責任を問うことは許されない（懲戒解雇を無効としたものとして、大阪いずみ市民生活協同組合事件・大阪地堺支判平15・6・18労判855号22頁）。

これに関連して、公益通報者保護法は、保護される告発行為の対象を個人の生命または身体の保護にかかわる一定の犯罪行為等に限定しつつ（公益通報2条3項）、それに該当する事実が生じ、又はまさに生じようとしている場合において、不正の目的でなく、その旨を通報した労働者等に対し、通報を行ったことを理由とする解雇その他の不利益取扱いを禁止している（同3条ないし5条）。通報者が保護される要件は通報先によって異なり、事業主内部に対しては、該当事実が生じまたは生じようとしていると思料する場合で足りるが（同3条1号）、所轄官庁に対しては真実性・真実相当性（同3条2号）が要求され、事業者外部に対しては、真実性・真実相当性に加えて、③外部通報要件（同3条3号イ～ホ）のいずれかに該当することが必要となる。

(2)　使用者の配慮義務

労働契約の人的・継続的な性格から、使用者には、労働者の生命・身体・健康・生活等への配慮が信義則上要請される。使用者の配慮義務の代表的なものは、労働者の生命や健康を職場における危険から保護すべき安全配慮義務である（労契5条参照）。また、整理解雇に際しての使用者の解雇回避努力義務や労働者（代表）への説明・協議の義務も配慮義務の一種として位置付けられる。

第4節　労働契約の展開

1　概　説

人事異動

使用者は、労働契約を締結した労働者に何らかの仕事を割り当てるが、人員の過不足調整や労働者の能力開発などを目的として、その後の展開過程において、労働者の勤務地や仕事内容を変更することがある。人事異動と呼ばれるものであり、企業内における異動（配転）

と企業外にわたる異動（出向・転籍）とに区分される。

格付けの仕組み　また、使用者は、職業能力開発や就労に対するインセンティブを労働者に与えること、組織と個人のマッチング等を目的として、組織における格付けの仕組みを制度化して労働者を格付けし、契約の展開過程において労働者の格付けを引き上げ、あるいは引き下げる。配転・出向・転籍がヨコの人事異動であるとするならば、格付けの引上げや引下げは、タテの人事異動と呼びうる。こうした人事異動を通じて、労働契約関係は長期的かつ組織的に展開されるのである。

組織における格付け制度は、一般的には職能資格制度、職務等級制度、役割等級制度に分類されることが多い。職能資格制度は、労働者が実際に行っている仕事ではなく、労働者の職務遂行「能力」に応じて従業員を格付けし、処遇する仕組みである。職務遂行能力に基づく資格（職能資格）と組織上の役職（部長や課長など）を分離して、職能資格に基づいて基本給を決定する制度である。これに対して、職務等級制度や役割等級制度は、労働者が実際に行っている仕事あるいは労働者が組織において果たしている役割に着目した格付けを行い、処遇する等級制度である。

休職制度　労働契約関係の長期継続的性格は、同時に、病気等のために就労が困難になった者に対して、一時的に就労を免除または禁止することを可能にする制度を要請する。ある事情から就労困難となった者を休職を経ることなく解雇することは、企業にとっても人材活用の効率性を損なう。刑事事件で起訴された従業員の就労を認めることによって、企業秩序に悪影響が及ぶ場合があり、そうした従業員の就労を禁止することが適当な場合もある。多くの企業は、とりわけ長期継続雇用が予定されている正社員について、傷病や起訴を理由とする休職の仕組みを用意している。

合意による労働条件変更　以上の人事異動、格付け、休職は、採用時の合意や就業規則規定などに基づく使用者の一方的な人事権行使としてなされることが多いが、労働契約の展開過程では、そうした使用者の一方的な人事権行使ではなく、労働者と使用者の合意を通じて労働条件が変更されることもある。本節では、タテの人事異動としての昇進・昇格・降格、ヨコの人事異動としての配転・出向・転籍、労働者の就労を一時的に免除する休職措置に加えて、合意による労働条件の変更を取り上げる。

2　昇進・昇格・降格、人事考課

1 昇格・昇進

格付けや役職の上昇を意味する昇進や昇格については、職能資格制度であれ、役割等級制度であれ、労働契約上の人事権に基づく使用者の裁量的判断が重視されている。人事権とは、裁量的判断に基づいて、労働者を企業組織の中でどのように活用・統制していくかを決定する使用者の労働契約上の権利である（バンク・オブ・アメリカ・イリノイ事件・東京地判平７・12・４労判685号17頁参照）。労働者の格付けを通じた企業組織の効率的運営について、使用者の裁量的判断が重視されるのは、そうした事柄について裁判所が判断することは適切ではないからである。もっとも、昇進や昇格を実施しなかったことが、労基法３条・４条、均等法６条、育介法10条、労組法７条などで禁止されている差別的取扱いや不利益取扱いに該当する場合には、裁量権の逸脱となり、使用者による不法行為が成立する。この場合、差別的取扱いや不利益取扱いがなされなければ支給されていたであろう賃金と現実の賃金との差額賃金相当額の支払いのみが命じられ、一般的には、使用者の裁量権重視の観点から、契約上の昇進請求権や昇格請求権は否定される。もっとも、たとえば、男性については年功的に自動的に昇格が行われる労使慣行が適用され、女性にはそうした労使慣行が適用されず、昇格が実施されていないような場合には、例外的に昇格請求権が認められることがある（芝信用金庫事件・東京地判平８・11・27労判704号21頁）。また、昇進、昇格の不実施が労組法７条の不当労働行為に該当するときには、使用者の人事権が不当に制約される場合を除き、労働委員会によって、不当労働行為がなければ昇格、昇進していたであろう地位が付与される救済命令が発せられることがある（北海道・北海道労働委員会〔渡島信用金庫〕事件・札幌地判平26・５・16労判1096号５頁等）。

2 降級、降職、降格

(1) 職務の変更を伴う降格

使用者の裁量権を尊重する裁判所の姿勢は、（懲戒処分としてではなく）人事権行使の一環として行われる役職や役割の引下げを伴う（職務の変更を伴う）降職、降級、降格についても顕著に見受けられる。たとえば、「本件降格異動は、被告において人事権の行使として行われたものと認められるところ、こうした人事権の行使は、労働者の同意の有無とは直接かかわらず、基本的に使用者の経営上の裁量判断に属し、社会通念上著しく妥当性を欠き、権利の濫用に当たると認められない限り違法とはならない」（上州屋事件・東京地判平11・10・29労判774号12頁）という説示にみられるように、裁判例では、使用者の裁量権が尊重されてきている。裁量権を逸脱したか否かについて、「使用者側における業務上・組織上の必要性の有無及びその程度、能力・適性の欠如等の労働者側における帰責性の有無及びその程度、労働者の受ける不利益の性質及びその程度等の諸事情を総合考慮す」る（前掲・上州屋事件）という基準が示されてきたものの、妊娠や出産を契機とした降職や降格などの強行法規違反がみられない限り（広島中央保健生協（C生協病院）事件・最一小判平26・10・23労判1100号５頁）、使用者の裁量権を尊重する例が主流を占めてきた。労働契約上（就業規則上）の根拠も求められてこなかった。

ただし、役職と基本給が切り離されている職能資格制度から、職務や役割に応じて基本給を決定する格付け制度（職務等級制度、役割等級制度）への移行が進展するに伴い、近時の裁判例では、役職や役割の引下げを伴う降格や降級の効力について、次のような傾向が生じてきている。第一に、使用者の裁量権を重視して降格の効力を肯定する傾向に対して、公正な人事考課によるなど、降格や降給処分を行う積極的理由がない限り、裁量権の逸脱としてその効力を否定する裁判例が散見されるようになってきたことである（東京海上自動火災保険事件・札幌地判平27・３・18 LEXDB25540068）。第二に、役職や役割、職務の変更を伴う降格には、職務変更の側面と賃金減額の側面とがあるが、このうち、後者に着目して降格の効力を限定する裁判例がみられるようになったことである。たとえば、降格の効力と賃金減額の効力を分離して、前者については使用者の裁量権を重視する一方で、後者については明確な法的根拠と賃金減額の合理的理由を求めるなどの厳格な司法審査を行う例がみられる（コナミデジタルエンタテインメント事件・東京高判平23・12・27労判1042号15頁）。役割等級制度や職務等級制度では役割・職務の引き下げが基本給減額を引き起こすために、使用者の人事権行使が限定されてきているとみることができる。

(2) 職務の変更を伴わない降格

以上に対して、職能資格等級の引下げなど、職務の変更を伴わない降格については、「資格制度における資格や等級を労働者の職務内容を変更することなく引き下げることは、同じ職務であるのに賃金を引き下げる措置であり、労働者との合意等により契約内容を変更する場合以外は、就業規則の明確な根拠と相当の理由がなければなしえるものではな」い（アーク証券事件・東京地決平8・12・11労判711号57頁）として、使用者の人事権行使がもとより限定されている。

3 人事考課

人事考課とは、一般に、賃金、昇進、能力開発などの諸決定の基礎として用いるために、使用者が、従業員の日常の勤務や実績を通じて、その能力や仕事ぶりを評価するものといわれている。人事考課に関する裁判所の伝統的な態度は、「人事考課をするに当たり、評価の前提となった事実について誤認があるとか、動機において不当なものがあったとか、重要視すべき事項を殊更に無視し、それほど重要でもない事項を強調するとか等により、評価が合理性を欠き、社会通念上著しく妥当を欠くと認められない限り、これを違法とすることはできないというべきである」とするものである（光洋精工事件・大阪高判平9・11・25労判729号39頁）。もっとも、近時の裁判例では、とりわけ賃金減額と結び付けられた人事考課に関して、制度の合理性とあてはめの合理性を区分して、人事考課の合理性を慎重に判断する裁判例も散見される（国際観光振興機構事件・東京地判平19・5・17労判949号66頁参照）。近年普及してきている役割等級制度や職務等級制度では、役割や等級の低下に伴う賃金減額あるいは同一等級内における賃金の減額が、人事考課と結び付けられた形で制度的に予定されている。このような場合には、使用者の裁量が重視されるべきではなく、制度の合理性とあてはめの合理性の両側面から慎重な判断がなされるべきである。

3　配転・出向・転籍

配転とは、職務内容または勤務場所を相当の長期間にわたって変更する人事異動である。組織の柔軟性や機動性を確保するとともに、長期雇用の実現を可能とするために多くの企業で実施されている。

同一企業内で行われる配転に対して、出向と転籍は、グループ企業間や取引関係にある企業間で行われる人事異動である。出向命令とは、元の企業との労働契約関係を維持したまま、元の企業から労務指揮権を出向先に譲渡して、労働者が当該出向先で就労することを命じるものである。一方、転籍とは、元の企業との労働契約関係を解消したうえで、他の企業との間で労働契約関係を成立させ、当該企業で就労することを命じる人事異動である。

1 配　転

(1)　配転命令の法的根拠

配転に関してまず問題となるのは、配転命令権の法的根拠である。この点については、包括的合意説と契約説が対立してきた。包括的合意説とは、職種や勤務地を特定する合意が締結されていない限り、労働契約の締結に伴って当然に配転命令権が生じるという考え方である。これに対して契約説とは、配転命令権は、労働契約の予定する範囲内でのみ生じるという考え方であって、その範囲は労働契約の解釈を通じて画されると考える。配転命令権は、労働契約の締結に伴って当然に生じるのではなく、あくまで個々の労働契約の解釈から引き出されるとするのである。配転の法的効力が問題となった東亜ペイント事件（最二小判昭61・7・14労判477号6頁）において、最高裁判決は、就業規則上の配転条項の存在と配転の頻繁な実施に言及して使用者の配転命令権を肯定し、契約説に近い考え方を採用した。

多くの企業では、通常、就業規則上に、業務上の必要性があるときは配転を命じるとする配転条項が規定されている。こうした配転条項は、組織の柔軟性の確保とそれによる雇用保障、あるいは人材教育に資するという観点から合理性が認められ、労働契約を規律するものになろう（労契7条）。

配転命令権の法的根拠との関係で問題となるのは、職種の限定や勤務地の限定に関する合意の存否である。契約説の場合はもちろん、包括的合意説であっても、このような限定特約が合意されていれば、配転命令権はその限りで否定される。就業規則に配転条項が規定されている場合であっても、職種限定や勤務地限定の特約があれば、当該特約が就業規則条項に優先する（労契7条但書）。

職種別・コース別採用の場合のように明示的に職種や勤務地が限定されている場合には、以上のような特約の存在が肯定される。もっとも裁判例では、「就業規則の例外が定められたと認め得るに足りる契約書の記載や客観的な事情が必要である」などとされ（KSA インターナショナル事件・京都地判平30・2・28労判1177号19頁）、特約の存在が限定的な範囲で認められる傾向にある。高校卒業後、40年あまり同一府県内で勤務してきた労働者について、勤務地限定特約の有無が問題となった裁判例でも、勤務地の特約が否定されている（NTT 西日本事件・大阪高判平21・1・15労判977号5頁）。また、職種の限定についても、機械工として採用され、20数年にわたって機械工として就労してきた者（日産自動車村山工場事件・最一小判平元・12・7労判554号6頁）や24年間アナウンサーとして働いてきた女性社員（九州朝日放送事件・最一小判平10・9・10労判757号20頁）について職種限定特約の成立が否定されている。裁判所は、長期雇用を前提として採用した労働者に対する雇用保障を重視して、勤務地限定や職種限定に否定的な姿勢を示してきたということができよう。

(2)　権利濫用による規制

職種や勤務地を限定する合意がなく、使用者の配転命令権が肯定される場合であっても、当該配転命令権の行使が権利濫用となる場合には、当該配転は無効となる（労契3条5項）。前掲・東亜ペイント事件最高裁判決は、使用者の配転命令につき、①業務上の必要性が存在しない場合、②業務上の必要性があっても、配転命令が不当な動機・目的をもってなされた場合、もしくは③労働者に対して通常甘受すべき程度を著しく超える不利益を負わせるものである等の特段の事情が存在するときには、権利濫用になると判示している。

もっとも、裁判例において配転命令の権利濫用が認められるケースは必ずしも多くはない。①業務上の必要性については、余人をもって容易に代えがたいといった高度の必要性に限定されるものではなく、労働力の適正配置、業務の能率推進、労働者の能力開発、勤務意欲の高揚、業務運営の円滑化など、企業の合理的運営に寄与する点が存在すれば足りるとされ（前掲・東亜ペイント事件）、また②についても、退職を余儀なくする意図に基づく配転や反組合的意図による配転のような場合のみ、これに該当するとされてきた。

さらに③については、病気の家族の介護が必要で、転居に伴って労働者に大きな不利益が生じるような配転の場合には、権利濫用に該当するとされてきたものの、それ以外については権利濫用該当性が否定されてきた。ただ、近時では、就業場所の変更を伴う配転に際して労働者の育児や介護の状況に配慮することを求める育介法（26条）を受けて、使用者がこうした配慮を十分に行わない配転を無効とした例（ネスレ日本〔配転本訴〕事件・大阪高判平18・4・14労判915号60頁）もある。ワーク・ライフ・バランスに対する配慮（労契3条3項）に鑑み、配転命令権が権利濫用に該当すると判断される範囲が拡大していく可能性があるが、いずれにしても、配転による人材活用の柔軟性確保と、育児、介護、夫婦共働き、夫婦同居の要請とをどのように調整していくかが今後の重要な検討課題であるといえよう。また、このほか、近時の裁判例では、労働者のキャリアや勤務地に対する合理的な期待を重視して権利濫用を肯定する例も散見されるようになってきている（X社事件・東京高判平22・2・8労経速2067号21頁、日本レストランシステム事件・大阪高判平17・1・25労判890号27頁）。

2 出　向

(1) 出向命令権の法的根拠

労契法14条では、出向に関する規定が定められているものの、出向命令権の所在に関する言及がない。そこで、どのような法的根拠に基づいて出向を命じる権利が使用者に存在するのかが問題となるが、この点については、同一企業内の人事異動である配転とは異なる考慮が必要であると考えられており、「使用者は、労働者の承諾を得なければ、その権利を第三者に譲り渡すことができない」と規定する民法625条１項ならびに労働条件の明示義務を定める労基法15条を拠り所として、出向には「当該労働者の承諾その他これを法律上正当づける特段の根拠」を要するとした例（日立電子事件・東京地判昭41・３・31労民集17巻２号368頁）が、先例的裁判例に位置付けられている。

問題は、ここでいう「労働者の承諾」および「特段の根拠」の具体的内容である。学説では、①出向の都度、本人の同意を要するとする個別的同意説、②採用の際の事前の同意でもよいとする説、③就業規則、労働協約における一般的・抽象的な規定でもよいとする説、④出向の都度の個別的同意は必要でないけれども、就業規則や労働協約において、出向先での労働条件や処遇、出向期間、復帰条件等が出向労働者の不利益に配慮した形で規定されていることが必要であるとする説など、さまざまな見解が主張されてきた。こうした中で、最高裁判決（新日本製鐵〔日鐵運輸第２〕事件・最二小判平15・４・18労判847号14頁）は、就業規則に出向規定が設けられていたこと、労働協約である社外勤務協定において、処遇等に関して出向労働者の利益に配慮した詳細な規定が設けられていることから、個別的同意なしに出向を命じることができると説示した。

なお、労働協約の出向規定に組合員が拘束されるかは、規範的効力（労組16条）の問題となるが、協約に基づく出向についても、民法625条１項の趣旨を考慮して労働者の個別的同意が必要であって、協約の出向規定に規範的効力を認めるのは、協約自治の限界を超えるという考え方もありうる。

(2)　権利濫用による規制

出向命令権が認められた場合でも、その行使が権利の濫用に該当する場合には無効となる。前掲・新日本製鐵事件最高裁判決は、①出向措置を講じる必要性と対象となる人選基準の合理性があり、②出向命令によって労働者の労務提供先は変わるものの、労働者がその生活関係、労働条件等において著しい不利益を受けるものとはいえず、出向命令の発令に至る手続に不相当な点もないとして、出向命令が権利濫用に当たらないと判示した。労契法14条も、上記最高裁判決を意識して、「使用者が労働者に出向を命じることができる場合において、当該出向の命令が、その必要性、対象労働者の選定に係る事情その他の事情に照らして、その権利を濫用したものと認められる場合には、当該命令は、無効とする」として、権利濫用の判断要素を示している。

(3) 出向中の法律関係

前述のとおり、出向とは、出向労働者と出向元とが労働契約関係を維持したまま、出向先との間にも労働契約関係を成立させることである。ただ、このときの労働契約関係を、出向元との労働契約関係が部分的に出向先に配分されたとみるのか、出向先と労働者および出向元と労働者との間に、完全な意味での労働契約関係が二重に成立したとみるのか、については争いがある。いずれにしても、出向先との間にも、部分的であったとしても、労働契約関係が成立することになり、その意味で、指揮命令権のみが受入企業に移転する労働者派遣とは区別される。また、出向は、形態としては職業安定法4条7号の労働者供給に該当するが、通常は「業として」行われるものではないために、同法44条による労働者供給事業には該当しないと解されている。

では、上記理解を前提としたとき、出向先と出向元は、出向労働者について、どのような権利を有し、どのような義務を負うのか。この点については、出向元と出向先の出向協定、労働者と出向元の合意内容によるものの、合意が明確でない場合には、労働契約関係の地位の基礎的な部分（解雇権など）は出向元に残り、就労にかかわる権利義務は出向先に移転すると解すべきである。もっとも、とくに労働契約上の付随義務については、ケースバイケースの判断に拠らざるをえないといえよう。たとえば、在職中の競業避止義務は、基本的には出向先に生じるが（チェスコム秘書センター事件・東京地判平5・1．28労判651号161頁参照）、場合によっては出向元の関係でも問題となりうる。また、安全配慮義務を負うのは、基本的には指揮命令を行う出向先であると考えられるが、裁判例のなかには、出向労働者が出向先での仕事に困難が生じたとして出向元に相談してきた場合には、出向元は、出向先の会社に勤務状況を確認したり、出向の取止め、休暇取得、医師の受診の勧奨等の措置をとるべき注意義務を負うとするもの（A鉄道〔B工業C工場〕事件・広島地判平16・3・9労判875号50頁）もある。

しばしば問題となるのは、懲戒権限の帰属についてである。まず、懲戒解雇権は、労働契約関係の存否にかかわる権利であるので、出向元に帰属すると解される。懲戒解雇以外の懲戒処分権については、懲戒処分権は明確な契約あるいは就業規則上の根拠があって初めて認められる（あるいは行使される）使用者の権限であると解されるので、出向先が懲戒処分を行うことを定めた明確な出向協定あるいは出向先が懲戒処分を行使することに対する労働者の同意がなければ、出向先は懲戒処分を行うことはできないというべきである。

さらに関連して、出向元が懲戒処分権を有するとしても、出向先における非違行為によって出向労働者が出向元に対する義務に違反したといえるか、出向元の企業秩序が具体的に侵害されたといえるかが問題となる。懲戒処分を行うには、就業規則にその種別と事由が定められているほか、労働者が企業秩序遵守義務や誠実義務等の義務に違反し、それによって企業秩序が具体的に侵害されたことが必要であると解されるからである。この点については、出向労働者は、出向先においてその指揮命令にしたがって労働することが、出向元との関係における労働契約上の義務であると解されるため、出向先での服務規律違反により出向元の企業秩序が侵害されたと解される場合がありうるのであって、そのような場合には出向元は懲戒処分を行うことができる。

出向元と出向先のどちらが、労基法、労災保険法、労安衛法等の労働保護法の責任を負うのかという点も問題となり、これについては、当該事項の実質的権限を有するものが責任を負う。たとえば、労基法上の労働時間・休日に関する規定についての使用者責任や労安衛法の事業者責任は、出向先に適用されると解されている。

⑷　復帰命令

以上の出向関係は、出向元の復帰命令により終了する。出向元は、出向労働者を出向元に復帰させる権利を持っていると解されている。労務提供先の再変更であるため、労働者の同意が必要であるという見方もありえるが、最高裁判決は、「労働者が出向元の指揮監督の下に労務を提供するということは、もともと出向元との当初の雇用契約において合意されていた事柄であって」、「将来労働者が再び出向元の指揮監督の下に労務を提供することはない旨の合意が成立したとみられるなどの特段の事由がない限り、労働者が出向元の指揮監督の下に労務を提供するという当初の合意自体には何らの変容を及ぼさ」ないとしている（古河電気工業・原子燃料工業事件・最二小判昭60・4・5労判450号48頁）。もっとも、近時の裁判例の中には、業務上の必要性が存在しない場合、不当な動機・目的がある場合、労働者に対して通常甘受すべき程度を著しく超える不利益を負わせるものである等の特段の事情が存在するときには、復帰命令権の行使が権利濫用になると判示するものがある（相鉄ホールディングス事件・横浜地判平30・4・19労判1185号5頁）。

3 転　籍

(1) 転籍命令権の法的根拠

転籍は、転籍元との労働契約関係が解消される点で出向とは異なる。出向のように就業規則や労働協約上の規定だけで転籍は命じられず、転籍の際の労働者の個別的な同意が必要であるとするのが通説・裁判例の見方である。転籍元の企業と合意解約して転籍先と新たに契約を締結するタイプ（再雇用型）であっても、転籍元から転籍先へ労働契約上の地位の譲渡が行われる場合（譲渡型）であっても、労働者の個別的な同意が必要になる、とされている。採用の際の包括的な同意で転籍を命じることができるとする裁判例（日立精機事件・千葉地判昭56・5・25労判372号49頁）もあるが、社内配転と同様の運用がなされてきた例外的な事情の下での判断であるといえよう。労働協約上に転籍が規定されている場合であっても、このような転籍に関する規定は集団的規制に馴染まず、協約自治の限界を超えるものというべきであり、転籍の際の労働者の個別的な同意が必要になる。

(2) 転籍後の労働関係

上述したように、転籍では元の企業との契約関係は切断され、転籍先のみが使用者となる。そのため、当然のことながら、出向と異なり、転籍元は懲戒処分を行うことができない。転籍後における賃金などの労働条件については、基本的には、転籍時の合意によって処理されるが、労働条件に関する明確な合意がない場合には、労働条件をどのように決定すべきかが問題となる。裁判例には、譲渡型の場合には、転籍元の就業規則が引き継がれ、それを引き下げるのは労働条件の不利益変更となるとしたものもある（ブライト証券・実栄事件・東京地判平16・5・28労判874号13頁）。

4　休　職

配転・出向・転籍によるヨコの人事異動や、昇進・昇格・降格などによるタテの人事異動は、労働者の就労を前提とした、人的資源の長期的・組織的な活用を目的とするものであるのに対して、休職は、契約関係を維持しつつ、一定の期間、就労を免除あるいは禁止する人事措置である。私傷病を理由とする休職（傷病休職）、傷病以外の私的な欠勤を理由とする休職（事故欠勤休職）、刑事事件による起訴を理由とする休職（起訴休職）、自己啓発休職、出向休職などがある。休職は労基法15条の労働条件明示義務の対象となっており（労基則5条）、制度として存在している場合には就業規則に記載されなければならない（労基89条10号）が、民間企業については、その制度化や内容に関する法規制は存在しないため、休職期間の上限や休職期間中の賃金の取扱いは、企業ごとに多様である。ここでは、傷病休職と起訴休職を取り上げることとする。

1　傷病休職

(1)　休職命令

傷病休職とは業務外の傷病によって就労の継続が困難となった場合に、一定期間について就労を免除するものである。傷病休職では賃金が全額保障されることは少ないため、休職処分には労働者に対する不利益処分の側面がある。そのため、休職事由（たとえば、「業務外の傷病によって欠勤し、欠勤開始後3ヶ月を経過しても治癒しないとき」など）の限定解釈が要請される、ということになる。たとえば、頸肩腕障害を理由とした1年間の休職命令につき、通常勤務を行うことに相当程度の支障を来すものである場合に初めて休職事由に該当するとされて、休職命令の無効確認請求を認容する裁判例（富国生命保険〔第3回休職命令〕事件・東京地判平成7・7・26労判684号42頁）がある。

また、休職処分命令に関する事案ではないが、最高裁判決は、現場監督業務に従事していた労働者がバセドウ病により現場作業に従事できないと申し出たために、これに対して会社が自宅待機を命じて賃金を支給しなかったという事案において、職種を限定せずに労働契約を締結した場合には、「現に就業を命じられた特定の業務について労務の提供が十全にはできないとしても、その能力、経験、地位、当該企業の規模、業種、当該企業における労働者の配置・異動の実情及び難易等に照らして当該労働者が配置される現実的可能性があると認められる他の業務について労務の提供をすることができ、かつ、その提供を申し出ているならば、なお債務の本旨に従った履行の提供があると解するのが相当である」と説示している（片山組事件・最一小判平10・4・9労判736号15頁）。職種限定契約を締結していない労働者に対する休職命令は、他の就業可能な業務がある場合には、否定されるということになろう。

なお、傷病休職制度は、解雇猶予のために設けられていると解されている。こうした制度が設けられている場合に、休職を経ることなく傷病を理由とした解雇を行うことは権利の濫用と判断されるべきである（日本ヒューレット・パッカード事件・最二小判平24・4・27労判1055号5頁参照）。

(2)　休職期間満了による雇用終了

このように傷病休職命令は、労働者に対する不利益処分を含むものであり、休職命令自体の有効性が問題となるが、傷病休職期間中に3日間の待機期間を経て健康保険から傷病手当金が支給され、また、上記のとおり傷病休職自体が解雇猶予の機能を果たす側面もある。したがって、傷病休職が法的な問題となるのはむしろ、復職拒否によって休職期間が満了し、雇用終了の効力が認められるかという点であることが多い。この点について、裁判例では、休職命令は解雇の猶予が目的であるため、休職事由が消滅したといえるためには、債務の本旨にしたがった履行の提供が必要であって、それはつまり、①従前の職務を通常の程度に行える健康状態になった場合、②または、当初軽易業務に就かせればほどなく従前の職務を通常の程度に行える健康状態になった場合であるとされている。加えて、③労働者が職種や業務内容を特定せずに労働契約を締結した場合においては、現に就業を命じられた特定の業務について労務の提供が十全にはできないとしても、当該労働者が配置される現実的可能性があると認められる他の業務について労務を提供することができ、かつ、その提供を申し出ているならば、なお債務の本旨にしたがった労務の提供があると解するのが相当である、と解されている（日本電気事件・東京地判平27・7・29労判1124号5頁)。上記片山組事件最高裁判決の基準を用いた解決が図られているということができる。具体的には、脳内出血による後遺症のため休職していた労働者に対する3年間の休職期間満了による退職扱いの有効性が問題となった事案につき、片山組事件最高裁判決の基準に照らして、「現実に復職可能な勤務場所があり、本人が復職の意思を表明しているにもかかわらず、復職不可とした被告の判断には誤りがある」とする例（JR東海事件・大阪地判平成11・10・4労判771号25頁)、双極性障害を発症して休職していた労働者に対する、休職期間満了を理由とする雇用契約終了の効力が争われた事案につき、当該労働者を現実的に配置して労務の提供を受けることが可能な職務が存在したとは認められないとして休職期間満了による雇用契約終了の効力が肯定された例（帝人ファーマ事件・大阪地判平26・7・18労判1189号166頁）などがある。

2 起訴休職

(1) 休職命令

前述のとおり、起訴休職とは、刑事事件による起訴を受けてなされる就労禁止措置である。起訴休職については傷病休職の場合のような健康保険上の傷病手当支給がなく、所得保障が全くないケースが多いため、労働者に対する不利益性が高く、休職事由に関する限定解釈がいっそう要請されることになろう。裁判例では、起訴休職制度の趣旨は、刑事事件で起訴された従業員をそのまま就業させると、職務内容又は公訴事実の内容によっては、職場秩序が乱されたり、企業の社会的信用が害され、また、当該従業員の労務の継続的な給付や企業活動の円滑な遂行に障害が生ずることを避けることにあるのであって、従業員が起訴された事実のみで、形式的に起訴休職の規定の適用が認められるものではないとされている。具体的には、職務の性質、公訴事実の内容、身柄拘束の有無など諸般の事情に照らし、起訴された従業員が引き続き就労することにより、被告の対外的信用が失墜し、又は職場秩序の維持に障害が生ずるおそれがあるか、あるいは当該従業員の労務の継続的な給付や企業活動の円滑な遂行に障害が生ずるおそれがある場合でなければならず、また、休職によって被る従業員の不利益の程度が、起訴の対象となった事実が確定的に認められた場合に行われる可能性のある懲戒処分の内容と比較して明らかに均衡を欠く場合ではないことを要するとされている（全日空空輸事件・東京地判平11・２・15労判760号46頁）。

(2)　休職期間満了による雇用終了

起訴休職については休職期間満了による雇用終了の効力が争われることは少ない。もっとも、近時の裁判例では、傷害致死の容疑により起訴され起訴休職に付された労働者が、８年の懲役刑の判決が下されたため、２年間の休職期間満了に基づいて解雇されたものの、休職からおよそ３年後の控訴審において、傷害致死ではなく暴行罪とされ20万円の罰金刑に処せられたという事案につき、①不当に短い期間でない限り起訴休職期間に上限を設けることができ、２年間を上限とする規定は、労契法７条の合理的な労働条件に該当すること、②懲役８年の一審判決が出されたことにより、休職期間満了時以降も相当期間勾留が継続し、労務の提供ができない状態が継続することが見込まれていたこと、などを指摘して休職期間満了に基づく解雇の効力を認めた例（大阪大学事件・大阪地判平29・９・25判タ1447号129頁）がある。

5　個別的合意による労働条件変更と変更解約告知

1　個別的合意による労働条件変更

労働契約関係は、就業規則規定による配転・出向、格付け制度を通じた昇進・昇格・降格、あるいは休職制度を通じた一時的な就労免除とそれからの復職など、就業規則等による制度の適用や採用時の合意に基づいて展開されることが一般的である。しかし、就業規則や人事制度において予定されている範囲を超えた労働条件変更が、労働者の個別的な同意に基づいてなされることがある（労契８条）。こうした個別合意によって、就業規則で定める基準に達しない労働条件を定めることはできない（労契12条）が、労働者が、賃金債権や退職金債権をその自由意思に基づいて放棄することは妨げられない。

もとより、労使間に存在する交渉力格差を踏まえて、当該合意の成立や労働者の自由意思の認定が慎重に行われるべきことはいうまでもない。裁判例では、賃金債権や退職金債権の放棄事案において、労働者の意思表示が自由意思に基づくものであると認めるに足りる合理的な理由が客観的に存在しているか否かが問題とされてきた（日新製鋼事件・最二小判平2・11・26労判584号6頁など)。ここでいう合理的な理由の具体的内容が明確になっているとはいえないものの、近時の裁判例には、賃金減額の合意成立につき、使用者による説明や情報提供、書面などによる明示的な労働者の承諾の有無を考慮する例（技術翻訳事件・東京地判平23・5・17労判1033号42頁参照）などがみられる。さらに、職種限定契約において、当該職種が労働者の同意に基づいて変更された事案につき、職種変更に係る労働者の同意は自由意思によるものである必要があるとし、①労働者が自発的に職種変更を申し出たのか、それとも使用者の働き掛けにより不本意ながら同意したのか、②後者の場合には、労働者が当該職種にとどまることが客観的に困難な状況であったかなど、当該労働者が職種変更に同意する合理性があるか、③職種変更後の状況はどのようなものか、などを総合考慮して慎重に判断すべきとした例（西日本鉄道〔B自動車営業所〕事件・福岡高判平27・1・15労判1115号23頁）もある。

また、就業規則によって具体化されている賃金制度や退職金制度の変更は、本来的には集団性を帯びた制度変更の問題であるが、裁判例では、「労働契約の内容である労働条件は、労働者と使用者との個別の合意によって変更することができるものであり、このことは就業規則に定められている労働条件を不利益に変更する場合であっても、その合意に際して就業規則の変更が必要とされることを除き、異なるものではない」とされ、就業規則上の賃金や退職金を労使の個別合意で引き下げることが認められている（山梨県民信用組合事件・最二小判平28・2・19労判1136号6頁)。また、その場合、個別合意の成立については、「当該変更を受け入れる旨の労働者の行為の有無だけでなく」、「当該行為が労働者の自由な意思に基づいてなされたものと認めるに足りる合理的な理由が客観的に存在するか否かという観点からも、判断されるべき」であるとされている。加えて、労使の個別合意は、使用者の人事権行使などが均等法や育介法などにおいて禁止される不利益取扱いに該当するかどうかが判断される場面でも、重要な役割を果たすようになってきている

（広島中央保健生協〔C生協病院〕事件・最一小判平26・10・23労判1100号5頁）。

2 変更解約告知

使用者による労働条件変更の申込を労働者が拒否した場合には、当然のことながら、個別合意を通じた労働条件変更は成就しない。そこで使用者は、従来の労働契約を解約したうえで、新たな契約の締結を申し込むという法的手段に訴えることがある（変更解約告知）。裁判例の中には、職種・勤務場所や賃金・労働時間が限定・特定され、労働者の同意なしに、これらの労働条件を変更することはできないという事情の下において、使用者が、経営合理化のため、労働者の職種・勤務場所・賃金・退職金を変更するために、新契約の申込とともに従来の労働契約を解約したという事案につき、①労働条件変更が会社業務の運営にとって必要不可欠であり、②その必要性が労働条件の変更によって労働者が受ける不利益を上回っていて、③労働条件の変更をともなう新契約の締結に応じない場合の解雇を正当化するに足りるやむを得ないものと認められ、かつ、④解雇を回避するための努力が十分に尽くされているときは、解雇が正当化される、と判示する例（スカンジナビア航空事件・東京地決平7・4・13労判675号13頁）がある。変更解約告知を、個別合意や就業規則変更とは異なる新たな労働条件変更手段に位置付け、労働条件変更の必要性を考慮して、解雇の効力を緩やかに認めようとするものであるといえよう。もっとも、こうした裁判例に対して、労働者は新しい労働条件に応じない限り解雇を余儀なくされ、厳しい選択を迫られることになり、しかも解雇の要件が緩やかに判断されるとなれば、労働者は非常に不利な立場に置かれることになるとして、労働条件変更や解雇に変更解約告知という独自の類型を設ける必要はないとする見方もある（大阪労働衛生センター第一病院事件・大阪地判平10・8・31労判751号38頁）。変更解約告知によって労働者が不利な立場に置かれることは、使用者の労働条件変更申込に留保を付けて承諾をすることが認められていない（民528条）こととも関係している。変更解約告知という独自の法的類型を設ける必要があるかについては、民法528条の解釈として留保付き承諾が認められるべきか、留保付き承諾の立法化が必要であるかどうかという問題も含めて、引き続き検討されるべき課題である。

第5節　労働契約と企業組織の変動

経済のグローバル化等によって、企業間競争が激化し、企業経営にスピードと柔軟性が求められるようになり、企業は、その生き残りをかけて、成長性や収益性の高い事業に経営資源を集中して競争力を向上させようと、様々な手法による企業再編を行っている。こうした要請に応じて、会社法の制定等によって、事業譲渡や、合併、会社分割、株式交換・株式移転といった企業再編をより一層容易に行いうるための法制度面での整備がなされてきた。しかし、こうした企業再編、企業組織の変動は、他方で、労働契約関係の承継問題や、労働条件の不利益変更の問題等、労働者の権利にかかわる様々な問題を生ぜしめることになる。本節では、特にそうした問題を引き起こす、合併、会社分割、事業譲渡について、労働法上の問題を概説する。

1　合　併

合併は、会社法において組織法上の企業再編手法とされ、吸収合併であれ新設合併であれ、合併により消滅する会社の権利義務関係は全て合併会社（存続会社または新設会社）に当然に承継されるものとなり（包括承継）、労働契約関係の承継に際しても個別の同意を要せず当然承継されることになる（会社法750条・754条）。したがって、合併では、労働契約等の承継をめぐっては問題を生じることはない。

合併においては、合併当事者の会社間で合併前に異なる労働条件であったものを合併後に統一的な労働条件とするに際し、就業規則や労働協約による労働条件の不利益変更が問題となったり（大曲市農協事件・最三小判昭63・2・16労判512号7頁等）（第2編第3章第2節参照）、余剰人員の整理解雇が問題となりうる（第2編第2章第7節3参照）。

2　会社分割

会社分割も、会社法において組織法上の企業再編手法とされ、会社分割では事業に含まれる権利義務について個別の移転手続は不要で、債務の移転にも原則として債権者の承諾は不要とされる。会社分割には、既存の会社に事業を承継させる吸収分割と（同757条以下）、新設した会社に事業を承継させる新設分割（同762条以下）の２つの形態があるが、会社分割では、分割契約（吸収分割の場合）または分割計画（新設分割の場合）に定められたところにより、権利義務の承継がなされる（部分的包括承継）。

労働契約も分割会社あるいは分割会社と分割先会社の両者により、分割契約・分割計画に記載されたもののみが承継されることになる。しかし、それでは、承継を望まない労働者が承継される不利益（承継の不利益）や、その逆に、分割の対象となった事業に従事する労働者が承継されない不利益（不承継の不利益）が、使用者（分割会社あるいは分割会社と分割先の両者）による一方的な決定によって生じることになる。また、会社分割には、不採算部門を分離して他の部門を生き残らせる手段として濫用されるという特有の危険や、会社の経営状態がことさら悪くなくとも、多角的に事業を営んでいた会社が分割されると、各事業部門が相互に行っていたリスク・ヘッジの機能が失われることにより分割会社のリスクが増大するという側面があることから、労働者の雇用の安定が脅かされる状況が生じうる。そこで、会社分割に関しては、平成12年商法改正附則５条および労働契約承継法（以下、「承継法」）が設けられた。

まず、承継法によって、①承継事業に主として従事する労働者（以下「主従事労働者」という）が分割契約・分割計画に承継対象として記載されていない場合、②承継事業に主として従事していない労働者（以下「非主従事労働者」という）が分割契約・分割計画に承継対象として記載されている場合、一定期間内の異議申出権が認められる。労働者は、①の場合には、承継の効果を発生させることができ（労働承継４条）、②の場合には、承継の効果を免れることができる（同５条）。これに対して、主従事労働者で分割契約・分割計画に記載された者にはこうした異議申出権が認められず、当然に承継されるものとされる（同３条）（なお、「分割会社及び承継会社等が講ずべき当該分割会社が締結している労働契約及び労働協約の承継に関する措置の適切な実施を図るための指針」（平18・４・28厚労告343号）（平成18年指針）第２－５－（４）において、「分割会社及び承継会社等は、効力発生日以後における労働者の雇用の安定を図るよう努めること」との定めがある)。また、承継法は、承継の問題について、分割会社との間に締結されていた労働協約は、分割先会社との間でも締結されたものとみなす、とする規定を設けている（同6条3項)。

この異議申出権については、会社分割の際に、分割会社が主従事労働者に対して、承継法に基づく通知等の手続（同2条）を行わず、転籍合意方式によって転籍させ、その際、労働条件の不利益変更を行った事案において、①「転籍に係る同意が得られたからといって上記通知等の手続の省略が当然に許されるものとは解されない」、②上記のようなやり方は、労働契約がそのまま承継され得ることについて一切説明せず、そのような承継の利益を意識させないまま、形式的に個別に転籍の合意を得て異議申出の前提となる通知の手続を省略し、本来会社分割の際に承継法によって保障されているはずの労働者の利益を一方的に奪い、「同法の趣旨を潜脱するもの」である、③分割会社との労働契約の合意解約および承継会社との労働契約は、「いずれも公序良俗に反し無効と解するのが相当」、④「承継法2条1項所定の通知がなされず、その結果、適法な異議申出を行う機会が失われた場合は、当該労働者は適法な異議申出が行われた場合と同様の効果を主張することができる」と判示する裁判例がある（阪神バス（勤務配慮・本訴）事件・神戸地尼崎支判平26・4・22労判1096号44頁)。なお、2016年の承継法施行規則および平成18年指針の改正により、承継される労働者等への書面通知（同2条1項）の通知すべき事項に、労働条件はそのまま維持されるものであることが追加された（承継則1条2号、平成18年指針第2-1-(4)-イ-(イ))。

次に、前述のような労働者に生じうる不利益を考慮して、会社分割に際しての協議手続等が、承継法7条および平成12年商法改正附則5条に規定されている（具体的内容は、平成18年指針の第2-4-(1)および(2)に定められている)。平成12年商法改正附則5条に基づく協議（5条協議）は、承継される事業に従事している個々の労働者と分割会社との協議であり、承継法7条に基づく「労働者の理解と協力を得る努力」（協議等）（7条措置）は、分割会社と分割会社の全労働者を対象とした事業場を単位とする過半数組合または過半数代表者との集団的な協議その他これに準ずる方法による労働者の理解と協力を得る努力である。

これらのうち、５条協議については、異議申出権が認められずに労働契約が当然に承継される場合を定める「承継法３条は適正に５条協議が行われ当該労働者の保護が図られていることを当然の前提にしているものと解される」から、「上記立場にある特定の労働者との関係において５条協議が全く行われなかったときには、当該労働者は承継法３条の定める労働契約承継の効力を争うことができるものと解するのが相当であ」り、また、「５条協議が行われた場合であっても、その際の分割会社からの説明や協議の内容が著しく不十分であるため、法が５条協議を求めた趣旨に反することが明らかな場合には、分割会社に５条協議義務の違反があったと評価してよく、当該労働者は承継法３条の定める労働契約承継の効力を争うことができるというべきである」と解されている（日本アイ・ビー・エム事件・最二小判平22・７・12労判1010号５頁）。このように、５条協議義務の実質的・重大な違反は、承継法３条の労働契約承継の効力を労働者が争うことを可能とする効果を有するものとされている。

５条協議が法の求める趣旨に沿って行われたかどうかを判断するに当たっては、承継事業に従事する労働者に対し、会社分割後に当該労働者が勤務する会社の概要や当該労働者が承継事業に主として従事する労働者に該当するか否かを説明し、その希望を聴取した上で、当該労働者に係る労働契約の承継の有無や就業形態等につき協議すべき旨を定めている平成18年指針に沿って行われたものであるか否かも十分に考慮されるべきとする裁判例がある（エイボン・プロダクツ事件・東京地判平29・３・28労判1164号71頁）。

これに対して、７条措置は、「分割会社に対して、努力義務を課したものと解され、これに違反したこと自体は労働契約承継の効力を左右する事由になるものではな」く、「７条措置において十分な情報提供等がなされなかったがために５条協議がその実質を欠くことになったといった特段の事情がある場合に、５条協議義務違反の有無を判断する一事情として７条措置のいかんが問題になるにとどまるものというべきである」と解されている（前掲・日本アイ・ビー・エム事件・最判）。このように、７条措置の違反には、労働契約承継の効力を争いうるものとするような効果はないが、それは、５条協議の前段として行われるものとして、その実質的な違反の有無を判断する際に斟酌される事情とされる。

また、分割先会社が速やかに労働条件の変更の交渉を行うことを具体的に予定し、そのことを承継対象となる従業員に周知させるよう希望しており、かつ、分割会社も周知を合意している場合には、分割後に勤務することとなる会社の概要の一内容として説明が可能であると解され、賃金の額をはじめとする労働条件の変更が事後にあり得るのかについては、労働契約の承継の有無について協議をする前提として、労働者が知っておきたいと考えるのも当然であることに鑑み、5条協議の義務を十分なものとするために一定の説明をしておくことが要請されるとの文脈で、そのような場合における分割後の労働条件の変更問題に関して説明をなすべき負担を、分割会社は、労働契約に基づく法的義務として負ったものと解される、とする裁判例もある（EMIミュージック・ジャパン事件・静岡地判平22・1・15労判999号5頁）。

3　事業譲渡

事業譲渡は、取引法上の企業再編手法とされ、権利義務の承継については譲渡元と譲渡先との個別の合意に基づいて決定されるものと解されている（特定承継）。それゆえ、事業譲渡では、譲渡元会社と譲渡先会社との合意により移転させる権利義務関係の範囲を自由に選別することができ、事業の承継に伴う権利義務関係の移転については個別に債権者の同意が必要になる。このような事業譲渡における権利義務の承継の法的性格が特定承継とされていることを利用して、譲渡当事者間で労働契約の承継をしない旨の合意を行い、その後に譲渡元会社が労働者を全員解雇して、譲渡先会社がその労働者の中から選別して新規採用するというやり方（全部譲渡・再雇用型）で、労働者に承継排除の不利益がもたらされること（東京日新学園事件・東京高判平17・7・13労判833号93頁）、とりわけ、全部譲渡の後に譲渡元会社が解散してしまうようなケースで、承継から排除された労働者が、雇用を喪失するという事態に陥ることが問題となってきた。また、そのような再雇用型の事業譲渡において、譲渡先会社での労働条件の不利益変更に応じる労働者を採用し、それに応じない労働者は譲渡先会社が解雇するとの譲渡契約の合意に基づき、労働条件の変更を拒否する労働者を採用しないという形での承継排除により、労働条件の不利益変更を迫ることも問題となってきた（勝英自動車学校（大船自動車学校）事件・東京高判平17・5・31労判898号16頁）。

こうした問題に対して、裁判例では、①労働契約承継の合意には黙示の合意も含まれるとして、事業譲渡前後における事業の「高度の実質的同一性」が認められる場合には、労働契約承継の黙示の合意の存在を認めるもの（タジマヤ事件・大阪地判平11・12・8労判777号25頁）、②事業譲渡が法人格の濫用と判断される場合には、特定の労働者の承継排除や採用拒否をする旨の合意を主張し得ないとするもの（法人格否認の法理）（新関西通信システム事件・大阪地決平6・8・5労判668号48頁）、③労働条件引き下げ等の不当な目的で労働者排除の合意がなされたような場合にはこの合意を公序に反するものとして無効とするもの（前掲・勝英自動車学校（大船自動車興業）事件）、④全部譲渡の際に、事業譲渡当事者間の合意を基礎として、譲渡先会社での就労を希望する労働者の承継または採用を拒否することが解雇規制を脱法するものとして無効とするもの（東京日新学園事件・さいたま地判平16・12・22労判888号13頁）が、展開されてきた。また、学説には、⑤全部譲渡の場合には、合併に準じた法的効果を認めるべきとする「事実上の合併」説といった解釈論もみられる。

しかし、これらの解釈論には限界のあることも指摘されている。①については、事業譲渡当事者が労働契約の不承継を明示的に合意した場合、黙示の合意を導くのは困難である。②については、法人格否認の法理が適用できるための実質的同一性の要件は厳格に解されており、その適用範囲は限定的である。③については、これまでのところ公序の内容があまり明確ではなく、その適用範囲については明確ではない。④については、事業譲渡が企業再編の手法として法律上認められ、特定承継ルールが肯定されている以上、これを解雇規制の脱法行為と評価することはできない。⑤については、そのような「事実上の合併」と意思解釈できるための前提となる事実関係が限定されていることから、やはりその適用範囲は限定的である。そこで、学説には、会社法制定後における会社分割と事業譲渡との間の本質的類似性を根拠に、事業譲渡へ労働契約承継法を類推適用すべきであるが、最終的には、立法による解決、すなわち、労働契約承継法の適用対象をあらゆる形態の事業移転に拡大した上で、その規定の整備を図るべきとの議論もみられる。

第６節　懲　戒

懲戒とは、使用者が労働者に対し行う不利益措置のうち、企業秩序違反行為に対する制裁をいう。

企業活動は多くの人の共同作業によって成り立つものであり、職場規律を保つことは企業活動を維持するうえで重要な要素の１つである。そこで、使用者は、就業規則に服務規律として労働者の行為規範を定め、業務命令違反をはじめとした企業秩序違反行為を懲戒として定めている。こうした懲戒制度を多くの企業が設けていることが、わが国の企業活動の特徴といえる。

本節では、懲戒の法的根拠と限界、そして懲戒事由の種類と懲戒処分の相当性の判断について検討する。

1　懲戒権の法的根拠

そもそも、使用者は労働者に対してなぜ懲戒権を行使できるのか。労基法は「制裁」として懲戒の種類と程度を就業規則に記載すべきことなどを定め(89条９号・90条)、また、労契法は懲戒を濫用してはならないと定める（労契15条)。しかし、懲戒の法的根拠については条文上明らかにされていないため、使用者が労働者に対して懲戒処分をなし得ることをどのように理解すべきかが問題となる。

学説は、使用者固有の権能とする見解（固有権説）と、労使間の合意を根拠とする見解（契約説）に大別される。固有権説は、企業秩序を乱す労働者の行為に対して制裁を加えることは労働契約の本質からして当然であり、それ故就業規則に定めがなくとも使用者は相当程度の懲戒処分をなし得るとする見解であり、戦後の労働法学において有力であった。しかし、今日では、使用者は就業規則の規定に基づかなければ懲戒処分を行うことができないとする契約説が通説的立場であり、懲戒権を行使するためには労働契約上の根拠を要すると解されている。

判例には、「労働者は、労働契約を締結して雇用されることによって、使用者に対して労務提供義務を負うとともに、企業秩序を遵守すべき義務を負い、使用者は、広く企業秩序を維持し、もって企業の円滑な運営を図るために、その雇用する労働者の企業秩序違反行為を理由として、当該労働者に対し、一種制裁罰である懲戒を課することができる」と判示するものがある（関西電力事件・最一小判昭58・９・８判時1094号121頁）。また、使用者は「規則に定めるところに従い」懲戒処分をなしうるとしており、就業規則の規定の存在を懲戒処分の前提と解するものもある（国鉄札幌運転区事件・最三小判昭54・10・30民集33巻６号647頁）。

その後の最高裁判決は、「使用者が労働者を懲戒するには，あらかじめ就業規則において懲戒の種別及び事由を定めておくことを要する」と判示しており（フジ興産事件・最二小判平15・10・10労判861号５頁）、就業規則に懲戒の種別と事由が定められていないかぎり使用者は懲戒処分をすることができないと解していることから、実際上は契約説に近い立場であると理解することができよう。なお、周知を欠いた就業規則を根拠とした懲戒権の行使は無効となる（河口湖チーズケーキガーデン事件・甲府地判平29・３・14労働判例ジャーナル65号47頁）。

就業規則の作成義務のない10人以下の事業所には、懲戒規定がない場合がありうることから、そうした事業所で懲戒処分がなしうるかが問題となるが、10人以下の事業所でも任意に就業規則を作成することは可能であることから、10人以下の事業所でも就業規則を整備することにより、使用者は懲戒権を行使することができると解される。

２　懲戒処分の有効性

懲戒処分が有効となるためには、次の要件を満たす必要がある。これまでの裁判例などによって重視されているのは次の３点である。

1　懲戒事由該当性

第１に、労働者の行為が就業規則の懲戒事由に該当することが必要である。具体的な判断にあたっては、就業規則の文言だけで形式的に判断するのではなく、当該行為が懲戒事由に該当するか否かの判断において合理的な限定解釈を加え、実質的に懲戒事由に該当するか否かを判断することが求められる。

懲戒処分の後に新たに判明した非違行為を使用者が懲戒事由として主張できるか否かも問題となる。判例は、懲戒当時に使用者が認識していなかった非違行為は、特段の事情がない限り、当該懲戒の有効性を根拠付けることはできないとしている（山口観光事件・最一小判平8・9・26労判708号31頁）。

2 懲戒権の濫用

第2に、懲戒事由該当性が認められる場合であっても、懲戒処分が濫用にあたるものであってはならない。懲戒が、労働者の非違行為の性質および態様その他の事情に照らして、客観的合理的な理由を欠き、社会通念上相当であると認められない場合には、懲戒権の濫用として、当該懲戒処分は無効になる（労契15条）。

懲戒処分は労働者にとって重大な職業上・生活上の不利益をもたらすことから、懲戒事由に応じて、懲戒処分の内容が相当なものでなくてはならない。懲戒処分は懲戒事由の種類程度に応じた相当なものでなければならず、処分事由と処分内容にバランスを欠いた処分は、懲戒処分の濫用と判断されることになる。多くの裁判例においても、懲戒処分が懲戒事由には該当するとされながらも、当該行為や諸般の事情を考慮して、処分が重すぎるとして無効とされている。

また、懲戒権の行使が、不当労働行為を禁じる労組法7条、国籍・信条・社会的身分を理由とする差別的な取扱いを禁止する労基法3条などの法令に違反することは許されず、公序良俗に反することも許されない。

3 適正な手続

第3に、懲戒処分に際しては適正な手続が求められる。適正手続の観点からは、懲戒処分を行なう際に本人に弁明の機会を与えることが重視されている。また、懲戒委員会を組織して決議を経るといった懲戒手続を策定している場合には、そのような手続がとられなかった事情は、懲戒処分の有効性判断において効力を否定する要素として判断される。

また、「平等取扱原則」として、同一の非違行為には、同種類・同程度の処分が行われるべきことが求められる。たとえば、以前に戒告処分を下した小さな非違行為について、今度は別の労働者を懲戒解雇などの重い処分を行うといった運用は、懲戒権の濫用にあたる可能性が高い。

この他には、懲戒処分の解釈にあたり、就業規則の懲戒規定は制定前の行為には適用されず（不遡及の原則）、同一の行為に対して２回以上の処分は許されない（一事不再理の原則）と解されている。

使用者の懲戒権の行使の時期が問題となるケースもある。判例は、懲戒事由に該当する上司への暴行に対してなされた諭旨退職処分が、暴行事件後７年以上経過してなされた事案において、長期間にわたって懲戒権の行使を留保する合理的な理由が見出し難いとして、懲戒権の濫用として無効と判断している（ネスレ日本事件・最二小判平18・10・６労判925号11頁）。

3　懲戒の種類

懲戒の種類は、各企業によってさまざまであるが、一般的には、戒告、譴責、減給、出勤停止、諭旨解雇、懲戒解雇等の懲戒処分を就業規則に定めている企業が多い。この他にも、厳重注意、賞与不支給、降格、自宅待機の措置がとられることもある。懲戒解雇は、多くの企業において退職金が支払われないなど、労働者にとっては重い制裁となる。

1　戒告・譴責

戒告・譴責とは、口頭または文書で労働者の将来を戒める処分である。始末書の提出を求めるものを譴責と称する場合が多い。戒告・譴責は、労働者に対して直接的な経済的不利益を課すものではないが、後日、人事考課において低い査定をされたり、労働契約上の地位ないし待遇に不利益な影響が及ぶ可能性がある場合には、訴えの利益は肯定される（関西電力事件・大阪高判昭53・６・29労判302号５頁）。

ただし始末書の提出を強制することは、労働者の「内心の自由」（憲19条）に関わるものであり、始末書の不提出自体を懲戒の事由とすることは許されない（福知山信用金庫事件・大阪高判昭53・10・27労判314号65頁）。他方、始末書の不提出が、就業規則に定める「職務上上長の指揮命令に従わ」ない場合にあたるとして、これを理由とする懲戒処分を認めた事例もある（エスエス製薬事件・東京地判昭42・11・15労民集18巻6号1136頁）。

2 減　給

減給は、労働者に対する制裁として、使用者が一方的に賃金を減額する処分である。歴史的に、職場規則違反等を理由に、過酷ともいえる減給処分が行われてきた。労働者に過酷な経済的不利益を課すおそれのある処分となることから、労基法は、「その減給は、1回の額が平均賃金の1日分の半額を超え、総額が1賃金支払期における賃金の総額の10分の1を超えてはならない」（労基91条）と規定している。ここでいう「1回の額」とは懲戒事件1件についての減給額であるから、1件につき数回にわたる減給は許されない。また、数回の事案について減給を行う場合も、その総額が1賃金支払時期の賃金の10分の1を超えてはならない（昭和63・3・14基発150号）。

遅刻や欠勤等により賃金カットが行われる場合には、ノーワーク・ノーペイの原則に基づく措置であり、減給処分にはあたらない。勤務がなされなかった時間に対応する部分を超えて賃金を差し引く場合は、懲戒処分としての減給となり、労基法91条が適用される。

3 出勤停止

出勤停止は、労働契約関係を継続しつつ、一定期間の就労を禁止して賃金を支払わない処分である。この処分は減給ではないので、労基法91条の適用を受けない（昭23・7・3基収2177号）。

出勤停止は、出勤停止期間中は賃金が支給されず、勤続年数にも通算されないのが一般的であり、長期の出勤停止処分は過酷な処分となりうる。そこで、非違行為に比して不当に長期にわたる出勤停止は、相当性の観点から無効と解される場合がある（七葉会事件・横浜地判平10・11・17労判754号22頁）。

4 諭旨解雇

諭旨解雇は、懲戒解雇を若干緩和した処分であり、使用者が労働者に対し退職願や辞表の提出を勧告し、労働者が応じない場合は懲戒解雇にするというものが多い。退職金を一部支給または全部支給とすることも多い。

諭旨解雇は、形式的には任意退職であるが、懲戒処分の１つであることからその法的効力については懲戒解雇と同様に争うことができる（ネスレ日本事件・最二小判平18・10・６労判925号11頁）。

5 懲戒解雇

懲戒解雇は、制裁として行われる解雇の処分であり、懲戒処分として最も重いものである。通常は、解雇予告または解雇予告手当の支払い（労基20条１項）がなく解雇処分がなされ、退職金の減額または全額不支給の場合も多い。ただし、懲戒解雇が常に即時解雇となるわけではなく、労基法20条１項に定める即時解雇を行いうるかを別個に判断することになる。

懲戒解雇は、退職金が支払われないなど、過酷な処分となりうることから、懲戒解雇の有効性判断にあたっては、とくに厳格に行う必要があろう。懲戒解雇をめぐって問題となるのは、懲戒解雇と退職金不支給ないし減額の関連性である。懲戒解雇がなされた場合における退職金不支給の是非は、退職金制度の趣旨（退職金の功労報償的性格など）に照らし、過去の功労を無にするほどの背信行為等があったかどうかで判断される。

4 懲戒事由

懲戒処分の対象とされる懲戒事由としては、①経歴詐称、②職務上の非違行為、③業務命令違反、④職場規律違反、⑤私生活上の非行、⑥内部告発行為等が典型例である。前述のように、懲戒事由について就業規則に規定していることが必要であり、また、就業規則に規定があったとしても、使用者の恣意的な判断で無限定に認められるものではない。就業規則の懲戒事由に関する規定は合理的な限定解釈を要することが多く、企業秩序を現実に侵害したか、またはその実質的危険があると言えることが必要である。以下では、懲戒事由の典型例をとりあげる。

1 経歴詐称

経歴詐称とは、履歴書や採用面接に際して経歴を偽ることである。学説には、経歴詐称は労働契約締結時の行為であって、企業秩序侵害行為ではないとして懲戒事由にあたらないとする見解もある。しかし、判例は、学歴詐称について、労働契約関係が信頼関係を基盤とする継続的契約であり、労使の信頼関係や適正な労務配置を阻害するなど企業秩序を侵害することから、経歴詐称は懲戒処分の対象となるとし、学歴を高く偽った場合はもちろん、低く偽った場合にも懲戒解雇を有効としている（炭研精工事件・最一小判平３・９・19労判615号16頁、メッセ事件・東京地判平22・11・10労判1019号13頁）。

なお、病歴の秘匿については、労働力評価や適正配置を誤らせる場合には問題となりうるが、裁判例には、視力障害を秘匿していたことが重機運転手としての不適格性をもたらすとはいえないとして、懲戒解雇事由に該当するとまではいえないとしたものがある（サン石油（視力障害者解雇）事件・札幌高判平18・５・11労判938号68頁）。

2 職務上の非違行為

職務上の非違行為とは、労働の遂行が不適切な行為をいい、無断欠勤、職場離脱、勤務成績不良などがそれにあたる。

長期間にわたる無断欠勤は、懲戒処分の対象となる（懲戒解雇を有効とした例として、日経ビーピー事件・東京地判平14・４・22労判830号52頁）。もっとも、メンタルヘルス不調に起因した欠勤の事案において、最高裁は、使用者が健康診断や休職措置を精神的不調のために欠勤を続けていると認められる従業員に対して、精神科医による健康診断を実施するなどして、その結果に応じて休職等を検討し、その後の経過を見るなどの対応をとるべきであって、そのような対応をせずになされた諭旨退職処分を無効と判断している（日本ヒューレット・パッカード事件・最二小判平24・４・27労判1055号５頁）。

職務懈怠は、民法上、労働者に債務不履行責任を発生させるものであるが、当該行為が、服務規律に違反し、企業秩序を乱したと評価される場合には、懲戒処分の対象になる。たとえば、勤務時間内に出会い系サイトに私用メールを受送信したことを理由に懲戒解雇が有効とされた事案がある（Ｋ工業技術専門学校（私用メール）事件・福岡高判平17・９・14労判903号68頁）。私的なチャット行為を理由とした懲戒解雇の有効性が争われた裁判例では、社会通念上相当な範囲といえるものについては職務専念義務に反しないが、社会通念上、社内で許される私語の範囲を逸脱したものと言わざるを得ず、職務専念義務に違反するとして、結論として懲戒解雇が有効とされている（ドリームエクスチェンジ事件・東京地判平28・12・28労判1161号66頁）。

3　業務命令違反

使用者の業務命令（就業に関する指示、所持品検査の命令等）が、労働契約の範囲内でなされたにもかかわらず、当該命令に労働者が従わなかった場合には、原則として懲戒処分の対象となる。もっとも、業務命令違反によって企業秩序が現実に侵害されていない場合には、業務命令違反と処分の程度等を勘案して、懲戒解雇等を無効とする裁判例も少なくない（メレスグリオ事件・東京高判平12・11・29労判799号17頁）。

なお、労働者の所持品検査について、裁判所は、「所持品検査は、これを必要とする合理的理由に基づいて、一般的に妥当な方法と程度で、しかも制度として、職場従業員に対して画一的に実施される」必要があり、「就業規則その他、明示の根拠に基づいて行なわれ」なければならないとして、使用者の権利行使に厳しい要件を課している（西日本鉄道事件・最二小判昭43・８・２民集22巻８号1603号）

4　職場規律違反

企業は、職場内における労働者の行動を規律する目的で、たとえばセクシュアル・ハラスメント対策規程等を就業規則に定めるのが通例であり、こうした職場規律に違反することも懲戒処分の対象となる。

また、企業秘密の漏洩、競業、従業員の引き抜き等の行為は、企業秩序を侵害する態様であれば懲戒処分の対象となる。裁判例では、会社の顧客情報等の漏洩等を理由とした懲戒解雇が有効とされている（メリルリンチ・インベストメント・マネージャーズ事件・東京地判平15・９・17労判858号５頁、ヒューマントラスト事件・東京地判平24・３・13労判1050号48頁等）。

問題となるのは、職場内の政治活動（ビラ配布、職場集会等）を就業規則等で禁止、または許可制にする旨を定め、これに違反する労働者を懲戒処分にできるのかどうかである。最高裁は、職場内における従業員の政治活動は、従業員相互間の政治的対立ないし抗争を生じさせるおそれ、使用者の施設管理を妨げるおそれ、また休憩時間の自由利用を妨げる等のおそれのあることを理由に、企業秩序維持の見地から、就業規則により職場内における政治活動を禁止したり、許可制の下におくことは合理性があると判示した（目黒電報電話局事件・最三小判昭52・12・13民集31巻７号974頁）。また、最高裁は、職場内の政治活動も、事業場内の秩序を乱すおそれのない特別の事情が認められるときは、規程違反になるとはいえないとしている（明治乳業事件・最三小判昭58・11・１労判417号21頁）。

5　私生活上の非行

勤務時間外の行動は、私生活上の行為として使用者が介入できない領域であるが、労働者は信義則上、使用者の利益や名誉を毀損しない義務を負うと解されることから、職場外でされた職務遂行に関係のない所為であっても、企業秩序に直接の関連を有する場合（横浜ゴム事件・最三小判昭45・７・28民集24巻７号1220頁）、会社の社会的評価に重大な悪影響を与えるような場合（日本鋼管事件・最二小判昭49・３・15民集28巻２号265頁）には、企業の社会的評価の低下毀損につながる行為として懲戒処分の対象となりうる。

裁判例には、私鉄会社の社員が他社路線の車内で痴漢を繰り返した事案において、第一審では、懲戒解雇を有効とし、退職金も全額不支給としたのに対し、控訴審では、労働者の勤務態度や服務実績から退職金の７割減額が相当と判断したものがある（小田急電鉄事件・東京高判平15・12・11労判867号88頁）。

6　内部告発

労働者による内部告発は、企業の不正行為等を改善する契機となることから、その重要性が広く認識されるようになった。しかし一方で、企業外の第三者に情報を開示する場合には、企業の名誉・信用を毀損し、または企業秩序を乱す可能性を有する行為であるとして、多くの裁判例において懲戒処分の有効性等が争われている。

労働者による内部告発が正当なものとして認められるかどうかについて、

裁判例では、①内部告発の内容が真実であるか、または真実と信じるに足りる相当の理由があるか、②内部告発の目的が公益性を有するか、③内部告発の手段・態様が相当であること等を総合考慮したうえで、懲戒処分の有効性等が判断されている（トナミ運輸事件・富山地判平17・２・23労判891号12頁、大阪いずみ市民生活協同組合事件・大阪地堺支判平15・６・18労判855号22頁等）。

なお、企業等の不正や違法行為を内部告発したことを理由とする解雇の禁止等を内容とする公益通報者保護法が2006年から施行されている。同法は、通報内容を罰則のある政令指定の法令違反に限定し、企業内に対する内部通報をあらかじめ行うことを原則として求める手続き等を保護の要件としている。こうした内部通報を優先する制度設計は企業の自浄作用に期待したものであるが、社内通報制度が機能しておらず、通報者に対する報復が行われるケースがあるなど、公益通報者保護法の課題も指摘されている。

第７節　労働契約の終了

1　労働契約の終了形態

労働契約関係の終了には諸種の形態がある。まず、労働者による一方的解約を任意退職という（辞職とも呼ばれる）。また、労働者と使用者の意思の合致による解約を合意解約という。これらは、いずれも労働者の意思が介在している点で、まとめて退職と呼ぶこともある（本節2参照）。対して、使用者による一方的な解約が解雇である（本節3参照）。

当事者による意思表示を要せずに労働契約関係が終了する場合もある。期間の定めのある労働契約（有期労働契約）においては、期間満了により契約は当然に終了する。この際、労働者が継続就労のために契約更新を望んでも、使用者がこれを拒む場合がある。これが、いわゆる雇止めである（本節4参照）。その他、当事者の消滅、たとえば使用者たる法人の解散や労働者の死亡があれば、当然に当該労働契約関係は終了する（ただし法人の解散の場合に契約承継が行われる場合はありうる）。

さらに、定年や休職期間満了のように、一定事由の発生によって労働関係を終了させる旨を予め合意しておく場合もある（本節⑤参照）。これらは解雇事由として約定されることもあるが、独自の問題として別途検討を行っておく。

なお、いずれの形態によるにせよ労働契約の終了に際しては、それ自体を制限するものではないものの、労働者保護のために使用者には諸種の義務が課されている（本節⑥参照）。

２　退　職

1（任意）退職の保障

労働者の職業選択の自由（憲22条１項）に鑑みれば、労働者が望むときに退職できるかどうかは、重要な問題である。当事者双方の意思表示がある合意解約であれば、基本的には契約自由の原則が妥当するため、いつでも、また理由を問わず、退職することができる。問題は、任意退職（辞職）の自由の有無である。

この点はまず、期間の定めのない労働契約（無期労働契約）と有期労働契約とを分けて考える必要がある。無期労働契約の場合、民627条１項前段によれば両当事者とも「いつでも」解約を申し入れることができる。これは、時期だけでなく理由も問わない趣旨と解されている。そしてまた、この規定は労働者の行う任意退職については強行法と解されている（労働者に不利でない別異取決めのみが認められる。片面的強行規定）。したがって、無期労働契約の場合、労働者には任意退職の自由が保障されているということになる。他方、有期労働契約については、契約上約定された期間に拘束されるため（期間拘束力）、原則として任意退職の自由はない。

しかし、期間途中であっても労働者の退職を不当に制限しないよう、期間拘束力には例外が設けられるべきであるし、実際に諸種の例外が存在する。第１に、「やむを得ない事由」がある場合には期間途中でも解約が可能である（民628条前段）。第２に、一定の年数が経過した場合に期間途中でも解約できるように、制定法上、期間拘束力が部分的に緩和される場合もある。まず、１年を超える契約期間が設定された場合、１年を経過すれば労働者は「いつでも」つまり時期や理由を問わず退職することができるとされている

（労基附則137条）。ただし、一定の事業の完了に必要な期間を定めるものは同条の対象とならない。そのような場合には、労基14条の期間上限規制も適用されないため、労働者に対する不当に長期の拘束が懸念されるが、民626条１項により５年経過で当事者に解約権が与えられる。第３に、黙示の更新（民629条１項）が生じている場合、無期契約と同じ予告期間での退職の自由が保障される（民627条）。第４に、労働者による解約について民628条を任意規定と解せば（そのような例として、ネスレコンフェクショナリー関西支店事件・大阪地判17・３・30労判892号５頁）、契約や就業規則に任意退職を可能とする特約がある場合、それに従い退職することが可能となる。第５に、これは有期労働契約に限られないことだが、契約締結時の明示労働条件と現実の労働条件に相違がある場合、即時に任意退職することが可能である（労基15条２項）。

なお、退職の意向を示した労働者に対して、使用者から損害賠償請求が示唆されるケースがある。しかし、労働者が自身に保障されている自由を行使した結果に過ぎない以上、また、労働者の退職は企業経営上あらかじめ見込まれるべきリスクと考えられるから、労働者の一方的退職によって職場に混乱が生じたとしても、信義に反する方法で退職したというような特段の事情がない限り、労働者に損害賠償責任は発生しないと解される。有期労働契約については民628条後段があるが、労働者の職業選択の自由、また、労働者に対する身分的拘束を排除しようと労基法が労働憲章として諸種の規制を置いている現行法の理念、さらには、有期労働契約の締結事由規制を有しないわが国の法状況に照らせば、労働者による解約については同様に限定的に解されるべきと思われる。

2 予告期間

契約自由に委ねられる合意解約と異なり、任意退職については一定の予告期間をおくことが必要となる場合がある。

無期労働契約の場合、原則的に２週間の予告期間が求められる（民627条１項後段）。もっとも、上述の同項前段と同じく片面的強行規定と解せば、労働契約や就業規則により短い予告期間を定める規定がある場合、当該短縮特約に従うべきこととなる。また、無期契約労働者についても「やむを得ない事由」が発生した場合には即時解約ができるものと解される（民628条：有期労働契約「であっても」）。なお、従来は民627条2項および3項により、原則的な予告期間が2週間より長くなる可能性もあったが、2017年の債権法改正（平成29年法律第44号）により、これらの規定の適用対象から労働者が外されることとなった。

有期労働契約については、任意退職の根拠となる規定ごとに予告期間が決まってくる。例えば、やむを得ない事由（民628条）による場合には即時解約が可能とされているが、民626条1項による場合には2週間（同条2項）、民629条1項による場合には民627条により2週間となる。労基附則137条は予告期間が明らかでないが、学説では民627条あるいは626条2項の類推適用の主張がなされている。

3 退職の意思表示の撤回

(1) 問題の所在

労働者が退職の意思表示を行った後に、翻意してこれを撤回する場合がありうる。たしかに、これを無制約に認めれば使用者に過大な負担を課すこととなりかねない。しかし他方で、退職という行為が通常労働者の生活の基盤たる従業員としての地位を消滅させる重大な行為であることに鑑みると、一定の範囲で労働者に撤回可能性を認めることも必要であろう。また、そもそもの退職の意思表示の認定についても、慎重な姿勢が求められる。

(2) 退職の意思表示の認定

上記のような当該行為の重大性からすれば、退職の意思表示は、労働契約関係の解消という法律効果を目指す効果意思たる退職の意思を確定的に表明するものでなければ、そもそも当該意思表示があったものと認められないものと解される（医療法人社団充友会事件・東京地判平29・12・22労判1188号56頁参照）。

退職の意思表示は要式行為とはされていないため、特に「退職届」や「退職願」のような書面によらなくとも効力が否定されるわけではない（全自交広島タクシー支部事件・広島高判昭61・8・28労判487号81頁）。しかし裁判例では、上記の厳格な意思表示認定の観点から、書面によらない退職の意思表示の認定には慎重姿勢が示されている（前掲・医療法人社団充友会事件）。このように、書面で明確かつ確定的に退職の意向が示されることには、意思表示認定上の意味があるといえる。これまで、口頭での曖昧な発言（株式会社朋栄事件・東京地判平９・２・４労判713号62頁）や、口論に近いやり取りの中で発せられた発言（下崎商事事件・福岡地飯塚支判昭38・11・19別冊労旬514号10頁）が、また最近では、コミュニケーション用アプリ（LINE）での会話（前掲・医療法人社団充友会事件）が、そもそも労働者の退職の意思表示として認定されなかった。

他方で、口頭での発言（学校法人大谷学園事件・横浜地判平23・７・26労判1035号88頁、地位確認等請求事件・東京地判平30・３・27判例秘書 L07330560）や、電子メールでのやり取り（地位確認等請求事件・東京地判平30・３・28判例秘書 L07330438）によって合意解約が認められた例もある。書面性が唯一決定的な要素というわけではない。退職の意思表示が認定されなかった例と認定された例の双方で、前後の出来事や言動も併せて考慮されている。書面性に加えて、当該言動の発せられた文脈も、意思表示認定上重要といえる。

さらに近年では、妊娠中の女性労働者との退職合意の認定について、雇均１条、２条、９条３項の趣旨に照らして、「自由な意思に基づいてこれを合意したものと認めるに足りる合理的な理由が客観的に存在するか慎重に判断する必要がある」とする裁判例が登場している（TRUST 事件・東京地立川支判平29・１・31労判1156号11頁）。もっとも退職の意思表示一般に同様の審査が行われるかは定かでない（否定的な見解を示したものとして、未払賃金反訴請求事件・東京地判平31・１・22判例秘書 L07430158）。

(3)　任意退職の意思表示か合意解約の申込みか

退職の意思表示があったものと認定されても、次に問題になるのは、当該意思表示が任意退職の意思表示なのか合意解約の申込みなのかである。これは現実には判然としない場合が多いが、前者であれば、当該意思表示の到達時点で契約関係を解消する効果が発生するのに対して（民97条）、後者であれば、使用者の承諾があって初めて契約関係が解消される。要するに、労働者が考え直すことができる（退職の意思表示を撤回することができる）時間の長短に関わるのである。両者の判別方法について、裁判例では、基本的には合意解約の申込みと解すべきとされている。というのも、一般的には労使双方とも円満な合意解約を求めるとの推測ができ（前掲・全自交広島タクシー支部事件）、また、生活の基盤たる従業員の地位を直ちに失わせるという効果の重大性を考慮すべきだからである（株式会社大通事件・大阪地判平10・7・17労判750号79頁）。使用者の態度如何に拘わらず契約を終了させる強い意志が客観的に明らかな場合にのみ、任意退職の意思表示と解されることになる。

(4)　撤回可能性

もちろん、任意退職の意思表示も、上記のとおりそれが相手方に到達するまでであれば撤回可能である。しかし、現実には撤回可能な時期はかなり限定的と思われる（「到達」概念につき最一小判昭36・4・20民集15巻4号774頁参照）。

これに対し、合意解約の申込みであれば、それが相手方に到達した以降も、相手方からの承諾の意思表示により合意が成立する前に撤回すれば、契約を維持できる。そこで問題は、①合意解約の成立をどのようにして認めるか、また、②成立前であれば撤回に制約がないか（申込みに拘束力がないか）ということになる。

①は、具体的には、何をもって承諾の意思表示と認定し、どの時点で合意解約の成立を認めるかという問題である。前者はとりわけ、当該組織内で退職の承認権限を有する者が誰かという問題である（例えば、大隈鐵工所事件・最三小判昭62・9・18労判504号6頁、岡山電気軌道（バス運転者）事件・岡山地判平3・11・19労判613号70頁、前掲・学校法人大谷学園事件等参照）。この点では、就業規則等の社内諸規定が参照される傾向がある。後者について、最高裁は、退職決裁権者が合意解約の申込みの意思表示を受領した段階としたことがある（前掲・大隈鐵工所事件）。しかしこの判断は、慰留に拘らず退職願が人事部長に直接提出されたという事案的な特殊性を抜きにしては理解・評価できないものと思われる。承諾の意思表示の到達まで撤回可能と明言する裁判例も存在し（前掲・学校法人白頭学院事件。また、塩野義製薬事件・大阪地決昭63・9・6労判528号91頁は、退職承認を労働者に告知した日に合意が成立したものと認定している）、かかる判断は最高裁判例と必ずしも矛盾しないであろう。また、隔地者間に関する限り、2017年債権法改正により、改正前の民526条が削除され、承諾の意思表示の効力発生についても到達主義（民97条）に統一されている。以上要するに、合意解約の成立には、退職を承認したことの意思表示が労働者に到達したと評価できる事実が求められるものと思われる。

②に関して、従来の判例は、2017年債権法改正前の民521条や524条の枠組みに拘らず、独自の判断枠組みを発展させてきた。すなわち、信義に反する特段の事情がない限り、合意解約の申込みは自由に撤回しうるものとしてきたのである（大隈鐵工所事件・名古屋高判昭56・11・30判時1045号130頁、穂積運輸倉庫事件・大阪地判平８・８・28労経速1609号３頁、前掲・学校法人白頭学院事件）。その背景には、新たな契約締結の申込みの場合を典型的に想定している民法の521条以下の規定を、合意解約の申込みにそのまま適用はできないという認識があったものと思われる（前掲・大隈鐵工所事件名古屋高判参照）。債権法改正後の新たな民525条１項は「相当な期間」撤回できないとしているが、かかる判例の認識が維持されるとすれば、労働者の退職の意思表示については今後も撤回は基本的に自由と解されるであろう。債権法改正案の審議過程でも、同旨、すなわち、労働契約の特殊性に着目した解釈論が維持されうることが指摘されている。

4　退職勧奨・強要

(1)　問題の所在

退職勧奨とは、使用者が労働者に対し自発的な退職意思の形成を促すためになす説得等の行為を指すといえる。実際に行われる退職勧奨の形態は様々であろうが、法的には、使用者による合意解約の申込み、または、労働者による退職の意思表示の誘引とみることができる。

そうであれば、退職勧奨は基本的に契約自由の範疇に属するものといえるし、また、それ自体に対する直接の規制は存在しない。しかし、自由な意思形成の阻害は労働者の自己決定権の侵害であり、また、名誉感情等の阻害は労働者の人格的利益の侵害とみることができる（日本アイ・ビー・エム事件・東京高判平24・10・31労経速2172号３頁）。それゆえ、そのような許されざる退職強要に対する規制法理が求められる。

(2)　不法行為責任

まず認められるべきは、不法行為責任である。判例も、「被勧奨者の任意の意思形成を妨げ、あるいは名誉感情を害するごとき……勧奨行為は違法な権利侵害として不法行為を構成する」（下関商業高校事件・広島高判昭52・１・24

労判345号22頁）としている（同・最一小判昭55・７・10労判345号20頁により確定。また、同旨として前掲・日本アイ・ビー・エム事件）。

日本航空事件・東京高判平24・11・29労判1074号88頁によれば、「退職勧奨を行うことは、不当労働行為に該当する場合や、不当な差別に該当する場合などを除き、労働者の任意の意思を尊重し、社会通念上相当と認められる範囲内で行われる限りにおいて違法性を有するものではないが、その説得のための手段、方法が上記範囲を逸脱するような場合には違法性を有する」（最三小判平25・10・22労経速2194号11頁により確定）。このように、何が許されない退職強要に該当するかの具体的判断においては、「社会通念上の相当性」がポイントとなろう。

ところで、退職勧奨の違法性が争われる事案では、問題となっている言動がいわゆるパワー・ハラスメントのようなハラスメントといいうる場合が少なくない。例えば、公益財団法人後藤報恩会ほか事件・名古屋高判平30・９・13労判1202号138頁、Ａ住宅福祉協会理事らほか事件・東京地判平30・３・29労判1184号５頁、Ａ社長野販売ほか事件・東京高判平29・10・18労判1179号47頁、国際信販事件・東京地判平14・７・９労判836号104頁、全日本空輸（退職強要）事件・大阪高判平13・３・14労判809号61頁、松蔭学園事件・東京高判平５・11・12判タ849号206頁がそうである。この限りでいえば、上記の「社会通念上の相当性」は、パワハラをめぐって明確化されてきた基準を参考にすることで具体化が可能である。

⑶　労働契約の存続

退職強要に応じて労働者が不本意に退職の意思表示をしてしまった場合、不法行為に基づく損害賠償に加えて、当該意思表示に拘わらず労働契約上の地位確認を求めることができるだろうか。

まず考えられるのは、意思の欠缺または意思表示の瑕疵についての民法上の諸規定を利用することである。実際、懲戒解雇事由があるものと誤信してなされた退職の意思表示について錯誤無効（民95条）を認めた例（学校法人徳心学園（横浜高校）事件・横浜地決平７・11・８労判701号70頁、昭和電線電纜事件・横浜地川崎支判平16・５・28労判878号40頁）や、該当事由がないのに懲戒解雇等の可能性を示して退職勧奨を行ったことを強迫（民96条１項）として退職の意思表示の取消しを認めた例（ニシムラ事件・大阪地決昭61・10・17労判486号83頁、沢井商店事件・大阪地決平元・３・27労判536号16頁、損害保険リサーチ事件・旭川地決平６・５・10労判675号72頁）がある。強迫の成立が認められた例としては、長時間の退職勧奨により身体的・精神的苦痛を与えたものもある（陸上自衛隊（第32普通科連隊）事件・東京地判昭57・12・22労判400号22頁）。

しかしそもそも、当該行為の重大性に鑑みて労働者の退職の意思表示認定には慎重な姿勢が求められるところ、退職強要が疑われるような状況下では、特に慎重な判断が必要であろう。女性労働者の妊娠、出産、産前・産後休業および育児休業の取得などを理由とする不利益取扱いの禁止が関係する特殊性はあるが、「労働者の真意に基づかない勧奨退職」は（雇均法や育介法が禁じる不利益取扱いである）「退職の強要」であるから、「退職の意思表示があったこと、その意思表示が労働者の真意（自由な意思）に基づくことの認定は慎重に行うべき」とした裁判例がある（前掲・医療法人社団充友会事件東京地判）。

３　解　雇

1　一般的解雇制限（解雇権濫用法理）

⑴　問題の所在

民627条１項によれば、無期労働契約の解約は「いつでも」可能とされており、時期だけでなく理由も問わない趣旨と解されている。これは、労働者側からみれば任意退職の自由の保障として機能することは前述のとおりだが、反対に使用者側からみれば、民法上は「解雇の自由」が出発点とされていることを意味する。

しかしながら、まず、解雇は通常労働者の生活の基盤たる従業員としての地位を失わせる行為であり、生存権保障の観点からこれを容易に認めるべきではない。また、いついかなる理由でも解雇されうるということになれば、それがある意味での脅しとなり、労働関係における労働者の自由を不当に制約する恐れがある。

⑵　解雇権濫用法理の確立

学説上はかつて、上記民法規定のとおり解雇は自由とする解雇自由説と、逆に解雇は自由でなく正当事由がある場合に初めて許されるとする正当事由説を両極の立場として、解雇権論争が展開された。その中に、使用者の解雇の自由を原則として承認しつつ、この解雇権行使について濫用がないかの審査を広く認めていこうとする権利濫用説も存在した。

このうち、下級審裁判例の主流となっていったのが権利濫用説であった。その後、同説が最高裁判例で採用されるに至り、解雇権濫用法理がわが国において確立していくことになる。まず日本食塩製造事件・最二小判昭50・４・25民集29巻４号456頁が、ユニオン・ショップ協定に基づく解雇の有効性に関連して、「使用者の解雇権の行使も、それが客観的に合理的な理由を欠き社会通念上相当として是認することができない場合には、権利の濫用として無効になる」と判示した。さらにその後高知放送事件・最二小判昭52・１・31労判268号17頁が、労働者に非のある行為を理由とした解雇についても同旨を判示した。

その後、2003年の労基法改正（平成15年法律第104号）において、上記のような解雇権濫用法理が労基18条の２に明文化され、さらに2007年制定の労契法の16条にそれが引き継がれている。

⑶　概　説

労契16条によれば、客観的合理的理由を欠き、社会通念上の相当性が認められない場合に、解雇は無効となる。これは客観的合理的理由と社会通念上の相当性という２つの要件を示しているものとされる。両者の関係は、両方を欠いて初めて無効となるのではなく、いずれかを欠けば無効となるものと解されている。逆にいえば、この２つがそろって初めて解雇はその有効性を維持できるということになる。ただ、現実の裁判例では両者を厳密に区別しているわけではない。

権利濫用の法律構成を採る以上、権利が濫用されていること（客観的合理的理由または社会通念上の相当性が欠けていること）の主張立証責任は、第一義的には労働者にあるものと解されている。もっとも、裁判実務では、この労働者の立証を容易に認め、実際には使用者に対して客観的合理的理由と社会通念上の相当性の存在についての立証責任を多く負わせることが行われてきたといわれ、立法過程でも同様のことが確認されている（上記2003年労基法改正時の衆参両院厚生労働委員会附帯決議）。

一般に解雇の合理的理由が認められうるのは、①労務提供不能や能力不足・適性欠如を理由とした解雇、②労働者の非違行為を理由とした解雇、③使用者側の経営上の理由（例えば経営不振）により人員を削減するための解雇（整理解雇）、④ユニオン・ショップ協定に基づく解雇といったものである。

なお、解雇の事由は就業規則の絶対的必要記載事項とされているところ（労基89条3号）、そのような解雇事由記載の意義については議論がある。学説は、就業規則上の解雇事由は例示に過ぎずそれに限らず解雇可能とする例示列挙説と、逆に解雇不可とする限定列挙説に分かれる。さらに、契約（就業規則規定等）の解釈の問題とする説もある。裁判例の傾向については評者によって理解が分かれているが、就業規則上の記載によって使用者が「自ら解雇権の行使を就業規則所定の理由がある場合にのみ限定した」と解したものとして、寿建築研究所事件・東京高判昭53・6・20労判309号50頁がある。

(4)　各論①（労務提供不能、能力不足・適性欠如）

傷病により労働者が労務提供不能になった場合、もはや契約の目的を達成できないのであるから、基本的には解雇は有効と考えられる。しかし、まず当該傷病が業務上のものである場合、業務災害休業者としての保護がある（後述3）。また、仮に業務外の傷病（私傷病）であったとしても、以下の通り留意すべき点がある。

第1に、そもそも本当に労務提供不能といえるかが問題になる。この点、「労働者が職種や業務内容を特定せずに雇用された場合には、現に就業を命じられている業務についての労務の提供が不十分であっても、その能力、経験、地位、使用者（会社）の規模、業種、労働者の配置、異動の実情等を考慮して、労働者が現実に配置可能な業務があるか検討すべきであり、このような業務について、労働者が労務の提供を申し出ているのであれば、なお債務の本旨に従った履行の提供があるというべき」とした例がある（中川工業事件・大阪地決平14・4・10労経速1809号18頁。賃金請求の可否の文脈ではあるが、同旨として片山組事件・最一小判平10・4・9労判736号15頁も参照）。

第2に、仮に労務提供不能といえたとしても、それが一時的である場合には、復職に向けた一定の配慮が必要でないか問題となる。例えば職務の特定のある事案であっても、一定期間契約上限定されている以外の業務に従事させることが可能であり、最終的に当初の特定された職種に復帰することが可能であることが見込まれるのであれば、そうした措置をとらずに解雇した場合は無効となる可能性がある（そうした解釈を示唆するものとして名古屋埠頭事件・名古屋地判平２・４・27労判576号62頁参照）。また、休職制度など解雇を回避しうる手段があるのであれば、それを利用して経過を見るなどの対応も求められよう（諭旨退職の懲戒処分についての事案ではあるが、日本ヒューレット・パッカード事件・最二小判平24・４・27労判1055号５頁参照）。

第３に、労働者が障害者雇用促進法上の障害者にあたる場合、同法36条の３による合理的配慮義務に留意する必要がある。同条は私法上の効力がないものと解されているが、同条に反して合理的配慮を欠く状況で、労働者に労務提供能力がないとして解雇することは、民90条や労契16条により無効とされうる。

以上のような労務提供不能の問題とまでいえなくとも、能力不足・適性欠如を理由として解雇が行われる場合もある。裁判例をみると、業績・人事評価制度における一定期間の成果や能力・適性についての低評価が理由とされることもあれば、具体的な勤務態度・成果の不良あるいはその積み重ねが理由とされることもある。このうち勤務態度としては、非常識な言動、協調性不足あるいは反抗的態度といったものが問題となっている。また、遅刻や早退といった職務懈怠（後述）が同時に理由とされることもある。

これらの事情は解雇の客観的合理的理由としては認められうるが、これまでの裁判例はそれだけで直ちに解雇を有効としていない。能力不足・適性欠如の程度、改善の機会を与えたか、改善の見込みがないか、解雇以外の手段がないかといった諸点を考慮して、有効性を判断してきたといえる。もっとも、労働者の職種や待遇に応じて、判断基準が異なってくることはあり得る（例えば、ドイツ証券事件・東京地判平28・６・１判例秘書 L07131536参照）。

⑸　各論②（労働者の非違行為）

労働者の非違行為（規律違反）を理由とした解雇は、場合によっては懲戒処分として行われる場合もあるが（諭旨解雇、懲戒解雇）、通常の解雇権の行使として行われる場合もある（普通解雇）。

非違行為としては、まず、欠勤、遅刻・早退、職場離脱・私用行為などの職務懈怠を挙げることができる。また、使用者からの業務命令に違反することも非違行為といえる。これらの非違行為は、労務提供不能を理由としない労務提供義務の不履行と捉えることができる点に特徴がある。さらに、その他の労働契約上の義務違反として、労働者の付随義務（誠実義務）違反も挙げることができる。例えば飲酒をしての出勤はこれに該当しよう。その他、社会的又は法的に許されない不正行為を行った場合も解雇の対象となりうる。

職務懈怠などは契約の目的達成が危ぶまれる事情であり、また、非違行為によって信頼関係が破壊される事態も考えられることから、上記事由による解雇には客観的合理的理由が認められうる。しかし裁判例をみると、ここでもそれだけで直ちに解雇が有効とされいているわけではない。例えば高知放送事件・最二小判昭52・1・31労判268号17頁では、寝坊による遅刻で定時ラジオニュースを一定時間放送できない事故を2回起こし、さらに上司に対してその事故報告をしなかったり事実と異なる報告書を提出したアナウンサーが、普通解雇に処された。同最判は、上記の労働者の行為が普通解雇事由に該当するとしながら、諸事情を考慮して、「解雇をもってのぞむことは、いささか苛酷にすぎ、合理性を欠くうらみなしとせず、必ずしも社会的に相当なものとして是認することはできないと考えられる余地がある」として、解雇権の濫用として無効とした原審の判断を是認した。具体的に考慮されたのは、当該労働者に悪意ないし故意がなかったこと、事故発生を必ずしも当該労働者のみに帰責できないこと、当該労働者に反省や事態改善の努力がみられること、当該放送事故の重大性の程度、当該労働者のこれまでの勤務成績、他の労働者や事例の取扱いなどであった。このほか、改善の機会を与えたか、解雇以外の手段がないかといった諸点も、考慮されよう。

もっとも、ここでも労働者の地位に応じて判断が異なってくる可能性はある。この点、社長からの注意があった事実や、改善見込が欠けていたことも考慮されているが、小野リース事件・最三小判平22・5・25労判1018号5頁が参考になる。

(6) 各論③（整理解雇）

以上の労働者側に起因する事由がある解雇類型とは異なり、整理解雇は使用者側の事情による解雇である。整理解雇にも形式的には同じ労契16条が適用されることになるが、その解釈にあたっては特別の考慮を要する。すなわち、労働者に帰責性がないことに鑑みて、厳格な法規制に服すべきと考えられているのである。

かかる要請に応える具体的な法理として解釈論上定着しているのが、いわゆる整理解雇法理（整理解雇の４要件ないし４要素）と呼ばれるものである。すなわち整理解雇の有効性は、①人員削減の必要性、②解雇回避努力、③人選の合理性、④手続的妥当性という４つ観点から評価される。

整理解雇法理の形成を主として担ったのは、裁判所であった。整理解雇法理を示した先例とされるのは、まず、大村野上事件・長崎地大村支判昭50・12・24労判242号14頁であり、その後高裁レベルでの判断として有名なのが、東洋酸素事件・東京高判昭54・10・29労判330号71頁である（その間に、整理解雇についての一般論を展開したものとして、あさひ保育園事件・福岡高判昭54・10・24労判427号64頁（最一小判昭58・10・27同63頁により確定）がある）。未だに最高裁自身の判断はないものの、ここ10年ほどの高裁レベルでの裁判例でみても、整理解雇法理は判例法理として定着しているといえる（乙山金属運輸（保全抗告）事件・東京高決平22・５・21労判1013号82頁、泉州学園事件・大阪高判平23・７・15労判1035号124頁、淀川海運事件・東京高判平25・４・25労経速2177号16頁、学校法人金蘭会学園事件・大阪高判平26・10・７労判1106号88頁、日本航空事件（客室乗務員）事件・大阪高判平28・３・24労判1167号94頁参照）。

もっとも、整理解雇法理の内容がすべて確定的に明らかになっているわけではない。とりわけ、上記①から④を、そのいずれかを欠けば解雇が無効となるとみるか（要件説）、権利濫用該当性判断のための総合考慮にあたっての考慮要素であって１つでも欠けば直ちに無効となるものでないとみるか（要素説）、という問題がある。これについては、ナショナル・ウエストミンスター銀行（三次仮処分）事件・東京地決平12・１・21労判782号23頁が要素説に立つことを明らかにして議論を呼んだ。上掲のここ10年ほどの高裁レベルでの裁判例でみると、「要素」という表現を用いるかどうかは別として、総合考慮の判断枠組みが優勢である（他方、上掲・乙山金属運輸（保全抗告）事件東京高決は「４要件」であるとしている）。

2 有期契約労働者の解雇

前述の任意退職と同じく、解雇の可否に関しても、無期労働契約と有期労働契約とでは出発点が異なる。契約期間の定めは、労働者だけでなく、もう一方の契約当事者である使用者も拘束するため、「解雇の自由」なるものを前提とすることができないのである。

法律上は、「やむを得ない事由」がある場合には解約できることになっているが（民628条）、これは同時に、逆にそうした場合に限られることも意味している（安川電機八幡工場（パート解雇）事件・福岡高決平14・9・18労判840号52頁）。同条については、期間拘束力から解放する趣旨にあることを強調して、使用者によるものも含めて解約を容易にする特約は可能とした裁判例もある（ネスレコンフェクショナリー関西支店事件・大阪地判平17・3・30労判892号5頁）。しかし、労契17条から、少なくとも現在は、有期契約労働者の期間途中解雇に「やむを得ない事由」が強行的に要求されることには疑いがない。

この「やむを得ない事由」とは、契約期間が約定されているにも拘らずこれに反して直ちに雇用を終了せざるを得ないような「重大な事由」を意味する（X学園事件・さいたま地判平26・4・22労経速2209号15頁、資生堂ほか1社事件・横浜地判平26・7・10労判1103号23頁、ジーエル（保全異議）事件・津地決平28・7・25労判1152号26頁）。そしてこの要件は、無期契約労働者の解雇の場合に求められる客観的合理的理由および社会通念上の相当性（労契16条）よりも厳格なものと解される（平24・8・10基発0810第2号、プレミアライン（仮処分）事件・宇都宮地栃木支決平21・4・28労判982号5頁、上掲・X学園事件）。また、その主張立証責任は使用者にある（平24・8・10基発0810第2号）。

3 解雇の禁止

特定の属性を具備する労働者の保護や労働者の特定の権利行使の保障のため、解雇が法律上明確に禁じられる場合もある。むしろ戦後すぐのわが国で発展したのは、一般的解雇制限より先に、こうした法律上の特別な禁止であった（後述の労組7条1号、労基3条・19条）。解雇の禁止規定には、特定の解雇事由を禁ずるものと、特定の時期の解雇を禁ずるものがある。

前者に属するものとして、①労基3条（均等待遇）、雇均6条4号や9条2

項（性差別禁止）などの差別禁止、②雇均９条３項（妊娠・出産等を理由とした解雇禁止）のような母性保護、③労基104条２項や労派遣49条の３第２項のような監督機関への申告に対する報復禁止、④労組７条の不当労働行為の禁止、⑤育介10条や16条のような休業取得の保障を挙げることができる。

そして後者に属するのが、労基19条である。同条１項によれば、業務災害による休業者および産前産後休業女性労働者について、それらの者の休業期間中およびその後30日間は、解雇をしてはならないことになっている。これは、理由如何に拘らず当該時期の解雇をまずは原則禁止するものであり、強力な解雇禁止といえる。もっとも、例外が２通り用意されている。第１に、天災事変その他やむを得ない事由で事業継続不可能となった場合には、この解雇禁止が解除される（同項但書後段）。この場合、行政官庁の認定が必要となるが（同条２項）、認定されるべき客観的事実が存在する限り認定を欠いたとしても解雇は私法上有効と解されている（昭63・３・14基発150号。少なくとも公法上の責任は問われる）。逆に、認定があってもかかる客観的事実を欠けば解雇は無効とされよう（特定の事由に基づく即時解雇の認定につき、後述４の(2)参照）。第２の例外として、業務災害による休業者については、打切補償を支払うことで解雇禁止を解除できる（同条１項但書前段）。

ところでこの打切補償とは、業務災害につき使用者による療養補償（労基75条）を受ける労働者において、療養開始後３年を経過しても当該負傷又は疾病が治らない場合に、今後の補償を行いたくないのであれば使用者が支払うべき金員（平均賃金の1200日分）のことである（同81条）。実務上問題になるのは、現行の労災法を前提にすれば業務災害の被災労働者は通常は労災保険からの給付（療養補償に対応するものとしては労災12条の８第１項１号の療養補償給付）を受けるところ、当該給付を受給している労働者が３年経過しても治癒しない場合に、使用者から療養補償を受けているわけではないが労基81条および19条１項但書前段の適用があるか、ということである。換言すれば、このような場合にも使用者は、平均賃金1200日分を支払えば労働者を解雇できるかが問題となる。学説の見解は分かれているが、最高裁はこれを肯定する立場に立っている（専修大学事件・最二小判平27・６・８民集69巻４号1047頁）。

4 手続的規制（解雇予告）

以上のいずれの規制にも反しない解雇であっても、実際にそれを行うのに法が定める一定の手続が必要になる場合がある。労基22条に基づく解雇理由証明書の交付義務（後述6参照）も手続的規制といいうるし、また、労働協約上にいわゆる解雇同意条項や解雇協議条項がある場合これも手続的規制といえる。ただ以下では、労基法上の解雇予告規制に焦点を当てる。

(1) 原則的規制

使用者は原則として、労働者を解雇しようとする場合には、少なくとも30日前にその予告をするか（労基20条１項前段）、そうでなければ30日分以上の平均賃金を支払わなければならない（同項後段）。このように労基法上義務付けられる予告期間と代替的な関係に立つ手当を予告手当といい、部分的な代替も可能とされている（同条２項：例えば１日分や15日分の平均賃金を支払った場合にはその日数だけ短縮できる）。30日の予告期間は、民法上は基本的に労働者の場合と同じで２週間とされている予告期間を（民627条１項）、突然の解雇による労働者の生活の困窮を防止する目的で延長したものである。

なお、民法上さらに長い期間となりうるまたはされている場合もあり（同条２項・３項）、当該規定が重畳的に適用されるか否かについて学説上見解の相違がある。民627条２項については、もっぱら労基20条が適用されるとしてその適用を排除した裁判例がある（学校法人平安学園事件・大阪高判昭33・９・10労民集９巻５号816頁）。かかる解釈について従来懸念されてきたのは、当該民法規定により労働者のみがより長い予告期間に縛られることであったが、既述のとおり2017年債権法改正により労働者が適用対象から除かれたため、改正後はそうした懸念はない。

解雇予告の方法は法定されておらず、書面などの一定の形式を備えなければいけないものではない。もっとも、上記規制趣旨からすれば、解雇の日を特定した確定的な解雇意思の明示でなければならないものと解される（裁判例として、全国資格研修センター事件・大阪地判平７・１・27労判680号86頁、クラブ「イシカワ」事件・大阪地判平17・８・26労判903号83頁等参照）。

(2) 例　外

解雇予告規制には大きく分けて２つの例外が用意されており、それらの場合には予告期間を置かない解雇（即時解雇）が許される。

第1が、特定の解雇事由について即時解雇が許される場合である。すなわち、天災事変その他やむを得ない事由のために事業の継続が不可能となった場合、または、労働者の責めに帰すべき事由に基づいて解雇する場合は、予告期間を要しない（同条1項但書）。この場合には行政官庁の認定が必要とされているが（同条3項）、前述の労基19条の場合と同様に、認定されるべき客観的事実が存在する限り認定を欠いたとしても解雇は私法上有効であり（日本通信社福岡支局長事件・最三小判昭29・9・28集刑98号847頁、昭63・3・14基発150号）、逆に、かかる客観的事実が存在しなければ認定があったとしても解雇は無効と解されている（解雇予告除外不認定処分取消請求控訴事件・東京高判平14・7・30判例秘書 L05720323）。なお、ここでいう「労働者の責めに帰すべき事由」とは、使用者に予告期間を置かせることすらできないほどに重大または悪質なものに限られ（昭23・11・11基発1637号、昭31・3・1基発111号）、したがって、仮に労働者の非違行為により懲戒解雇が有効な場合でも、それだけで常に即時解雇が可能なわけではない。

第2の例外が、そもそも労基20条が適用除外される場合である（労基21条）。すなわち、日々雇い入れられる者（1か月を超えて継続雇用された場合は除く）、2か月（季節的業務については4か月）以内の有期契約労働者、試用期間（最初の14日間に限る）中の者については、労基20条は適用されない。

(3)　予告義務違反の解雇の効力

以上の例外に該当せず解雇予告義務があるにも拘らず、予告期間も置かれず予告手当も支払われていない場合、当該解雇は予告義務違反だけが理由で無効となるか。この点、学説上は見解が分かれているが、最高裁はいわゆる相対的無効説を採用している。すなわち、かかる解雇通知は即時解雇としては効力を生じないが、使用者が即時解雇に固執する趣旨でない限り、通知後労基20条所定の30日の期間を経過するか、または通知の後に同条所定の予告手当の支払をしたときは、そのいずれかのときから解雇の効力を生ずる（細谷服装事件・最二小判昭35・3・11民集14巻3号403頁）。

5 解雇の救済方法

解雇が法に適合せず無効とされる場合（典型的には労契16条参照）、労働者は、解雇無効ゆえに存続することになる労働契約に基づき、労働者たる地位の確認訴訟を提起することができる。ただし、わが国の裁判例は原則として労働者の就労請求権を認めていないため（例えば読売新聞社事件・東京高決昭33・8・2労民集9巻5号831頁）、かかる労働契約上の地位確認が認められても、必ずしも、違法無効な解雇を行った使用者が労働者を原職復帰させなければいけないことにはならない。

使用者により解雇を通知された労働者は、これを違法無効と考えるのであれば当然訴訟で救済を求めることができるが、逆に解雇を有効と考えている使用者から就労を拒絶されれば、争っている期間中、実際には働けない。そこで問題は、仮に裁判で解雇無効と判断され労働契約が存続していたことが確認されても、就労していない以上、当該期間の賃金請求はできないのではないかということである（民624条：いわゆるノーワーク・ノーペイの原則）。しかし、このように使用者の責めに帰すべき事由によって労働者が労務提供義務を履行することができなくなった場合、当該労働者が賃金支払いを受ける権利を失うことはなく、使用者は賃金支払いの履行を拒むことはできない（民536条2項：危険負担の債権者主義）。もっとも、当該期間中に労働者が他の職に就いて収入を得ていた場合（これを「中間収入」という）、判例（米軍山田部隊事件・最二小判昭37・7・20民集16巻8号1656頁、あけぼのタクシー事件・最一小判昭62・4・2労判506号20頁、いずみ福祉会事件・最三小判平18・3・28労判933号12頁）によれば、次のように取り扱われる。まず、かかる中間収入は労働者が「自己の債務を免れたことによって利益を得た」（同項後段）ものと位置付けられ、労働者は償還義務を負う（ただし副業的収入で解雇がなくても当然取得しうるような場合には別。この点、TRUST 事件・東京地立川支判平29・1・31労判1156号11頁も参照）。そして、全額払原則（労基24条）に拘らず、使用者はこれを直接に賃金から控除できるものとされている。この場合、休業手当に相当する部分（平均賃金の6割）は控除対象とできないが（労基26条）、平均賃金算定の基礎に算入されない賃金（労基12条4項）は全額を控除対象とできる。また、当該中間収入の発生期間と賃金の対象期間が対応していないと控除は許されない。

なお、以上の地位確認にしても賃金請求にしても、本案訴訟の確定判決を得るまでにそれなりの時間がかかることから、民事保全手続のうち「仮の地位を定める仮処分」（民事保全法23条2項）が利用されることが少なくない。近年では、労働者たる地位を仮に定める仮処分は認められず、賃金の仮払いのみが認められる傾向にあるといわれている。

さらに、地位確認および賃金請求に加えて、あるいはそれらをせずに、不法行為に基づく損害賠償請求を行うことも可能である（民709条）。賃金請求と併せて不法行為の主張が行われる場合、問題は、賃金支払いによっても慰謝されない精神的損害が生じているか、ということになる。また、もはや地位確認およびそれを前提とした賃金請求を行わず、不法行為に基づく損害賠償請求のみ行う場合、精神的損害のほかに、違法解雇がなければ得られたであろう賃金相当額を経済的損害（逸失利益）として請求することが考えられる。この場合、かかる逸失利益の算定基準も問題となる。

4　更新拒否（雇止め）

1　問題の所在

有期労働契約においては期間満了により契約が自動終了するため、労働関係が存続するためには、新たな契約を成立させることが必要になる。これを契約の更新というが、自動更新としていない限り、当事者間で新たな契約が締結される必要がある。そして形式的には新たな契約締結である以上、使用者の意思表示を要する。それゆえ、労働者が労働関係の存続を望んでいても、使用者が契約締結の意思表示をせずあるいはそれを拒否すれば、労働関係は期間満了によって終了してしまうこととなる。これを、一般に雇止めと呼んでいる。

そもそもの問題は、このような不安定性をもたらす期間設定自体を、法的に許容するかどうかということである。この点たしかに、労働契約に期間の定めを置くかどうかということもまた、契約内容の自由に含まれよう。しかし、解雇権濫用法理（労契16条）が法定されている現在、期間設定が一般に解雇規制を潜脱する危険性に鑑みて、契約自由原則がそのまま妥当するかには疑問が投げかけられるべきである。比較法的にみれば、このような考慮から期間設定には原則的に合理的理由を求める締結事由規制（いわゆる入口規制）によって労働者保護を図る法制度も存在する。

もっともわが国では、現在までに、有期労働契約の締結事由規制を実現するに至っていない、その代わり、有期労働契約の出口すなわち期間満了の場面で、独特の法規制を発展させてきた。なお、この点は第７章にゆずるが、無期転換ルールという新たな立法も行われている（労契18条）。

2　雇止め法理の形成

雇止めに際し、使用者は解雇権のような特定の法律効果を伴う権利を行使しているわけではなく、契約締結の自由（これを使用者側からみれば採用の自由）に従って、新たな契約締結の意思表示をしていないだけである。したがって例えば解雇については重要な役割を果たした権利濫用法理を、少なくとも直接に用いることは困難に思える。しかし、判例は解雇の法理の「類推適用」という形で、雇止め法理を形成していく。

すなわち、第１に、「格別の意思表示がなければ当然更新されるべき労働契約を締結する意思」が当事者双方に認められ、実際にも「期間の満了毎に当然更新を重ねてあたかも期間の定めのない契約と実質的に異ならない状態で存在していた」と評価できるような有期労働契約について、雇止めは「実質において解雇の意思表示にあたる」として、「解雇に関する法理を類推すべき」という判断が最高裁により是認された（東芝柳町工場事件・最一小判昭49・７・22民集28巻５号927頁）。

最高裁はかかる事案にとどまらず、第２に、従事する業務の恒常性から「その雇用関係はある程度の継続が期待されていた」うえ、実際に当事者たる労働者においては５回の契約更新がなされていた事案でも、「解雇に関する法理が類推され」るとの判断を是認している（日立メディコ事件・最一小判昭61・12・４集民149号209頁）。

かかる２つの最高裁判決は、その後、「期間の定めのある雇用契約があたかも期間の定めのない契約と実質的に異ならない状態で存在している場合」（いわゆる実質無期型）と、「労働者においてその期間満了後も雇用関係が継続されるものと期待することに合理性が認められる場合」（いわゆる合理的期待型）の2類型を示し、そのいずれかの場合に解雇権濫用法理の類推適用を認めたものと位置付けられた（パナソニックプラズマディスプレイ（パスコ）事件・最二小判平21・12・18民集63巻10号2754頁も参照）。もっとも、前掲・東芝柳町工場事件最判も労働者の雇用継続への「期待、信頼」に言及していたのであり、両類型の違いは合理的期待の程度の差とも整理可能である。また、最初の2つの最高裁の判断は、必ずしも解雇権濫用法理に限らず広く「解雇に関する法理」を類推適用する余地を認めたものであり、それには不当労働行為のような制定法上解雇禁止が明確にされているものも含まれていたことには（前掲・日立メディコ事件）、留意が必要であろう。

ともあれ、解雇に関する法理が類推され、解雇であれば無効とされるような事実関係のもとに雇止めが行われたとすれば、「期間満了後における使用者と労働者間の法律関係は従前の労働契約が更新されたのと同様の法律関係となる」（同最判参照）とされた。以上が、判例により形成された雇止め法理である。

3　労契19条

現在は、2012年の労契法改正時に判例の雇止め法理を明文化する目的で（平24・8・10基発0810第2号）、労契19条の明文規定が存在する。同条は、上記のいわゆる実質無期型（同条1号）と合理的期待型（同条2号）のいずれかに該当する場合について、判例法理とはやや異なり、労働者の申込みを要件として、使用者によるその拒絶に客観的合理的理由または社会通念上の相当性がない場合に、使用者がそれを承諾したものとみなすものとした。

このうち労働者による申込みという要件は、承諾みなしという形式を採用しているために技術上必要となる要件である。しかし、上述のような判例法理の明文化という性格を踏まえれば、判例法理が求めていなかった当該要件は法定更新のための形式的な要件に過ぎないものというべきであり、契約申込み一般に求められるよりも緩やかに解されるべきである。したがって、雇止めに対する何らかの反対の意思表示によって同条にいう「申込み」を認定することが可能であり、必ずしも明示的な意思表示を必要としない。例えば訴訟の提起、紛争調整機関への申立て、団体交渉等による直接間接の異議の伝達が認められればよい（平24・8・10基発0810第2号）。また、同条柱書に明確にされているように、かような意味での「申込み」は、期間満了後でも遅滞なく行われればよい。

同条における客観的合理的理由および社会通念上の相当性の審査は、もともとが解雇権濫用法理の類推適用という考え方であることからすれば、基本的には既述の労契16条の場合と同様のものと理解してよい。証明責任についても同様である。雇用調整時には、整理解雇法理も応用される（丸子警報器（雇止め・本訴）事件・東京高判平11・3・31労判758号7頁、エヌ・ティ・ティマーケティングアクト事件・岐阜地判平29・12・25労判1185号38頁）。ただし、前掲・日立メディコ事件最判は、有期契約労働者と無期契約労働者との間では雇用継続への期待への保護に「合理的な差異」がありうることを認めている。

なお、1号類型（実質無期型）と2号類型（合理的期待型）は、これを前述のように合理的期待の程度の差と捉えれば区別の意義はあまりない。もっとも、雇用調整時の保護について、1号類型のほうが強いと解す余地はある。

4 雇止め法理の射程

判例の雇止め法理そして労契19条の射程範囲の問題としては、まず、使用者が契約更新を申込んでいるがその内容が不利益変更されたものである場合、これをどうみるかが問題となりうる。労働者がこれを拒んだ場合、使用者が更新を拒否しているわけではないとして、労働関係は終了せざるをえないであろうか。この点については、労働者が従前の労働条件での契約更新を望んでいる場合（そしてそれが労契19条にいう緩やかな意味での「申込み」として認定できる場合）、なお雇止め法理の適用があるものとみるべきである。というのも、労契19条に明文化されているように、雇止め法理が保障しているのは、「従前の有期労働契約の内容である労働条件と同一の労働条件」での契約更新だからである。

次に、有期労働契約においては、通算年数や更新回数の上限を設定しそれ以上更新しない旨の条項（更新上限条項）や、契約の更新時に当該契約を最後として以後更新しないとする条項（不更新条項）が設けられることがある。これらの条項が雇止め法理（労契19条）の適用にあたってどのような意味を有するか、問題となる。特に、契約自由に限界を設けた雇止め法理を、契約によって排除できるかが問われる。裁判例としては、例えば本田技研工業事件・東京高判平24・9・20労経速2162号3頁（最三小決平25・4・9労経速2181号34頁により確定）が、不更新条項について、契約更新時の労働者の弱い立場にも言及しながら意思表示の瑕疵等によりその効力が否定される余地を認める一方、「労働者が次回は更新されないことを真に理解して契約を締結した場合には、雇用継続に対する合理的期待を放棄したもの」として、雇止め法理の適用を否定している。これは、労契19条でいえばその適用を完全に否定したわけではなく、1号類型にも2号類型にもあたらない（合理的期待がない）ものとして結果としてその適用を否定するものである。解釈論としてはこのほか、合理的期待の放棄までは認めず、かかる合意の存在を客観的合理的理由および社会通念上の相当性を審査する際の一考慮要素することも可能であろう（不更新条項について、明石書店事件・東京地決平22・7・30労判1014号83頁参照）。

5　定年、休職期間満了

1 定年制

一定年齢に到達したことをもって労働契約を終了させることを予め合意するものが、定年制である。これには、定年年齢到達により解雇するものとする定年解雇制と、自動的に退職したものとする定年退職制がある。前者は、解雇の意思表示が別途介在する以上、解雇に関する諸規制が適用されることになるが、後者についてはそれがない。わが国の学説では、定年制は定年到達前の任意退職や解雇を格別に制限するものでないことから契約期間とは区別されており、雇止めに及ぶような規制もない。

しかしそうだとしても、一定以上の加齢による能力低下というステレオタイプに基づいて、定年到達時の個別労働者の労働能力をみることなく一律に退職扱いとすることは許されるのだろうか。解雇基準として一律に年齢で線引きすることについても、同様の疑問が生ずる。この点、まずかかる就業規則規定の合理性という観点からいえば、秋北バス事件・最大判昭43・12・25民集22巻13号3459頁が、定年制は「一般的にいって、不合理な制度ということはでき」ないとしている。また、年齢差別の議論もありうるが、年齢差別禁止が一般的な形で明文化されていないわが国では、かかる主張が受け入れられるには未だ困難がある。

もっともこの間、定年制の設定には立法により一定の制約が設けられてきた。第1に、もともと1986年に中高年齢者等の雇用の促進に関する特別措置法の改正（昭和61法律第43号）により成立した高年法は、定年制を設ける場合に定年が60歳を下回らないようにする努力義務を事業主に課していたが、これが1994年の同法改正（平成6年法律第34号）で例外はあるが明確な禁止規定となった（当時の同法4条、現8条）。この点、かかる定年年齢の下限に違反した場合の私法上の取扱いについては、同条を強行規定と解して違反した定年制の定めが無効となることでは一致があるが、60歳定年を定めたものと扱われるのか、それともそもそも定年制がなかったものと扱われるのかで学説上見解の相違がある。裁判例には、後者の見解を採ったものがある（牛根漁業協同組合事件・福岡高宮崎支判平17・11・30労判953号71頁）。

第2に、高年法は、2004年の改正（平成16年法律第103号）により定年後65歳までの雇用確保措置を事業主に義務付けた（同法9条）。これによれば、①定年の引上げ、②継続雇用制度（希望に応じて定年後も引き続いて雇用する制度）、③定年制の廃止のいずれかの措置をとらなければならない。実際には②の利用が多いが、当初は過半数代表との労使協定により継続雇用対象者の限定が許容されていた。しかし2012年の同法改正（平成24年法律第78号）により当該オプションがなくなったので、今後は、労働者が希望しているにも拘わらず65歳までの雇用が確保されないという問題（例えば津田電気計器事件・最一小判平24・11・29労判1064号13頁参照）は、基本的に解決される。そこで問題の焦点は、確保される雇用の質ないし内容の問題に移っている（トヨタ自動車ほか事件・名古屋高判平28・9・28労判1146号22頁、九州惣菜事件・福岡高判平29・9・7労判1167号49頁参照）。

2　休職期間満了による労働契約終了

就業規則や労働協約で、私傷病を理由とする傷病休職、傷病以外の労働者側の事情を理由とする事故欠勤休職、刑事起訴を理由とする起訴休職といった休職制度が定められることが多い。特に傷病休職や事故欠勤休職については、その趣旨は一般に、私傷病やその他の自己都合により労務提供できない労働者に対し解雇を一定期間猶予し、労働者を解雇から保護するものと理解されている（傷病休職についてそのように解した例として北産機工事件・札幌地判平11・9・21労判769号20頁）。しかし、定められた期間のうちに休職事由が消滅しなかった場合には、解雇または自動退職とするものが多い。解雇方式の場合には解雇規制の適用の問題になるが（私傷病を理由とした解雇については前述③1(4)）、自動退職方式の場合には独自の法解釈論上の問題が生じる。なお、この点は特に傷病休職をめぐって問題となってきたので、以下これを念頭に論ずる。

まず、自動退職という独自の労働契約終了形態を認めるべきかである（なお、そもそもこれが解雇にあたるとの考えを斥けたものとして、三和交通事件・札幌地決昭57・1・18労民集33巻1号31頁、昭和電工事件・千葉地判昭60・5・31判タ566号248頁）。これは特に、かかる方式が解雇規制を潜脱するものとして機能する危険性があることから問題となる。この点、裁判例では、「期間満了によって当然に復職となったと解したうえで改めて使用者が当該従業員を解雇するという迂遠の手続を回避するものとして合理性を有する」として、その有効性が肯定されている（エール・フランス事件・東京地判昭59・1・27労判423号23頁、東洋シート事件・広島地判平2・2．19判タ757号177頁）。

そうすると実務上の焦点は、自動退職という効果の発生要件である。この点は各就業規則の規定の解釈ということになろうが、裁判例ではその規定ぶりに関係なく休職期間満了時に労働者が客観的な状況として復職不可能であるかどうかにより判断されている（前掲・北産機工事件札幌地判、東海旅客鉄道（退職）事件・大阪地判平11・10・4労判771号25頁。休職事由の消滅を自動退職という効果を妨げる事由の1つとして位置づけるものとして、日本ヒューレット・パッカード（休職期間満了）事件・東京高判平28・2・25労判1162号52頁）。このように客観的復職不可能性を自動退職という効果の発生要件（あるいは可能であることを効果発生の阻害自由）ととらえる解釈によれば、使用者による復職命令を欠くことが結論を左右するものではない。そこで今度は、①どの程度回復していれば復職可能といえるのか、また、②復職可能もしくは不可能であることの主張立証責任は労働者と使用者のいずれが負うのか、ということが問題になる。

①については、基本的には「従前の職務を通常の程度に行える健康状態」に回復したことをいうと理解されることが多い（古くは、平仙レース事件・浦和地判昭40・12・16労民集16巻６号1113頁、前記・昭和電工事件。近年のものとしては、名港陸運事件・名古屋地判平30・１・31労判1182号38頁、神奈川SR労務センター事件・東京高判平30・10・11判例秘書L07320722）。しかし原則的にそうだとしても、私傷病による労務提供不能を理由とした解雇の場合と同じく、結局は債務の本旨に従った履行の可否が問題なのであって、かかる解雇に関して前述（③１⑷）したのと同様の考慮が求められることとなろう（さしあたり、日本電気事件・東京地判平27・７・29労判1124号５頁参照）。

②については、労働者にとって復職が事実上困難になる恐れを指摘して、労働者の復職を容認しえない事由を使用者が主張立証すべきとする裁判例がある（前掲・エール・フランス事件、前掲・東洋シート事件。結論同旨、姫路赤十字病院事件・神戸地姫路支判昭57・２・15判タ471号200頁）一方で、労働者側に主張立証責任があると解する例もある（伊藤忠商事事件・東京地判平25・１・31労経速2185号３頁、前掲・日本ヒューレット・パッカード（休職期間満了）事件）。解雇規制の潜脱の危険性を考慮すれば、使用者により重い立証責任を負わせるべきと思われる。しかし同時に、復職可否の判断に必要な資料が労働者側にもあることを考えると、復職可能であることを一応推認させる程度の資料提出を労働者に義務付けることも必要であろう（参考となる裁判例として、日本瓦斯（日本瓦斯運輸整備）事件・東京地判平19・３・30労判942号52頁）。いずれにしても、問題となっている自動退職規定の解釈として論ずる必要があることには留意が必要である。

⑥　労働契約終了時の使用者の義務

労働契約終了に際しては、労基法上、終了後に及ぶ一定の義務が使用者に課されている。なお、労働契約終了後に、契約上の義務が生ずることもあるし、事業主には各種社会保険関連の手続も義務付けられているが、これらについてはここでは割愛する。

1 退職証明書、解雇理由証明書

労基22条1項は使用者に対して、退職（ここでは労働者の意思によらない労働契約終了を含む）の場合に労働者が請求したときは、使用された期間、業務の種類、その事業における地位、賃金、退職事由（解雇の場合には解雇理由を含む）についての証明書を、遅滞なく交付することを義務付けている。これは、労働者の再就職活動に必要であることを考慮したものである。それゆえ、この退職証明書には、労働者の請求しない事項を記入してはならない（同条3項）。また、ブラックリスト作成を防ぐため、労働者の就業を妨げることを目的とした通信又は退職証明書への秘密の記号の記入が禁じられている（同条4項）。

解雇による労働契約終了の場合、紛争を防止しまたはその解決に資するため、労働者が解雇予告された日から退職の日までの間に請求したときは、使用者は、当該解雇の理由についての証明書を遅滞なく交付しなければならない（同条2項）。記載事項についての禁止規定（同条3項・4項）は、この解雇理由証明書についても適用される。

2 賃金支払い、金品返還、帰郷旅費

使用者は、労働者が死亡または退職（ここでも労働者の意思によらない労働契約終了を含む）した場合に、本人や相続人などの権利者が請求したときは、7日以内に、支払期日の到来していないものでも賃金を支払い、また、労働者の権利に属する金品（積立金、保証金、貯蓄金その他名称の如何を問わない）を返還しなければならない（労基23条1項）。ただし、行政解釈によれば、退職金は本条の対象とならない（昭26・12・27基収5483号、昭63・3・14基発150号）。賃金または金品について争いある場合でも、使用者は異議のない部分については支払いまたは返還しなければならない（同条2項）

契約締結時の明示労働条件と実際の労働条件の相違による退職（労基15条2項）の場合、または、満18歳に満たない者が解雇される場合、当該日から14日以内に当該労働者が帰郷する場合には、使用者はそのために必要な旅費を負担しなければならない（労基15条3項・64条）。

第3章
就業規則

第1節　就業規則の意義・法的効力と就業規則法制

1　就業規則の意義と労基法の就業規則法制

1 就業規則の意義と立法的規制

労働条件は、労働契約の内容であるから、労使の合意によって決定されるべきものである。ところが、実際には、個々の労働者と使用者との間で個別的に労働条件内容を交渉して、労働条件が確定することは稀であり、通常は、使用者が設定、提示した労働条件にもとづいて、労働関係が開始、展開されている。この使用者が作成・運用する労働条件文書が、「就業規則」である。使用者（企業）は、就業規則に、賃金、労働時間、服務規律その他の様々な労働条件を統一的、画一的に定めて、労働者（従業員）の集団的雇用管理を行っている。集団的雇用管理の手段としての就業規則（当時は「職工規則」、「工場規則」等と呼ばれた）は、すでに明治初期の日本が殖産興業の国是のもとに開設した官営工場等に設けられていた。それは、当時新たな社会階層として登場した職工に、工場労働における就業秩序と規律を遵守させるための命令・規則であった。

就業規則を初めて立法的規制の対象として取上げたのは、1898（明治31）年工場法案である（賃金、労働時間等の労働条件内容を規定する「職工規則」の作成を工業主に義務付け、行政官庁による認可と変更命令、「職工規則」が工業主と職工を拘束する旨を定めていた）。しかし、政府の各種労働事情調査によって、工場労働にはそのような法規制を可能とするような「綿密なる雇傭関係」は存在しないことが明らかになったとして、1902（明治35）年工場法案では就業規則規制は断念された。その後、1911（明治44）年に工場法が制定されたが、就業規則規制は1926（大正15）年の改正工場法施行令27条ノ４によってようやく実現をみた。この1926年就業規則法制の基本的枠組みは、1898年工場法案のそれを受け継いだものであったが、現行法である1947（昭和22）年制定の労基法に引き継がれている。すなわち、その基本構図は、使用者に労働条件内容を明記した就業規則の作成を義務付け、行政官庁がこれに関与・介入して（届出、変更命令）、その内容の適正化を図る、というものである。1926年法制は、労働時間・休日等の就業条件、規律事項を文書において明確化させ、円滑な生産体制・就業秩序を確保しようとするものだったが、就業規則法制導入の背景には「労働者の契約意識はなお未成熟、未発達にとどまり、国家による契約指導、契約内容への直接的な関与・介入なしには、労働者はその利益を守りえない」（浜田冨士夫『就業規則法の研究』（有斐閣、1994年）13-14頁）との認識があった。

では、新たに使用者に就業規則作成・変更時の過半数労働者代表の意見聴取義務を課し（労基90条）、労働契約に対する強行的直律的効力（同93条）を規定した現行の就業規則法制の目的・趣旨はどのように解すべきなのか。この点については、一般に、労働条件の客観化・明確化による労働者保護、契約保護が説かれている。就業規則法制は、契約交渉力の面で劣位にある労働者の利益擁護のための、労使の私的自治＝契約関係への国家による後見的介入のための法システムとして意義づけることができよう。

なお、当初は工場事業場の就業規律・命令として設定、適用された就業規則は、明治期から大正期には雇用契約書（労働契約書）の契約条項の一つとして言及されるにすぎないものであったが、1926年就業規則法制導入以降は、就業規則を契約内容とする契約書が作成され、契約書には労働条件が明記されないようになる。そして、このような就業規則に依拠した契約締結は、現行労基法・就業規則法制のもとでも一般化した。就業規則に依存する契約締結という実態は、労働契約と就業規則とは根本的に異なる別個の法制度であるという事実（法的性格の相違）を認識し難くしている。

さらに、労基法が、労使双方に労働協約、労働契約と並んで就業規則の遵守義務、誠実履行義務を明言し（同２条２項）、行政当局が、労働条件明示義務（同15条）の「明示」は就業規則の明示で足りる（昭29・６・29基発355号）との通達を発していることは、就業規則の労働条件設定機能が法制度上のそれであるかのような印象を与える。

このようにして、就業規則と労働契約は労働条件の設定と展開に際して、同一の機能を果たすものと受け止められ、一般に、就業規則と労働契約が混同される状況がもたらされているのである。

2 労基法上の就業規則法制

労基法は、使用者（雇用労働者が常時10人以上）に、①法所定事項についての就業規則作成義務（労基89条）、②就業規則の作成・変更時の該事場労働者過半数代表（過半数労組、これが存在しない場合には過半数代表者）からの意見聴取義務（同90条）、③作成・変更時の行政庁への届出義務（同89条）、④就業規則の労働者への周知義務（同106条１項）を科す（義務違反に対する罰則適用という規制のあり方が適切か、議論を要する）。

また、労基法は就業規則の内容を制約する。すなわち、就業規則は法令又は当該事業場について適用される労働協約に反してはならず（同92条１項）、法令又は労働協約に抵触する就業規則について、行政官庁は変更を命じることができる（同92条２項）。就業規則は、労基法をはじめとする法令及び労働協約によって限界づけられ、これを行政的にチェックする方式（行政庁による変更命令）を講じているのである。そして、就業規則に、労基13条と同様の、労働契約に対する強行的直律的効力を与えている（労基旧93条、現行の労契12条）。また、懲戒処分としての制裁（減給）規定の限度を定めている（労基91条）。

すなわち、労基法は、使用者による就業規則の作成・運用に対して、手続的側面と併せて実体的（内容的）側面からの法的規制を講じているのである（就業規則制度の法的枠組）。

２　就業規則の法的効力と労働契約法の制定

1　就業規則の法的性質と法的効力

(1)　学説の展開

個別契約や労働協約による労働条件決定の法システムが存在するにもかかわらず、使用者が（労働者過半数代表の意見聴取義務はあるものの）実質的には一方的に作成・変更する就業規則が、労使双方に労働条件（契約内容）として理解・受容され、この就業規則に即した労働関係が展開しているのが一般である。すなわち、就業規則が事実上、労働契約関係を規律する機能を果たしている。このように実際的役割を担っている就業規則を、法的にはどのように認識し、どのように構成すべきであるのか、これをめぐって戦前・工場法への就業規則法制導入の前後から今日に至るまでに、実に多くの論者による議論が繰り広げられてきた。これが、就業規則の法的性質論である。この法的性質論は就業規則条項の法的効力論でもあり、特に就業規則の変更を通じた労働条件の不利益変更問題を念頭に置きつつ展開されてきた。

就業規則の法的性質論は、大別すると法規範説と契約説との論争として展開されてきた。就業規則が労働関係において社会的規範として機能している（実際に労働関係を規律・拘束している）という現実に対して、法規範説はこの社会規範を法規範として評価すべきであるとし、契約説はその法規範性を否定する。法規範説では、就業規則は法規範として法的効力を認められるが、契約説では、就業規則は契約内容のひな型と解され、合意を得て初めて法的効力を認められる。

法規範説では、就業規則の法的効力をその法規範性から導くので、法規範性の論拠を明らかにすることが議論の柱となる。したがって、戦前の工場法・就業規則法制のもとでの議論と就業規則の規範的効力たる強行的直律的効力（労基旧93条）を定める現行法制のもとでの議論が異なったのは当然といえる。前者を代表するのが、就業規則を工場内の「慣習法」と説き法例２条（現・法の適用に関する通則法３条）を媒介としてその法規範性を導く法例２条説もしくは社会自主法説であり、後者のそれが、労基旧93条が就業規則の法規範性を法認したと論じる授権説である。

これに対して、契約説は就業規則を契約内容化する理論であるから、就業規則条項の解釈のあり方が問われることになる。就業規則条項の客観的、合理的解釈の必要性が説かれ、就業規則が使用者の一方的制定によるものであるという現実を前提とした就業規則条項の解釈・適用の妥当性判断、具体的妥当性と法的安定性を確保するための就業規則文言の合理的解釈の必要性が強調された。

しかし、労基旧93条は就業規則に擬似法規的な効力を認めたものにすぎない（擬似法規説）との学説が現れ、労基旧93条は労働者保護の観点から就業規則に最低基準としての効力を認め、その限度で法規範性を与えている（効力賦与説）と論じられるに至って、労基旧93条の法的効力（就業規則の労働契約に対する強行的直律的効力）と就業規則の法的拘束力とが区別して論じられるようになり、労基旧93条の法規的性格と就業規則が契約を媒介として法的拘束力をもつこととは相排斥する関係にはないことが明らかになった。就業規則の法規範性（労基旧93条による法規範類似の効力付与）を認めたうえで、労基２条１項の労働条件の労使対等決定原則を論拠に就業規則が労働契約に化体するとの議論も成り立ちうるのである。また、契約説の立場でも、労基旧93条の最低基準規範としての法的効力が素直に肯定されるに至り、労基旧93条の定める規範的効力の限度での法規範性の承認が共通理解となった。

(2)　判例の展開と学説の対応

裁判例においても、契約説と法規範説との対立がみられたが、秋北バス事件・最高裁大法廷判決（最大判昭43·12·25民集22巻13号3459頁）の見解は、法的性質論の新たな展開の起点となった。すなわち、最高裁は、労働条件を定型的に定めた就業規則は一種の社会的規範としての性質を有するだけでなく、それが合理的な労働条件を定めているものであるかぎり、労働条件はその就業規則によるという事実たる慣習が成立しているものとして、その法的規範性が認められると述べ、法的規範としての性質を認められているから、労働者の知・不知、個別的同意の有無を問わず労働者に適用されると論じた。これは明らかに契約説の論理ではなく法規範説に親和的なそれであったが、その独自の立論は多くの論者から厳しく批判された。

しかし、この最高裁判決は普通契約条款の法的性質に関する理論を応用したものであり、是認できる法的構成であると評価され（当初、「普通契約約款説」と命名された（菅野和夫『労働法』（1985年）93頁）が、後に、「定型契約説」と改称され（同書・第２版（1988年）90頁）、やがて、この呼称が一般に用いられるようになった）、これに呼応するかのように、その後の最高裁判決は契約的論理を採用するに至った（電電公社帯広局事件判決・最一小判昭61・3・13労判470号６頁は、秋北バス事件最高裁判決を引用したうえで就業規則の内容が合理的なものであるかぎり当該具体的労働契約の内容をなしていると説き、日立製作所武蔵工場事件判決・最一小判平3・11・28労判594号７頁もそれを再言した）。

その後、学説では、就業規則の法的性質論よりはむしろ法的効力論に議論の焦点が移って、法的性質論のいかんにかかわらず、最高裁判決の「合理性」要件から成る契約的論理、あるいは就業規則内容の司法審査の基準としての「合理性」概念を、受容し、肯定する見解が支配的になり、現在では、「合理性」概念に依拠した法的効力論への疑義が呈せられることはほとんどなくなっている。

⑶　法的性質論・法的効力論の原点

法的性質論争は、就業規則が使用者の一方的作成によるものであるという事実、そしてまた労働者はこれを受け入れざるを得ないという現実（労使の交渉力に対等性が欠如しているがゆえの事実上の拘束関係）を、法的に規律する論理の可能性を模索するものであった。しかし、法規範説、契約説のいずれも就業規則条項と労働契約内容とを直結する（就業規則の契約内容化）論理構成であり、そうであるがゆえに、契約内容化（法的拘束力の是認）を制約するための要件論の案出に腐心することになる。しかし、この直結の論理は、労働関係における就業規則と労働契約との混同という不健全な法状況を克服する論理ではない。

歴史的に見れば、戦前の契約意識未成熟の労働者の契約内容を国家による後見的規制の下に置くことに始まる就業規則法制の展開・継承が、戦前、戦後を通じて、労働関係における就業規則の実務的有用性を促し、さらには、就業規則と労働契約との混同という状況をもたらした。現在、就業規則が使用者の一方的作成にかかる企業内規範であること、また、就業規則と労働契約の法的異同が等閑視されている。就業規則と労働契約とは別個の法的制度であり、就業規則は、法制度的には、契約内容の解釈に際して参照されるべき解釈基準（補充的規範）にすぎないと解すべきなのである。

2 労働契約法の制定と就業規則の法的性質・法的効力

しかるに、2007年制定の労契７条は、就業規則条項の内容の合理性（「合理的な労働条件」）と周知手続き（契約締結時に、これを、「周知させていた場合」）を要件として、就業規則条項が契約内容となると定めた。この規定は、一連の最高裁判決（前掲・秋北バス事件、前掲・電電公社帯広局事件、フジ興産事件・最二小判平15·10·10労判861号５頁）によって定立された判例法理としての就業規則の法的効力論を、明文化したものと解されている。すなわち、就業規則に、いわゆる契約内容規律効（労働契約内容としての法的拘束力）が与えられた。

就業規則と労働契約を法的に接合する労契７条は、就業規則の法的性質をどのように解するかにかかわりなく、一定の要件のもとに、就業規則に契約的拘束力を認めるものである。したがって、就業規則の法的性質論の意義は失われたとの言もある。しかし、労契７条の解釈論（合理性の有無判断ならびに周知手続きの具体的内容に係る議論）は、同条の立法趣旨、そして就業規則の解釈・適用のあり方をめぐる議論を踏まえたものでなければ、説得力を持たない。この意味で、就業規則の法的効力論の前提である法的性質論（論争史）は、今日でもなお、その理論的意義を失ってはいないのである。

第２節　就業規則による労働条件の変更

1　就業規則の変更による労働条件の不利益変更と労契法10条

最高裁は、前掲・秋北バス事件において、就業規則の変更による労働条件の不利益変更の法的拘束力の有無について、いわゆる合理性基準論（合理性テスト）を定立した。すなわち、新たな就業規則の作成又は変更によって労働者の既得の権利を奪い、労働者の不利益な労働条件を一方的に課することは、原則として許されないが、労働条件の集合的処理、特にその統一的かつ画一的な決定を建前とする就業規則の性質からいって、当該規則条項が合理的なものである限り、個々の労働者において、これに同意しないことを理由として、その適用を拒むことは許されない、と。そして、その後、「当該規則条項が合理的なものであるとは、当該就業規則の作成又は変更が、その必要性及び内容の両面からみて、それによって労働者が被ることになる不利益の程度を考慮しても、なお当該労使関係における当該条項の法的規範性を是認することができるだけの合理性を有するものであること」をいい、この合理性の有無は、具体的には、①労働者が被る不利益の程度、②使用者側の変更の必要性の内容・程度、③変更後の就業規則の内容自体の相当性、④代償措置その他関連する他の労働条件の改善状況、⑤労働組合等との交渉の経緯、⑥他の労働組合又は他の従業員の対応、⑦同種事項に関するわが国社会における一般的状況等を総合考慮して判断すべきである（第四銀行事件・最二小判平９・２・28民集51巻２号705頁）、と論じるに至った。

しかし、この合理性テストは法的根拠を欠いている。なぜ、不利益な変更が「合理的」であれば、法的拘束力を有するのであろうか。「合理的」な変更に法的拘束力を認める法理論的な根拠が明らかではないのである。ただ、合理性判断のために提示されている諸事情は、社会経済状況・経営環境の変動に対応した労働条件の流動的形成が不可避である労働契約関係において、就業規則の不利益変更によって生じる労使双方の利益、不利益関係の適正なバランスを図るために考慮すべき事情であることは疑いなく、この意味で、合理性テストは、一見、企業実務、雇用管理上、有用かつ利便性があるようにも見える。ところが、例えば、年功的処遇から成果・業績主義的処遇への転換を図る賃金処遇制度の変更（基本給制度の変更、役職手当廃止、賞与支給率の削減等）の合理性が争われたみちのく銀行事件では、第一審判決（青森地判平５・３・30労判631号49頁）は、合理性を否定したが、控訴審判決（仙台高判平８・４・24労判693号22頁）は、これを覆してその合理性を肯定した。これに対して、最高裁（最一小判平12・９・７労判787号６頁）は、この高裁判決を覆して変更の合理性を否定している。すなわち、裁判所の判断が二転三転したことから明らかなように、合理性テストによる事案解決には、企業実務上要請される予測可能性が低く法的安定性に欠ける面がある。合理性テストは、結局のところ、労使双方の利益調整のための諸般の事情論ということができよう。

しかしながら、労契10条は、この判例法理（合理性テスト）を条文化し、併せて、「周知」手続きを不利益変更の有効要件とした。したがって、合理性テストが抱えていた法理論的課題および実務的課題が、そのまま、労契10条の解釈論に持ち込まれたことになる。また、新たな要件としての「周知」手続きについても、労契７条の「周知」と労基106条の「周知」との異同について、議論を要することになった。労契10条によって就業規則の不利益変更紛争を解決するための法ルールが明確化（立法的解決）された、というには程遠いのである。

２　就業規則変更への同意の効力と労契法９条

前掲・秋北バス事件最大判は、「新たな就業規則の作成又は変更によって労働者の既得の権利を奪い、労働者の不利益な労働条件を一方的に課することは、原則として許されない」と宣明したうえで、その例外規範として不利益変更の有効性判断枠組みである合理性テストを説示した。しかし、この原則規範を労契９条は、「使用者は、労働者と合意することなく、就業規則を変更することにより、労働者の不利益に労働契約の内容である労働条件を変更することはできない」と条文化した。そこで、本条文の反対解釈をすれば、就業規則変更について労働者との「合意」があれば、労働条件の不利益変更は有効であることになる。しかし、この反対解釈は成り立つのか。この当否について、裁判例、学説において厳しい見解の対立が生じた。この対立は、前掲・秋北バス事件最大判を起点とする判例法理の評価（位置づけ、射程）について、共通了解がなかったことによる。

このような対立状況のもと、最高裁は、山梨県民信用組合事件（最二小判平28・２・19民集70巻２号123頁）において、労契９条の反対解釈を肯定する立場を明らかにした。すなわち、契約内容である労働条件は労使の個別の合意によって変更できるのであり、就業規則の労働条件の不利益変更についても異なるものではない（労契８条・９条本文参照）、と。ただし、労働者の「同意」の有無の判断は慎重にされるべきとして、それが労働者の「自由な意思に基づいてされたものと認めるに足りる合理的な理由が客観的に存在するか否かという観点からも」判断されるべきであると敷衍した。

この判決については、積極、消極の相反する評価がなされている。しかし、そもそも、就業規則の不利益変更への同意を個別労働契約の変更への同意と同一レベルで論じる（労契８条と９条本文をリンクさせる）ことが適切なのであろうか。就業規則は、労基法上、その作成・変更について過半数労働者代表からの意見聴取手続、行政庁への届出、全従業員への周知手続きという手続的規制の下におかれているが、基本的に使用者のイニシアチブで作成・変更される企業内・制度的規範であって「合意」規範ではない。これに対して、労働契約は「合意」規範なのであり、それゆえに、労働契約の内容は「合意」により変更できるのである。したがって、この最高裁法理には規範類型的な整合性の視点が欠けている。それは、法実務的利便性を優先した便宜的解釈論である、というほかない。

第４章
労働条件の最低基準保障

第１節　賃　金

1　賃金の意義

1　賃金と法規制

労働契約は、労働者が使用者の指揮命令に従って労務を提供し、使用者がその対価として賃金を支払うことを内容とする契約である（労契６条、民623条）。賃金の額や支払方法等については、基本的に当事者が自由に決定できるものとして、契約自由の原則や労使自治に委ねられている。

しかし、賃金は、労働者の日々の生活を支える最も重要な労働条件である。そこで、労基法等の法律は、労働者保護の観点からいくつかの規制を設けている。代表的なものは、①最低賃金額を保障するための法規制（最低賃金法）、②賃金の支払を確保するための法規制（労基24条）、③使用者の責に帰すべき休業における休業手当（労基26条）、④企業倒産時の賃金債権の確保（賃金の支払の確保等に関する法律）などである。

賃金について学ぶうえでポイントとなるのは、賃金はどのような根拠に基づいて発生し、いかなる場合に変動・消滅するのか（本節2）、発生した賃金に対してどのような法規制がなされているか（本節3）である。

2　賃金体系

わが国では多様な制度や名称に基づいて賃金が支給されている。賃金の主要部分を占めるのは、基本給である。基本給は、期間設定の仕方によって分かれており、正社員は月給制、アルバイトやパートタイマーは時間給や日給制が一般的である。基本給以外に支給されるものとしては、各種の手当、所定外給与（時間外労働手当）、賞与（ボーナス）、退職金などがある。

従来、多くの企業において年功型賃金体系と呼ばれる賃金制度が採用されてきた。その特徴としては次の点が指摘できよう。

第１に、賃金決定の際に勤続年数や年齢が重要な要素とする賃金体系が採用されてきた。生活給の考え方に基づいて賃金制度を構築し、年齢が高くなるにつれて高い賃金を保障する年功型賃金体系は、定年まで勤続を続けるインセンティブとして機能してきた。

第２に、賃金は多様な要素から構成されてきた。賃金の主要部分を構成するのが基本給であるが、その他にも諸手当が支払われている。手当には、職務に応じて支払われる手当（役職手当、技能手当等）と、生活給の考え方に基づいて職務と関係なく支払われる手当（家族手当、住宅手当、通勤手当）などが広く普及している。

第３に、賞与（ボーナス）や退職金など、基本給以外の賃金が支払われてきた。基本給以外の比重を高くすることにより、企業は人件費を弾力的に調整することが可能になるが、労働者にとっては年収の安定性が乏しいという問題もある。

以上の従来型の賃金制度に対し、最近では、年俸制、成果主義・能力主義賃金や目標管理制度などが企業で導入されはじめている。

3 賃金の定義

労基法は、法規制の対象となる賃金について、「賃金、給料、手当、賞与その他名称の如何を問わず、労働の対償として使用者が労働者に支払うすべてのもの」と定義している（11条）。この定義によれば、労基法上の賃金と認められるためには、第１に、労働の対償であること、第２に、使用者が労働者に支払うものであることが必要である。

第１の要件である「労働の対償」とは、実際の労働に直接的に対応する報酬だけではなく、使用者が支給基準を定めて支払うすべてのものを含む。たとえば、家族手当のように、現実の労働と対応せずに支給されるものについては、労働協約、就業規則、労働契約等に支給条件が明確に規定されており、使用者に支払義務があるものについては、「労働の対償」に該当する（昭22・９・13発基17号）。これに対し、結婚祝い金など、使用者に支払義務がなく、使用者の裁量で支払の有無や額が決められているものは任意的恩恵的給付であり、賃金には該当しない。

退職金については、労基法は、退職金の支給基準を定めることとしており（労基89条３号の２）、支給基準が明確にされ、使用者に支給義務がある場合には、労基法上の賃金に該当する。賞与についても、労働協約や就業規則などで支給基準が明らかにされているときは労基法上の賃金に該当する。

第２に、賃金と認められるためには、「使用者が労働者に支払う」ものでなければならない。たとえば、お客さんがサービスをしてくれた人に直接払う、いわゆる「チップ」は原則として賃金にあたらない。もっとも、飲食店等で客が支払うサービス料を、使用者が労働者に機械的に配分する場合は、使用者が労働者に支払うものとして賃金とされる（昭39・５・21基発3343号）。

自社株式を予め設定した価格で将来において購入する権利を付与するいわゆるストック・オプションについては、権利行使による利益の発生が労働者の判断に委ねられているため、労基法上の賃金にあたらないと解されている（平９・６・１基発412号）。

2　労働契約と賃金

労働者は労働契約を締結し、労働の対価として賃金を受け取ることになる。法的には、賃金はどのような根拠に基づいて発生するのか、また、労働者が何らかの理由によって労働提供義務（労働義務）を履行できなかった場合、労働者の賃金請求権はどのように取り扱われるのかが重要になる。

1　賃金請求権

(1)　賃金請求権の発生

労働契約は、労働者が使用者の指揮命令に従って労働提供義務（労働義務）を負い、使用者がその対価として賃金支払義務を負うことを内容とする有償双務契約である（労契６条、民623条）。賃金請求権の法的根拠は、契約当事者の合意に求められる。こうした賃金に関する合意は、労働契約、就業規則、労働協約によって基礎づけられるだけでなく、労働慣行などによっても形成される。

賃金は、労働契約の本質的要素であり、労働提供義務（労働義務）の履行によって賃金が発生する（宝運輸事件・最三小判昭63・３・15民集42巻３号170頁）。労働提供義務（労働義務）を履行したといえるためには、債務の本旨に従った労務の提供がなされなければならない。そのため、使用者の適法な業務命令に従わずに労務提供をしたとしても、賃金請求権は発生しない（水道機工事件・最一小判昭60・３・７労判449号49頁）。

ただし、労働提供義務（労働義務）を履行していない場合であっても、当事者の合意によっては、賃金請求権は発生する場合がある。遅刻や欠勤に応じた賃金控除が予定されていない完全月給制の場合などがその例である。また、住宅手当、家族手当、通勤手当などの労働時間と直接対応しない賃金部分についても、賃金請求権の帰趨は、当事者の合意や労使慣行などに委ねられる（三菱重工業長崎造船所事件・最二小判昭56・９・18民集35巻６号1028頁参照）。

賃金請求権が発生する時期は、労働を終わった後、あるいは、期間の定めがある場合にはその期間が経過した後である（民624条）。ただし、民法624条は任意規定であり、当事者の合意によって別の定めをすることもできる。

⑵　賃金額の変動

日本型の賃金制度を支えてきたのが、定期昇給とベース・アップである。定期昇給とは、一定の時期に、年齢や勤続年数あるいは職能資格の上昇などに伴い、賃金額が上昇することをいう。ベース・アップとは、物価や企業業績、世間相場などを考慮して、賃金の基準額そのものを改訂し賃金の全体的底上げを行うことをいう。

定期昇給やベース・アップは、労使双方の合意に基づき、労働契約の内容になることによって賃金請求権が発生する。定期昇給やベース・アップを根拠づける合意や就業規則等に具体的な定めがないかぎり、労働者は具体的な昇給請求権を有しない（清風会光ヶ丘病院事件・山形地酒田支決昭63・６・27労判524号54頁）。

定期昇給の際には、労働者の職務遂行能力や業績について人事考課（査定）

が行われることが多い。人事考課（査定）は基本的には使用者の裁量に委ねられるが、人事考課に際しては、均等待遇原則（労基３条）、男女同一賃金原則（同４条）、不当労働行為（労組７条）に関する規定が適用され、使用者には公正に人事考課（査定）を実施することが要請される。人事考課（査定）が違法である場合には、使用者は不法行為として損害賠償責任を負う。

賃金が引き下げられる場合については、労契法８条は、「労働者及び使用者は、その合意により、労働契約の内容である労働条件を変更できる」と規定し、労働条件の変更は合意に基づいて行われることを確認している。裁判例においても、「労働契約において賃金は最も重要な労働条件としての契約要素であることはいうまでもなく、これを従業員の同意を得ることなく一方的に変更することはできない」と判断している（チェース・マンハッタン銀行事件・東京地判平６・９・14労判656号17頁）。また、労働者の同意に基づいて賃金減額を行う場合であっても、裁判例は、同意は労働者の自由意思に基づく明確なものであることを必要とし、黙示の承諾の成立についても容易には認めていない（更生会三井埠頭事件・東京高判平12・12・27労判809号82頁）。賃金の減額は労働者の生活を大きく左右する重大事であるから、口頭でのやりとりから賃金減額に対する労働者の確定的な同意を認定することについては慎重に判断する必要がある（ザ・ウインザー・ホテルズインターナショナル事件・札幌高判平24・10・19労判1064号37頁）。

賃金制度によっては、職務や職位の変化に連動して賃金が引き下げられる場合もある。そうしたケースについては、職務や職位の変化自体の適法性を判断する際に、賃金減額の大きさが労働者の被る不利益の１つとして考慮される（アメリカン・スクール事件・東京地判平13・８・31労判820号62頁）。一方、職務や職位の変化と賃金が連動していない場合には、職務等が変更されても、賃金の引き下げを行うことは許されない（東京アメリカンクラブ事件・東京地判平11・11・26労判778号40頁）。

⑶　賃金請求権の消滅

賃金請求権は、弁済、時効、放棄、相殺などによって消滅する。このうち放棄と相殺に関しては、賃金全額払原則（労基24条１項）との関係で問題が生じる（本節③ ２参照）。

消滅時効の期間については、通常の賃金は2年、退職金は5年であったが（労基115条）、2020（令和2）年2月4日、消滅時効期間を2年から5年へ延長する労働基準法改正案が国会に提出され、成立した。これにより、改正民法の動向をふまえて、賃金の消滅時効の期間は5年とするが、当面の間（少なくとも施行後5年間）は消滅時効を3年とすること、また、消滅時効の起算点が客観的起算点（賃金支払日）であることが明確化された。

2 履行不能と賃金請求権

(1) 危険負担と賃金請求権

賃金請求権は、労働提供義務（労働義務）の履行によって発生するのが原則である。もっとも、労働者が何らかの理由によって現実に労働できなかった場合であっても、賃金請求権が発生する場合がある。賃金請求権の存否は、民法536条が規定する危険負担の原則に基づき、履行不能の原因に応じて判断される。

第1に、労使双方の責めに帰することができない事由による労働提供義務（労働義務）の履行不能については、民法536条1項が適用され、債権者である使用者は、反対給付の履行である賃金請求を拒むことができる。火事、地震などの天災事変によって労働できなかった場合などがこうしたケースで想定される。

第2に、使用者の責めに帰すべき事由によって労働提供義務（労働義務）が履行不能となった場合は、民法536条2項に基づき労働者は賃金請求権を有する。すなわち、民法536条2項は、「債権者の責めに帰すべき事由によって債務を履行することができなくなったときは、債権者は、反対給付の履行を拒むことができない」と規定しており、使用者（債権者）の責に帰すべき事由により履行不能の場合には、民法536条2項に基づき賃金請求権があることになる。典型的なケースは、使用者の不当な解雇によって就労ができなかった場合、正当な理由もなく労務の受領を拒否された場合などである。使用者の帰責性の有無については、履行不能に至った理由・経緯、両当事者の態様、その際の状況などを総合的に勘案して判断される。

第3に、労働者の責めに帰すべき事由により労働提供義務（労働義務）が履行されなかった場合には、賃金請求権は発生しない（ノーワーク・ノーペイの原則）。労働者の故意・過失に基づいて欠勤や遅刻をした場合が典型例となる。

なお、雇用が途中で終了した場合には、履行の割合に応じた報酬請求が認められる（民法624条の２）。

ところで、民法536条２項が適用されるためには、その前提として、労働者は債務の本旨に従った労務の提供をしていることが必要である。では、労務の提供が全くできないわけではないが、従前に従事していた業務に関する労務の提供ができない場合、あるいは別の業務であれば就労可能であると申し出ている場合、債務の本旨に従った労務の提供といえるかが問題となる。この点につき判例は、職種を限定していない場合には、命じられた特定の業務ができない場合であっても、「能力、経験、地位、当該企業の規模、業種、当該企業における労働者の配置・異動の実情及び難易等に照らして当該労働者が配置される現実的可能性がある」と認められる業務について労務を提供することができる場合には、なお債務の本旨に従った履行の提供があると解するのが相当であるとしている（片山組事件・最一小判平10・４・９労判736号15頁）。

なお、解雇期間中の賃金を請求するためには、労働者が客観的に就労する意思と能力をもっていたことを主張しなければならないとする裁判例がある（ペンション経営研究所事件・東京地判平９・８・26労判734号75頁）。しかし、多くの学説は、労働者が退職の意思を明示した場合など、就労し得なかった事情がない限り、賃金請求権を否定すべきではないと解している。

⑵　休業手当

使用者の責に帰すべき事由による休業については、労基法が休業手当の支払いを義務付けている。

労基法26条は、使用者の責に帰すべき事由による休業の場合は、平均賃金の６割以上の休業手当を支払わなければならないと規定している。その趣旨は、労働者の最低生活を保障することにある。

では、使用者の責に帰すべき事由による休業とは、どのような場合をいうのか。労基法26条（休業手当）と民法536条２項により発生する労働契約上の賃金請求権との関係をどのように理解すべきかが問題となる。

判例は、労基法26条の休業手当の趣旨を使用者の負担において労働者の生活を平均賃金の6割の限度で保障しようとするものであり、労基法26条は労働者の生活保障のために使用者の帰責事由をより広い範囲で認めたものと解している（ノースウエスト航空事件・最二小判昭62・7・17民集41巻5号1283頁）。すなわち、労基法26条にいう「使用者の責に帰すべき事由」とは、民法の一般原則である過失責任主義とは異なり、民法536条2項の「債権者の責めに帰すべき事由」よりも広く、「使用者側に起因する経営、管理上の障害を含む」と解されている。行政解釈は、監督官庁の勧告による操業停止、親会社からの資材・資金の供給が停止したことを理由とする休業は、使用者の「事業範囲内」において生じた事由によるものであるから、労基法26条にいう使用者の帰責事由に該当すると解している。

3 賞　与

(1) 賞与の定義

賞与とは、ボーナスや一時金と呼ばれ、通常の賃金のほかに、企業の業績を考慮して労働者に対して支払われる報酬のことをいう。多くの企業においては、夏と冬の年の2回賞与を支給することが慣例となっている。その額は、通常、基本給額などの基礎額に支給率（月数）を乗じることによって算定されるが、出勤率、人事考課（査定）などを考慮して具体的に確定されることが多い。一般的に、賞与は、賃金の後払いの要素をもつとともに、貢献に対する功労報償や将来の労働に対する勤労奨励といった要素をあわせもつ。

(2) 賞与請求権

賞与請求権は、賞与に関する労使双方の合意によってはじめて発生する。多くの企業では、就業規則において賞与の支給規定が定められている（労基89条4号参照）。ただし、具体的な賞与請求権は、労働組合との合意や使用者の決定により、具体的な支給額またはその算出方法が決定されて初めて発生すると解されている（小暮釦製作所事件・東京地判平6・11・15労判666号32頁）。

具体的な支給率・額について使用者の決定や労使の合意や慣行がない場

合、賞与請求権が発生するかが解釈上問題となる。裁判例は、支給条件の定め等がなく、支給条件が明確でない場合には、労働者は具体的な賞与請求権を有しないと判断している（松原交通事件・大阪地判平９・５・19労判725号72頁）。また、具体的な支給基準がない場合には、任意的恩恵的給付にすぎず、賞与請求権は発生しないとするものもある（江戸川会計事務所事件・大阪地判平11・10・29労判816号75頁）。もっとも、賞与額の確定に必要な査定を使用者が行わなかったことについて、査定がない以上具体的な賞与請求権は発生しないが、労働者の期待権を侵害しているとして賞与相当額の損害賠償を命じた裁判例もある（藤沢医科工業事件・横浜地判平11・２・16労判759号21頁）。

⑶　支給日在籍要件

賞与については、就業規則などで支給日に在籍することを支給要件とする支給日在籍要件が設けられていることも少なくない。そこで、こうした支給日在籍要件を定める制度の合理性が問題となる。

判例は、支給日在籍要件を明記している場合、もしくは確立した慣行となっている場合には、一般的にその制度の合理性を認めている（大和銀行事件・最一小判昭57・10・７労判399号11頁、京都新聞社事件・最一小判昭60・11・28労判469号６頁）。ただし、賞与が当初の支給予定日に大幅に遅れて支給され、その間に労働者が退職した場合には、賞与請求権が認められている（ニプロ医工事件・最三小判昭60・３・12労経速1226号25頁）。

4　退職金

⑴　退職金の定義

退職金とは、退職に際し労働者が使用者から受けるもので、退職手当、退職慰労金、功労報奨金などともいわれる。退職金の法的性格については、一般に賃金額を算定基礎とし、勤続に応じて額が加算されていくことから賃金後払的性格を有するとともに、退職金の額は勤続年数に応じて増加する傾向にあり、退職事由によって支給率に差が設けられていることが多いことから、功労報償的性格をも有すると解されている。

企業によっては、早期退職を促すために割増した退職金を支給する早期退職優遇制度も実施されている。また、退職金を年間賃金に上乗せして支払う前払制度の選択制を導入する企業もある。

⑵　退職金請求権

退職金請求権は、当事者間の合意に基づいて発生する。使用者が制度として退職金を支給する場合には、就業規則にその支払いに関する規定を置かなければならないものとされており（労基89条３号の２）、その対象とされている労働者には一般に退職金請求権が認められる。明文の規定がない場合には、黙示の合意などを含む労働契約の意思解釈によって、退職金請求権の有無が決せられる。

⑶　退職金の不支給・減額

就業規則において、懲戒解雇またはそれに相当する事由が存在する場合には、退職金を減額もしくは不支給とする旨の条項が設けられていることが多い。こうした退職金の不支給・減額条項の合理性およびその適用の当否が問題となる。

まず、退職金の不支給が全額払いの原則に反しないかが問題となる。判例は、全額払い原則違反の問題は生じないという立場を採用し、退職金が賃金の後払い的性格と功労報償的性格とを併せ持つことから、使用者に対してその功労を抹消するような行為が行われた場合には、退職金の減額・不支給が許されると解している（三晃社事件・最二小判昭52・８・９労経速958号25頁）。

他方、裁判例には、同業他社に就職した場合に退職金を支給しない旨定めた規定の効力が争われ、退職従業員の行為に労働の対償を失わせるような強度の背信性がある場合に限られるとして、その適用を否定したものもある（中部日本広告社事件・名古屋高判平２・８・31労判569号37頁）。また、懲戒解雇を有効とする一方で、退職金については、当該労働者の永年の勤続の功を抹消してしまうほどの重大な不信行為があることを要するとして、退職金請求を一部認容した裁判例もある（小田急電鉄（退職金請求）事件・東京高判平15・12・11労判867号５頁）。

5　企業年金

⑴　企業年金の定義

企業年金とは、使用者が労働者のために福利厚生の一環として、国が管理する公的な年金に上積みする年金のことをいう。企業年金の代表的なものとしては、①厚生年金の代行を行うとともに、企業の実情に応じて独自の上乗せ給付を行う「厚生年金基金」、②厚生年金の代行を行わずに上乗せ給付のみを行う「確定給付企業年金」、③拠出された掛金を個人が自己の責任で運用する「確定拠出年金」などがある。

(2)　企業年金の減額

企業年金の財政悪化にともない、裁判例においてその減額・打ち切り等の効力が争われている。すでに退職して年金を受給している者を対象とした年金打ち切り事例では、年金額改定権の適用はなく、事情変更による解約権も認められないとして、受給権者らによる年金請求が認容されている（幸福銀行事件・大阪地判平12・12・20労判801号21頁）。退職前の受給者については、自社年金の不利益変更について、就業規則の不利益変更の判断枠組みに基づき、合理性があるとされた裁判例がある（名古屋学院事件・名古屋高判平７・７・19労判700号95頁）。

退職後の変更であっても、変更留保条項を含む年金規程につき、減額の相当性を認めるものもある（松下電器産業（年金減額）事件・大阪高判平18・11・28労判930号13頁）。

3　法律による賃金規制

労基法等の法律は、賃金についていくつかの規制を設けている。以下では、最低賃金を保護する仕組みはどのようなものか、使用者による賃金支払いの履行はどのように確保されるか、民法、倒産法などの分野において賃金債権を確保する観点からどのような仕組みが採用されているかを中心にみていく。

1　最低賃金制度

最低賃金制度は、賃金の低廉な労働者の保護のために、国が賃金の最低額を定め、これを使用者に強制するものである。賃金の額は、原則として、労使自治のもとで自由に決められるものであるが、極めて低い賃金額が定められた場合には、労働者の生活が不安定になり、企業間で社会的に不公正な競争が行われる可能性もある。このような状況を回避するために最低賃金制度が設けられている。

最低賃金制度は、最低賃金法によって1959年に制度化したものであるが、2007年に大幅な改正された。2007年改正の趣旨は、所得格差を是正し、最低賃金を生活保護のレベルを下回らないようにしようとすることにある。使用者は、最低賃金の適用を受ける労働者に対し、その最低賃金額以上の賃金を支払わなければならない（最賃４条１項）。最低賃金額より低い賃金は無効とされ、最低賃金額と同じ定めをしたものとされる（同４条２項）。したがって、労働者は最低賃金額どおりの支払いを使用者に請求することができる。使用者が最低賃金額に達しない賃金を支払っていた場合は、50万円以下の罰金に処せられる（同40条）。労働者は、事業場にこの法律又はこれに基づく命令の規定に違反する事実があるときは、その事実を都道府県労働局長、労働基準監督署長又は労働基準監督官に申告して是正のため適当な措置をとるように求めることができ、使用者はそれを理由に、労働者に対して不利益取扱いをしてはならない（同34条）。

最低賃金は、時間によって定められる（同３条）。また、使用者は、最低賃金の概要を常時作業場の見やすい場所に掲示するなどの方法により労働者に周知する措置をとらねばならない（同８条）。

最低賃金制度の方式には、地域別最低賃金と特定最低賃金がある。地域別最低賃金は、全国各地域について、労働者の生計費および賃金ならびに通常の事業の賃金支払能力を考慮して定めることとされ、その際に、生活保護に係る施策との整合性にも配慮するものとされる（同９条）。これは、最低賃金と生活保護の給付額の逆転現象を是正することを目的としている。

最低賃金額の決定は、毎年、中央最低賃金審議会が地域最賃額改定の目安に関する公益委員見解を発表し、この見解を参考に、地方最低賃金審議会が、関係労使の意見、賃金実態調査の結果等を考慮して、都道府県労働局長が決定し、公示される（同10条）。

特定最低賃金は、一定の事業もしくは職業に係る最低賃金制度である。関係労使の申出により、厚生労働大臣または都道府県労働局長が、最低賃金審議会の意見をふまえて決定する（同15条）。

2 賃金支払いの4原則

労基法は、賃金が労働者の手に確実に渡るために、①通貨払い、②直接払い、③全額払い、④毎月1回以上一定期日払いの4原則を定めている。

(1) 通貨払いの原則

賃金は、原則として「通貨」で支払わなければならない（労基24条1項）。その趣旨は、賃金を現物で給付することを禁止することにある。

ただし、通貨払いの原則については、3つの例外が認められている。第1は、法令に別段の定めがある場合である。もっとも、現行法上、この法令にあたるものは存在しない。第2は、労働協約に別段の定めがある場合である。この例外は労働協約による場合のみ認められるものであり、過半数代表者との協定はこれに含まれない。第3は、「厚生労働省令で定める賃金について確実な支払の方法で厚生労働省令で定めるものによる場合」である。労働者の同意を得ることを条件に、①金融機関への振込み、②小切手、郵便為替等による退職手当の支払いが認められている（労基則7条の2）。

(2) 直接払いの原則

賃金は「直接」労働者に支払わなければならない（労基24条1項）。その趣旨は、中間搾取や本人以外の者が賃金を奪うことを防止するところにある。ただし、病気中に妻がとりにいく場合など、「使者」に対する賃金の支払いは許される。また、税金滞納のための賃金の差し押さえ（国徴76条）および民事執行法に基づく差し押さえ（民執152条）の場合についても、直接払いの原則は適用されない。

使用者は、労働者から退職金債権を譲り受けた第三者に対して、賃金を支払わなければならないか。判例は、労働者が第三者に賃金債権を有効に譲渡した場合であっても、直接払いの原則が適用され、使用者は直接労働者に賃金を支払わなければならず、使用者は賃金債権を第三者に支払うことは許されないと判断している（小倉電話局事件・最三小判昭43・3・12民集22巻3号562頁）。

(3) 全額払いの原則

使用者は、賃金の全額を支払わなければならない（労基24条1項）。その趣旨は、使用者が一方的に賃金を控除することを禁止し、賃金算定期間中に発生した賃金債権の全てが確実に労働者に支払われることを確保することにより、労働者の生活を保障することにある。ただし、①法令に別段の定めがある場合、②事業場の労働者の過半数代表と使用者との書面による協定による場合については、賃金の一部を控除して支払うことも認められる（労基24条１項但書）。法令に基づく控除の例としては、所得税、地方税、雇用保険料、年金保険料、健康保険料などの税徴収がある。また、給与から天引きを行う制度は、過半数代表と使用者との書面による協定が必要である。

では、使用者が労働者に対して有する債権を賃金債権と相殺することは全額払いの原則に違反するか。労基法24条１項の趣旨は、労働者の確実な賃金受領の確保にあることから、原則として、使用者が労働者に対して有する債権を自働債権とし、労働者の賃金債権を受働債権として一方的に相殺することは許されない（関西精機事件・最二小判昭31・11・２民集10巻11号1413頁）。ただし、全額払いの原則の例外として、判例は次のような場合の賃金債権の相殺や放棄を許容している。

まず、過払いの賃金を清算するために行われる調整的相殺については、相殺が過払いのあった月と合理的に接着した時期になされ、かつ労働者の経済生活の安定をおびやかすおそれのない場合に限り、全額払いの原則が禁止する相殺にあたらないと解している（福島県教組事件・最一小判昭44・12・18民集23巻12号2495頁）。

次に、使用者が労働者の同意を得て相殺をすることは、相殺の合意が労働者の自由意思に基づくと認められる合理的理由が客観的に存在するときは、全額払いの原則に反しないとされる（日新製鋼事件・最二小判平２・11・26民集44巻８号1085頁）。ただし、判例は、相殺の同意が労働者の自由意思に基づくかどうかの認定については、厳格かつ慎重に行わなければならないとしている。

賃金債権の放棄については、全額払いの原則に反しないためには、それが労働者の自由な意思に基づいてなされたものであると認めるに足る合理的な理由が存在していることが必要である（シンガー・ソーイング・メシーン事件・最二小判昭48・１・19民集27巻１号27頁）。すでに発生した賃金請求権を放棄する場合についても、労基法24条１項の趣旨に照らし、労働者の自由な意思に基づいてされたものであることが明確でなければならない（否定例として、北海道国際航空事件・最一小判平15・12・18労判866号15頁）。

⑷　一定期日払いの原則

労基法は、毎月１回以上、一定期日に賃金を支払うことを使用者に義務づけている（労基24条２項）。その趣旨は、毎月一定期日の支払いを保障することにより労働者の経済生活の安定を図ることにある。この原則は、臨時に支払われる賃金や賞与・手当などで１か月を超える期間に対する賃金には適用されない（同条但書、労基則８条）。

3　非常時払い

労働者が出産、疾病、災害その他厚生労働省令で定める非常の場合の費用に充てるために請求する場合には、支払期日前であっても、既に労働した部分に対応する賃金を支払わなければならない（労基25条）。

4　出来高払制の保障

使用者は、出来高払制で使用する労働者について、労働時間に応じて一定額の賃金を保障しなければならない（労基27条）。労基法は金額を明記していないが、行政解釈は、通常の実収賃金とあまり隔たらない程度の収入が保障される額を定めるよう使用者に指導すべきものとしている（昭22・９・13発基17号、昭63・３・14発基150号）。

5　平均賃金

労基法は平均賃金の計算方法を定めており、これにより算定された平均賃金を基礎にして、解雇予告手当、休業手当、年休手当、災害補償等の額が決定される（労基20条・26条・39条６項・76条〜82条・91条参照）。

平均賃金は、原則として、それを算定すべき事由の発生した日以前の３ヶ月間に当該労働者に支払われた賃金の総額をその期間の総日数で割った金額として算出される（労基12条１項・４項）。ただし、平均賃金には最低保障額が定められており、労働日あたりの賃金の60％が保障される（同条１項但書）。また、平均賃金の算定期間に不就労の期間がある場合は、それによって平均賃金が下がるのを防ぐため、その期間を除外することとされる（同条３項）。また、臨時に支払われた賃金、３か月を超える期間毎に支払われる賃金などは賃金の総額から除外される（労基12条４項、５項）。

6 賃金債権の保護

企業が経営困難や倒産に陥り賃金の支払能力がなくなった場合については、労働者への賃金支払の履行を確保することを目的として、民法上の先取特権や倒産法上の各種手続が定められている。

(1) 賃金の先取特権

民法上、「雇用関係に基づいて生じた債権」については、労働者の生活を保護することを目的として、一般先取特権が認められている（民306条・308条）。この一般先取特権により、労働者は、使用者の総財産に対して優先弁済を受けることができる。もっとも、一般先取特権は、総財産を対象とする担保物権であり、公示も必要としないことから、特別の先取特権や抵当権などの個々の客体の上の担保物権には劣後する（民329条２項・336条但書）。

(2) 企業倒産と賃金保護

企業が倒産した場合、労働者の賃金がどのように取り扱われるかは、倒産手続によって異なっている。

破産手続の場合、2004年の破産法改正により労働者の賃金債権の保護が図られ、破産手続開始前３か月間の賃金債権、および退職前３か月の賃金額に相当する退職金債権については、財団債権として保護される（破149条１項・２項）。また、破産手続開始前に雇用関係から生じた賃金債権であって、財団債権とならないものは、優先的破産債権となり、他の破産債権より優先される（同98条１項）。優先的破産債権となる給料請求権・退職金請求権について、これらの弁済がなければ生活維持に困難を生ずるおそれがあるときは、裁判所は、破産管財人の申立か職権に基づいて弁済を許可することができる（同101条１項）。

会社更正手続の場合には、債務者の財産の公平な清算を目的とする破産手続と比べて、労働者の債権について比較的手厚く保護している。更生手続開始前６か月間に生じた賃金、更生手続開始後の賃金は共益債権とされ、更生手続によらずに随時弁済される（会更130条１項・127条２号・132条１項）。その他の賃金については、一般先取特権のある債権として、優先的更生債権とされ、更生手続のなかで他の一般債権よりも優先して弁済される（同168条１項２号）。

民事再生手続の場合、一般先取特権のある債権は、一般優先債権となり、再生手続によらずに随時弁済を受けることができる（民再122条１項、２項）。手続開始前に発生した賃金等は、再生手続によらずに随時弁済される。これに対して、再生手続開始後の賃金等は共益債権となり、一般優先債権と同様に随時弁済される（同119条２号・121条１項）。

(3) 未払賃金の立替払い

政府は、賃金支払確保法に基づいて、企業倒産により賃金未払いのまま退職した労働者に対して、未払賃金の立替払いを行っている（賃確７条）。立替払いが行われるのは、労災保険法の事業主で１年以上事業を行っていた者が、破産宣告または特別清算の開始命令を受けた場合、更生手続開始の決定を受けた場合等である（賃確７条、賃確令２条、賃確則８条）。立替払いの対象となる賃金は、退職日の６か月前から、労働者が請求する日の前日までの間に支払期日の到来している未払賃金の80％相当額とされている（賃確８条、賃確令４条）。

4 賃金制度をめぐる新たな動向

従来、多くの企業が年功型賃金体系と呼ばれる賃金制度を採用してきたが、従来とは異なる賃金制度を採用する企業もある。ここでは、成果主義と年俸制についてみておこう。

1 成果主義

一般に、成果主義とは、労使の協議のうえで目標を設定し、労働の成果を基準として賃金が決定される仕組みをいう。近年、労働者の能力評価や仕事の達成度（成果）を基準に賃金処遇を行う成果主義制度が普及しており、その特徴は、賃金が個人の成果ごとに決定され、賃金額の大幅な変動もありうる点にある。成果主義の導入は、労働者のやりがいを引き出す半面、労働者の不利益に直結する危険性もある。

成果主義の導入は、就業規則の変更によって行われることが多く、その場合には、就業規則変更の合理性の問題として争われることになる。裁判例では、「年功型賃金体系は合理性を失いつつあり、労働生産性を重視し、能力・成果主義に基づく賃金制度を導入することが求められてい」るとして、結論として就業規則変更の合理性を認めるものがある（ハクスイテック事件・大阪高判平13・8・30労判816号23頁）。もっとも、裁判例では、高齢の労働者のみに不利益となる変更の場合（キョーイクソフト事件・東京地八王子支判平14・6・17労判831号５頁）、不利益に対する代償措置が不十分である場合（ノイズ研究所事件・東京高判平18・6・22労判920号５頁）には、変更の合理性が否定されている。

また、成果主義には、労働者の能力や仕事の成果を客観的に評価することは困難を伴う。裁判例は、成果主義における賃金決定について使用者の裁量を認めたうえで、その行使が社会通念上著しく不公正である場合に権利濫用を認めるものがある（エーシーニールセン・コーポレーション事件・東京高判平16・11・16労判909号77頁、国際観光振興機構事件。東京地判平19・5・17労判949号66頁）。

2　年俸制

年俸制とは、賃金の全部または相当部分を労働者の業績等に関する目標の達成度を評価して年単位に設定する制度である。年俸制は、個人ごとに処遇が決定される仕組みであり、賃金額が一定期間に限って決定される点に特徴を有する。わが国では、額が変動しない基本年俸部分と、額が変動する業績年俸を組み合わせた業績賞与併用型年俸制が普及している。

年俸制は、労働者の成果に着目して賃金を設定する制度であることから、労働時間規制を受けない管理監督者（労基41条）、裁量労働制の適用対象労働者（労基38条の３・38条の４）に適合的な制度であるといえよう。これに対し、労働時間規制の対象となる一般の労働者については、年俸制の下であっても、使用者は、時間管理を行い、割増賃金を支払う義務を負う。年俸の支給方法については、労基法の一定期日払いの原則（24条２項）により、賃金は毎月に分けて支払う必要がある。

労働契約は合意を原則としている以上、年俸額の決定においても、労使の合意によって決定されるのが原則である。では、次年度の年俸額について合意が成立していない場合、年俸額はどのように決定されるか。この点につき裁判例は、年俸制が制度化されて就業規則等に明記され、その内容が公正な場合に限り、使用者に評価決定権限があると解している（日本システム開発研究所事件・東京高判平20・4・9労判959号6頁）。他方、そのような限定をすることなく使用者に決定権限を認める裁判例もある（中山書店事件・東京地判平19・3・26労判943号41頁）。

年俸額について合意に達しなかった場合の年俸額については、前年度の年俸額が維持されると解するもの（前掲・日本システム開発研究所事件）と、使用者が年俸額の協議に際して提案した額を最低年俸額とする旨の合意を認めるものがある（前掲・中山書店事件）。年俸制は、公正な人事考課が行われることが制度の前提となっていることから、恣意的な年俸の決定は人事権の濫用となる（明治ドレスナー・アセットマネジメント事件・東京地判平18・9・29労判930号56頁）。また、裁判例は、使用者と労働者との間で、新年度の賃金額についての合意が成立しない場合は、年俸額決定のための成果・業績評価基準、年俸額決定手続、減額の限界の有無、不服申立手続等が制度化されて就業規則等に明示され、かつ、その内容が公正な場合に限り、使用者に評価決定権があるというべきであるが、上記要件が満たされていない場合は、労働基準法15条、89条の趣旨に照らし、特別の事情が認められない限り、使用者に一方的な評価決定権はないと解している（前出・日本システム開発研究所事件）。

第2節　労働時間

1　労働時間規制の原則と趣旨

労基法32条では、労働契約の当事者にとって重要な労働条件の1つである労働時間について、休憩時間を除いて、週40時間・1日8時間を超えて労働させてはならない、とする原則が定められている。この制約を超える労働時間が設定されても、当該労働時間の設定は無効とされ、週40時間・１日８時間に修正される（労基13条）。また、実際に、当該制限を超えて労働者に労働させた使用者には、罰則規定が適用される（同119条１号）。かかる上限を超えて適法に労働させる場合には、基本的には、事業場の過半数労働組合これがない場合には過半数代表者との間の書面による協定（同36条）と当該時間を超える部分について割増賃金の支払い（同37条）が必要とされる。

そもそも、上記の労働時間規制は、１日８時間・週48時間とされていた。しかし、1970年代後半から80年代にかけて概ね2100時間で推移していたわが国の年間総労働時間について、週休二日制や長期休暇が実現されていた欧米諸国のそれと、大きな開きがあることが問題視され、「労働時間の短縮」が国家的な課題として強く要請されてきた。そこで、1987年労基法改正により、週48時間から段階的に週40時間に短縮されると同時に、年次有給休暇の最低付与日数が６日から10日に増加されたのである。さらに、1987年の労基法改正では、週48時間から40時間への時間短縮と併せて、事業の性質に応じた柔軟な労働時間規制や労働者の自律的な働き方に対応するために、週40時間・１日８時間制に対する例外規定が数多く設けられた。１年単位の変形労働時間制、フレックスタイム制、裁量労働制がここでいう例外規定に属する（本節５　参照）。また2018年労基法改正では、高度専門職を対象として労働時間等の規制を除外する新たな選択肢（高度プロフェッショナル制度）が創設されるとともに、労働者の健康確保やワーク・ライフ・バランスの促進の観点から、時間外労働に対する規制がいっそう強化されることとなった。

以上のように、労基法の労働時間規制は、とりわけ1987年改正を通じて大きく変更されたが、その規制の趣旨も次第に変化してきた。つまり、労基法の労働時間規制は、長時間労働に伴う労働者の健康障害を回避して労働者の健康と福祉を維持することや労働能率を向上させることに力点が置かれていたけれども、1987年労基法改正およびその後の労働時間短縮に向けた取り組みにおいては、労働者の健康確保という目的に加えて、長期的にみた場合の雇用機会を確保すること、労働時間の制限によって内需を拡大すること、国際的にみた公正競争の確保といった点も強く意識された。また、2018年の労基法改正ではワーク・ライフ・バランスの実現が強調され、長時間労働に対する規制が強化された。このように、労基法上の労働時間規制は、労働者の健康確保を規制目的の中心に据えつつ、一方では、雇用機会や公正競争の確保、ワーク・ライフ・バランスの促進といった政策目的を踏まえて、労働時間短縮を進め、他方では、企業の事業運営や労働者の働き方の柔軟化に対応する措置を講じてきたといえる。

2　労働時間の概念

1　労働時間概念の整理

労働時間については、一般的に、労基法32条以下の労働時間（以下、労基法上の労働時間）と所定労働時間が区別される。労基法89条では、就業規則の絶対的必要記載事項として始業・終業時刻および休憩時間の記載が要求され、労基法15条および同条を受けた労基則５条１項２号では、労働契約締結時における使用者の始業・終業時刻および休憩時間の明示義務が定められているところ、この始業時刻と終業時刻の間の（休憩時間を除く）時間が所定労働時間と呼ばれるものである。かかる所定労働時間が、法定労働時間（週40時間・１日８時間）を超える場合には、前述したように、当該労働時間は、法定労働時　間の枠に修正されることになる。

以上に対して、労基法32条では、「使用者は……休憩時間を除き１週間について40時間を超えて、労働させてはならない」と定められており、これによれば、労基法上の労働時間とは、使用者が労働者を実際に「労働させ」る時間だということができる。始業時刻が８時であるのに労働者が９時に出社した場合、８時から９時の間は依然として所定労働時間であるが、８時から９時の間の時間は、実際には労働を行っていないので、労基法上の労働時間ではない。

このように、労基法において定められている労働時間規制は、①実際に行われた労働に着目してなされるいわば事後規制と②就業規則への記載や契約締結時の明示を通じてなされる事前規制、に基づいて法定労働時間の実効性が確保される仕組みになっているのである。

2 労基法上の労働時間の概念とその範囲

就業規則に記載された時刻に基づいて判断される所定労働時間に対して、労基法上の労働時間は、使用者が実際に労働者を「労働させ」る時間であり、その判断基準が問題となる。始業時刻前の準備作業や更衣時間、仮眠時間、あるいは企業外の研修に参加する時間は、労基法上の労働時間に該当するといえるのか。

この点について、行政解釈、およびかつての通説は、労基法上の労働時間とは、「労働者が使用者の指揮命令のもとにある時間」であると解してきた。ところが、こうした「指揮命令下」という基準では、上記のような限界的事例に十分に対応できないという問題点が指摘されるところとなる。使用者からの明確な指揮命令がないなかで、労働者が業務に不可欠な作業を行っている場合に当該活動の労働時間性を認定するには、使用者の黙示の指示や黙示の指揮命令を擬制する必要があるが、このように無限定に拡散しうる可能性のある黙示の指示や指揮命令に依拠するよりも、むしろ別個の基準を定立すべきではないか、というのである。

そこで学説では、「指揮命令下」のみでは労働時間の把握に限界があるという認識のもとで、「指揮命令下」とは別個の枠組みとして業務性・職務性という基準を設け、「労働時間とは、使用者の作業上の指揮監督下にある時間または使用者の明示または黙示の指示によりその業務に従事する時間」であるとする見解が生じた。さらに、上記の見解をさらに発展させ、労基法32条の「労働させ」を「労働」と「させ」に分解し、それぞれを「職務性」と「使用者の関与」に対応させて、労働時間とは使用者の関与と職務性の二要件が相補的に充足される時間であるとする見方も登場した（相補的二要件説）。

一方、近時の最高裁判決は、始業時刻前および終業時刻後の作業服・安全保護具の着脱等に要する時間の労働時間性が争われた事案において、労基法上の労働時間とは、「労働者の行為が使用者の指揮命令下に置かれたものと評価することができるか否かにより客観的に定まるものである」とし、①労働者が、就業を命じられた業務の準備行為等を②事業所内において行うことを③使用者から義務付けられ、または、これを余儀なくされたときは、④当該行為を所定労働時間外において行うものとされている場合であっても、⑤

当該行為は、特段の事情のない限り、使用者の指揮命令下に置かれたものと評価することができ、当該行為に要した時間は、それが社会通念上必要と認められるものである限り労基法上の労働時間に該当すると判示している（三菱重工業長崎造船所（１次訴訟・会社側上告）事件・最一小判平12・３・９民集54巻３号801頁）。また、仮眠時間の労働時間性が問題となった事案で、最高裁判決は、使用者の指揮命令下に置かれているか否かという上記判例と同様の視点から、不活動時間であっても労働からの解放が保障されていない場合には労基法上の労働時間であり、労働者は、本件仮眠時間中、労働契約に基づく義務として、仮眠室における待機と警報や電話等に対して直ちに相当の対応をすることが義務付けられているとして、仮眠時間の労働時間性を肯定した（大星ビル管理事件・最一小判平14・２・28民集56巻２号361頁。もちろん、以上のような対応をすることが皆無に等しいなど実質的に上記義務付けがされていないと認めることができる事情がある場合には、仮眠時間の労働時間性は否定される。ビソー工業事件・仙台高判平25・２・13労判1113号57頁参照）。このように、近時の最高裁判決は、業務性、場所的拘束性ならびにその義務付けなどを労働時間性の判断要素に位置付けつつ、「使用者の指揮命令下」という単一の基準から労働時間性を判断している。上述した学説のように、「指揮命令下」とは区別される別個の基準を創出するのではなく、むしろ、指揮命令下の内容の具体化を通じて、労基法上の労働時間性の判断基準を明確化してきているといえよう。

以上のような判例の展開を受けて、新たな学説は、「使用者の指揮命令下」と異なる別個の基準を設けるのではなくて、「使用者の指揮命令下」の観点から労働時間性を把握しつつ、指揮命令下を具体化する要素として業務性と使用者の関与を位置付ける見方、あるいは、「使用者の指揮命令下」について、①業務に必要かつ関連する労務提供または行為、②労働契約上の義務付け、③義務付けに伴う場所的・時間的拘束性から判断するという見解を提起してきている。こうした学説は、「使用者の指揮命令下」に関する判断要素の具体化を通じて、相補的二要件説とは異なる形で従来の指揮命令下説の難点を克服することを志向する、いわば「新指揮命令下説」と呼ぶことができよう。

3　休憩時間と休日

1 休憩時間

労基法34条によれば、6時間を超える場合は少なくとも45分、8時間を超える場合は少なくとも1時間の休憩時間を労働時間の途中に与えなければならない。

休憩時間とは、権利として労働から離れることが労働者に保障されている時間（昭22・9・13発基17号）であり、その利用が労働者の自由にゆだねられているものである（労基34条3項）。単に作業に従事しない手待時間で、労働からの解放が保障されていない場合は、休憩時間とはいえず、労基法上の労働時間であると判断される。ただし、休憩時間であっても、始業から終業までは、いわゆる拘束時間であり、使用者による一定の拘束を受けることもやむを得ないのであって、休憩時間の利用について事業場の規律保持上必要な制限が加えられることは、休憩の目的を損なわない限り差し支えないと考えられている（前掲・発基17号）。たとえば、休憩時間中の外出規制については、事業場内において自由に休息できる場合には、必ずしも違法とはいえない（昭23・10・30基発1575号）。

休憩時間の与え方については、労働がある程度継続した場合に蓄積される労働者の心身の疲労回復を図るために、労働時間の途中に与えられなければならない。しかも、一斉に付与されるのが原則である（労基34条2項）。もっとも、一斉付与になじまない運輸交通業、商業、金融・広告業および官公署の事業などの労働者については、こうした原則が適用されない（労基則31条）。また、これ以外の業種であっても、一斉に休憩を与えない労働者の範囲と当該労働者に対する休憩の与え方に関する労使協定の締結を通じて、一斉付与の原則を除外することが認められている（労基34条2項）。

なお、以上のことは、あくまで労基法が要求する最低基準としての休憩時間に当てはまるものであって、最低基準を上回る休憩時間については、途中・一斉付与・自由利用の保障も要求されない。

2 休　日

休日とは、労働契約において労働義務がないとされている日のことであり、こうした休日について、労基法35条1項では、「使用者は、労働者に対して、毎週少なくとも1回の休日を与えなければならない」という週休制の原則が定められている。ただし、事業の種類によっては週休制の採用が困難な場合も考えられるので、労基法35条2項では、4週について4日以上の休日を付与すれば、週休制の原則が適用されないとされている。

休日の与え方については、労基法89条において、労働時間が「始業及び終業の時刻」と具体的に表現されているのに対して、休日は、単に「休日」と定められているだけであるから、必ずしも休日を事前に特定する必要はないと解されている。

しかし、休日が特定されている場合には、特定された休日の振り替えが問題となり、これを適法に行う場合には、業務上の必要性に基づいた休日の振替えが就業規則や労働協約、あるいは個別の労働契約に定められていることが必要となる（三菱重工横浜造船所事件・横浜地判昭55・3・28労判339号20頁）。もちろん、休日の振替えによって4週4日の休日が確保されなければ労基法に違反することになる。また、休日の振替規定についても、他の規定と同じように、規定自体の合理性（労契7条）や権利濫用（労契3条5項）、ワーク・ライフ・バランス（労契3条3項）が考慮されることになろう。さらに、以上の休日振替は、あくまで事前に行われる必要がある。いったん休日に労働した労働者に対して、事後的に代償として休日（代休）が付与されても、当該労働は休日労働としての性質を失わない。したがって、当該休日労働が労基法上要求される休日に行われた場合には、後述する三六協定の締結と割増賃金の支払いが求められる、ということになる。

4　時間外・休日労働

上述したとおり、労基法では、週40時間・1日8時間労働、週1日（4週4日）の休日の確保が最低限の労働条件として要求されているが、同時に、さまざまな例外的取扱いが認められている。その中の1つが、時間外労働・休日労働である。時間外労働とは、週40時間・1日8時間を超えて労働させることであり、休日労働とは、週1日の法定休日に労働させることであって、これには、災害等の特別な事由がある場合に行政官庁の許可を受けて行われるもの、公務のために臨時の必要がある場合に行われるもの、過半数組合との協定に基づいて行われるものがある。

1 非常事由または公務のための臨時の必要性による時間外・休日労働

まず、労基法33条1項では、特別な事由に基づく時間外・休日労働として、「災害その他避けることのできない事由によって、臨時の必要がある場合においては」、「行政官庁の許可を受けて、その必要の限度において」、使用者は時間外労働・休日労働させることができる、と定められている。後述する労基法36条による時間外・休日労働では、過半数組合等との書面による協定が要求されるため、災害等に基づく臨時の必要性がある場合、使用者はこれによって対応することができない。一方、臨時の必要性がある場合の時間外・休日労働を使用者の判断にゆだねることも適切ではない。そこで、労基法33条では、臨時の必要がある場合においては、行政官庁の許可を受けて、過半数組合等との書面による協定なしに時間外・休日労働を行わせることができる仕組みが設けられたのである。

労基法33条3項では、さらに、公務のために臨時の必要がある場合においては、別表第一に掲げる事業を除く官公署の事業に従事する国家公務員および地方公務員に時間外・休日労働させることができるとされている。国家や地方公共団体の事務や事業について臨時に生ずる事態に対応して、国民または住民の利益を損なわないようにするという趣旨による。ただし、非現業の国家公務員には労基法自体が適用されず、また現業の公務員については、別表第一に掲げる事業として除外されているので、基本的には、非現業地方公務員に適用される規定である。

2 労基法36条の協定による時間外・休日労働

労基法36条では、使用者は、事業場の過半数労働組合これがない場合は過半数代表者との間で書面による協定を行い、当該協定を行政官庁に届け出た場合には、時間外労働・休日労働させることができるとして、上記の労基法

33条によるものとは別の仕組みが定められている。時間外・休日労働をさせるために同法36条で要求されている協定は、三六協定と呼ばれ、①労働時間を延長し、または休日に労働させることができることとされる労働者の範囲、②対象期間（１年間に限る）、③時間外・休日労働の具体的事由、④１日、１か月、１年のそれぞれの期間について労働時間を延長して労働させることができる時間又は労働させることができる休日の日数などについて協定されるものである（労基36条２項）。

(1)　時間外労働の上限時間

④の延長できる時間については、時間外労働が本来臨時的な措置として必要最小限にとどめられるべきとの観点から、延長できる時間に関する指針が1982年に定められている。ただ、当該指針は、法的に明確な形で根拠付けられず、いわば目安時間を示すものにすぎなかった。そのため1998年労基法改正により、「厚生労働大臣は、労働時間の延長を適正なものとするため、前項の協定で定める労働時間の延長の限度その他の必要な事項について、労働者の福祉、時間外労働の動向その他の事情を考慮して基準を定めることができる」との規定が労基法36条に定められ、これに基づいて、時間外労働の上限時間に関する指針として、「労働基準法第36条第１項の協定で定める労働時間の延長の限度等に関する基準」（平10・12・28労働省告示154号、平成10年指針）が設けられた。平成10年指針では、１か月45時間、１年360時間などの限度時間が定められるとともに、限度時間を超えて労働時間を延長しなければならない特別の事情が生じたときに限り、労使当事者間において定める手続を経て、限度時間を超える一定の時間まで労働時間を延長できるものとされた。

もっとも、平成10年指針に反したとしても、三六協定の効力がそれによって失われるわけではなく、使用者は労基法違反を問われないと解されていたため、長時間労働の是正に関する平成10年指針の効果は限定的であった。そこで2018年労基法改正は、以上のような指針を通じた規制を改め、労基法36条に時間外・休日労働の限度時間を明定し、その違反が労基法違反に直結するとともに、罰則の対象となることを明らかにしたのである（労基36条３、４、５、６項）。これにより、罰則規定の適用を伴った時間外労働の上限が、原則として、月45時間・年360時間となり、臨時的な特別の事情がある場合についても、年720時間以内、時間外労働と休日労働との合計時間が月100時間未満、２か月から６か月の平均月労働時間が80時間以内とされることになった。

(2) 三六協定と労働契約

以上の三六協定は、法定労働時間・法定休日を超えて労働させることができる前提条件として要求されている措置であって、これにより使用者が罰則の適用を回避することができるという免罰的な効力を持つにすぎない。使用者が時間外労働や休日労働を命じるためには、就業規則や労働協約、あるいは個別合意といった労働契約上の根拠が必要になる。

問題は、どのような形の契約上の根拠が要求されるのか、という点である。学説で主張されている見解には、さまざまなヴァリエーションがあるが、大枠としては、時間外労働や休日労働の際に、あるいは、一定期間前に、その都度、労働者の個別的な同意が要求されると説く見解（裁判例として、明治乳業事件・東京地判昭44・５・31労民20巻３号477頁）と、就業規則や労働協約に時間外労働・休日労働に関する規定が存在すれば、当該規定が時間外労働・休日労働を命じる法的根拠になるとする見解（裁判例として、日立製作所武蔵工場事件・最一小判平３・11・28民集45巻８号1270頁）に分けられる。

この点について、学説では、労働者の個別合意を要求する前者の見解も相当に有力であるが、しかし最高裁判決では、後者の見解が支持されている（前掲・日立製作所事件）。時間外労働・休日労働についてその都度労働者の同意が必要であるとすると柔軟な経営活動が阻害されるためであろう。もちろん、こうした裁判例の立場に立ったとしても、時間外労働規定が存在するだけで、あらゆる時間外労働が認められるわけではない。ワークライフバランスの要請（労契３条３項）に鑑み、時間外労働命令が権利濫用と判断されるケースも考えられる。また学説では、時間外労働と休日労働を区別して、後者についてのみ労働者の個別的な合意が要求されると説く見解もある。

3 割増賃金

⑴ 趣　旨

時間外労働あるいは休日労働を適法に行わさせるためには、使用者は、三六協定の締結あるいは臨時の必要性に基づく行政官庁の許可を得なければならないが、これに加えて、当該時間外労働や休日労働に対する割増賃金を労働者に支払う必要がある。時間外労働や休日労働に対する割増賃金の支払いは、長時間労働に対する労働者への補償であり、法定労働時間・法定休日を維持するための一つの支柱でもある。一方、深夜の割増賃金は、労働時間の位置が深夜であることに基づき、その労働の強度等に対する労働者への補償として、その支払いが要求されている。割増賃金については、どのような算定基礎の下にどのような割増率が適用され、どのような形で労働者に支払う必要があるかが問題となる。

⑵ 割増率

まず、割増率については次のように労基法に定められている。時間外労働あるいは深夜労働（午後10時から午前5時）させた場合においては、通常の労働時間又は労働日の賃金の計算額の2割5分以上の率（時間外労働および深夜労働)、休日労働については3割5分以上の率（休日労働）で計算した割増賃金を、使用者は支払わなければならない（労基37条1項、労基法37条第1項の時間外および休日の割増賃金に係る率の最低限度を定める政令)。

また、1か月60時間を超える時間外労働については、5割以上の率によって計算された割増賃金を支払う必要がある（同37条1項)。もっとも、60時間を超える時間に対して義務付けられた割増率の支払いに代えて、労使協定によって労働者に有給の休暇を付与することも許容される（同37条3項)。

時間外労働と深夜労働あるいは休日労働と深夜労働が重複したときには、割増率は合算され、それぞれ5割以上、6割以上となる（労基則20条)。ただし、休日労働の時間が8時間を超えた場合であっても、休日労働に対する割増率3割5分以上の支払いで足りる（昭22・11・21基発366号)。

⑶ 割増賃金算定の基礎

割増賃金は、「通常の労働時間又は労働日の賃金」に、上記の割増率を乗じて算定される。「通常の労働時間又は労働日の賃金」とは、時間給によって定められた賃金はその金額であり、週給や月給の場合は、その週や月における所定労働時間数で除した金額である。もっとも、①家族手当、②通勤手当、③別居手当、④子女教育手当、⑤住宅手当、⑥臨時に支払われた賃金、⑦１か月を超える期間ごとに支払われる賃金は、算定の基礎となる賃金からは除外される（労基則21条）。①から⑤の賃金は、労働との直接的関係が薄く、個人的事情によってその額が左右されるものであり、⑥と⑦は、そもそも通常の賃金に該当しないことや計算技術上の困難性に基づいて除外されると考えられている。

(4)　割増賃金の支払い方

割増賃金の支払い方については、①一定額の手当を割増賃金に代えて支給することや②通常の賃金に割増賃金を含めて支払うことが許されるかが問題となる。

まず、①一定額の手当を割増賃金に代えて支給する場合には、第１に、如何なる名称の手当であっても、「雇用契約に係る契約書等の記載内容のほか、具体的事案に応じ、使用者の労働者に対する当該手当や割増賃金に関する説明の内容、労働者の実際の労働時間等の勤務状況などの事情」を考慮して、割増賃金として支払う趣旨のものでなければならない（日本ケミカル事件・最一小判平30・７・19労判1186号５頁）。第２に、そのような一定額の手当と基本給のバランスが適切であることまでは必要とされない（前掲・日本ケミカル事件）が、支給された手当が法所定の割増率以上の額であることが求められる。

つぎに、②通常の賃金に割増賃金を含めて支払う場合には、割増賃金は、通常の労働時間に対する賃金と区別した形で支給される必要があり（高知県観光事件・最二小判平６・６・13労判653号12頁、テックジャパン事件・最一小判平24・３・８労判1060号５頁）、したがって、割増賃金を基本給に含めて支払い、割増賃金と基本給が渾然一体となっているようなケースでは、労基法37条の割増賃金を支払っているとは認められない。このように解さなければ、通常の労働時間に対する賃金の割増を要求することによって時間外労働を抑制するという法の趣旨が潜脱されてしまうからである。

5　労働時間規制の柔軟化

以上に示してきたとおり、労基法では、法定労働時間や法定休日に関する規制がなされる一方で、三六協定と割増賃金の支払いなどを通じて、そうした上限を超えて労働させることができる仕組みが整備されている。

では、週40時間・１日８時間という枠組み自体の例外は認められていないのか。①たとえば、月末がいつも忙しかったり、季節によって業務の繁閑に差があるケースでは、特定の日に労働時間を集中したい場合が考えられる。②また、仕事がはかどらないときは早く帰宅し、はかどるときは８時間を超えて働きたいと考える労働者も存在しえよう。③さらに、そもそも、週40時間・１日８時間という時間規制になじまない仕事もあるとも考えられる。労基法では、上記①から③のような場合について、硬直的に週40時間・１日８時間規制を適用することは適切ではないという観点から、それぞれ①変形労働時間制、②フレックスタイム制、③みなし労働時間制・裁量労働制のもとで週40時間・１日８時間労働の例外を認める制度が定められている。

1　変形労働時間制

(1)　趣　旨

変形労働時間制とは、一定の期間について、あらかじめ定めた所定労働時間が「平均して」週40時間を超えないことを条件として、１週40時間・１日８時間の法定労働時間の規制を解除する仕組みである。時期的な繁閑の波が存在する場合があること、連続操業が必要な事業場も少なくないこと、労働者にとっても閑散期における労働時間短縮という効果があること、これらの点が考慮されて整備された制度であり、１週間の期間を単位とするもの（１週間単位の非定型的変形労働時間制、労基32条の５）、１か月以内の期間を単位とするもの（１か月単位の変形労働時間制、同32条の２）、１か月を超え１年以内の期間を単位とするものに区分される（１年単位の変形労働時間制、同32条の４）。

(2)　要　件

１週間単位の非定型的変形労働時間制は、①小売業・旅館・料理店・飲食店であって常時30人未満の労働者を使用する事業場において、②労使協定を締結して、これを行政官庁に届け出たうえで、③原則として前週末までに翌週の各日の労働時間を労働者に書面で通知することによって、④1日10時間を限度として労働させることができるという仕組みである。

また、1か月単位の変形労働時間制とは、①労使協定あるいは就業規則に準ずるものにおいて、②1か月以内の期間の長さとその起算日が定められるとともに、③変形期間における各週・各日の所定労働時間が特定され、④労使協定で変形労働時間制が定められたときには当該協定を行政官庁に届け出ることを条件として、特定された週又は特定された日において、週40時間・1日8時間の枠を超えて労働させることができるというものである。

1年単位の変形労働時間制については、対象期間が長期にわたることから、労働者への生活への影響が大きい。そのために、1週間単位や1か月単位の変形制よりも詳細な要件が設定されている。具体的には、労使協定において、①対象となる労働者の範囲、② 対象となる期間とその起算日、③特に業務が繁忙な特定の期間、④対象期間における労働日と所定労働時間、⑤有効期間（労働協約による場合を除く）を定め、当該協定を行政官庁に届け出なければならない。これに加えて、所定労働時間については1日10時間、週52時間、労働日については、連続労働日数6日（特定期間については12日）という上限が設定されている。また、対象期間が3か月を超える場合には、1年あたり280日の割合に応じた労働日数の限度が定められている。一方、対象期間における労働日と所定労働時間は、基本的にはあらかじめ特定される必要があるが、対象期間を1か月以上の複数の期間に区分することとした場合には、最初の期間における労働日および当該労働日ごとの労働時間を定め、その他については、各期間における労働日および総労働時間を定めればそれで足りるとされている。

このように、変形労働時間制は、労働時間の効率的な配分とそれによる労働時間短縮の実現を目的として、労働日（休日）と所定労働時間を事前に特定しつつ、繁忙期に労働時間の配分を集中させる制度であるといえるが、労働者の生活に少なからず影響を与えることから、労使協定の締結（1か月単位の変形労働時間制を除く）や所定労働時間の事前の特定などの要件が定められている。また、こうした弾力的な労働時間の配分に対応することが困難な労

表　変形労働時間制

	１週間単位	１か月単位	１年単位
対象期間	１週間	１か月以内	１か月を超え１年以内
導入要件	①小売業、旅館、料理店、飲食店で、常時30人未満の労働者を使用する事業場であること ②労使協定を締結して、行政官庁に届け出ること ③原則として前週末までに翌週の各日の労働時間を労働者に書面で通知すること	就業規則あるいは労使協定において、 ①期間の長さとその起算日 ②変形期間における各日、各週の所定労働時間 ③労使協定の場合には有効期間（労働協約による場合を除く）を定めること（労使協定で定めた場合は行政官庁に届け出ること）	労使協定において、 ①対象となる労働者の範囲 ②対象となる期間とその起算日 ③特に業務が繁忙な特定の期間 ④対象期間における労働日と所定労働時間 ⑤有効期間（労働協約による場合を除く）を定めて行政官庁に届け出ること
１日・１週の労働時間の上限	・週40時間 ・１日10時間	・平均して週40時間	・平均して週40時間 ・１日10時間 ・１週52時間
労働日数の上限	特になし	特になし	・連続労働日数６日（特定期間については12日） ・対象期間が３か月を超える場合には、１年あたり280日の割合に応じた労働日数

働者については、変形労働時間制の適用に制限がある。具体的には、妊産婦が請求した場合には、使用者は、変形労働時間制を採用している場合であっても、１週又は１日の法定労働時間を超えて労働させてはならず（労基66条１項）、育児を行う者、老人等の介護を行う者、職業訓練又は教育を受ける者その他特別の配慮を要する者については、これらの者が育児等に必要な時間を確保できるような配慮をしなければならない（労基則12条の６）。さらに、18歳に満たない年少者についても、変形労働時間制は適用されない（労基60条１項）。

2 フレックスタイム制

(1) 趣　旨

フレックスタイム制は、労働者による自律的な労働時間配分を可能とする仕組みであって、始業時刻・終業時刻の決定を労働者にゆだねるものである（労基32条の３）。始業時刻と終業時刻の設定が労働者にゆだねられれば、労働者の生産性が高まり、事業の効率的な運営とそれによる余暇の増加という効果が期待できる。労基法は、こうした趣旨に基づいて、週40時間・１日８時間に対する例外としてフレックスタイム制を整備したのである。

(2) 要　件

フレックスタイム制の導入要件は、①就業規則その他これに準ずるものにより、その労働者に係る始業および終業の時刻をその労働者の決定にゆだねることを定め、②労使協定において、（ア）対象となる労働者の範囲、（イ）３か月以内の単位期間（清算期間）、（ウ）清算期間における総労働時間、（エ）標準となる１日の労働時間、（オ）コアタイムを設ける場合には、その開始および終了の時刻、（カ）フレキシブルタイムを設ける場合には、その時間帯の開始および終了の時刻を定めることである。清算期間における総労働時間とは、契約上労働者が清算期間において労働すべき時間として定められた時間であり、いわゆる所定労働時間のことである。また、標準となる１日の労働時間とは、労働者がフレックスタイム制において年次有給休暇を取得した際の労働時間の基準を定めるものであり、コアタイムとは労働者が労働しなければならない時間帯、フレキシブルタイムとは労働者がその選択により労働することができる時間帯を指す。労働者は清算期間に定められた時間労働するように、各日の始業及び終業の時刻を自ら決定して働くことになるが、コアタイムが定められた場合には、それに従わなければならない。

(3) 効　果

以上の要件にそくしてフレックスタイム制が導入された場合、労働者が、１日および１週の法定労働時間を超えて労働しても、それが清算期間を平均して週法定労働時間の枠内にとどまっている限りにおいて、使用者は、三六協定の締結と割増賃金の支払いを行う必要はない。一方、清算期間における労働者の実労働時間が平均した週法定労働時間を超過した場合、使用者は、三六協定を締結し、当該超過時間に対して割増賃金を支払わなければならない。

さらに、清算期間における労働者の実労働時間と総労働時間との関係については、次のような問題が生じる。総労働時間と比べて労働者の実労働時間に過不足が生じた場合に、この過不足の時間を次期の清算期間に繰り越すことができるのか否かが問題となるのである。

学説では、労働者の実労働時間が平均した週法定労働時間を超える場合は、当該時間に対する割増賃金の支払いが要求されるので、当該時間を次の清算期間に繰り越すことは許されないものの、平均した週法定労働時間を超過しないときには、当該時間を次の清算期間に繰り越すことも許容されるとする見解がある。また、清算期間における実労働時間に不足があった場合に、総労働時間について定められた賃金を支払う一方で、不足する労働時間を次の清算期間の総労働時間に上積みして労働させることも適法であるとされる。現行法では、賃金と労働時間の厳密な対応関係が要求されておらず、労働の多い月にも少ない月にも定額の月給制とすることは契約の自由にゆだねられているからである。これに対して、行政解釈では、総労働時間に不足する労働時間を次期の清算期間に上積みすることは許容されるが、過剰な実労働時間を繰り越すことは労基法24条に違反して認められないと考えられている（昭63・1・1基発1号）。

3 事業場外のみなし制

変形労働時間制であってもフレックスタイム制であっても、それらには使用者が労働者の労働時間を把握することができるという前提が据えられている。しかし、外勤営業などの事業場外での労働については、使用者の具体的な指揮命令が及ばず、労働時間の把握が困難な場合がある。そこで、労基法38条の2は、労働者が労働時間の全部又は一部について事業場外で業務に従事した場合において、労働時間を算定し難いときは、所定労働時間労働したものと「みなす」という事業場外労働に関するみなし制を定めている。この事業場外のみなし労働時間制は、事業場外で業務に従事した場合において、「労働時間を算定し難いとき」にのみ適用されるが（旅行会社の添乗員について労働時間を算定し難いということはできないとして、みなし労働時間制の適用を否定した例として、阪急トラベルサポート（派遣添乗員・第２）事件・最判平26・１・24労判1088号５頁）、労働したものとみなされるのは、所定労働時間だけではない。当該業務を遂行するためには通常所定労働時間を超えて労働することが必要となる場合においては、当該業務の遂行に通常必要とされる時間労働したものとみなされる（同38条の２但書）。また、業務を遂行するために通常必要とされる時間については、業務の実情を知る労使によって決定されることが適切であるので、労使協定で当該業務に必要とされる時間を定め、行政官庁に届け出れば、当該協定の定めによることもできるとされている（同38条の２第２項）。

4　裁量労働制

労基法は、上記の事業場外みなし労働時間制の他に、「みなし」の考え方に基づく２つの「裁量労働制」を整備している。工場労働からホワイトカラー労働が中心を占めるようになった現在の雇用状況においては、労働時間数（量）によって労働を評価するのではなく、労働の質に基づいて労働を評価する仕組みが必要である、との観点から設けられた制度であり、一定の専門業務や企画業務について、実際の労働時間数にかかわらず、一定の労働時間を労働したものと「みなす」もので、専門業務型裁量労働制と企画業務型裁量労働制に区分される。

(1)　専門業務型裁量労働制

1987年労基法改正において導入された専門業務型裁量労働制は、研究開発の業務など、「業務の性質上その遂行の方法を大幅に当該業務に従事する労働者の裁量にゆだねる必要があるため、当該業務の遂行の手段および時間配分の決定等に関し使用者が具体的な指示をすることが困難なものとして厚生労働省令で定める業務」について、労使協定において、①対象とする業務、②当該業務の遂行の手段および時間配分の決定等に関して労働者に具体的な指示をしないこと、③当該業務の遂行に必要とされる時間（みなし労働時間）、④対象労働者の健康・福祉確保措置を講じること、⑤対象労働者からの苦情処理措置を講じることを定め、当該協定を労働基準監督署に届け出た場合において、労働者を当該業務に就かせたときは、その協定で定める時間労働したとみなすという仕組みである（労基38条の３）。対象となる業務は、業務の性質上その遂行方法を大幅に労働者の裁量にゆだねる必要のある業務であって、具体的には、労基則24条の２の２第２項に限定列挙されている。（ア）新商品若しくは新技術の研究開発、人文・自然科学に関する研究、（イ）情報処理システムの分析・設計、（ウ）新聞・出版の記事・編集、放送番組の制作のための取材・編集、（エ）衣服、室内装飾、工業製品、広告等の新たなデザインの考案、（オ）放送番組・映画等のプロデューサー・ディレクター、（カ）厚生労働大臣の指定する業務がそれであり、（カ）については、コピーライター、システムコンサルタント、インテリアコーディネーター、ゲーム用ソフトウェアの創作、証券アナリスト、金融商品開発、大学における教授研究、公認会計士、弁護士、建築士、不動産鑑定士、弁理士、税理士、中小企業診断士とされている。

⑵　企画業務型裁量労働制

企画業務型裁量労働制とは、成果主義賃金制度を広くホワイトカラーに適用できるような法整備の要請を受けて、一定の専門業務について認められていた上記専門業務型に加えて、1998年労基法改正において新たに設けられた裁量労働制である。企画業務型裁量労働制は、上記専門業務型と異なり、「事業の運営に関する事項についての企画・立案・調査・分析の業務であって、当該業務の性質上これを適切に遂行するにはその遂行の方法を大幅に労働者の裁量にゆだねる必要があるため、当該業務の遂行の手段および時間配分の決定等に関し使用者が具体的な指示をしないこととする業務」に、「対象業務を適切に遂行するための知識、経験等を有する労働者」を従事させる場合に認められるものであり、労使委員会において、①当該事業場における対象業務、②対象労働者の範囲、③みなし労働時間、④対象労働者の健康・福祉確保措置を講じること、⑤対象労働者からの苦情処理措置を講じること、⑥企画業務型裁量労働制の適用を受ける労働者の同意を得ることおよび同意しなかった労働者に対して解雇その他不利益な取扱いをしてはならないこと等について、５分の４以上の多数決の決議を経て、当該決議を労働基準監督署に届け出ることによって導入することができる（労基38条の４第１項）。

ここで労使委員会とは、賃金、労働時間等の労働条件に関する事項を調査審議し、事業主に対し当該事項について意見を述べることを目的とする委員会であって、委員会使用者および事業場の労働者を代表する者によって構成され、委員の半数は、過半数組合（ないし従業員の過半数代表者）によって任期を定めて指名される者でなければならないというものである（同38条の4第1項、2項）。

6　労働時間・休憩・休日原則の適用除外

裁量労働制やフレックスタイム制、変形労働時間制は、事業運営の柔軟化や労働者の自律的な働き方を実現するために、法定労働時間に対する例外を認める仕組みであるものの、労基法上の労働時間規制を完全に排除するものではない。つまり、フレックスタイム制や変形労働時間制を導入した場合であっても、平均して週40時間の枠内に収まらない労働時間については、割増賃金の支払いと三六協定の締結が求められる。みなし労働時間制においても、みなし労働時間が法定労働時間を超過すれば割増賃金と三六協定が必要となる。また、これらの労働時間制度には、週休制の原則や休憩時間の規制は適用される。

労基法は、こうした労働時間に関する規制の適用そのものを排除する仕組みを用意している。一つは、労働時間・休日・休憩の規制が適切でないと考えられる事業や業務、具体的には、①農業、畜産、養蚕、水産の事業に従事する者、②管理・監督の地位にある者または機密の事務を取り扱う者、③監視・断続的労働に従事する者で、使用者が行政官庁の許可を受けたものについて、労働時間・休日および休憩の規制を適用しないとするものである（労基41条）。もう一つは、一定の年収要件を満たす労働者であって、職務の範囲が明確で高度な職業能力を有する者を対象として、労働時間、休憩、休日及び深夜の割増賃金の支払義務等の適用を除外する仕組み（高度プロフェッショナル制度）である（労基41条の2）。

1　労基法41条による適用除外

労基法41条において上記①から③の者が労働時間・休日・休憩規制の適用

が除外されているのは、そうした規制の適用に馴染まないからである。①については、この種の事業がその性質上天候等の自然的条件に左右されるため、法的労働時間等の規制に馴染まないとして適用除外とされている。

また、②管理監督者が適用除外とされているのは、企業経営上の必要から、経営者と一体的な立場において、労基法上の労働時間等の枠を超えて活動することを要請されてもやむを得ないといえるような重要な職務と権限を付与され、また、賃金等の待遇やその勤務態様において、他の一般労働者に比べて優遇措置が講じられているので、労働時間等に関する規定の適用を除外されても、労基法の基本原則に反するような事態が避けられ、当該労働者の保護に欠けるところがないという趣旨によるものである（日本マクドナルド事件・東京地判平20・1・28労判953号10頁）。そのため、労基法の労働時間規制等の適用除外を受ける管理監督者の範囲は、これらの規制の枠を超えて活動することが要請されざるを得ない重要な職務と責任を有し、現実の勤務態様も、労働時間等の規制になじまないような立場にある者に限定され、具体的には、㋐経営に関する決定に参画し、労務管理に関する指揮監督権限を認められていること、㋑自己の出退勤をはじめとする労働時間について自由裁量を有していること、㋒賃金体系を中心とした処遇が、一般の従業員と比較して、その地位と職責にふさわしい厚遇であること、が求められる（前掲・日本マクドナルド事件）。裁判例では、概ね、管理監督者の該当性について厳格な判断が下されており、否定例が多くを占める（前掲・日本マクドナルド事件のほか、アクト事件・東京地判平18・8・7労判924号50頁、セントラル・パーク事件・岡山地判平19・3・27労判941号23頁など）。

なお、機密の事務を取り扱う者とは、必ずしも秘密書類を取り扱う者を意味するものではなく、秘書その他の職務が経営者または監督もしくは管理の地位にある者の活動と一体不可分であって、厳格な労働時間管理になじまない者をいう（昭22・9・13発基17号）。

一方、③労基法41条によって労働時間規制の適用を除外される監視労働とは、原則として一定の部署にあって監視するのを本来の業務とし、常態として身体の疲労または精神的緊張の少ない労働であって（前掲・発基17号、昭63・3・14基発150号）、また、断続的労働とは、作業自体が本来間欠的に行われるもので、作業時間が長く継続することなく中断し、しばらくして再び同じような態様の作業が行われ、また中断するというように繰り返される労働である。いずれも、通常の労働と比較して労働密度が希薄であり、労働時間等の規制を適用しなくても、必ずしも労働者保護に欠けるところはない。適用除外とされているのは、そのためである。ただ、これらの労働は、その態様が千差万別であり、一般の労働と明確に区分できる客観的基準がない。そこで、適用除外の要件として行政官庁の許可が定められている。

2 労基法41条の２による適用除外

2018年労基法改正は、時間ではなく成果で評価される働き方を希望する労働者のニーズに応え、その意欲や能力を十分に発揮できるようにするための新たな選択肢として、新たな適用除外制度を（高度プロフェッショナル制度、以下、高プロ制度）を設けた。労基法41条の適用除外では適用される深夜労働に対する割増賃金も、高プロ制度には適用されない。対象業務は、「高度の専門的知識等を必要とし、その性質上従事した時間と従事して得た成果との関連性が通常高くないと認められるもの」であって、厚生労働省令で定められるものである。特定の日時を指定して会議に出席することを一方的に義務付けられることがないことはもちろん、働く時間帯の選択や時間配分に関する裁量を失わせるような成果・業務量が要求されない業務である（平31・3・25厚生労働省告示88号）。

高プロ制度導入には、労基法38条の４の企画業務型裁量労働制と同様に、労使委員会での５分の４以上の決議が必要とされるが、高プロ制度における幅広い労働時間規制の適用除外に鑑み、いっそう厳格な導入要件が規定されている。本人同意が導入要件として明確に位置付けられるとともに（労基41条の２第１項柱書）、４週４日かつ年間104日以上の休日の付与、健康管理時間の把握措置、選択的措置、健康・福祉確保措置が講じられなければならないこととされている。また、高プロ制度が適用される労働者は、上記の休日保障に加えて、労働者１人当たりの平均給与額の３倍を相当上回る額（現在の厚労省令では、1075万円）以上の賃金が保障されている者でなければならないとされている（労基41の２第１項第２号ロ）。

7　労働時間規制の実効性確保

労基法上の労働時間規制に違反した際の使用者に対する制裁については、基本的には、他の労基法上の規定と同様であり、労働基準監督署による指導・是正や罰則の適用が問題となるが、違法な長時間労働がなされている場合には、企業名が公表されることがある。また、時間外労働に関して賃金が支払われないいわゆる賃金不払残業については、こうした労働基準監督署による指導・是正や罰則の適用に加えて（労基24条、同37条違反が問題となる）、使用者は、当然に、労働者からの当該時間外労働に対する賃金（割増賃金含む）請求に服する。不払残業に対する賃金請求が労働者の在職中にかかる場合には、使用者は、本来支払われるべき日の翌日から遅延している期間の利息に相当する年利6％の遅延損害金の支払いが求められ（商514条）、賃金請求が労働者の退職後に行われるときには、14.6％の遅延損害金の支払いが要求される（賃確6条1項）。さらに、時間外・休日・深夜労働の割増賃金等の未払金については、本来支払われるべき額と同額の付加金の支払いが求められるケースがある（労基114条）。

以上に加えて、使用者が労基法に違反して割増賃金等の支払いを怠っていた場合には、取締役等の第三者に対する責任として、労働者に対する損害賠償責任が認められるケースがある（昭和観光事件・大阪地判平21・1・15労判979号16頁）。取締役および監査役は、会社に対する善管注意義務ないし忠実義務として、会社に労基法37条を遵守させ、労働者に対して割増賃金を支払わせる義務を負っており、労基法に違反する労務管理が行われていることについて取締役や監査役に悪意又は重過失が認められる場合には、労働者に対して損害賠償責任を負うのである（会社429条1項）。

厚生労働省の調査によると、100万円以上の賃金不払残業が生じて労働基準監督署の是正勧告を受けた企業数は、平成18年度・19年度ともに約1700社に達し、その後減少したものの、平成29年度、平成30年度には、1870社、1768社となり増加に転じている。近時、労働時間規制や賃金不払残業に対する国家の監視体制が強化されてきているものの、労基法に違反する企業数は、依然として高い水準にある。

8　労働時間規制の課題

以上において概観してきたように、労基法上の労働時間規制は、週40時間・1日8時間という原則を軸としながら、数多くの例外を認める形となっている。そもそも労働時間規制は、長時間労働に伴う労働者の健康障害を回避するために設けられたが、事業の性質に応じた柔軟な労働時間制度や労働者の自律的な働き方を実現する必要性からさまざまな改正が加えられてきた。またその一方で、労働者の健康確保やワーク・ライフ・バランスの観点から、労働時間短縮や長時間労働を是正するための措置を講じてきた。2018年労基法改正は、割増賃金の規制が適用されない自律的な働き方の選択肢（高プロ制度）を新たに設けるとともに、時間外労働の限度時間に関する規制を強化したものであり、労働者の自律的な働き方を実現するための規制緩和と長時間労働是正のための規制強化を同時に行ったものということができる。

このように労基法の労働時間規制は、労働者の自律的な働き方を実現するという観点からはその規制緩和が要請される一方、労働者の健康確保、ワーク・ライフ・バランスの観点からはその規制強化が要請され、こうした相対立する多様な要請に晒されている。しかしそのために、とりわけ企画業務型裁量労働制と高プロ制度の導入要件が厳格なものとなっており、使い勝手の悪い仕組みになっているとみることができる。対象業務の拡大、導入要件の緩和が検討されるべきであるが、そうした規制緩和により恒常的な長時間労働が合法化されることも避けなければならない。労働時間規制の目的や「労働」の意義に立ち返りながら、検討されるべきであろう。

第3節　休暇・休業

1　休暇・休業の意義

1　休暇・休業

近年、仕事と家庭生活の調和（ワーク・ライフ・バランス）を実現することが重要な政策課題となっている。そこで念頭におかれている問題意識は論者によって異なるが、これまでの典型的な働き方、すなわち私生活や家庭生活を代償にしながら職場に長時間にわたって拘束されるという仕事中心の働き方を見直す必要性が、広く認識されるようになったのは否定しえない事実といえよう。働くばかりが人生ではなく、趣味を楽しみ、家族・社会の構成員として充実した生活を送ることも、人間らしく生きるために不可欠である。

戦後の日本的雇用慣行は、フルタイムの男性中心の雇用社会を想定したものであった。しかし、少子高齢化と人口減少の進展を見据えたときには、今後は、男性に限らず、女性や高齢者、障がい者や外国人など、多様な働き手による社会参加が指向されるようなる。こうした観点からは、仕事と生活の調和という観点から、休暇・休業のあり方を捉える必要がある。

2 休暇・休業の類型

休暇・休業については、労基法等において労働条件の最低基準として定められた法定の休暇・休業と、企業ごとに様々な目的のために就業規則や労働協約等に基づいて設けられた法定外の休暇・休業に大別される。

本節で扱う法定の休暇としては、年次有給休暇（以下、「年休」という）がある（本節2）。年休の本来の趣旨は、まとまった長期の休暇を有給で保障することで余暇を保障し、労働者の心身や生活を充実させることを目的としている点にある。しかし、わが国では、年休の取得が進んでいないという課題がある。

育児介護休業制度は、育児や介護を行うための休みを保障し、就労と育児・家庭責任のバランスをとりやすくすることで雇用継続を促進するという就労環境の整備に着目する制度である（本節3）。この制度は、さらに出生率の向上という社会的利益も視野に入れている。

女性に関する休業制度としては、健全な次世代の保護という社会的利益を確保する役割を担いつつ、主に労働者の身体・精神的特徴を考慮して設けられた産前産後休業等がある（本章第4節）。このほか、法定の休暇として、公民権行使の保障に関する休暇等がある（労基7条。公民権の行使については、第2編第4章第1節）。

法定外の休暇・休業としては、私傷病の療養のために年次有給休暇以外で利用できる病気休暇をはじめとして、慶弔休暇、ボランティア休暇といったものがある。また、労務管理に関連する教育訓練休暇や転職支援休暇等といったものもある。これらは就業規則等の定めに基づき任意に実施されている。病気休暇の充実は、病欠のために年休が取得される実態の改善につながっている。傷病休職制度は、労働者にとっては一定期間解雇が猶予されるメリットがあり、使用者にとっても労働者への対応が明確、容易になることから、労使双方にとって有益である。また、短期の療養のために年休を利用することも当然許されるが、傷病休職制度の整備が促進されることにより、年休と休職制度を労働者側で選択できることが望ましいといえる。

3 休暇・休業の実状

問題状況を把握するために、年休・休業の実状について特徴的と思われる点を指摘しておきたい。

まず、わが国において年休取得率の低さはほとんど改善されていない。2018年の年休取得率は52.4％で、取得した日数は平均9.4日であった。年休を取得しない理由としては、周りへの迷惑や職場の雰囲気などを理由に取得をためらう労働者が多く、また、病気や急な用事のために年休の取り控えが行われているのが実態である。こうした状況を受けて、2019年４月からは、年５日以上の年休取得を使用者に義務づけることとなった（改正労基39条７項・８項）。

育児休業については、厚生労働省による2018年の調査によると、育児休業取得率は女性82.2％、男性6.16％であり、男性の育児休業取得は依然として進んでいない。女性の取得率についても、働いている女性が結婚や出産を機に多くの人が退職していることを考慮すると、割り引いて考える必要がある。

休暇・休業のあり方を考える際に留意すべき観点として以下をあげることができる。

第１は、仕事と生活の調和という観点である。女性の就業率の増加、高齢化などの人口構造の変化、勤労者意識の変化の進行などに対応して、仕事と生活の調和が重要な政策課題となっている。労働契約法３条３項には、仕事と生活の調和の観点を規定しており、労働法学の解釈論においても重要な視点となりうる。

第２は、雇用平等の実現という観点である。週60時間以上働く男性労働者の割合が増加傾向にある一方で、結婚出産を機に退職する女性が多いという実態があり、現実の社会における性別による役割分業は依然として強固である。しかし、雇用平等を実現するためには、家族的責任を男女共通の問題として捉える視点が不可欠である。

第３は、均等処遇、均衡処遇という観点である。休暇・休業に関しても、育児介護等休業を取得した労働者、短時間正社員制度を利用した労働者等についても、均等処遇、均衡処遇を図ることが重要な課題となる。

第４は、休暇・休業の位置づけに関する。労働者は当然のことながら、家に帰れば家庭人であり、社会の構成員でもある。休暇・休業を保障されることが、市民としての生活を維持しながら働き続ける基盤となる。また、休暇・休業を保障することは、有能な労働者の流出を防ぐことにつながり、企業側のメリットも少なくない。

第５は、労働市場との関連である。労働力人口の減少に対応するために、高齢者・女性の労働市場参入を更に促すことが予想される。正社員を念頭においた硬直的な制度は、高齢者や子供をもつ両親にとって労働市場の参入を阻害する要因となることから、個別のニーズに応じた柔軟な対応を可能とする制度を構築するとともに、制度を利用できる環境を整備することが求められている。

２　年　休

1　年休制度の趣旨等

労働基準法が年休制度を設けているのは、休息や余暇を享受するためにまとまった時間を保障しようという趣旨である。休日が労働者の身体的・精神的な疲労からの回復を主眼としているのに対して、年休は、本来的な意味における「余暇」を保障したものであると理解されている。休暇の概念については、労働者が何らかの権限に基づいて、その主体的な意思により権利として休みをとり、その法的効果として労働日から非労働日に転換が生じるものと解されている。

戦後、年休等に関する労働基準法の規定は大きな改正もなく運用されてきたが、1987（昭和62）年には、取得率の低さを解消することを目的として年休に関する規定が改正された。主要な改正点は、①６日から10日に年休の最低付与日数の引き上げ、②パートタイマー等の労働時間の少ない労働者への比例付与、③計画年休制度の新設、④年休取得に伴う不利益取扱いの禁止である。

また、1993（平成５）年には、年休の継続勤務要件が１年から６ヶ月に短縮され、1998（平成10）年には、年休の逓増のペースが１日から２日に増加される改正が行われた。2005（平成17）年に施行された「労働時間等の設定の改善に関する特別措置法」２条は、使用者に対し、年休を取得しやすい環境の整備を努力義務として規定した。

わが国において年休として与えられている日数は、国際的にみて際立って低水準というわけではなく、祝日等の休日も含めて考えるならば、諸外国と遜色のない休暇日数であると評価することもできる。もっとも、世界の趨勢と比較すると、ILO が1970年に第132号条約（「年次有給休暇に関する条約」）を採択し、３労働週の年休を規定するに至っているのに対し、わが国は、現在においても ILO 第132条約に批准できないまま現在に至っている。

2 年休権の成立

使用者は、雇入れ日から起算して６ヶ月以上継続勤務し、全労働日の８割以上出勤した労働者に対して、継続しまたは分割した10労働日以上の有給休暇を与えなければならない（労基39条１項）。また、年休日数は、通算１年６ヶ月以上継続勤務した場合には１年につき１労働日、３年６ヶ月以上継続勤務した場合には１年につき２労働日が加算され、最大20日を上限に加算される（同条２項、図１）。

所定労働日数の少ない労働者については、所定労働日数に比例して算定された日数が付与される（同条３項、図２）。過半数労働組合、これがない場合は過半数代表者との間で労使協定を締結し、労働者の範囲や日数等を定める

図1　年休の付与日数

継続勤務年数	付与日数
6カ月	10日
1年6カ月	11日
2年6カ月	12日
3年6カ月	14日
4年6カ月	16日
5年6カ月	18日
6年6カ月〜	20日

図2　所定労働日数の少ない労働者の年休付与日数

週所定労働日数	一年間の所定労働日数	雇入れの日から起算した継続勤務年数						
		0.5	1.5	2.5	3.5	4.5	5.5	6.5以上
4日	169日から216日まで	7日	8日	9日	10日	12日	13日	15日
3日	121日から168日まで	5日	6日	6日	8日	9日	10日	11日
2日	73日から120日まで	3日	4日	4日	5日	6日	6日	7日
1日	48日から72日まで	1日	2日	2日	2日	3日	3日	3日

ことにより、年休のうち5日まで時間単位で年休を取得できる（労基39条4項）。

具体的な取得時期については、労働者が時季指定権を行使することによって特定される（同条5項）。ただし、労働者の請求した時季に年休を与えることが事業の正常な運営を妨げる場合には、使用者は時季変更権を行使できる（同条5項但書）。

ここで指摘しておきたいのは、わが国の年休の特殊性である。ILO 第52号条約は、最低6日間は分割付与を認めておらず、また、出勤率を年休の要件に含めていない。また、年休の取得時期については、諸外国では使用者が決定権限を有し、その際に労働者の希望を考慮しなければならないとする仕組みが一般的である。これに対し、労働基準法39条は、①１日単位での休暇の分割を認め、②全労働日の８割以上の出勤率を要件とし、③時季の決定を労働者に委ねる制度を採用した。

こうした日本独自の修正は、多くの労働者が日々の食料確保のために、買出しを目的として休暇を取得していたという戦後の労働者の実態、及び、労働意欲が低下していった経済状況を反映したものといわれる。また、出勤率の要件は、諸外国では他に例をみないものであり、年休休暇の付与を功労報償と結びつける考え方に基づいたものといえる。

3 年休の法的性質

労働者は、労働基準法39条に基づいて、いかなる時期にどのような権利を取得するか。この点、労基法39条５項が、使用者は年休を労働者の請求する時季に与えなければならないと規定していることから、年休権は年休の請求権であり、使用者の承諾を要するとする見解が主張された（請求権説）。これに対し、労働者の意思表示のみ年休の権利が発生する形成権と解する見解も主張された（形成権説）。

この問題について最高裁は、法定の要件が充足されることによって法律上当然に発生する権利であり、労働者が時季指定をしたときは、使用者が時季変更権を行使しない限り年休の効果が発生すると判示している（白石営林署事件・最二小判昭48・３・２民集27巻２号191頁、国鉄郡山工場事件・最二小判昭48・３・２労判171号10頁）。これは、年休をとる権利そのものと年休の時季を指定する権限とを区別してとらえる二分説と呼ばれる考え方であり、学説、判例において通説的な見解となっている。

最高裁は、第１に、年休権は、労基法の要件を満たすことによって、労働者の請求や使用者の承諾を必要とせずに当然に生じる権利であること、第２に、使用者の年休付与義務は、労働者の年休取得を妨げてはならないことを内容とする不作為義務であること、第３に、労基法39条５項の「請求」は、時季指定を意味し、労働者が時季指定をしたときは、使用者が時季変更権を行使しないかぎり、時季指定によって年休が成立して労働義務が消滅する、という考え方にたつ。

4 年休の付与義務

年休は、原則として、労働者が請求する時季に与えることとされている。しかし、同僚への気兼ねや請求することへのためらい等の理由から、取得率が低調な現状にあり、年休の取得促進が課題となっている。

そこで、2018年の労基法改正により、年5日の年休について使用者に年休時季指定義務が課されることになった。すなわち、使用者は、年休日数が10日以上の労働者に対し、年休のうち5日については、基準日から1年以内の期間に、労働者ごとにその時季を定めることにより与えなければならない（労基39条7項）。使用者は、年休の時季指定に際して、労働者の意見を聴取するとともに、その意見を尊重するように努めなければならない（労基則24条の6）。既に5日以上の年休を請求し、取得している労働者に対しては、使用者は時季指定により与える必要はない（労基39条8項）。この年休時季指定義務の違反は、罰則の対象となる（労基120条1項）。

5 年休の自由利用

年休の利用目的については、労働基準法の関知しないところであり、休暇をどのように利用するかは、使用者の干渉を許さない労働者の自由である（前掲・白石営林署事件）。

もっとも、年休を一斉に取得して使用者にプレッシャーを与える一斉休暇闘争を目的とする年休権の行使が許されるかが問題となる。最高裁は、所属事業場の業務阻害を目的とする年休取得は、使用者の時季変更権を無視するもので、年休制度を成り立たせている前提を欠くとして年休権行使とは認められないと判断している（津田沼電車区事件・最三小判平3・11・19労働判例599号6頁）。

6 時季変更権

使用者は、労働者の請求した時季に年休を与えることが事業の正常な運営を妨げる場合には、時季変更権を行使できる（労基39条5項）。

年休の時季変更権に関しては、使用者の配慮義務に関する法理が形成されている。最高裁は、使用者に対して、「できるだけ労働者が指定した時季に休暇を取れるよう状況に応じた配慮」を行うことを求めている（弘前電報電話局事件・最二小判昭62・７・10民集41巻５号1229頁）。使用者の配慮がなされたか否かは、従来の勤務割の変更の方法・頻度、時季指定に対する使用者の従前の対応の仕方、当該労働者の作業の内容・性質、代替要員の作業の繁閑、代替要員確保のための時間的余裕、週休取得者を代替要員とする可能性の有無等を総合して判断される（電電公社関東電気通信局事件・最三小判平元・７・４労判543号７頁）。

こうした使用者の配慮義務は、主に代替要員の確保との関係において議論されている。具体的には、通常の配慮をもってすれば代替要員の確保が可能な状況であるにもかかわらず、配慮をしないことにより代替要員が配置されないときは、事業の正常な運営を妨げる場合にあたるということはできない（前掲・弘前電報電話局事件、横手統制電話中継所事件・最三小判昭62・９・22労判503号６頁）。また、要員不足が常態化している場合は、労働者の時季指定により業務の一部が遂行できないおそれがあったとしても、事業の正常な運営を妨げる場合にあたらない（西日本 JR バス事件・名古屋高金沢支判平10・３・16労働判例738号32頁）。もっとも、代替人員の確保が困難であったと認められる場合には、他の課まで代替要員の確保を求める配慮をなす必要はないと判断されている（東京市外電話局ほか事件・最二小判平３・12・13労働判例602号６頁）。

労働者が長期の休暇を時季指定した場合、時季変更権の行使につき使用者の裁量が広く認められている。最高裁は、労働者が事前の調整を経ないで１ヶ月の長期休暇を請求した事案につき、事前の調整を経ることなく、長期かつ連続の時季指定をした場合には、これに対する時季変更権の行使には、使用者にある程度の裁量的判断の余地を認めざるをえないと判断し、結論として時季変更権の行使を適法としている（時事通信社事件・最三小判平４・６・23民集46巻４号306頁）。

技術研修などの特別の業務期間中に時季指定をした場合については、最高裁は、「訓練中の年休取得の可否は、当該訓練の目的、内容、期間及び日程、年休を取得しようとする当該職員の知識及び技能の程度、取得しようとする年休の時期及び期間、年休取得により欠席することになる訓練の内容とこれを補う手段の有無等の諸般の事情を総合的に比較考量して、年休取得が当該訓練の所期の目的の達成を困難にするかどうかの観点から判断すべき」としたうえで、事業の正常な運営を妨げる場合に該当するとして時季変更権の行使を適法としている（NTT（年休）事件・最二小判平12・３・31労働判例781号18頁）。

7　年休取得を理由とする不利益取扱い

年休の行使に対する不利益取扱いについては、労基法39条ではなく、附則136条が、有給休暇を取得した労働者に対して、賃金の減額その他不利益な取扱いをしないようにしなければならないと規定している。タクシー運転手の年休取得に対する皆勤手当の不支給措置が争われた事案につき、最高裁は、附則136条それ自体は、努力義務を定めたものであって、私法上の効果を否定するまでの効力を有するものではなく、年休の趣旨を実質的に失わせるものと認められる場合には、公序に反して無効となるとしたうえで、結論として公序違反を否定している（沼津交通事件・最二小判平５・６・25労判636号11頁）。他方、賞与の算出において年次休暇の取得日を欠勤日として扱うことについては、労働基準法39条４項の趣旨から許されないと判断されている（エス・ウント・エー事件・最三小判平４・２・18労働判例609号13頁）。

8　計画年休

使用者が事業場の過半数代表と労使協定を締結し、時季に関する定めをしたときは、日数のうち５日を越える部分については、計画年休に基づいて年休を付与することができる（労基39条６項）。

計画年休制度に労働者が反対した場合の取扱いが問題となる。裁判例は、年休の計画的取得を定めた労使協定により、労使協定の適用がある職場の全ての労働者に及ぶと解したうえで、反対する労働者にも計画年休の効力が及ぶと判断している（三菱重工業長崎造船所事件・福岡高判平６・３・24労民集45巻１＝２号123頁）ただし、同事件判決は、少数組合の組合員に過半数組合の締結した計画年休に従わせることが、著しく不合理となるような特別の事情が認められる場合や、協定の内容が著しく不公正であって、計画年休制度の趣旨を没却する場合には、例外的に、計画年休の効果が及ばないと判断している。

9 年休の消滅

労働者が年休を消化することによって年休権は消滅する。労働者が消化していない年休については、労基法115条が援用され２年の消滅時効にかかるが、次年度に繰り越すことができる（昭22・12・15基発501号）。年休の買い上げを予め合意することは許されないが、時効消滅した年休権や就業規則等により付与された法定外の年休権の買い上げについては認められるものと解されている。

3 育児介護休業

1 育児介護休業制度の背景

ワーク・ライフ・バランスを実現するための休業制度として、育児介護休業制度の拡充があげられる。わが国では、1991（平成３）年に育児休業法が立法化され、この法律には女性だけでなく、男性も等しく、子供が１歳になるまで育児休業を取得できることが定められた。家事や育児がもっぱら女性の役割であるとする「性別役割分業」の意識や実態が根強く残っていたわが国において、育児休業を認める立法は画期的であった。

1995（平成７）年の育児休業法改正により、新たに介護休業制度が設けられ、名称も育児介護休業法に変更された。2004（平成16）年に育児介護休業法改正では、期間雇用の労働者に対する適用拡大、育児休業の延長、子の看護休暇などが盛り込まれた。

2009（平成21）年には、育児のための看護休暇制度、父親の育児休業取得の促進措置などを定めた改正が行われ、さらに、2016（平成28）年には、育児休業の取得対象の拡大、介護離職の防止のための介護休業制度の充実等の改正、2017（平成29）年には、育児休業の期間を２歳まで延長することを可能とする改正が行われた。

2 休業・休暇に関する措置

育児介護休業は、仕事と育児・介護の両立の困難さを改善することを目的としている。具体的には、１歳未満の子を養育する労働者に対しては、育児休業の取得（育介５条１項）、１歳以上１歳６ヶ月の子を養育する労働者に対しては、育児休業の延長（同５条３項）、要介護の家族を介護する労働者に対しては、通算93日を限度として介護休業の取得（同11条）が認められている。

(1)　育児休業

満１歳未満の子を養育する労働者は、男女を問わず、育児休業を取得することができる（育介５条１項）。育児休業は、原則として１歳になるまでであるが、例外的な措置として、保育所に入所できない場合など、雇用継続のために必要と認められる場合には１歳６か月まで（再延長で２歳まで）育児休業を取得することができる（同５条３項、４項）。

期間の定めがある有期雇用労働者については、さらに、①１年以上の継続雇用、②子が１歳に達する日以降も継続雇用が見込まれること（子が１歳に達する日から１年を経過する日までの間に雇用契約の期間が満了し、かつ、契約の更新がないことが明らかである場合を除く）が必要である。ただし、有期雇用労働者であっても、日々雇用の者は、再雇用特別措置等を除く後掲の措置を含めて、育介法に定める諸措置を利用することができない（同２条１号）。

父母がともに育児休業を取得する場合には、１歳２か月までの間に１年間育児休業を取得可能とされている（育介９条の２。いわゆる「パパ・ママ育休プラス」）。また、育児休業を取得することができるのは、子１人につき１回であり、細切れ取得することはできないのが原則であるが（同５条２項）、出産後８週間以内に父親が育児休業を取得した場合には、その父親は育児休業を再度取得することができる（いわゆる「パパ休暇」）。

事業主は、育児休業の期間中、賃金を支払う義務はない。もっとも、育児休業期間中の所得保障について育介法は特に定めておらず、雇用保険法に基づいて所得保障が行われる。具体的には、雇用保険制度により、育児休業については休業前賃金の67％相当額が原則として支給される（雇用保険法61条の４以下）。休業中の社会保険料については、申出により免除される。

育介法が定める権利を行使したことを理由とする不利益取扱は禁止される（育介10条・16条等）。育児休業からの復帰に伴う降格と賃金減額は、人事権の濫用にあたるとした裁判例がある（コナミ・デジタルエンタテインメント事件・東京高判平23・12・27労判1042号15頁）。もし労働者が妊娠、出産、育児または介護を理由として退職することを選択し、その際将来就業が可能になったときの再雇用を申し出ていた場合には、事業主は、必要に応じて、当該労働者を対象に、労働者の募集・採用にあたって特別の配慮をする措置（再雇用特別措置）を講じるよう努力しなければならない（同27条）。

労働者が休暇・休業等を取得できるためには、賃金制度も含めて、適正な処遇を確保する必要がある。育児介護休業法は、短時間勤務制度を利用できると規定しているが、こうした制度の活用が進んだ場合には、賃金を大幅に減額するような処遇については、その適法性が問題になる。

この点につき判例は、労働者の権利行使を抑制し、法の趣旨を失わせる程度の不利益取扱いと認められる場合には、公序（民法90条）に違反して違法・無効になると判断している（日本シェーリング事件・最一小判平元・12・14民集43巻12号1895頁）。労働者の育児休業の取得に対して、労働時間の短縮分以上の賃金減額が行われる実態も見受けられることから、権利行使に対する抑制にならないよう、適正な処遇を行うことが求められる。

(2)　介護休業

労働者は、要介護状態にある家族を介護するために介護休業を申し出ることができる（同11条１項）。要介護状態とは、①事実婚を含む配偶者、父母および子、同居かつ扶養している祖父母や兄弟姉妹、孫（対象家族、育介２条４号）が、②負傷、疾病または身体上もしくは精神上の障害により、２週間以上の期間にわたり常時介護を必要とする状態をいう（要介護状態、同条３号）。有期雇用労働者については、育児休業と同様の要件をさらに満たす必要がある（同項但書）。

取得可能な休業日数は、対象家族が要介護状態になるごとに１回、通算して93日である（育介11条２項）。育児休業と異なり、細切れ取得が認められているのは、短期や複数の休業の必要性に対応する必要があるという介護休業の特徴を反映したことによる。介護休業期間中の所得保障も雇用保険法を通じて行われる（この点については第４編第２章第４節③ １参照）。労働者が介護休業を申し出た場合、事業主はこれを拒否できない（同12条１項）。

(3) 看護休暇・介護休暇

小学校入学前の子を養育する労働者は、事業主に申し出ることにより１年度につき５日（小学校入学前の子が２人以上の場合には10日）を限度として、子の負傷・疾病の世話や予防を行うための看護休暇を取得することができる（育介16条の２）。また、要介護状態にある対象家族の介護等を行う労働者も、同様の日数の当該世話を行うための介護休暇を取得することができる（同16条の５）。

(4) 適用除外協定

使用者は、これらの休業・休暇の申し出を拒否することができない（育介６条１項・12条１項等）。ただし、事業主と事業場の過半数組合または過半数代表との書面による協定により、継続雇用期間が１年未満の者、休業・休暇申し出日から、育児休業については１年以内、介護休業については93日以内、看護休暇・介護休暇については６ヶ月以内に雇用関係が終了することが明らかな者等一定の者を対象から除外することができる。

3 勤務時間の短縮等の措置

育児休業を取得しないで働く３歳に達するまでの子を養育する労働者に対して、事業主は、当該労働者が就業しつつ子を養育することを容易にするための措置を講じなければならない（育介23条１項）。具体的には、短時間勤務制度やフレックスタイム制度、時差出勤制度の導入等である。介護休業を取得しないで要介護状態にある対象家族を介護する労働者に対しても、事業主は、連続した（介護休業を取得していた場合は、これと合算して）93日以上の期間において、当該労働者が就業しつつ介護を行うことを容易にするための措置を同様に講じなければならない（同23条２項）。

３歳から小学校就学の始期に達するまでの子を養育する労働者や家族を介護する労働者に対しても、事業主は、育児・介護休業制度、勤務時間の短縮等に準じる措置、介護を必要とする期間・回数等に配慮する措置を講じる努力義務を負う（育介24条１項）。

4 所定外労働・時間外労働・深夜業の制限

育介法は、①事業主は、３歳に満たない子を養育する労働者が請求した場合、所定労働時間を超える労働をさせてはならないこと（所定外労働の制限、育介16条の８第１項）、②小学校就学前の子を養育する労働者、あるいは要介護定状態にある対象家族を介護する労働者が請求した場合、三六協定により時間外労働が可能とされている場合であっても、１月について24時間、１年について150時間を超える時間外労働を命じてはならないこと（時間外労働の制限、育介17条１項・18条１項）、③小学校就学の始期に達するまでの子を養育する労働者や要介護状態にある対象家族を介護する労働者が、それぞれ育児や介護のために請求した場合、深夜労働（午後10時から午前５時）をさせてはならないこと（深夜業の制限、同19条１項・20条１項）を定める。ただし、勤続期間が１年未満の者、１週の所定労働日数が２日以下の者等は、これらの請求を行うことができない。

これらの請求は、始期終期が明確な１か月から１年（深夜業の制限については１か月から６か月）の期間の範囲で開始予日の１か月前までに行わなければならないという制約はあるが、請求回数に上限はない（育介16条の８第２項・17条２項・19条２項等）。ただし、これらの請求を認めることが事業の正常な運営を妨げる場合は、年次有給休暇における時季変更権行使のように（平16・12・28職発1228001号）、事業主はこの請求を拒否することができる。

5 転勤命令等の配慮

転勤命令は、労働者の家庭生活との調和の下に行われなければならない（労契３条３項参照）。育介法26条は、労働者が転勤を命じられることにより就業しながら子の養育または家族の介護を行うことが困難になるときは、事業主はこの状況に配慮しなければならないことを定める。この規定は、判例の配転法理において、転勤に伴い通常甘受すべき程度の不利益があるか否かを判断する際の前提になっている。

事業主は、育介法の遵守を求められるのは当然であるが、さらに育介法に関する措置の実施の促進を目指す職業家庭両立推進者を選任するよう努める義務を負う（育介29条）。もし紛争が発生した場合には、事業主はこれを自主的に解決するよう努めなければならない（育介52条の２）。当事者は裁判上の救済を求めることができるほか、都道府県労働局長に紛争解決のための助言、指導、勧告等の援助を求めることができる（同52条の４）。また厚生労働大臣も類似の援助を事業主に行うことができ（同56条）、育介法に違反した事業主がこれに関する勧告を受けたにもかかわらず、これに従わないときはその旨を公表することができる（同56条の２）。

第４節　年少者・女性保護

1　母性・女性保護制度

1　母性保護と女性保護

女性は、妊娠出産機能を持ち、一般に男性よりも家庭責任を多く担ってきた点で、当初保護の対象として認識され、労基法にも男性と異なる保護規定が設けられた。ところが、保護は一見優遇のように見えるが、実際には保護される女性が男性と比較して劣った性であるとの意識を強め、特定の職種や労働形態に女性を固定することに結びつく可能性を有する。このため、女性の妊娠出産機能に関連する母性保護規定は充実させつつ、その他の女性保護規定は縮小させるという流れが、女性差別撤廃条約の採択等の国際的背景の下に次第に形成されるようになった。

2　母性保護制度

(1)　産前産後休業

使用者は、６週間（多胎妊娠の場合には14週間）以内に出産する予定の女性が休業を請求した場合には、その者を就業させてはならない（産前休業、労基65条１項）。また、使用者は産後８週間を経過しない女性を就業させてはならないが、産後６週間を経過した女性が請求した場合に、医師が支障がないと認めた業務に就かせることは可能である（産後休業、同条２項）。この権利を含め、母性保護に関する法的権利を行使したことを理由とする不利益取扱いは禁止される（雇均９条）。

労基法は、産前産後休業期間中の賃金支払いを使用者に義務付けておらず、健康保険法に基づいて、出産について出産育児一時金として42万円（産科医療補償制度に加入する医療機関等での出産）、産前産後休業期間について標準報酬日額の３分の２に相当する額の出産手当金が支給される（101条・102条）。

(2)　妊産婦の保護

使用者は、妊娠中の女性および産後１年未満の女性（妊産婦）を、重量物を取り扱う業務や有害ガスを発散する場所における業務、その他妊産婦の妊娠、出産、哺育等に有害な業務に就かせてはならない（労基64条の３第１項）。この禁止は、省令に基づいて妊娠出産機能に有害な業務について妊産婦以外の女性に準用される（同条２項）。

妊産婦の請求により、①変形労働時間制等、②非常時を含む時間外・休日労働、③深夜業は制限を受ける（労基66条）。また、妊娠中の女性が請求した場合には、他の軽易な業務に転換させなければならない（同65条３項）。

3　女性保護制度

(1)　坑内労働の禁止

使用者は、妊産婦が申し出た場合についてはすべての坑内労働、妊産婦以外の満18歳以上の女性については、坑内で行われる業務のうち、人力により行われる掘削の業務やこれに付随して行われる有害な業務等に就労させてはならない（労基64条の２）。

(2)　生理休暇

生理日の就業が著しく困難な女性が休暇を請求したときは、使用者はその者を生理日に就業させてはならない（労基68条）。賃金支払いは義務付けられていないものの、休暇取得を抑制する不利益取扱いは禁止される（エヌ・ビー・シー工業事件・最三小判昭60・７・16民集39巻５号1023号）。

(3)　育児時間

生後１年未満の生児を育てる女性が請求したときは、使用者は、法定の休憩時間に加えて、１日２回各々少なくとも30分の育児時間を与えなければならない（労基67条）。ただし、育児時間中の賃金支払いは義務付けられていない。この制度は哺乳を主目的として創設されたが、保育園の送迎等育児に関連する作業のために利用することもできる。

2　年少者

心身の未発達な児童（満15歳未満の者）や年少者（満18歳未満の者）、未成年者（満20歳未満の者）が成人と同一の条件下で労働関係に入った場合、搾取の対象となり、心身の発達に悪影響を受けるおそれがある。この問題性に対応するために、労基法は児童・年少者・未成年者に対する特別な保護を定めている。

1　労働の最低年齢

使用者は、児童が満15歳に達した日以後の最初の３月31日が終了するまでこれを使用してはならない（労基56条１項）。ただし満13歳以上の児童については、①非工業的事業（労基別表第１第１～５号以外）、②児童の健康・福祉に有害でない労働の軽易な職業、③行政官庁の許可、④修学時間外の使用という要件を満たせば使用することができる。また、映画の製作または演劇の事業については、満13歳未満の児童についても、①～④の要件を満たせば使用することができる（同条２項）。

2　未成年者の保護

親権者または後見人（以下、「親権者等」という）は、未成年者に代わって労働契約を締結することができない（労基58条１項）。親が子の芸娼妓契約を一方的に締結してその賃金と借金を相殺するような、子どもを搾取する行為を防止する目的で設けられた規制である。 同様の趣旨から、親権者等が未成年者の賃金を代わって受け取ることは禁止される（労基59条）。

3　年少者の保護

(1)　労働時間の規制

満18歳に満たない者には、変形労働時間制、フレックスタイム制、36協定による時間外労働、事業の特殊性による労働時間や休憩に関する特例を適用することができない（労基60条1項）。満15歳から満18歳に達するまでの間については、この制限が一部緩和される（同60条3項、労基則34条の2）。また、満13歳以上の児童を使用する場合には、修学時間を通算して、1週につき40時間、1日につき7時間を超えて働かせてはならない（労基60条2項）。

(2) 深夜労働の規制

使用者は、満16歳以上の男性を交代制で使用する場合を除き、年少者を午後10時から午前5時までの深夜の時間帯に使用してはならない（労基61条1項、2項）。満15歳以後最初の3月31日が到来していない労働者の場合には、原則として午後8時から午前5時までが禁止時間帯となる（同61条5項）。全体で交代制を行う事業については、行政官庁の許可を受けて午後10時半から午前5時半の時間帯を除き、労働させることができる（同61条3項）。これらの規制は、非常時の時間外労働（同33条1項）や農林、水産、畜産、養蚕、病院・保健衛生業および電話交換の事業には適用されない（同61条4項）。

(3) 危険有害業務に対する就業制限

使用者は、年少者を、一定の危険業務や重量物、有害物、爆発物等を扱う業務、有毒ガスや有害放射線を発する場所等、安全、衛生または福祉に有害な場所における業務に就かせてはならず（労基62条）、坑内労働をさせてはならない（同63条）。

(4) 帰郷旅費

年少者が解雇の日から14日以内に帰郷する場合には、使用者は必要な旅費を負担しなければならない。ただし、当該年少者が自身の責めに帰すべき事由に基づいて解雇され、使用者がその事由について行政官庁の認定を受けたときはこの限りではない（労基64条）。

第**5**章 安全・健康の確保と災害補償

労働者はモノではない。労働者は、職場においても人たるに値する取扱いを受ける利益を有している（労基１条参照）。職場における人たるに値する取扱いとは、安全で健康を確保でき、生命等の人格に配慮された扱いを受けうることでもある。すなわち、安全で快適な職場は、労働者にとって重大な関心事である。

安全で快適な職場を確保するためには、安全や衛生に関する最低限度の基準が確立される必要がある。この基準については、労働基準法にも一部規定があるものの、詳細な基準は、労働安全衛生法によって規定されている。

一方、安全・衛生に関するどんなに厳しい基準を確立しても、職場や業務には人が介在している以上、業務を起因とする負傷や疾病（災害）は避けられない。不幸にも、業務を起因とする災害が発生した場合には、適切な救済がなされるべきである。この業務を起因とする災害の補償を担っているのが、労働基準法や労働者災害補償保険法である。

すなわち、安全や衛生についての事前規制が労働安全衛生法とすれば、その事後的な救済を担っているのが、労働基準法や労働者災害補償保険法なのである。

第1節　労働災害と労働者の安全・衛生

1　安全・衛生に関する規制

1 労働安全衛生法の制定

労働者の安全・衛生に関する基準は、重要な労働条件でもある。ところで、憲法27条2項は、「賃金、就業時間、休息その他の勤労条件に関する基準は、法律でこれを定める」として、勤労条件法定主義を定める。この規定に基づいて、第2次世界大戦後の1947年に労働基準法が制定された。制定当初の労働基準法には、第5章に「安全及び衛生」が設けられ、一定の安全・衛生に関する事項が、労働関係の当事者が守るべき労働条件の最低基準として定められた。

その後の生産技術の高度化・複雑化の中で、労働災害も多様化したため、労働基準法の「安全及び衛生」の規定だけで対処することの限界が露呈するようになる。そこで、産業活動の変化に即応した労働安全衛生対策を推進していくため、労働基準法の「安全及び衛生」を分離独立させたのが、1972（昭47）年制定の労働安全衛生法である。以降、労働者の安全・衛生に関する基準については、労働安全衛生法を中心に法規制されることになった。なお、労働安全衛生法が制定されたのちも、労働基準法が「労働者の安全及び衛生に関しては、労働安全衛生法の定めるところによる」（42条）と定め、労働安全衛生法も「労働基準法と相まって」（1条）と規定していることから、労働安全衛生法の解釈にあたっては、労働基準法の規定や解釈と有機的に結びつけてなされるべきである。

2 労働安全衛生法の目的

労働安全衛生法は、①危険防止基準の確立、②責任体制の明確化、および③自主的活動の推進を目的としている。しかし、これらの基準等は、詳細な規定が必要とされることから、労働安全衛生法を補完する数々の命令や告示がある。たとえば、労働安全衛生規則、ボイラー及び圧力容器安全規則、電離放射線障害防止規則などの省令や、作業環境測定基準、ボイラー構造規格などの告示がある。これらの労働安全衛生法体系によって、労働者の安全・衛生に関する規制がなされている。

2　労働安全衛生法の概要

1　安全衛生管理体制

(1)　安全・衛生管理体制の概要

労働者の危険の防止（安全）または健康障害の防止（衛生）を図るために、事業者は一定の安全・衛生管理体制を構築することが義務づけられている。まず、事業者は安全管理者や衛生管理者を指揮する者として、図表１のように総括安全衛生管理者を選任しなければならない。この総括安全衛生管理者は、事業場においてその事業の実施を統括管理する者から選任する必要がある（昭47・９・18基発602号）。

つぎに、政令で定める業種および規模の事業場ごとに、安全管理者（労働者の危険の防止等に関する技術的事項を管理する者）や、衛生管理者（健康障害の防止等に関する技術的事項を管理する者）を選任する必要がある（図表２）。これらの安全管理者等は、業種等に応じて、第一種衛生管理者免許、衛生工学衛生管理者免許、医師、労働衛生コンサルタント等の有資格者から選任しなければならない。一定規模以下の事業場では、安全衛生推進者等を設置することになる。

図表１　総括安全衛生管理者の選任義務のある事業場

業　種	事業場の規模 （常時使用する労働者数）
林業、鉱業、建設業、運送業、清掃業	100人以上
製造業（物の加工業を含む。）、電気業、ガス業、熱供給業、水道業、通信業、各種商品卸売業、家具・建具・じゅう器等卸売業、各種商品小売業、家具・建具・じゅう器等小売業、燃料小売業、旅館業、ゴルフ場業、自動車整備業及び機械修理業	300人以上
その他の業種	1,000人以上

図表2　安全管理者等の選任義務がある事業場

区　分	林業、鉱業、建設業、運送業、清掃業	製造業（物の加工業を含む。）、電気業、ガス業、熱供給業、水道業、通信業、各種商品卸売業、家具・建具・じゅう器等卸売業、各種商品小売業、家具・建具・じゅう器等小売業、燃料小売業、旅館業、ゴルフ場業、自動車整備業、機械修理業	その他の業種
安全管理者	50人以上		—
衛生管理者	50人以上		50人以上
安全衛生推進者	10～49人		—
衛生推進者	—		10～49人

図表3　安全委員会等の設置基準

	業種や規模
安全委員会	木材・木製品製造業、化学工業、鉄鋼業、金属製品製造業、輸出用機会器具製造業、道路貨物運輸業、港湾運輸業、自動車整備業、機械修理業、清掃業の内、常時50人以上の労働者のいる事業場
	上記以外の業種で総括安全衛生管理者を選任すべき事業場で常時100人以上の労働者のいる事業場
衛生委員会	すべての業種で常時50人以上の労働者を使用する事業場
安全衛生委員会	安全委員会、衛生委員会のそれぞれを設置しなければならない事業場において、両委員会を一緒に行う。

また、図表3の設置基準にしたがって、総括安全衛生管理者や安全管理者らで構成する安全委員会等を設置しなければならない。安全委員会等は、総括安全衛生管理者以外の委員の半数については、過半数組合または過半数代表者の推薦に基づき指名しなければならないとされており、労働者の意思が一定程度反映される仕組みが担保されている（安衛17条4項等）。

(2)　産業医

衛生管理体制について重要な役割を有しているのが産業医である。産業医は、一定規模以上の事業場について、一定の講習を受講するなどした医師のなかから選任され、専門家として労働者の健康管理等に従事する。常時50人以上の労働者を使用するすべての事業場で選任義務があり、常時3,000人を超える労働者を使用する事業場では、２人以上の産業医を選任しなければならない。また、常時1,000人以上の労働者を使用する事業場や、一定の有害な業務に常時500人以上の労働者を従事させる事業場の場合は、専属の産業医を選任する義務がある。

産業医の職務は多岐にわたる。とくに重要なのは、健康診断および面接指導等の実施ならびにこれらの結果に基づく労働者の健康を保持するための措置に関することである。産業医は、労働者の健康を確保するため必要があると認めるときは、事業者に対し、労働者の健康管理等について必要な勧告をすることができ、事業者はこの勧告を尊重する義務がある（安衛13条５項）。しかし、日本の産業医の職務の独立性・中立性は、必ずしも十分ではないとの指摘がある。この点、働き方改革関連法によって若干の改善がなされた。すなわち、産業医は、労働者の健康管理等を行うのに必要な医学に関する知識に基づいて、誠実にその職務を行わなければならないとされたのである（安衛13条３項）。しかし、なお課題が多い。

2　労働者の危険または健康障害を防止するための措置

労働安全衛生法は、労働者の危険防止または健康障害の防止に関して、事業者に対して必要な措置を講ずることを義務づけている（安衛20条～25条の２）。また、事業者に課せられる措置義務の内容に応じて、労働者に対しても必要事項（安全装置の取扱い、保護具の着用、一定の作業行動など）を守る義務が課せられている場合がある（安衛26条）。

さらに、労働者の危険防止や健康障害防止に必要な場合には、事業者だけではなく、元方事業者、注文主、請負人、機械等貸与者、建築物貸与者、貨物発送者等にも、その業務や危険に応じた特別な義務が課せられている（安衛法29条～35条）。これは、労働安全衛生法の特徴の一つのである。

3　機械等および有害物に関する規制

特に危険な作業を必要とする一定の機械（特定機械等）については、製造の許可（安衛法37条）や、検査証の発行・裏書・更新が行われる（安衛法38条以下)。それら以外の機械についても、危険・有害な作業を必要としたり、危険な場所で使用したりするものなどには、一定の規格や安全装置が必要とされ、個別検定・型式検定の合格が必要となる(安衛44条以下)。このほか、防護措置や定期自主検査が義務づけられているものもある(安衛43条・45条)。また、一定の有害物については、製造等の禁止(安衛55条)、製造の許可(安衛56条)、一定事項の表示(安衛57条)が義務づけられる。

4 労働者の就業に当たっての措置

事業者は、労働者を雇い入れたときや作業内容を変更したとき、危険・有害業務に就かせるとき、職長などに就任したときなどに、労働者に対して業務に必要な安全衛生教育を行わなければならない(安衛59条〜60条の２)。

また事業者は、中高年齢者や身体障害者、出稼労働者に対して、就業上特別の配慮をしなければならないとされている(安衛法62条)。これらの労働者は、危険や健康障害に直面するリスクが高いからである。

5 健康の保持・増進の措置

(1) 法定健康診断

労働者の健康管理について、安衛法は、事業者に対して定期的な一般健康診断や一定の有害業務に関する特別な健康診断の実施義務を課している(安衛66条・66条の２)。事業者は、これら健康診断に基づき、労働者の健康を保持するために必要な措置について、医師または歯科医師の意見を聴かなければならない(安衛66条の３)。事業者は医師の意見を勘案して、就業場所の変更、作業転換、労働時間の短縮などの必要な措置を行うことが求められる(安衛66条の５第１項)。

まず、一般健康診断は、常時使用する労働者に対して、年１回(特定の業務に従事している場合は６か月に１回)、定期的に実施することが義務づけられている(安衛66条１項〜３項))。

常時使用する労働者を雇い入れるときには、原則として雇入れ時の健康診断を実施しなければならない(安衛則43条)。また、たとえば、じん肺にかかるおそれのある粉じん作業従事者など、健康障害の発生リスクが高い場合には、法令または通達によって、特殊健康診断の実施が義務づけられている（じん肺則２条、同則別表）。

これらの健康診断については、労働者にも受診義務が定められている（安衛66条５項本文）。しかし、医師選択の自由に配慮して、事業者が指定した医師とは別の医師による健康診断を受ける自由を認めている（安衛法66条５項但書）。

(2)　医師による面接指導制度

長時間労働に従事している労働者については、健康診断とは別に、医師による面接指導制度が導入されている（安衛66条の８）。まず、面接指導の実施義務の対象となるのは、労働者の週40時間を超える労働が１月当たり80時間を超え、かつ、疲労の蓄積が認められるときである（安衛則52条の２）。また、労働者の申出を受けてはじめて、実施義務が課せられる（安衛則52条の３第１項）。この医師による面接指導についても、労働者は受診しなければならない（安衛66条の８第２項）。

時間外労働の絶対的上限規制の適用のない研究開発業務従事者や高度プロフェッショナル制度対象労働者については、１週間あたり40時間を超えて労働した時間が１か月あたり100時間を超えていれば、事業者は労働者の申出がなくとも医師による面接指導を実施しなければならない（安衛66条の８の２第１項、安衛66条の８の４第１項等）。

事業者は、面接指導の結果にもとづく医師の意見を勘案して、必要と認めるときは、就業場所の変更等の措置を講ずるとともに、衛生委員会等への報告等をしなければならない。

この面接指導制度は、過労死等を防止するために重要な制度である。しかし、①面接指導の実施が義務づけられるのは、過労死認定基準でもある80時間超という時間が設定されていること、②労働者の申出を要件としていることから、その実効性には疑問の余地があろう。客観的基準に達すれば、労働者の申出を要件とせずに面接指導の実施義務を課すべきである。なお、産業医は、この労働者の申出を勧奨することができる（安衛則52条の３第４項）。

この面接指導に資するため、事業者に労働時間の把握義務か課せられた（2019（平31）年より）。把握の具体的方法としては、タイムカードによる記録、パーソナルコンピュータ等の電子計算機の使用時間の記録等の客観的な方法によらなければならない（安衛則52条の7の3第1項）。

⑶　ストレスチェック

事業者には、労働者の心理的な負担の程度を把握するための検査、すなわちストレスチェックの実施（年1回）が義務づけられている（安衛66条の10）。ただし、従業員数50人未満の事業場については、当分の間は努力義務である。この制度は、近年、業務を起因とする精神障害が多く発生していることに対応したものである。

このストレスチェックを受けた労働者に対しては、検査を実施した医師等から直接労働者本人に検査結果が通知される（安衛66条の10第2項前段）。また、検査を実施した医師は、労働者の同意なく検査結果を事業者に提供してはならない（安衛66条の10第2項後段）。労働者のプライバシーへの配慮規定である。

事業者は、検査結果の通知を受けた労働者のうち、一定の要件に該当する労働者から申出があったときは、医師による面接指導を行わなければならないとされている（安衛66の10第3項前段）。また、事業者は、労働者によるこの申出を理由とした不利益な取扱いが禁止されている（安衛66条の10第3項後段）。

⑷　受動喫煙防止

事業者は、労働者の受動喫煙を防止するため、当該事業者及び事業場の実情に応じ適切な措置を講ずる努力義務が課せられている（安衛68条の2）。厚生労働省は、当初完全分煙などの義務化を考えていたが、企業側の反対によって努力義務規定とされた。

なお、2018（平30）年に健康増進法が改正され、受動喫煙防止策が強化されている。

第2節　災害補償

1　災害補償の必要性

近代以降、産業の発展とそれに伴う生産技術の高度化・複雑化の中で、労働者が業務に従事していることを原因とした負傷や疾病、死亡等の業務災害が多発するようになっている。

これに対して、労働者やその遺族等が使用者に法的責任を追及しようとしても、困難をともなうことが多い。たとえば、不法行為責任が成立するためには、その業務災害について使用者に過失があることが前提とされる。また、この過失の存在や、過失と業務災害との因果関係についても、労働者やその遺族が立証責任を負うことになる。その一方で、業務災害によって負わされる労働者やその遺族等の不利益は計り知れない。

そこで、業務災害に関する法的責任の考え方については、厳格な過失責任から、次第に報償責任というある種の無過失責任へと転換されてきた歴史がある。報償責任とは、利益を得ているものが、その過程で他人に与えた損失をその利益から補塡し均衡をとる、という考え方である。

日本においては、第二次世界大戦以前の工場法にも使用者の無過失責任を認める規定が存在した。しかし、本格的な災害補償制度の確立は、戦後の労働基準法・労働者災害補償保険法の制定（1947年）まで待たなければならなかった。

2　労働基準法上の災害補償制度

1 労働基準法上の災害補償制度の概要

1947年に制定された労働基準法は、「災害補償」の章を設け、労働者の労災について使用者の補償責任を定めた。この補償責任は、使用者の無過失責任である。したがって、労災について労働者側に重大な過失がない限り、使用者はこの補償責任を免れることはできない。なお、労災保険法による労災補償給付がなされた場合には、使用者は労働基準法上の災害補償責任を免れる（労基84条1項）。現在、労災保険法はほとんどすべての事業場に適用されていることから、この労働基準法の災害補償規定が適用される場面はきわめて限定的である。

2 補償内容

労働基準法は、下記のような補償を定めている。

① 療養補償　　労働者が業務上負傷し、または疾病にかかった場合は、使用者は、その費用で必要な療養を行い、または必要な療養の費用を負担しなければならない（労基75条）。なお、療養開始後3年を経過しても負傷または疾病がなおらない場合は、使用者は、平均賃金の1200日分の打切補償を行えば、その後は労働基準法の規定による補償を行わなくてもよい（労基81条）。

② 休業補償　　労働者が業務上負傷し、または疾病にかかり、その療養のために労働することができない場合には、使用者は平均賃金の100分の60の休業補償を行わなければならない（労基76条）。

③ 障害補償　　業務上負傷し、または疾病により、労働者の身体に障害が残るときは、使用者は、その障害の程度に応じて、一定額の障害補償を行わなければならない（労基77条）。

④遺族補償　　労働者が業務上の事由により死亡した場合は、使用者は、その遺族に対して、平均賃金の1000日分の遺族補償を行わなければならない（労基79条）。

⑤葬祭料　　労働者が業務上の事由により死亡した場合は、使用者は、葬祭を行う者に対して、平均賃金の60日分の葬祭料を支払わなければならない（労基80条）。

3 労災保険給付を受けている労働者に対する打切補償

労災保険法に基づく療養補償給付および休業補償給付を受けている労働者に対して、使用者が労基法81条による打切補償を行なった上で解雇することができるであろうか。

この点、労災保険給付を受けている労働者は、労基75条の規定によって補償を受ける労働者に該当しないから、解雇制限規定である労基19条1項但書所定の場合（労基81条の規定によって打切補償を支払う場合）にあたらず、この労働者に対する解雇は労基法19条に違反する違法無効な解雇であるとの主張もありえる。

しかし最高裁は、労災保険給付に基づく療養補償給付を受けている労働者に対する解雇は、労基19条に違反しないと判示した（専修大学事件・最判平27・6・8労判1118号18頁）。労災保険法に基づく保険給付は、これに対応する労基法上の災害補償に代わるものであるから、労災保険法の療養補償給付等を受ける労働者は、労基法75条の規定によって補償を受ける労働者に含まれるとする解釈がその根拠である。

なお、このような理由に基づく解雇であっても、労契法16条による合理性・社会的相当性審査は別途なされる。

3　労災保険制度

1　労災保険法の意義・目的

労働基準法は使用者の災害補償責任を定めている。しかし、使用者に資力がない場合には、労働基準法上の災害補償がなされないことになる。このようなリスクを軽減するため、労働基準法上の災害補償責任の責任保険として制度化されたものが、労災保険制度である。労災保険制度は、労働基準法と同日に公布された労働者災害補償保険法を根拠に整備されている。この労災保険制度では、政府が保険者となり、使用者から保険料を強制的に徴収して、災害発生時に労働者やその遺族に保険給付が行われる。

なお、労災保険法は、「労働者」の定義規定を設けていない。判例は、労働基準法上の「労働者」と同義と解している（横浜南労基署長（旭紙業）事件・最判平8・11・28判時1589号136頁）。

労災保険法の主な目的は、災害補償を目的とした保険給付である。この保険給付以外にも、社会復帰等促進事業の推進もその目的とされている。よく知られたところでは、全国に設置された労災病院がある。

2 労災保険制度の「社会保障化」

労働基準法の災害補償規定の責任保険として、その補償内容も労働基準法上のそれと同水準でスタートした労災保険制度であった。しかし、その後の度重なる法改正によって、その補償内容は大きく拡大している。たとえば、障害補償給付や遺族補償給付の一部は年金化されている（労働基準法上は一時金として支払われる）。また、特別加入制度が設けられ、中小企業事業主や一人親方など、労働基準法上の「労働者」以外にも補償がなされうる。さらに、通勤途上での災害についても、業務上の災害の場合とほぼ同一の補償がなされるようになっている（通勤災害）。

このように、現在の労災保険制度は、労働基準法の災害補償を大きく上回る補償がなされるようになっていることから、使用者の補償責任から切り離された、労災保険制度の「社会保障化」と指摘されることがある。

3 労災保険制度の概要

⑴　管掌者・適用事業

労災保険の管掌者は、政府である（労災2条）。制定当初の労災保険法の適用事業は限定列挙されていたが、現在は労働者を使用するすべての事業である（労災3条）。ただし、労働者数5人未満の個人経営の農業などは、暫定任意適用事業として任意加入となっている。また、国家公務員については国家公務員災害補償法が、地方公務員については地方公務員災害補償法が適用される。

⑵　保険料

(a) 保険関係の成立　労災保険は、事業が開始された日に保険関係が成立する（徴収法3条）。事業を開始した事業主は、保険関係が成立した日から10日以内に保険関係成立届を届出なければならない。

(b) 届出義務の懈怠と労災補償　事業主がこの届出義務を懈怠し、労災保険に加入しない場合がある。この未加入期間に労働者が被災した場合にも、当該労働者は労災保険制度によって補償される。事業主による保険料の未納がある場合も同様である。この場合、保険料の追納のほか、実際の保険給付に要した費用が事業主に対して請求される（労災31条1項）。

(c) 保険料率とメリット制

事業主は、この届出に基づき保険料が徴収される。雇用保険や健康保険といった他の被用者保険とは異なり、労働者に保険料の支払い義務はない。この保険料の計算のもととなる保険料率は、事業ごとに異なる。災害発生率の高い事業ほど、保険料率が高く設定されている。

この保険料には、メリット制が導入されている。メリット制とは、事業ごとに設定されている保険料率を基準として、事業主ごとに、労働災害が少なければ保険料を安くし、多ければ高くするという制度（保険料率が40％の範囲内で増減する）である（徴収法12条3項）。事業主に対して、労働災害の発生を防止する努力を促すことによって、労働災害の発生を未然に防止させることを目的とした制度である。

しかし、このメリット制には「労災隠し」という問題を指摘する声がある。「労災隠し」とは、保険料率の上昇を防ぐために、労働災害の発生の報告を意図的に隠すことである。これによって、労働者は労災保険による補償が受けられないことになる。なお、労働者が労災事故にあった場合、事業主は所轄の労働基準監督署長に対して、「労働者死傷病報告」を提出しなければならない（安衛100条1項、安衛則97条）。この「労働者死傷病報告」を提出しない場合、50万円以下の罰金に処されうる（安衛120条）。すなわち、「労災隠し」は犯罪である。

(3) 特別加入制度

現在の労災保険制度は、労働者ではなくても、それに類似する者等について特別加入を認めている。ただし、加入は任意である。

特別加入が認められているのは、①中小事業主等、②いわゆる「一人親方」その他自営業者、③海外派遣者、④特定農作業従事者、家内労働者、労働組合等の常勤役員などの特定作業従事者である。

4 業務災害

保険給付の対象たる業務災害については、「労働者の業務上の負傷、疾病、障害又は死亡」と定義されている（労災7条1項1号）。この「業務上」については、労災保険法には規定がなく、解釈に委ねられている。行政解釈によれば、「業務上」とは、業務と傷病等との間に一定の因果関係が存することである。これを「業務起因性」という。そして、この「業務起因性」が認められるためには、その第一次的な条件として「業務遂行性」が認められなければならないとしている。すなわち、「業務上」とされるためには、「業務起因性」と「業務遂行性」の二要件を満たす必要があるが、この二要件は厳密なものではない。「業務遂行性」は、それが認められれば、「業務起因性」が推定されるという一時的判断基準という関係になる。もちろん、「業務遂行性」が認められれば「業務起因性」がただちに認められるというものではなく、「業務起因性」は別途判断がなされることになる。

ところで、「業務遂行性」とは、労働者が事業主の支配下にある状態をいう。作業中はもちろん、その作業に伴う合理性、必要性が認められる行為を行っている場合も業務遂行性が認められる。また、作業中の用便、飲水等の生理的行為を行っている場合も業務遂行性がある。休憩時間中に事業施設内にとどまっている場合や出張などで外出している場合も同様である。

このように、「業務遂行性」は広く捉えられている。しかし、「業務遂行性」が認められる傷病等のすべてについて「業務起因性」が肯定されるわけではない。たとえば、①業務遂行性が認められる作業中の災害については、原則として業務起因性が推定されるが、自然現象や外部の力、本人の私的逸脱行為、規律違反に起因する場合は、業務起因性は認められない。ただし、阪神淡路大震災の際に発出された通達では、「天災地変による災害については業務起因性等がないとの予断をもって処理することのないよう特に留意すること」とされたため、ある程度積極的に業務起因性が肯定された。この態度は、東日本大震災でも踏襲されている（平23・３・11基労補発0311第９号）。つぎに、②業務遂行性が認められる休憩中の災害については、(a) 労働時間中であれば業務起因性があるもの、(b) 事業場施設の不備・欠陥のよるもの、でなければ業務起因性が肯定されない。さらに、③業務遂行性が認められる事業場外労働や出張中の災害については、積極的な私用・私的逸脱行為の場合を除き、業務起因性は広く認められる。たとえば、出張中の宿泊施設内で飲酒後に階段から転倒した事故につき、業務起因性を認めたものとして、大分労基署長事件・福岡高判平５・４・28労判648号82頁がある。

5 業務上の疾病

業務上の負傷の場合には、業務遂行性と業務起因性によって判断する枠組みが妥当するとしても、疾病の場合には妥当しない場合が多い。事故を原因とする疾病であれば問題は少ないが、突発的な事故を原因とせず、一定の業務に継続して従事することによって発症する疾病（職業病などといわれることがある）の場合は、業務との因果関係を判断することが困難な場合が多いからである。

そこで、労基75条２項に基づき、労基則の別表第１の２で、補償されるべき業務上の疾病が列挙されている。たとえば、「電離放射線にさらされる業務による白血病、肺がん、皮膚がん、骨肉腫、甲状腺がん、多発性骨髄腫又は非ホジキンリンパ腫」（７号14）のように、一定の業務に従事していることと疾病を発症していれば、特に反証のない限り業務起因性が推定されることになる。それでも、業務上の疾病の判断は困難を伴うことが多いことから、「その他業務に起因することの明らかな疾病」（11号）のような「一般的条項」が定められ、柔軟に判断できる仕組みを整えている。

さらに重要なのは、これら業務上の疾病に関する業務上外認定に大きな役割を果たしているのが、様々な認定基準（通達）である。たとえば、別表第１の２第３号にある「重量物を取り扱う業務、腰部に過度の負担を与える不自然な作業姿勢により行う業務その他腰部に過度の負担のかかる業務による腰痛」に関する認定基準として、「業務上腰痛の認定基準等について」（昭51・10・16基発第750号）がある。

6 過労死・精神障害による自死

(1) 業務による脳・心臓疾患や精神障害の発症傾向

業務災害で問題となっているのは、過重な労働により脳・心臓疾患を発症したり、あるいは精神的な負荷によって精神障害を発症したりして、いわゆる過労死や過労自死を招く事態が多発していることである。最近は、脳・心臓疾患を発症し、これが業務災害と認定されている件数は頭打ちの傾向がある一方、精神障害に関する事案は増加傾向にあり、すでに認定件数でも脳・心臓疾患を上回っている（図表4参照）。

⑵　過労死

いわゆる過労死について、従前の認定基準（昭62・10・26基発620号）では、おおむね発症前1週間以内に、日常業務に比較して特に過重な業務に従事したことを要件としていた。その後、この認定基準は数次の改正がおこなわれ、認定基準の緩和がなされてきたが、必ずしも救済には十分な基準ではないと批判されてきた。この流れを変えるきっかけとなったのが、横浜南労基署長（東京海上横浜支店）事件・最判平12・7・17労判785号6頁である。最高裁は、くも膜下出血を発症した労働者について、約6か月前から継続していた長時間労働（1日平均の時間外労働が7時間）等を考慮し、業務と疾病との相当因果関係を認める判断をおこなった。

この最高裁判例を受けて、2001（平13）年に新認定基準が発出された（「脳血管疾患及び虚血性心疾患等（負傷に起因するものを除く。）の認定基準について」（平13・12・12基発1063号））。これによれば、（1）発症直前から前日までの間において、発生状態を時間的及び場所的に明確にし得る異常な出来事に遭遇したこと、（2）発症に近接した時期（発症前おおむね1週間）において、特に過重

図表4　脳・心臓疾患と精神障害の労災補償状況

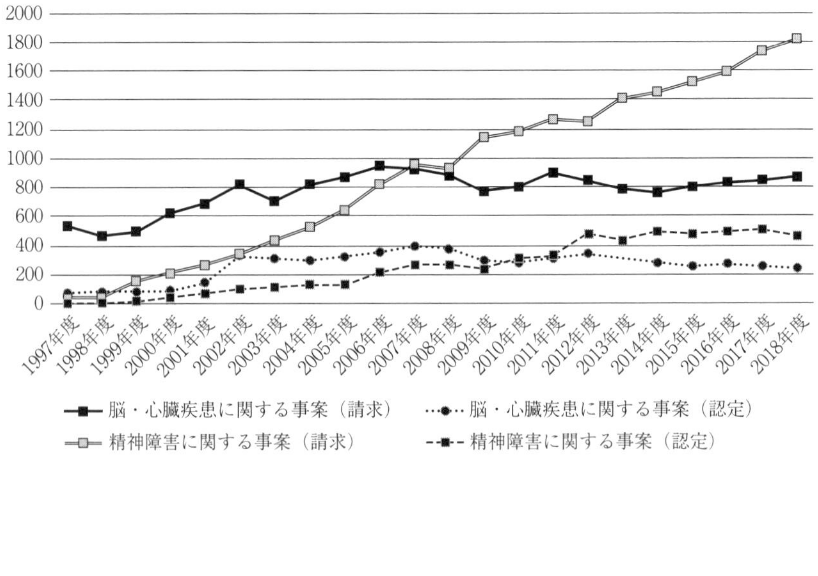

な業務に就労したこと、（３）発症前の長期間（発症前おおむね６か月間）にわたって、著しい疲労の蓄積をもたらす特に過重な業務に就労したこと、に該当すれば業務上の疾病とされる可能性が高まる。なお、（３）については、「発症前１か月間におおむね100時間または発症前２か月間ないし６か月間にわたって、１か月当たりおおむね80時間を超える時間外労働が認められる場

図表５　精神障害の労災認定フローチャート

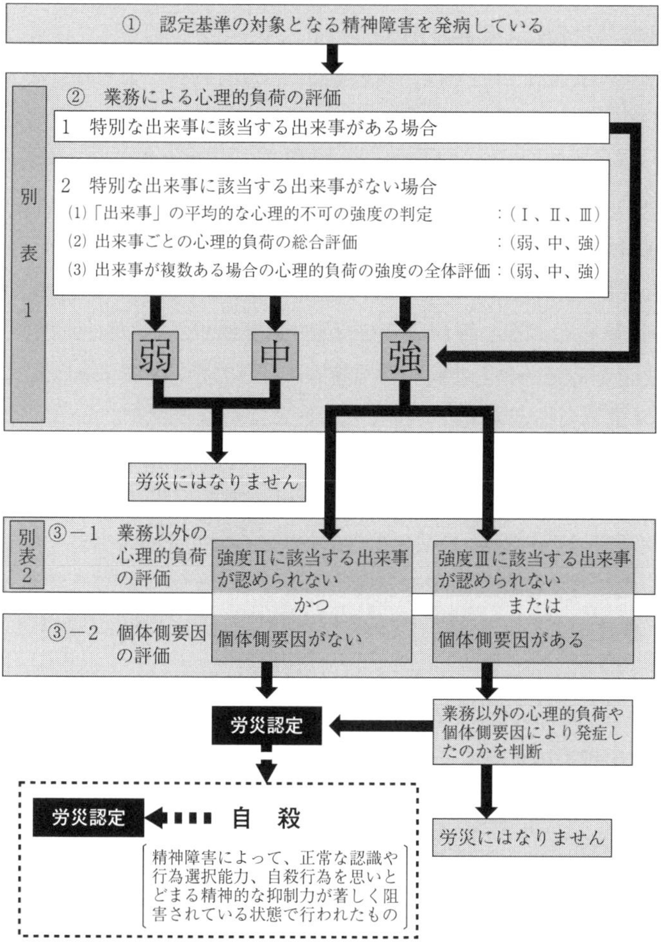

①　認定基準の対象となる精神障害を発病している

別表1

②　業務による心理的負荷の評価

1　特別な出来事に該当する出来事がある場合

2　特別な出来事に該当する出来事がない場合

(1)「出来事」の平均的な心理的不可の強度の判定　：（Ⅰ、Ⅱ、Ⅲ）

(2) 出来事ごとの心理的負荷の総合評価　：（弱、中、強）

(3) 出来事が複数ある場合の心理的負荷の強度の全体評価：（弱、中、強）

弱　中　強

労災にはなりません

別表2

③－１　業務以外の心理的負荷の評価

③－２　個体側要因の評価

強度Ⅱに該当する出来事が認められない

かつ

個体側要因がない

強度Ⅲに該当する出来事が認められない

または

個体側要因がある

労災認定

業務以外の心理的負荷や個体側要因により発症したのかを判断

労災にはなりません

労災認定　自　殺

精神障害によって、正常な認識や行為選択能力、自殺行為を思いとどまる精神的な抑制力が著しく阻害されている状態で行われたもの

（出典）厚生労働省「パンフレット」より

合は、業務と発症との関連性が強いと評価できる」としている。

裁判例の中には、この新認定基準より低い基準で相当因果関係を認めるものがある。たとえば、発症６か月間にわたり，平均して月に75時間を超える時間外労働がなされている場合でも、「平成13年認定基準を僅かに満たしていないが、……それ自体で業務の過重性は大きい」として、業務災害と認めなかった労働基準監督署長の処分を取り消した京都下労基署長（晃榮）事件・大阪地判平18・９・６労判927号33頁などがある。

⑶　長時間労働による精神障害

精神障害の発症については、実務上、「心理的負荷による精神障害の認定基準について」（平23・12・26基発1226第１号）によって判断がなされている。これをわかりやすく説明したものが、図表５のフローチャートである。これによれば、フローチャートの②の「業務による心理的負荷の評価」、③－１の「業務外の心理的負荷の評価」、③－２の「個体側要因の評価」をそれぞれ検討し、いずれの要因が相対的に有力な原因かが検討されることになる。そして、「業務による心理的負荷の評価」が相対的に有力な原因であれば、労災の認定がなされる。なお、精神障害を発症したことを原因とした自死の場合も、「故意の推定の欠如」により労災認定がなされる。

精神障害について労災認定がなされるためには、「業務による心理的負荷の評価」で「強」の判定がなされることが前提となる。この「強」判定と、過重な長時間労働の関係は、通達では次のように基準が示されている。

まず、ただちに心理的負荷度が「強」と判断される「特別な出来事」に該当する「極度の長時間労働」とは、（１）発症直前の１か月におおむね160時間以上の時間外労働を行った場合と、（２）発症直前の３週間におおむね120時間以上の時間外労働を行った場合となされる場合とされている。また、「特別な出来事」に該当する「極度の長時間労働」がない場合でも、（１）発症直前の２か月間連続して１月あたりにおおむね120時間以上の時間外労働を行った場合や、（２）発症直前の３か月間連続して１月あたりにおおむね100時間以上の時間外労働を行った場合には、心理的負荷度は「強」と判断されるとされている。

長時間労働による精神障害の発症についての認定基準を、脳・心臓疾患を発症した場合のそれと比較すると、精神障害の発症の方が要求されている労働時間数が長いことがわかる。たしかに、疾病の性格が異なることから、同列に扱うことはできないかもしれない。しかし、一般的にはわかりにくい基準の差といえよう。

(4)　嫌がらせやいじめによる精神障害

上司による嫌がらせ（パワーハラスメント）や、同僚らによるいじめによる精神障害の発症も問題となっている。この問題についても、「心理的負荷による精神障害の認定基準について」によって判断される。この点、かつての認定基準（平11・9・14基発544号）では、「上司とのトラブル」はストレス要因の平均的強度が〈Ⅱ〉（中程度）とされており、労災と認定されることは難しかった。

その後、この認定基準を批判する裁判例が登場する。たとえば、国・静岡労基署長（日研化学）事件・東京地判平19・10・15判タ1271号136頁は、「トラブルの内容が、……通常予定されるような範疇を超えるものである場合には、従業員に精神障害を発症させる程度に過重であると評価されるのは当然である」として、業務起因性を肯定した。

これらの裁判判を受けて、現在の認定基準では、「（ひどい）嫌がらせ、いじめ、又は暴行を受けた」場合には、平均的な心理的強度は〈Ⅲ〉（強程度）とれるに至っている。

(5)　過労死・精神障害による自死の問題に対する最近の動き

過労死や精神障害による自死の問題は、国際的にも批判を浴びている。

2013年４月29日—５月17日に開催された、第50会期の国連「経済的、社会的及び文化的権利に関する委員会」では、①長時間労働を防止するための措置を強化と、②職場における全ての形態の嫌がらせを禁止し、防止することを目的とした法令及び規則を採用することについて勧告を受けた。また国内的にも、過労死等の問題に対する強い批判がある。

このことから、2014年に過労死等防止対策推進法が成立した。この法律では、過労死等の防止のための対策を効果的に推進する責務を国に課している。しかし、労働者を実際に使用している事業主には、国等がおこなう過労死等の防止のための対策への協力努力義務が課せられているにすぎず、その実効性は乏しい。

なお、脳・心臓疾患や精神障害の発症に関する認定基準については、見直し作業が開始されている。

(6) アスベスト

アスベスト（石綿）は大変危険性のある物質で、肺線維症、肺癌、悪性中皮腫の原因になるとされている。アスベストは、2006年以降安衛法施行令によって製造禁止有害物に指定されている。

このアスベストの吸引から肺線維症等の発症までに、30年～40年の潜伏期間があるとされている。そうすると、時効（2年～5年）などの理由によって、労災保険制度による適切な救済がなされないという問題が発生している。

そこで、2006年に石綿による健康被害の救済に関する法律が制定され、労災保険給付がなされなかった労働者や遺族が、補償されるようになっている。

7 通勤災害

(1) 通勤災害保護の目的

労働基準法は通勤途上の災害を補償の対象としていないが、労災保険法は通勤災害を業務上災害とは別に保険給付の対象としている。この点、かつては通勤途上の災害も業務上の災害であるとする立場と、業務外の災害であるとする対立があった。現行の通勤災害保護制度は、この対立を棚上げし、1973（昭48）年の労災保険法改正時に独自の制度として創設されたものである。

通勤災害を保険給付の対象とした趣旨は、①交通事情の変化によって通勤途中に災害を被ることが多くなっていること、②通勤が労務の提供に必然的に随伴するものであること、と説明されている。通勤災害の給付内容も、業務災害とほぼ同じレベルで補償される。

(2) 保護の対象

通勤災害とは、「労働者の通勤による負傷、疾病、障害又は死亡」（労災7条1項2号）のことである。また「通勤」とは、「労働者が、就業に関し、

図表６　給付対象の通勤の形態

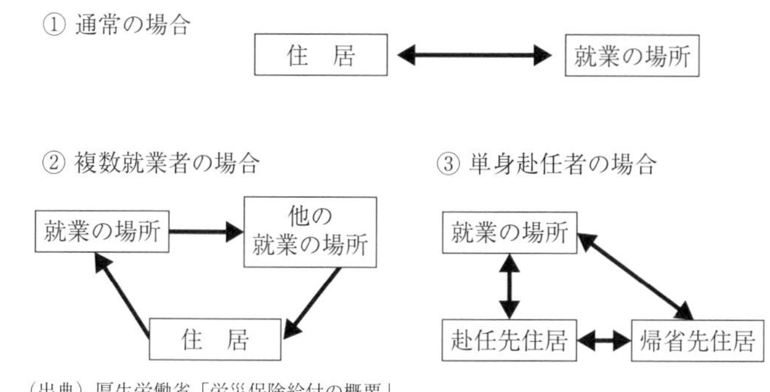

（出典）厚生労働省「労災保険給付の概要」

……移動を、合理的な経路及び方法により行うことをいい、業務の性質を有するものを除く」（労災７条２項）もので、次の①～③がその対象となる（図表６）。

① 住居と就業の場所との間の往復

② 就業の場所から他の就業の場所への移動

③ ①に掲げる往復に先行し、または後続する住居間の移動

(3)　合理的な経路及び方法

「合理的な経路及び方法」とは、往復又は移動を行う場合に、「一般に労働者が用いるものと認められる経路及び手段」のことをいう。

通勤のために通常利用する経路であれば、複数あったとしてもそれらの経路はいずれも合理的な経路である。また、当日の交通事情により迂回してとる経路、マイカー通勤者が貸切りの車庫を経由して通る経路など、通勤のためにやむを得ずとる経路も合理的な経路である。

鉄道、バス等の公共交通機関を利用する場合、自動車、自転車等を本来の用法に従って使用する場合、徒歩の場合等、通常用いられる交通方法は、平常用いているかどうかにかかわらず、一般に合理的な方法である。

(4)　逸脱・中断

就業の場所から住居への移動の際に、通勤経路から逸れる場合（逸脱）や、通勤経路上で移動を中断した場合は、この逸脱または中断の間とその後の移

図表７　給付対象の通勤の範囲

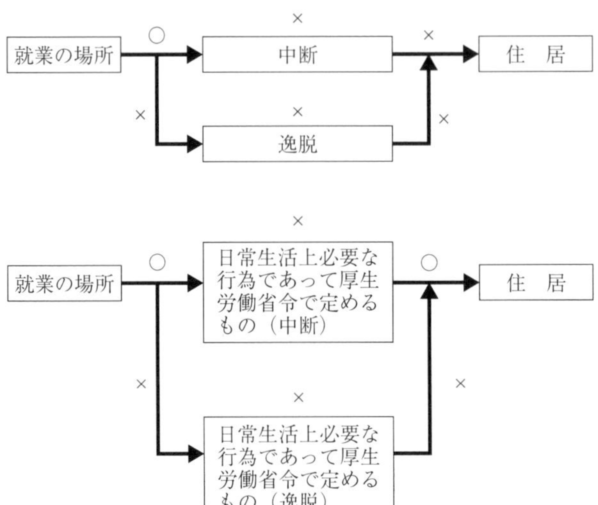

○……通勤の範囲として認められるもの
×……通勤の範囲として認められないもの
※就業の場所から他の就業の場所、赴任先住居から起床先住居への移動の場合も同様。
（出典）厚生労働省「労災保険給付の概要」

動は、給付対象たる「通勤」とはならない（労災７条３項本文）。しかし、その逸脱または中断が、日常生活上必要な行為であって、かつ最小限度のものである場合は、当該逸脱又は中断の間を除き、給付対象たる「通勤」となる（労災７条３項但書）（図表７参照）。

この「日常生活上必要な行為」は、労災保険法施行規則８条で次のように特定されている。

① 日用品の購入その他これに準ずる行為
② 職業訓練、学校教育法に規定する学校において行われる教育その他これらに準ずる教育訓練であって職業能力の開発向上に資するものを受ける行為
③ 選挙権の行使その他これに準ずる行為

④ 病院又は診療所において診察又は治療を受けることその他これに準ずる行為

⑤ 要介護状態にある配偶者、子、父母、配偶者の父母、祖父母および兄弟姉妹の介護（継続的にまたは反復して行われるものに限る。）

⑸　単身赴任者の週末帰宅型の通勤

帰省先住居から赴任先住居を経由して赴任先に職場に通勤する場合、帰省先住居から赴任先住居間の移動については、従来は通勤災害の対象ではなかった。これに対し裁判例は、金曜日の夜に赴任先職場から帰省先住居に戻り、就労日前日の午後５時に帰省先住居を出て赴任先住居（社宅）へ向かうことを月あたり２回以上おこなっていた場合について、帰省先住居も、通勤災害の補償対象たる「住居」にあたると判断した（高山労基署長事件・岐阜地判平17・４・21労判894号５頁）。

これを受けて労災保険法が改正され、現在は住居と就業の場所との間の往復に先行し、または後続する住居間の移動も、通勤災害の補償対象となっている（図表６参照）。

8　保険給付

⑴　保険給付の概要

労災保険制度による保険給付は、図表８のようなフローチャートで説明できる。業務災害と通勤災害による保険給付の差はほとんどない。ただし、その給付の名称には、前述の歴史を受けて差違がある。たとえば、業務災害の場合は「療養補償給付」というのに対し、通勤災害の場合には、同種の給付でも「療養給付」のように、「補償」がつかない。

⑵　療養補償給付（療養給付）

診察、薬剤・治療材料の支給、処置・手術、居宅における看護、病院への入院・看護、移送などが現物支給される。なお、通勤災害の保険給付である療養給付については、200円を限度として労働者の一部負担金がある。

⑶　休業補償給付（休業給付）

療養中の休業の４日目から支給される。したがって、休業開始から３日間は、労基76条の休業給付が使用者によってなされることになる。休業１日に

図表8　労災保険給付のフローチャート

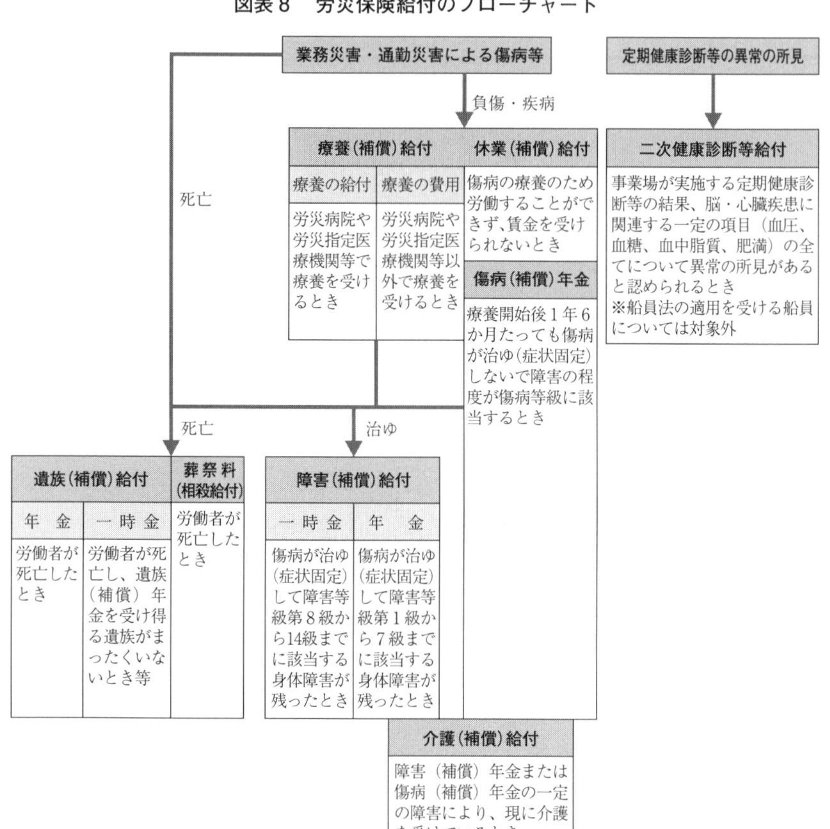

（出典）厚生労働省「労災保険給付の概要」より

つき、給付基礎日数の100分の60が支給される。その他、社会復帰促進等事業による休業特別支給金として、給付基礎日数の100分の20が支給される。

(4)　障害補償給付（障害給付）

症状が固定した（治ゆ）のちに、障害が残った場合には、その障害の程度に応じて支給される。障害等級が1～7級の場合（重篤な障害）は年金が、それ以外は一時金が支給される。

⑸　遺族補償給付（遺族給付）

被災者が死亡した場合に、生計を同一にする配偶者（内縁状態にあるものを含む）、子、父母、孫、祖父母、兄弟姉妹（受給権者の順位は記載の順番通り）に、原則として年金が支給される。ただし、夫、父母、祖父母にあっては、60歳以上であること、子、孫は18歳未満であること、兄弟姉妹については、18歳未満あるいは60歳以上であることが必要となる。

⑹　二次健康診断給付

労働安全衛生法が定める定期健康診断の結果、血圧検査などで、脳血管疾患または心臓疾患にかかわる検査で異常の所見があった場合に、①脳血管・心臓の状態を把握するための必要な検査、および②検査結果に基づき実施される保健指導（特定保健指導）については、二次健康診断給付として労災保険による保険給付の対象となっている。

9　労働災害と民事訴訟

⑴　労災民訴が提起される背景

安全配慮義務に関する法理論が一般的に確立し、現在では労契５条で明文化もされていることから、労災に関しては安全配慮義務違反を根拠として直接使用者に責任追求がなされることも多い。労働基準法上の災害補償や労災保険法上の保険給付は、慰謝料等の精神的損害を含まないことが、これを加速させている。

⑵　安全配慮義務

安全配慮義務とは、労働契約上、使用者が負う附随義務の一つで、労働者の生命・健康を危険から保護するよう配慮すべき義務のことである。学説では、信義則を根拠にその存在を肯定するものが古くから存在していた。最高裁は、公務員関係の事案である、陸上自衛隊八戸車両整備工場事件・最判昭50・２・25民集29巻２号143頁ではじめてその存在を説示し、その後、労働関係の事案でそれを肯定した（川義事件・最判昭59・４・10民集38巻６号557頁）。

⑶　安全配慮義務が及ぶ範囲

安全配慮義務は、2007（平19）年に制定された労契５条で明文され、労働契約上の使用者の義務とされた。しかし、判例は、労働契約上の使用者の義務に限定せず、公務労働（前掲・陸上自衛隊八戸車両整備工場事件）や、下請労働者を事実上指揮監督していた元請企業（三菱重工事件・最判平３・４・11労判590号14頁）といった、「社会的接触関係にある当事者」間にも、その存在が肯定してきた。

したがって、労契５条は、労働契約関係においては最低限その存在が認められるという確認的な規定としての意義に限定されよう。

⑷　安全配慮義務の具体的内容

安全配慮義務の具体的内容は一様ではなく、具体的事情のもとで変わってくる。この点、初期の紛争では、労働者が事件や事故に巻き込まれたケースが問題とされることが多かった。たとえば、前掲・陸上自衛隊八戸車両整備工場事件（自衛隊員が服務中に大型自動車に轢かれ死亡したケース）や前掲・川義事件（窃盗目的の侵入者に殺害されたケース）が典型的である。とくに川義事件では、物的施設の整備、労働者の増員または安全教育を実施するなどして「生命、身体等に危険が及ばないように配慮する義務があった」とされた。

一方、近年は、労働者が従事する業務や職場環境に起因して発症した身体的、精神的疾患が問題とされることが多い。たとえば、長時間労働によるうつ病罹患、それを起因とする自死と安全配慮義務違反が争われた電通事件・最判平12・３・24民集54巻３号1155頁がある。電通事件では、「使用者は、その雇用する労働者に従事させる業務を定めてこれを管理するに際し、業務の遂行に伴う疲労や心理的負荷等が過度に蓄積して労働者の心身の健康を損なうことがないよう注意する義務を負う」とされた。なお、電通事件では、労働者の性格や家族のかかわりなどを斟酌すべきか否かも大きな争点となったが、最高裁はいずれも否定した。妥当な判断である。

この過重労働に関しては、下級審ではさらに踏み込み、過酷な労働とならないように配慮するのみならず、「労働者が労働に従事することによって受けるであろう心理面又は精神面への影響にも十分配慮し、それに対して適切な措置を講ずべき義務」があると判断するものもある（オタフクソース事件・広島地判平12・５・18労判783号15頁）。

一方、同僚らによるいじめによる自死と安全配慮義務が争われた事件では、同僚らからの加害行為を防止するとともに、生命、身体等への危険から職員の安全を確保して被害発生を防止する義務があると判断されている（川崎市水道局事件・東京高判平15・３・25労判849号87頁）。

職場における受動喫煙が争われた事件では、受動喫煙の危険性から職員の生命及び健康を保護するよう配慮すべき義務があったと判断した裁判例もある（江戸川区事件・東京地判平16・７・12労判878号５頁）。

このような判断は、セクシャル・ハラスメント（たとえば、京都セクシャル・ハラスメント事件・京都地判平９・４・17労判716号49頁）などの場面にも広がってきており、安全配慮義務（あるいは配慮義務）が問題とされる場面は多様になっている。

安全配慮義務は手段債務か結果債務かについて対立がある。学説の多数は手段債務と解しているようであるが、上記のような広範な義務が認められている現状を考慮すると、結果債務と解するのが妥当のように思う。

また、学説や裁判例は、安全配慮義務の履行請求にも消極的であるが、労働者に被害が生じた後の事後的救済よりも、事前の予防の方が労働者の利益にかなうことから、これを積極的に解すべきである。

(5) 労災保険給付と損害賠償の調整

労働者に生じた災害につき、労災保険給付がなされる一方、損害賠償も認められる場合には、両者間の調整が必要となってくる。この点、労働基準法上の補償あるいは労災保険法上の保険給付がなされると、その限度において民法の賠償責任は免れることになる（労基84条２項）。

この場合、単純に支給総額で比較されるわけではなく、保険給付の対象となる損害と民事上の損害賠償の対象となる損害とが同性質であり、保険給付と損害賠償とが相互補完性を有する関係にある場合にのみ、その調整がなされるとされている（青木鉛鉄事件・最判昭62・７・10民集41巻５号1202頁）。すなわち、保険給付が損害賠償総額を上回っているとしても、精神的損害と同性質であり、相互補完性を有する保険給付はなされていないことから、慰謝料の精神的損害について使用者は賠償責任を免れない。

第6章 職場における人権・基本権保障

第1節　労働憲章

1　労働者の人権保障と労働法

人が個人として尊重されることは、市民法の原則である契約自由や私的自治の前提である。雇用の場にある労働者も個人として尊重されるべきことは当然だが、実際には労使間の力の差の下に、労働者を職場に拘束し、強制的に働かせる非人間的な雇用慣行が歴史的に多く見られた。戦後日本国憲法を基礎に制定された労基法は、こうした前近代的な雇用慣行を排除し、雇用の場における労働者の人格を保護する定めを設けた。本節で扱う労働者としての基本的権利の保護を目的とする定めは労働憲章と呼ばれる。

近年は、このような雇用慣行は次第に姿を消しつつあるものの、競争環境の激化や労働環境の劣化を背景にハラスメント（職場いじめ、嫌がらせ）が社会問題化している。また、男性、非障害者、日本人等を中心に形成された雇用社会への女性の進出を皮切りに、障害者や外国人など雇用に関するマイノリティが働く場において存在感を高め、こうした労働者に対する差別禁止に高い関心が向けられている。これらの労働者の人格権侵害に対しては、労基法に加えて新たな法制度や法理の展開によって対応が試みられている。これらに含まれる代表的な論点である雇用平等（第2節）、ハラスメント（第3節）について、各節で概説することにしよう。

２　均等待遇原則

使用者は、労働者の国籍、信条または社会的身分を理由として、賃金、労働時間その他の労働条件について差別的取扱いをしてはならない（労基３条）。憲法14条に規定されている性別が禁止される差別事由として列挙されていないのは、労基法に女性のみを対象とする定めがあることとの抵触を避けようとしたことによる。また「労働条件」には職場における労働者に対する処遇が広く含まれるが、労働契約関係が存在しない募集・採用は労働条件に含まれない（三菱樹脂事件・最大判昭48・12・12民集27巻11号1536頁）。本条は後述の雇用平等法にも含まれる。

「国籍」は、アメリカ国籍、中国籍等国家の所属員たる資格を意味する。人種は、生物学的・人類学的分類で国籍とは異なるが、国籍または社会的身分の一種として、禁止される差別事由に該当すると解されている。

「信条」は、人の内心におけるものの考え方であり、宗教的信仰のみならず政治的信念や意見も含む（昭22・９・13発基17号）。特定の宗教や政治的思想に即して運営されている事業（傾向事業［経営］）においても、信条を理由に取扱いを区別することができるのは、事業目的と当該特定の宗教・政治的思想が本質的に不可分であり、その承認、支持を存立の条件とし、これらを労働者に求めることが客観的に妥当である等、例外的場面に限られる（日中旅行社事件・大阪地判昭44・12・26判時559号90頁）。

「社会的身分」は、自らの意思によって免れることができない生来的地位（門地など。昭22・９・13発基17号）に加え、破産者や前科など後天的な社会的分類も含むと解される傾向にある。パートタイム労働者等の雇用上の地位が社会的身分に該当するか否かについては争いがあるが、裁判例はこれを否定する（丸子警報器事件・長野地裁上田支判平８・３・15労判690号32頁）。

差別を証明するために必要な資料の多くは使用者側にあるため、労働者にとって差別の証明は容易ではない。そのため裁判例は、使用者の差別意思を推認させる事実と他の労働者との間の労働条件格差の存在を労働者側が証明した場合には差別の存在を推定し、使用者側がこの推定を覆す合理的な理由を示すことができなければ、差別が成立したものと判断する傾向にある（東

京電力（長野）事件・長野地判平６・３・31労判660号73頁等）。

本条違反の解雇や配転等は無効になるとともに、不法行為（民709条）責任を発生させる。

3　人身拘束の禁止

1　強制労働の禁止

使用者は、暴行、脅迫、監禁その他精神または身体の自由を不当に拘束する手段によって、労働者の意思に反して労働を強制してはならない（労基５条）。奴隷的拘束や意に反する苦役を禁じる憲法18条の趣旨を労働契約関係において具体化した定めであり、戦前紡績業の女工に見られたような強制労働や「タコ部屋労働」などを禁止する。人身の自由という基本的権利を直接的に侵害することから、この定めに反する取扱いについては労基法の中で最も重い刑罰が予定されている（労基117条）。

2　賠償予定の禁止

契約の履行可能性を高めることなどを目的に、債務が実現されなかった場合に損害賠償や違約金を予定することは一般的に認められている（民420条１項）。しかし雇用の場においては、従来、労働者が使用者に損害を与えた場合や契約期間の途中で労働者が退職しようとした場合に過重な損害賠償を予定することで、労働者を当該職場に拘束することが行われた。こうした取扱いを廃し、使用者に対する身分的従属や労働者に対する足止めを防止することを目的として、労基法は、労働契約の不履行について違約金を定め、または損害賠償額を予定する契約をすることを禁止した（労基16条）。

この定めは、違約金や損害賠償額の予定を禁止するものであって、使用者が労働者の事業の執行により実際に被った損害の賠償を当該労働者に請求することを禁止するものではない。ただし、労働者は使用者からの業務命令を遂行困難、あるいは危険と考えてもこれを断りにくい立場にある反面、使用者は業務命令の内容を自ら決定し、その業務に内在する危険を保険などによって分散することが可能な立場にある。そのため、使用者が労働者に損害賠償を請求することができる範囲は、使用者の事業の性格や規模、労働者の業務内容、労働条件等諸般の事情に照らして損害の公平な分担という見地から信義則上相当と認められる限度にとどまる（茨城石炭商事事件・最一小判昭51・7・8民集30巻7号689頁）。

企業が労働者の研修や留学に必要な費用を負担し、これらが終了した後、労働者が一定期間勤務しなければこの費用の支払いを当該労働者に求めるという取扱いは、労働者の足止め効果を持つ点で一見賠償予定の禁止に該当するように見える。だが企業がこの費用を労働者に貸与し、一定期間の勤続により返還を免除するという見方をすると、この取扱いは債務免除の特約付きの金銭消費貸借契約にすぎないように見える。この点について裁判例は、当該研修・留学の業務性の程度を中心的な判断指標として当該研修・留学の任意性や返還方式の合理性等を総合的に考慮し、業務性が強い場合に前者の形式に該当するとして労基法16条違反性を肯定する（長谷工コーポレーション事件・東京地判平9・5・26労判717号14頁、新日本証券事件・東京地判平10・9・25労判746号7頁等）。

この問題を労基法16条の問題として把握すると、その解決は、当該制度が認められるか否かの二者択一となる。労働者に一定のメリットがあるこの制度が、労基法16条が当初想定していた前近代的雇用慣行とは異なることに着目すれば、この制度を一応適法と認め、職業選択の自由（憲22条）を不当に制限する限度において当該制度を公序違反と評価すべきだろう。

3　前借金相殺の禁止

使用者は、前借金その他労働することを条件とする前貸の債権と賃金を相殺してはならない（労基17条）。この定めは、労働者に金銭を貸し付けてこれをその後の労働で返還させる約束をすることで、当該労働者をその職場に拘束することを禁止しようとするものである。使用者が労働者に住宅資金を貸し付け、賃金や退職金で相殺して返済する取扱いは広く行われているが、これも労働者の申し出に対して使用者が便宜を供与する形で行われ、適切な融資額・返済方法で、返済前に労働者が自由に退職することができる場合に限定して認められている（昭23・10・15基発150号）。

4 強制貯金の禁止

不当な人身拘束を排除するため、使用者は、労働契約に附随して労働者に貯蓄の契約をさせ、または貯蓄金を管理する契約をすることを禁じられている（労基18条１項）。労働者が任意に使用者に貯蓄金の管理を任せようとする場合にも、労働者の過半数代表との協定等の条件を満たす必要がある（同条２項以下）。

4　中間搾取の排除

何人も、法律に基づいて許される場合のほか、業として他人の就業に介入して利益を得てはならない（労基６条）。仕事を周旋するにあたり手数料を取るなど、いわゆるピンハネを禁止することを目的とする。一見、派遣労働も規制対象となるように見えるが、派遣労働では派遣労働者と派遣元との間に労働契約が締結されている点で、派遣元は「第三者」と認められないため、規制対象にはならない（昭61・６・６基発333号）。

5　公民権行使の保障

選挙に立候補したり、裁判員の職務を遂行したりすることは、公民として保障されるべき権利であり、責務である。労基法７条は、労働者が労働時間中にこうした公民としての権利を行使し、または公の職務を執行するために必要な時間を請求した場合に、有給までは保障しないものの、使用者がこれを拒むことを原則禁止する。ただし例外的に、権利の行使または公の職務の執行に妨げがない限度で、請求された時刻を変更することを認める。公民としての権利には、上記選挙権・被選挙権や最高裁判所裁判官の国民審査、公の職務には、各種議会の議員や検察審査員等が含まれる。

第２節　雇用平等法

1　雇用平等法の枠組み

1 雇用平等法の背景

平等は、自由とともに、市民社会において高い価値を与えられてきた。個人尊重の思想に由来するこれらの理念は近代立憲主義が確立する際の基盤となり、平等の理念は日本国憲法において法の下の平等という形で法的原則となった（憲14条）。その内容は各法律に具体化されるとともに、法解釈の指針にもなってきた。

平等の理念の下、使用者は、募集採用過程や労働契約を通じて関係する複数の労働者を平等に扱うことを要請される。これは、男女別定年制や国籍賃金差別等のように差別禁止法や公序良俗概念（民90条）の適用問題として現れることもあれば、特定年齢層の労働者や特定の雇用形態の労働者のみを経営立て直しのための労働条件の不利益変更の対象にする場合のように、ある取扱いの適法性を判断する際の視角の一つとして現れることもある。一般に集団・組織を形成する労働契約自体、このような平等取扱いの要請を内包しているといえる。

平等は広がりを持つ概念だが、労働法における平等の議論は、主に性差別や思想信条差別など、特定の事由に基づいて取扱いを区別すること、いわゆる差別的取扱いの反平等性をめぐって展開してきた。以下でもこの点に着目して法状況を概観することにしよう。

2 雇用平等法の展開

戦後、法の下の平等（憲14条）を実現すべく各分野において法整備が進み、雇用分野においては、労基法に均等待遇原則（３条）と男女同一賃金原則（４条）が整備された。特定の性別や国籍に対する偏見が広く存在した当時、これらの定めは画期的だった。だが、労基法の刑事法的性質も相まって、保護範囲は限定的に解される傾向にあり、これら等を基盤とする雇用平等・差別禁止法理の形成が課題となっていた。

雇用平等への新たなアプローチは判決によってもたらされた。住友セメント事件判決（東京地判昭41・12・20労民集17巻6号1407頁）が、法の下の平等を基礎に性差別の禁止が公序（民90条）として成立していることを認め、女性のみを対象とする結婚退職制を無効と判断したのである。日産自動車事件最高裁判決（最三小判昭56・3・24民集35巻2号300頁）が同様の論理を用いて男女別定年制を無効と判断したことにより確立したこの公序法理は、労基法の保護範囲を補完するとともに、新たな平等法理・差別禁止法理を展開させるための理論的基礎となった。

法制度の整備も男女平等の分野を中心に進んだ。女性は当初、勤労婦人福祉法（1972（昭57）年）において保護の対象とされていた。女性の深夜業規制のような女性保護は一見女性優遇のように見えるが、かえって女性の雇用の機会を奪い、女性は劣る性であるという意識を残しかねない。女性差別撤廃条約批准（1985（昭60）年批准）に向けた国際的圧力の後押しを受けて成立した1985（昭60）年均等法は、一部努力義務ながらも女性差別を禁止し、保護から女性個人に着目した平等取扱いの実現へと舵が切られた。この動きは、後の労基法の女性の深夜業規制等の廃止へとつながっていく（1997（平9）年）。

このような保護の廃止は平等達成の第一歩だが、根強い偏見や職域・家族責任負担の男女間の不均衡が存在する状況下では、形式的に同一取扱いや性別を無視した取扱いを実現するだけでは、かえって差別が存続・再生産される可能性がある。こうした社会構造的問題には、均等法から分離して1991（平3）年に制定された育児休業法（今日の育児介護休業法）など他の法制度によって対応がなされるとともに、1997（平9）年均等法はポジティブ・アクションの利用を認め、社会構造自体の積極的是正を視野に入れた。

その後、雇用平等法の差別禁止の仕組みは深化してきた。2006（平18）年均等法改正は、適用対象を限定しつつも社会の差別的構造をある取扱いの違法性判定に明確に組み込む間接差別の禁止（7条）を定め、判例法理においては、原告労働者の証明責任の負担を緩和する裁判例が蓄積されつつある。

さらには不平等が疑われる取扱い区別事由の範囲も着実に拡大してきた。

雇用政策的要請をやや強く反映して、雇用対策法（現、労働施策総合推進法）に多くの例外を伴いつつも募集・採用における年齢差別の禁止が定められ（2007（平19）年）、パートタイム労働法（現、パートタイム・有期雇用労働法）に通常の労働者とパートタイム労働者との労働条件格差が限定的ながら禁止された（2007（平19）年）。雇用形態間の平等取扱いは、労契法において労働契約上の基本原則となり（2007（平19）年）、さらに労契法（現在はパートタイム・有期雇用労働法）において有期・無期労働者間（2012（平24）年）、派遣法において派遣労働者と派遣先労働者間（2012（平24）年）、パートタイム労働法においてフルタイム・パートタイム労働者間（2014（平26）年）へと具体化される。非選択的な属性であるが、雇用政策的要請や社会構造的差別性を反映した合理的配慮提供義務という新たな概念を含む障害者差別の禁止も障害者雇用促進法に明文化された（2014（平26）年）。

外国の例を見れば、複数の差別事由に基づく差別を規制する複合差別の禁止や、性的指向や遺伝子情報を理由とする差別の禁止、これらの実効性を支える独立行政機関の設置など、保障すべき平等の質の深化、差別禁止事由の広がり、実効性確保の試み等は日本以上に進んでいる。日本の雇用平等法も、なお発展段階にある。

3　雇用平等法の体系と平等・差別概念

雇用平等法の領域の拡大に伴い、その関係性を整序するための体系化が必要とされている。この点に関する定説はまだ存在しないが、区別を生み出した事由の特徴に即して、大きく二つに分けて理解されることが多い。

一つは、性別や思想など、自身の意思では変えることのできない属性や基本的人権の行使に関わる属性に基づく区別である。この属性に基づく区別は個人の尊重の否定につながることから、有利不利を問わず、当該属性に基づいて取扱いを決定すること自体が問題視される。もっとも障害者差別や年齢差別のように、当該属性と労働能力との一定の相関や社会において当該属性の者が一般に置かれた状況などを考慮して、当該属性に基づく区別を比較的広く許容するタイプもある。

もう一つはパートタイム労働や有期労働など、問題の属性の獲得に一応個人の意思が介在する属性に基づく区別である。この属性に基づく区別は個人の選択の結果にすぎないため規制する必要性はないように見える。しかし、社会構造的に当該属性を選ばざるを得なかった者の存在、当該属性を選ぶこと自体を当該個人の選択の結果として尊重する必要性、当該属性に基づく区別を放置することの社会政策的問題性等の観点から、一定の規制が講じられる。これら規制根拠に関する理解の相違を受けて、この種の雇用平等法の法的性質の理解の仕方についても争いがあるが、当該属性に基づいて取扱いを区別すること自体は許容し、その区別の程度（均衡）を問題にする見解が有力である。

こうした雇用平等法相互の位置づけ方に加え、「平等取扱い」、「差別禁止」といった基本概念の理解の仕方にも争いがある。差別禁止を市民社会一般における基本的人権の確保を目的とするもの、平等取扱いを生活空間の構成員に同一のルールを適用するものと理解する立場、均等待遇（平等）はある企業・事業所の従業員はすべて均等に取り扱われるべきとの理念ないし緩やかなルール、差別禁止は均等でない取扱いのうち、性別や思想等具体的事由による差別を禁止し、違反に対して何らかの制裁を予定するものとする立場、両者を区別しない立場などがある。

2　性差別の禁止

雇用の場における男女平等を規律するルールは、賃金に関する労基法4条、賃金以外の労働条件に関する均等法、主に後者の領域で展開しつつもその理念は男女平等全体をとらえる公序法理の3つを基礎に展開している。

1 男女同一賃金

(1)　基本構造

使用者は、労働者が女性であることを理由として、賃金について、男性と差別的取扱いをしてはならない（労基4条）。性別にかかわらず同一の賃金を支払うべきこと（男女同一賃金原則）は、ヴェルサイユ条約（1919（大8）年）やILO100号条約（1951（昭26）年、1967（昭42）年批准）にも定められる国際的な基本原則である。

男女間の賃金格差が性別に基づくか否かは、使用者の言動や、差別を訴える労働者と性別を除いておおむね同じ立場にある異性の労働者とを比較することなど、格差を取り巻く事実を総合考慮して判定される。比較される男女が同一の労働をしていることは、問題の格差が性別に基づくことを示す有力な事実だが、労基法４条違反を証明するための必要条件ではない。男女別の賃金表を適用するように（秋田相互銀行事件・秋田地判昭50・４・10労民集26巻２号388頁等）、一見して区別が性別に基づくことが明白な場合はこの証明は容易だが、性差別禁止の規範意識が浸透しつつある近年は、複線的な雇用管理や個別査定による賃金額決定の下で、格差が性別に基づくか否かの判断が微妙な事例がむしろ増加している。一見男女間に賃金格差があったとしても、それが職務内容や能力評価、勤続年数等その他の合理的事由に基づくものであれば労基法４条違反を構成しない。女性が一般的に家計補助者であり、勤続期間が短い等の偏見や統計的証拠に基づく区別は、当該女性個人を評価するものではない点で、女性であることを理由とする差別と評価される（岩手銀行事件・仙台高判平４・１・10労判605号98頁）。

ここで求められる証明は、一点の疑いも差し挟まない程度のものであることまでは必要とされていない。賃金格差を合理化する雇用管理区分が不明確である場合には、その賃金格差は性差別と推定される（兼松（男女差別）事件・東京高判平20・１・31労判959号85頁）。賃金の違いを合理化していた職務の差がなくなった場合には、使用者が労基法４条違反の責めを免れるためにはその賃金格差を是正する必要がある（塩野義製薬事件・大阪地判平11・７・28労判770号81頁）。労基法３条（均等待遇原則）の証明と同様、証拠の偏在等による差別の証明の困難さを考慮して、労働者が使用者の差別意思と男女間の賃金格差を証明すれば、使用者がこの格差を正当化する合理的な理由を証明しない限り、労基法４条違反が成立する（秋田相互銀行事件・秋田地判昭50・４・10判時778号27頁等）。

労基法４条違反が認められた場合、刑事罰が科されるとともに、差別的賃金を定めた規定は無効になり、不法行為（民709条）を理由として、差別がなければ支払われたであろう賃金と実際に支払われた賃金との差額分等の損害賠償を請求することができる。賃金の支払基準が就業規則等において明確にされている場合には、労基法13条を基礎に差額賃金（日本鉄鋼連盟事件・東京地判昭61・12・４労判486号28頁等）を請求することもできる。

⑵　同一（価値）労働同一賃金原則

労基法４条が、ILO100号条約や女性差別撤廃条約が定める、同一労働に従事する男女には同一の賃金を支払うことを原則とする同一労働同一賃金原則を保障しているといえるかについては争いがある。これを明確に認めた裁判例はなく（この原則に接近した裁判例として、日ソ図書事件・東京地判平４・８・27労判611号10頁）、日本の賃金が年齢や学歴など属人的な要素で決定されることが多いことなどを理由にこれを否定する見解もある。だが、同原則の導入が明文で否定されていない以上、労基法４条が同原則を排除していると解することにも無理がある。同一の労働に同一の賃金を支払うことが公序として確立しているかはともかく、ある使用者の下で働く各労働者が平等に扱われるべきことは一般的に否定しがたいことをふまえれば、同一労働に従事する男女労働者間で異なる賃金を支払う場合には合理的な理由を必要とするという形でこの原則を認めることは可能だろう。

また、他の国では、同一の価値の労働をする労働者には同一の賃金を支払うべきとする同一価値労働同一賃金原則を認めることも多い。この原則は、女性が多い女性職、男性が多い男性職というように男女間に職域分離があり、女性職の方が比較的低賃金である社会実態の下では、同一の労働に従事する男女間の賃金格差のみを是正の対象としていたのでは社会全体での男女間の賃金格差が十分にはなくらないという問題意識に基づいている。日本ではこの原則を認めた法制度や裁判例はないが、同様の問題状況は日本にも存在することから、その日本における許容性や活用可能性が検討されている。

2　男女雇用機会均等法

⑴　男女雇用機会均等法の展開

均等法は、性差別禁止に関する判例の公序法理を背景に、女性差別撤廃条約を批准するための国内法整備の必要性を受けて、勤労婦人福祉法を改正する形で1985（昭60）年に成立した。しかし男性中心の企業社会において急に性差別禁止を強制しても実効性を期待することができないおそれや、男女を同様に扱うことがかえって一般に社会的に弱い立場に置かれる女性に不利益を与える懸念等を背景に、女性差別のみを禁止し（片面的性質）、その禁止の程度も募集、採用、配置、昇進については努力義務にとどまる等、性差別禁止法としての機能は限定的であった。

この仕組みに対しては、女性のみの募集を認めることで女性の職域を固定しかねないこと、努力義務としての差別禁止が性差別禁止の公序性と矛盾すること、実効性に欠けること等の批判が向けられた。1997（平9）年の均等法改正は、法律の名称から「福祉」の文言を削り、差別禁止を強行的禁止へと転換するなど、これらの批判に対応する形で行われた。さらにポジティブ・アクションを認めて社会に存在する男女間の事実上の格差是正に取り組む姿勢を見せ、機会均等調停委員会（現在は紛争調停委員会に改組）による調整を一方当事者の申請で開始することを認め、均等法違反に対する勧告に従わない場合に企業名の公表を予定するなど、救済や実効性確保の仕組みが強化された。

2006（平18）年の均等法改正では、片面的性質を完全に払拭して男女双方に対する性差別が禁止され、差別禁止の対象となる雇用ステージが拡大されるなど、包括的・両面的に性差別を禁止する仕組みが整えられた。また、間接差別の禁止の明文化、妊娠、出産、産前産後休業取得を理由とする不利益取扱いの禁止の明文化、セクシュアル・ハラスメントに関する事業主の配慮義務の措置義務への強化などが行われた。

(2)　男女雇用機会均等法の規制の仕組み

(a) 直接差別の禁止　事業主は、性別を理由として応募者・労働者を差別してはならない（雇均5条、6条）。禁止対象となる雇用ステージは、募集および採用（5条）、配置、昇進、降格および教育訓練（6条1号）、住宅資金の貸付等厚労省令（雇均則1条1号～4号）で定める福利厚生措置（6条2号）、職種および雇用形態の変更（同条3号）、退職の勧奨、定年および解雇ならびに労働契約の更新（同条4号）である（禁止される行為の具体例については指針（平18・10・11厚労告614号）参照）。

この差別の禁止は、次に掲げる間接差別の禁止と対比して、直接差別の禁止と呼ばれる。個人を尊重せず、性別という本人にとって選択の余地のない事由に基づいて意図的に区別をすることを問題視し、性別に関する不当な偏見等を是正することを目的とする。

直接差別に該当することの証明は、男女別配転基準等差別的意図を明白に示す証拠があればそれに基づいて、そうでない場合には、差別を主張する者と差別事由以外の勤続年数、学歴、業務内容等が類似する者と差別を主張する者との間に処遇差があることを示したり、職場の男女を集団的に比較して両者の間に差があることを示したりして行われる。使用者側は、こうして証明された差が性別以外の合理的な要因に基づいて生じたことを証明することで差別の成立を否定することができる。適法なポジティブ・アクションに該当する場合や、芸術上、防犯上、宗教上の理由などから特定の性別のみに当該業務を従事させる職務上の必要性が存在する場合等については、例外的に性別に基づく取扱いが許容される。

均等法の差別禁止は、一つの雇用管理区分の中での差別を禁止する点に特徴がある。雇用管理区分とは、職種、資格、雇用形態、就業形態等の区分その他の労働者についての区分であって、当該区分に属している労働者について他の区分に属している労働者と異なる雇用管理を行うことを予定して設定しているものをいう。この特徴を反映して、均等法制定後、ときに既存の男女別の雇用管理を維持することを目的に、総合職・一般職などにコースを分けて雇用を管理する制度（コース別雇用管理制度）の利用が広まった。男女をそれぞれ特定のコースにあてはめる男女コース別雇用管理制度については、均等法で差別禁止が強行規定化された以降これを違法とする例がある一方（野村證券（男女差別）事件・東京地判平14・２・20労判822号13頁等）、合理的なコース転換制度を設けていれば前記時点以降も適法と判断した例がある（兼松（男女差別）事件・東京地判平15・11・５労判867号19頁）。

性差別と判断された取扱いは無効となり、不法行為（民709条）に基づく損害賠償が認められる。差別がなければ得られただろう格付けや職位にあることの確認は、これらの決定について使用者に人事上の裁量があることを理由に認められない傾向にある。ただし、これらの決定が契約の内容になっている場合など裁量的判断の余地の少ない場合について、格付けの地位確認が認められた例がある（芝信用金庫事件・東京高判平12・12・22労判796号５頁）。

(b) 間接差別の禁止　採用や昇進において一定の学歴や職業資格を要求することは、一見差別と関わりがない。しかし教育の機会を十分に与えられてこなかった集団（例えばアメリカにおける黒人）には、このような基準が差別的に機能する。仮にこのような基準の利用を制限なく認めれば、歴史的に形成された差別的構造が足かせとなり、平等が実現されない。間接差別の禁止の主眼はこのような構造的差別の禁止にある。

間接差別は、性差別の文脈でいえば、性別以外の事由を要件とする措置であって、他の性の構成員と比較して一方の性の構成員に相当程度の不利益を与えるものを、合理的な理由がないときに講ずることを意味する。直接差別の禁止とは異なり、事業主の差別的意図の有無を問わない。労働者側が問題とする措置の差別的効果を統計や実態を用いて証明し、当該措置の合理性を使用者が説明することを通じて、適法と解されていた措置の合理性を問い直す機能を持つ。

均等法も間接差別を禁止するが（雇均7条）、その範囲は、募集採用における身長体重要件、募集採用、昇進、職種変更における転勤要件、昇進における転勤経験要件に限定され（雇均則2条1号～3号）、これらを用いる場合についてのみ事業主は当該要件を利用する必要性等を説明することを求められるにとどまる。もっとも、公序概念（民90条）など他の法令の解釈を通じてその他の基準等について間接差別の成否を争う余地は残されている。

(c) ポジティブ･アクション　差別禁止が社会に浸透すれば、管理職に占める男女割合の格差や男女の職域分離は次第に是正されることになる。しかしこの方法で社会に根付いた性差別的構造や意識を是正するには長い時間が必要となり、その間こうした差別的構造に起因する差別の再生産を許すことになる。こうした状態を早期に是正し、差別の連鎖を防ぐための手段として用いられるのがポジティブ・アクションである。

均等法は、ポジティブ・アクションを「雇用の分野における男女の均等な機会及び待遇の確保の支障となっている事情を改善することを目的として女性労働者に関して行う措置を講ずること」と規定し（雇均8条）、同法の差別禁止の例外として許容する。例えば、1つの雇用管理区分において女性労働者が男性労働者よりも相当程度少ない場合に、同程度の資格を有する男女のうち、女性を優先して採用することが認められる。国は、ポジティブ・アクションを実施しようとする事業主を支援することができる（雇均14条）。

ポジティブ・アクションは、女性が男性よりも社会的に不利な立場にあることに着目して暫定的、例外的に認められる制度であるため、男性には適用できない。また、女性を優遇することは確かであるため、その優遇の程度によっては、男性に対する差別として違法評価を受ける可能性がある。

(d) 婚姻、妊娠、出産等を理由とする不利益取扱いの禁止

女性労働者の、婚姻、妊娠、出産を理由とする退職扱い、婚姻を理由とする解雇、妊娠、出産、産前産後休業の取得等を理由とする解雇その他不利益取扱いは禁止される（雇均9条1～3項）。この定めは強行規定であり、婚姻、妊娠、出産等を契機とする不利益取扱いは原則違法であるが、当該労働者が自由な意思に基づいて不利益取扱いを承諾したものと認めるに足りる合理的な理由が客観的に存在するとき、または業務上の必要性から不利益取扱いをせざるを得ず、その必要性や内容等から同項の趣旨および目的に実質的に反しないものと認められる特段の事情が存在するときは例外的に禁止対象にならない（広島中央保健生協（C生協病院）事件・最一小判平26・10・23労判1100号5頁）。

また、妊娠中または出産後1年を経過しない女性労働者に対する解雇は、これが妊娠、出産等を理由とするものでないことを事業主が証明しない限り無効となる（雇均9条4項）。

(e) セクハラ防止措置義務

均等法は、セクシュアル・ハラスメント（以下「セクハラ」）を防止するために必要な雇用管理上の配慮をする措置義務を事業主に課す。詳細については本章第3節[2]参照。

(3) 男女雇用機会均等法の実効性確保

事業主は、均等法に関する紛争について自主的解決を図ることを求められる（雇均15条）。また、個別労働関係紛争解決促進法の特例として（雇均16条）、均等法に関する問題の解決について当事者が援助を求めた場合、都道府県労働局長は必要な助言、指導、勧告を行い（雇均17条1項）、必要と認めた場合には紛争調整委員会による調整が行われる（雇均18条1項）。これらの申請をしたことを理由として事業主が不利益な取扱いをすることは禁止される（雇均17条2項、18条2項）。

3 LGBT差別の禁止

身体上の性別と自身をいかなる性別と認識するか（性自認）は一致することが多い。しかし身体的には男性でも認識上は女性、あるいは特定の性別にはあてはまらないなど、両者が一致しない人（transgender）もいる。また、恋愛・性愛の対象（性的指向）は異性である（heterosexual）人が多数派だが、同性（homosexual、男性：gay、女性：lesbian）、両性（bisexual）である人もいる。これらの性的少数者は、その頭文字をとってLGBTと呼ばれる。

LGBTは、多数派とは異なる性自認・性的指向を有することに対する偏見や同性愛を否定的に評価する宗教的事情などにより差別の対象となってきた。しかしいかなる性自認・性的指向を有するかは当該労働者の性的人格にかかわることが認識されるようになり、LGBTに性的多数派と同様の権利を保障し、差別を禁止する法制度の整備が進んでいる。

均等法はLGBTに対する差別禁止を想定して制定されていない。他方で、前述した均等法の指針では被害者の性的指向または性自認にかかわらずセクハラを規制対象とすることが明記され、法務省の人権擁護機関でLGBTに対する人権侵害の是正に向けた取り組みが行われるなど、LGBTに対する差別の禁止は社会的な認識として共有されつつある。この実態も考慮すれば、憲法上の権利規定（憲13条、14条）を背景に均等法をLGBTに対する差別を規制するよう解釈、改正する可能性を模索することもできようし、少なくとも公序良俗（民90条）や不法行為（民709条）という枠組みを通じて差別に対する救済を認めることは可能であろう。裁判例においても、身体の性別とは異なる性自認に基づいた服装での出勤等を理由とする懲戒処分の有効性判断にあたり、その性自認に合わせた容姿での勤務を可能にする配慮の有無やこの勤務に対する職場の理解を求める取組み状況を考慮したものがある（S社事件・東京地決平14・6・20労判830号13頁）。

４　障害者差別の禁止

1 背景と位置づけ

障害者の一般就労としての雇用保障は、従来、事業主に従業員の一定割合の障害者の雇用を義務付ける雇用割当制度（第４編第３章第１節）によって担われてきた。もっともこの制度は、採用された後の障害者の労働条件を規制するものではなく、障害者であることと関連する不利益取扱いは、判例法理を通じて限定的に規制されるにとどまっていた（阪神バス（勤務配置）事件・神戸地裁尼崎支決平24・４・９労判1054号38頁等）。そこで障害者権利条約の批准準備の一環として、2014（平16）年に障害者雇用促進法（以下「促進法」という）が改正され、同法に障害者に対する直接差別の禁止、合理的配慮提供義務の定めが置かれ、司法救済の幅が広げられた。この定めは、その他の領域における障害者差別禁止を定める障害者差別解消法に対する特例としての位置にある（障害差別解消13条）。

2 障害者差別禁止の特徴

差別禁止法は、一般に差別事由ではなく個人に着目した取扱いを行うことを求める。しかし障害者差別の禁止においては、同様に障害という属性を無視して同一の取扱いをするとかえって障害者の排除が生じることがある。

この特徴に対応するため、促進法の障害者差別禁止は、障害者に対する差別は禁止するが、非障害者に対する差別は禁止せず、障害者を有利に扱うことを認める（片面的差別禁止）。有利な扱いも差別事由に基づいて取扱いを区別する点では変わらず、結果的に差別を助長するおそれがある。促進法は、このおそれよりも障害に着目して有利取扱いを認める必要性を重く見ているといえる。

この特徴を背景に、非障害者には行わない措置や取扱いを障害者に一定程度講じることが、サービス提供者や雇用主に義務付けられている（合理的配慮）。これは、障害者が非障害者を基準に構築された取り決めや社会制度等から構造的に不利益を被っている実態に着目し、障害者のみを対象とする措置を講じることで初めてこの実態を改善、障害者・非障害者の平等が実現されるという観点に基づくものである。

3 直接差別の禁止

事業主は、労働者の募集および採用について、障害者に対して、障害者でない者と均等な機会を与えなければならない（障害雇用34条）。また、賃金の決定、教育訓練の実施、福利厚生施設の利用その他の待遇について、労働者が障害者であることを理由として、障害者でない者と不当な差別的取扱いをしてはならない（障害雇用35条）。これらの定めは、労働契約関係の有無を反映して表現が異なるにすぎず、差別禁止を主旨とする点は変わらない。片面的差別禁止である点を除けば、差別禁止の構造は、均等法の直接差別の禁止のそれと同じである（禁止される取扱いの具体例については「障害者差別禁止指針」（厚労省）参照）。

4 合理的配慮提供義務

事業主は、労働者の募集および採用について、障害者と非障害者との均等な機会の確保の支障となっている事情を改善するため、労働者の募集および採用にあたり障害者からの申出により当該障害者の障害の特性に配慮した必要な措置を講じなければならない（障害雇用36条の2）。また、採用後は、障害者である労働者について、障害者でない労働者との均等な待遇の確保または障害者である労働者の有する能力の有効な発揮の支障となっている事情を改善するため、その雇用する障害者である労働者の障害の特性に配慮した職務の円滑な遂行に必要な施設の整備、援助を行う者の配置その他の必要な措置を講じなければならない（障害雇用36条の3）。ただし、いずれの場合も、こうした措置を講じることが事業主に対して過重な負担を及ぼすこととなるときは、この限りではない。

合理的配慮の提供義務には、車いすの利用者に合わせて建物にスロープやエレベーターを設置することのように建物や設備に調整を加えることや、視覚障害者に文書読み上げソフトや点字を用いて情報を提供することのように必要な装備や用具を調えること、施設内の移動の補助員や手話通訳者を用意することのような人的なサポートを準備することなどが含まれる（さらなる具体例について「合理的配慮指針」「合理的配慮指針事例集」（いずれも厚労省）参照）。

5 実効性確保

事業主は、障害者である労働者から、差別禁止や合理的配慮提供義務に関する苦情の申出を受けたときは、苦情処理機関に処理を委ねる等により、自主的解決を図る努力義務を負う（障害雇用74条の４）。

また促進法は、行政による紛争解決の手段として、①都道府県労働局長による助言・指導・勧告と②都道府県労働局長の指示を受けて行われる紛争調整委員会による調停を用意する。この紛争解決援助制度は、個別労働関係紛争解決促進法の特例として位置づけられる（障害雇用74条の５、74条の８）。

第３節　ハラスメントの禁止

1　問題性と類型

ハラスメントとは、仕事を与えない・過剰に与える、仲間はずれにする、侮辱的な言葉を投げかけるなど、労働者の人格を侵害する言動を意味する。ハラスメントに該当する行為は労働組合員に対する不利益取扱いなどの形で古くから存在していた。しかし、この行為がハラスメントという言葉で改めて理解されるようになったのは、女性が男性中心の雇用社会に進出する過程で顕在化したセクシュアル・ハラスメント（セクハラ）について、これが性的人格自体を侵害する行為であることが認識されるようになった頃からである。

その後、企業間競争の激化や職場のコミュニケーションの希薄化などの影響を受けて、職務上の地位や権限を利用した人格攻撃がパワー・ハラスメント（パワハラ）として問題視されるようになった。ハラスメントという言葉は、以上のほかにも、ジェンダー・ハラスメント、モラル・ハラスメント（モラハラ）、マタニティー・ハラスメント（マタハラ）、パタニティー・ハラスメント（パタハラ）など、様々な文脈や意味で用いられ、問題を認識、提起する手段になっている。

ハラスメントを包括的に規制する法律は存在せず、違法性を審査する基準としてのハラスメントの法的定義はなされていない。そのためハラスメントが賃金引き下げや降格など労働条件に関する不利益取扱いに該当する場合にはそれぞれの処遇の適法性を判断する枠組みを用いて、これに該当しない場合や不利益取扱いに人格権の侵害が伴う場合には人格権などを被侵害利益とした不法行為責任の有無等という形でその適法性が争われてきた。

ここでは議論の蓄積のあるセクハラと、近年注目を集めるパワハラについて概説する。

2　セクシュアル・ハラスメント

1　セクハラ防止措置義務

セクハラは、相手方の意に反する性的な言動を意味し、性的な言動に対する労働者の対応により当該労働者が労働条件について不利益を被るタイプ（対価型）と、性的な言動により労働者の就労環境が悪化させられるタイプ（環境型）に分類することができる。女性の社会進出が進む中で社会問題として認識されるようになり、均等法がこれを防止するために必要な雇用管理上の配慮をする義務を事業主に課し（1997（平9）年）、後に男性に対するセクハラも含め、措置義務へと強化された（2006（平18）年、雇均11条1項）。また、2016（平28）年には、妊娠・出産等に関するハラスメントの防止措置義務が明文化された（同11条の2）。

措置義務の内容は、「事業主が職場における性的な言動に起因する問題に関して雇用管理上講ずべき措置についての指針」（平18・10・11労告615号）に具体化されている。指針は、大きく、①事業主の方針の明確化およびその周知・啓発、②相談に応じ、適切に対応するために必要な体制の整備、③セクハラに係る事後の迅速かつ適切な対応を掲げ、それぞれについてより具体的な措置の内容を規定する。この措置義務は、行政との関係において課される公法上の義務であり、労働者が使用者にこれらの措置を講じることを請求する権利を認めたものではないが、これらの義務の履行状況は、使用者の民事責任を検討する際の考慮要素となりうる。

2 セクハラの民事責任

セクハラが、被害者に不快感を与えるにとどまらず客観的に違法性を帯びた場合、その行為者は法的責任を負う。強制わいせつや強姦等の刑事責任を負う場合や、被害者の人格的利益や良好な労働環境で働く利益、平等に処遇される利益等を侵害したこと等を理由として不法行為責任（民709条）を構成する場合がある。

不法行為に該当するセクハラが「事業の執行について」（民715条１項）行われた場合、使用者は当該セクハラについて使用者責任を負う。均等法上のセクハラ防止措置義務の十分な実施は、使用者責任の免責（同項但書）を基礎づける事実となり得るが、裁判例は一般に免責を認めない。

また、使用者自身が、労働者が働きやすい環境を保つよう配慮する等の義務を負い、この義務を果たしていないことを理由に法的責任を負う場合もある。意に反する退職がなされないような環境整備をする義務（京都セクハラ（呉服販売）事件・京都地判平９・４・17労判716号49頁）や迅速な事実関係の調査義務、加害者の処分義務、被害再発防止義務（仙台セクハラ（自動車販売会社）事件・仙台地判平13・３・26労判808号13頁）など、この義務の具体的内容は様々である。法的構成については、不法行為上の注意義務として不法行為責任を問うもの（福岡セクハラ事件（福岡地判平４・４・16労判607号６頁）等）と、労働契約上の付随義務として債務不履行責任（民415条）を問うもの（三重セクハラ事件（津地裁平９・11・５労判729号54頁）等）がある。

3　パワー・ハラスメント

1 パワハラ防止措置義務

労働施策総合推進法は、同法が規制するパワハラを、職場において行われる優越的な関係を背景とした言動であり、業務上必要かつ相当な範囲を超えたものと定義する（30条の２）。具体的には、暴行や傷害などの身体的な攻撃や強迫や名誉毀損などの精神的な攻撃、隔離や仲間外しなどの人間関係からの切り離し、業務上明らかに不要なことや遂行不可能なことを強制するなどの過大な要求、業務上の合理性なく、能力や経験とかけ離れた程度の低い仕事を命じることなどの過少な要求、私的なことに過度に立ち入るなどの個の侵害などの行為等が含まれる。均等法のセクハラの定義にはない業務上の必要性等への言及があるのは、パワハラが業務命令に付随して行われることが多いことを反映したものである。また、パワハラは同僚・部下など被害者に対して必ずしも優越的な地位にない者によって行われることもあるが、前記の定義は、この種のパワハラを行うことについて法的責任が生じないことを意味するものではない。

事業主は、パワハラによって労働者の就業環境が害されることのないように、当該労働者からの相談に応じ、適切に対応するために必要な体制の整備その他の雇用管理上必要な措置を講じなければならない（労働施策推進30条の２第１項）。労働者がこの相談を行ったことや、この事業主による当該相談への対応に協力した際に事実を述べたことを理由として、当該労働者に対して解雇その他不利益な取扱いをしてはならない（同第２項）。

この義務が行政との関係において課される公法上の義務であること、この義務の履行状況は使用者の民事責任を検討する際の考慮要素になること等、その仕組みは均等法のそれとおおむね同じである。

2 パワハラの民事責任

パワハラに対する民事上の救済は、労働者の人格権ないし人格的利益の侵害を理由とする不法行為責任（民709条）やこれに関する使用者責任（民715条）等の追求を通じて行われる。パワハラの結果、労働者の身体健康が侵害されうる場合には、安全配慮義務違反を理由とする債務不履行責任が争われることもある（川崎市水道局事件・東京高判平15・３・25労判849号87頁）し、事業主に対して職場環境を適切に整える義務を果たさなかったことについて債務不履行を理由とする損害賠償責任が問われることもある（エフピコ事件・水戸地裁下妻支判平11・６・15労判763号７頁）。

セクハラに対するパワハラの特徴の一つは、労働者に対する指揮命令の過程で発生することが多いことである。使用者が業務遂行にあたり労働者に対して強く指示する必要がある場面があることは否めない。しかし、加害者との人間関係、当該行為の動機・目的、時間・場所、態様等を総合考慮し、上司等が、職務を遂行する過程において、部下に対して、職務上の地位・権限を逸脱・濫用し、社会通念に照らし客観的な見地からみて、通常人が許容し得る範囲を著しく超えるような有形・無形の圧力を加えた場合には、人格権の侵害を理由とする不法行為が成立する（ザ・ウィンザー・ホテルズインターナショナル（自然退職）事件・東京高判平25・２・27労判1072号５頁）。仕事上のミスをとがめる場合でもその表現は適切なものである必要があるし（U 銀行事件・岡山地判平24・４・19労判1051号28頁）、教育訓練を意図していたとしても就業規則の全文の書き写しといった方法は合理性が無いと評価されることが多いだろう（JR 東日本（本荘保線区）事件・最二小判平８・２・23労判690号12頁）。

パワハラが心理的負荷となり、これにより労働者が精神疾患を発症する例もある。長時間労働と「給料分の仕事をしていない」等の言動が相まってうつ病の発症と自殺を発生させた例（公立八鹿病院組合ほか事件・鳥取地米子支判平26・５・26労判1099号５頁）や「辞めた方がみなのためになるんじゃないか」「死んでしまえ」等による言動が自殺を導いた例（X 産業事件・福井地判平26・11・28労判1110号34頁）がある（いずれも不法行為責任を肯定）。

第７章
有期雇用・パートタイム労働と派遣労働

第１節　有期雇用

1　契約期間中の解雇

有期労働契約の期間途中の解雇は、やむを得ない事由がある場合でなければできない（民628条、労契17条１項）。少なくとも、労契17条は強行法規であると解されている。

労契17条１項および民628条の「やむを得ない事由」は、労契16条の「客観的に合理的な理由を欠き、社会通念上相当であると認められない場合」よりも使用者側にとって厳格に解釈される。

2　無期転換制度

1　無期転換制度の意義

無期転換制度（労契18条）は、雇用が不安定とされる有期労働契約から、比較的雇用が安定している無期労働契約への転換を図ることによって、有期雇用労働者を保護することを目的とした制度である。2012（平24）年改正労契法によって新たに導入された。

2　無期転換申込権とみなし承諾

無期転換制度では、①法所定の要件に該当する有期雇用労働者に無期転換権が発生し、②有期雇用労働者がこの無期転換申込権を行使することによって、③使用者その申込を承諾したものとみなされて、④無期労働契約に転換する。このような制度になった理由は、合意原則を基調とする労契法の全体的構造に合わせたからである。

なお、定年後に継続雇用されている一定の労働者については、無期転換制度は適用されない（有期雇用特別措置法）。

3 要件と効果

(1) 要　件

無期転換申込権は、①同一の使用者との間で１回以上の有期労働契約の更新しており、かつ、②通算した契約期間が５年を超えた場合に発生する（図表１）。なお、通算契約期間の要件は、大学などの研究者については大学教員任期法により、また、一定の高度専門職については有期雇用特別措置法により10年となる。

更新前後の労働契約は連続していなくても構わない。ただし、この契約期間の通算には「クーリング期間」が設けられており、原則６か月以上の空白期間があると契約期間は通算されなくなる（労契18条２項、図表２参照）。

無期転換申込権は、権利が発生した有期労働契約の期間満了前に行使をしなければ失効する。失効したとしても、その後に有期労働契約が更新されれば、新たに無期転換申込権が発生する。

(2) 効　果

労働者が無期転換申込権を行使すると、申込に係る有期労働契約の期間が満了した翌日に無期労働契約に転換する。転換後の労働条件は、契約期間を除き、原則として転換前のものが引き継がれる。ただし、就業規則等において、無期転換後の労働条件について別段の定めをすることは妨げられない。なお、別段の定めによって転換前の労働条件を低下させることができるのかについては争いがある。しかし、このような定めは無期転換申込権の行使に対する抑止効果が大きいことから、否定的に解されるべきである。

4 無期転換制度の適用を免れようとする動き

使用者の中には、無期労働契約に転換すると容易に雇用調整ができないのではないかとの懸念があるようだ。そのため、一部の使用者の中には無期転

図表1　無期転換の例

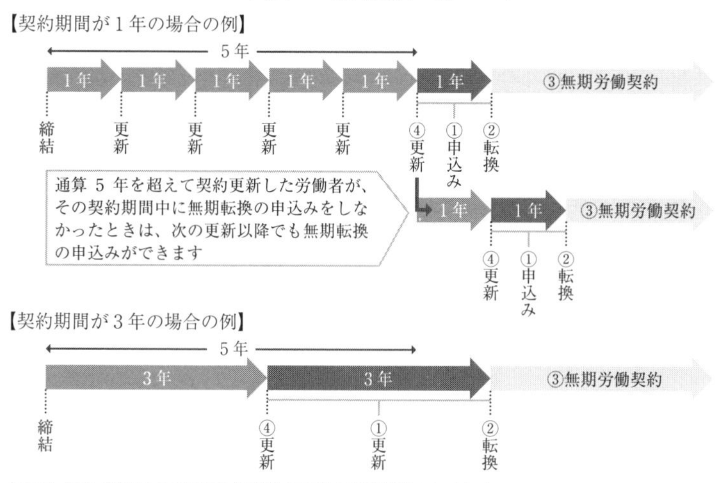

（出典）厚生労働省「有期契約労働者の円滑な無期転換のために」

図表2　無期転換のクーリングの例

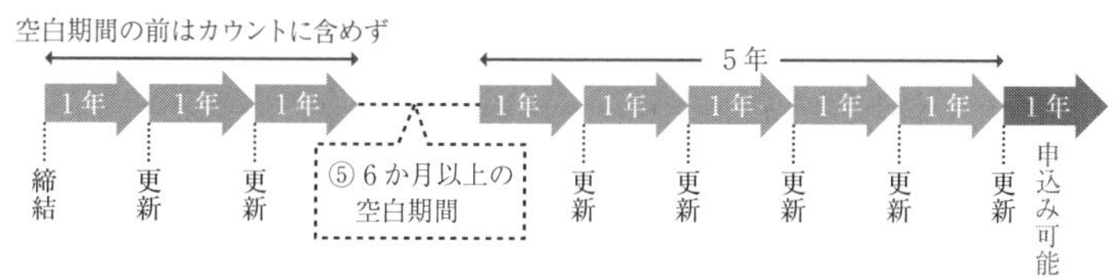

（出典）厚生労働省「有期契約労働者の円滑な無期転換のために」

換を阻止しようとする動きも見られる。

まず、無期転換申込権を行使しないことを条件に労働契約を更新するといった、事前の権利放棄は無効とすることに異論はない（平24・8・10基発0810第2号）。一方、権利発生後の事後的な放棄の合意については、これを有効とする見解もある。しかし、事後的な放棄の合意といえども、契約上の地位という重要な事柄に関する権利放棄を認めることに変わりはない。したがって、事後的な権利の放棄に関する合意も無効とすべきである。

無期転換申込権が発生する前になされる雇止めはどう考えられようか。この場合にも、当然雇止め法理（後述）が適用される。そして、労契19条が適用される要件を充足していることが前提となるが、無期転換申込権の発生回避以外に雇止めの理由がない場合には、当該雇止めの効力は生じない。なお、無期転換制度の施行は2013年４月であったため、多くの有期雇用労働者に無期転換申込権が発生する直前の2018年４月より前に多くの雇止めがなされたことが報道されている。

有期契約労働者との合意や就業規則の制定・変更によって、有期労働契約の更新に上限を設ける、いわゆる不更新条項による雇止めについては、後述の不更新条項を参照されたい。

3　有期労働契約の更新

1　有期労働契約の更新に関する配慮

有期労働契約は、本来、一時的・臨時的な必要性に基づいて利用されるべきである。長期に雇用する意思があるのに、使用者が不必要に有期労働契約を反復更新することは、その実態に反して労働者の雇用が不安定になるからである。

労契法は、この点に配慮した規定（17条２項）を設け、使用者に対して必要以上に有期労働契約を反復更新することがないよう求めている。しかし、その文言からも、この規定は配慮義務を定めたにすぎず、その効力は限定的といえよう。ただし私見は、雇止め法理の適用の際に考慮される事情となると考えている。

2　雇止め法理

⑴　雇止めとは

雇止めは、使用者が有期労働契約を更新せず、期間の満了によって労働契約関係を終了させることをいう。雇止めは、法形式的には労働契約期間の満了である。したがって、更新について使用者と労働者との間に合意がない限り、労働契約は当然に失効するというのが建前である。しかし、長期にわたって反復更新された後になされる雇止めは、実質的には解雇と同様の効果を持つといえよう。

(2) 雇止め法理の確立

この雇止めについては、判例の蓄積によって救済される余地が認められてきた。その端緒となったのが、東芝柳町工場事件・最一小判昭49・7・22民集28巻5号927頁である。最高裁は、①長期間継続雇用され、②会社によって長期継続雇用を期待させるような言動がなされ、③2か月の有期雇用を5回ないし23回にわたって更新を重ねていた臨時工の雇止めの是非が争われた事案につき、期間の定めのない契約と実質的に異ならない状態で存在していたという事実を重視し、解雇権濫用法理を類推して解決を図った。

その後最高裁は、2か月契約が5回更新された後に雇止めされた事案においても、「雇用関係はある程度の継続が期待されていた」ことに着目して、解雇権濫用法理の類推が認められる範囲を拡大させた（日立メディコ事件・最一小判昭61・12・4労判486号6頁）。

このように、雇止めであっても、①実質的に期間の定めのない契約と異ならない場合、あるいは、②雇用の継続に合理的な期待が生じている場合には、解雇権濫用法理を類推して解決を図るという判例法理が確立したのである。これを雇止め法理という。

(3) 雇止め法理の法定化

雇止め法理は、2012年改正労契法によって明文化された（労契19条）。

ただし、労契19条の規定の仕方はやや複雑である。たとえば雇止めを、労働者が当該有期労働契約の更新の申込みをしたか、または、当該契約期間の満了後遅滞なく有期労働契約の締結の申込みをしたことに対する、使用者の拒絶と位置づけている。このような定義とした理由は、合意原則を基調とする労契法の構造に過度に適合させたことによる。このため、雇止め法理の根拠とされる判例と労契法19条の文言との間には、無視できない相違が生じている。労契19条の文言の解釈によっては、雇止め法理が変容されかねない。この点、「（労契）法第19条は、……雇止めに関する判例法理（いわゆる雇止め法理）の内容や適用範囲を変更することなく規定したもの」（平24・8・10基発0810第2号）であることを、あらためて想起する必要があろう。

なお、同条1号は東芝柳町工場事件を、2号は日立メディコ事件を明文化したものとされている。

⑷　労契法19条１号・２号該当性の具体的判断基準

雇止め法理が適用されるためには、労契19条１号・２号に該当する事情があることが必要となる。しかし、どのような事情があれば、１号・２号に該当すると判断されるのかについては、労契法には具体的基準が示されていない。この点はなお解釈に委ねられているといえよう。

この点、これまでの判例や裁判例では、更新回数、通算勤続年数、職務の継続性、更新を期待させる使用者の言動（「ずっと働いてもらう」等）、更新手続き（会社に印章を預けていて、それを庶務係が押印している等）、これまでの実績（同種の労働者は雇止めされたことがない等）が総合考慮されている。これらの要素の中でも、更新回数や通算勤続年数は重要な要素である。

一方で、更新がなされた実績がない場合でも、その他の事情により合理的期待が生じていると認められる場合には、雇止めが否定されることもある（たとえば、龍神タクシー事件・大阪高判平３・１・16労判581号36頁）。更新回数や通算勤続年数は、絶対的な要素ではない。

なお、有期労働契約を更新する場合の基準（更新の有無や更新の判断基準等）は、労働契約締結時の書面明示事項となっている（労基15条、労基則５条１項）。これに従って明示された事項も労契19条１号・２号該当性を判断する大きな要素となる。

⑸　合理的差異論

日立メディコ事件最高裁判決は、事実上の整理解雇の事案であった。判決は、本工（正社員）に対する希望退職募集を行わずになされた有期の臨時員に対する雇止めを有効としている。その理由として、「雇止めの効力を判断すべき基準は、いわゆる終身雇用の期待の下に期間の定めのない労働契約を締結しているいわゆる本工を解雇する場合とはおのずから合理的な差異がある」ことを理由として挙げる。このような考え方は、合理的差異論ともいわれている。

しかし、学説はこの合理的差異論に批判的である。そもそも雇止め法理は、解雇権濫用法理の類推によって雇用が不安定な有期雇用労働者の保護を指向するもののはずである。一方で、この合理的差異論は、正規雇用と非正規雇用との間に雇用保障の差異があることを正面から認める理屈といえよう。両者の考え方は、矛盾している。三洋電機事件・大阪地判平３・10・22労判595号９頁は、強い雇用継続への期待が存在していた労働者に対する雇止めにつき、この合理的差異論の援用に否定的であるが、妥当な判断である。

(6) 法的効果

労契19条１号・２号に該当する雇止めが、客観的に合理的な理由を欠き、社会通念上相当であると認められないとされた場合は、「使用者は、従前の有期労働契約の内容である労働条件と同一の労働条件で当該申込みを承諾したものとみな」される。すなわち、労働契約が更新されたのと同様の法律関係となる。

3 不更新条項

就業規則や労働契約において、「雇用は、更新しても最長５年間まで」というように、有期労働契約の更新上限が定められることがある。これを不更新条項などという。

この不更新条項自体をただちに無効とするのは困難であろう。労働者がその存在を十分認識した上で不更新条項が付された労働契約を締結している場合にまで、それを無意味とする理由はないからである。

とはいえ、更新上限の到達によって当然に雇用継続の期待が失われるわけではない。当初の労働契約締結時から就業規則等で不更新条項があった場合でも、雇止め法理は適用されるからである。たとえば、更新上限を超えた雇用継続を期待させる使用者の言動があった場合には、不更新条項を根拠とした雇止めは、その効力が否定されることがある（カンタス航空事件・東京高判平13・６・27労判810号21頁）。

契約更新時に不更新条項を新たに設けるという合意については、慎重に検討する必要があろう。雇用の喪失を恐れる労働者は、使用者による提案に附従的に締結せざるを得ない立場に置かれているからである。少なくとも、使用者による一方的な説明会の実施だけでは不十分である。

就業規則を改定して更新上限を設けた場合は、労働条件の不利益変更にあたり、労契法10条の問題となる。そして、無期転換制度の潜脱を目的とした不利益変更には合理性はないと考えるべきである。この点、契約の更新は満50歳を最終回とする50歳不更新制度の導入に伴い雇止めされた塾講師の事案では、50歳を超えると質の高い授業ができなくなるなどの事情は一般的に存在していないとして、その合理性が否定されている（市進事件・東京高判平27・12・3労判1134号5頁）。

4　不合理な労働条件の禁止

2012年改正労契法によって、不合理な労働条件の禁止（旧労契20条）が新設された。この規定は、2020年4月施行のパートタイム・有期雇用労働法に発展的に解消されたことから、後述のパートタイム労働・有期雇用労働の「均衡・均等処遇」の項で扱う。

なお、短時有期8条・9条の施行は、中小企業に限り2021年4月である。それまでは、労契20条が適用される。

第2節　パートタイム労働者と有期雇用労働者（パートタイム・有期雇用労働法）

1　パートタイム労働法からパートタイム・有期雇用労働法へ

2018年の働き方改革関連法によって、パートタイム労働法が改正され、パートタイム・有期雇用労働法（以下、短時有期法）となった。これに伴い、短時有期法化後は、パート労働者だけではなく有期雇用労働者にも適用が拡大されている。ここでは、「パートタイム労働者と有期雇用労働者」として、2019（令2）年4月施行の短時有期法の内容を中心に説明する。

2　均衡・均等処遇

1　短時有期法の意義

短時有期法の最も重要な点は、均衡・均等処遇規定にある。有期雇用労働者の保護を目的とした2012（平24）年の労契法の改正では、旧労契20条の新設によって、正規・非正規間の労働条件相違の解消に関する問題を大きく進展させた。短時有期法の均衡・均等処遇は、この旧労契20条と密接に関連する。

2 均衡処遇規定―短時有期８条

⑴ 短時有期法と旧労契20条との関連性

短時有期８条は、基本給、賞与その他の待遇のそれぞれについて、通常の労働者との間に不合理と認められる相違を設けてはならないと規定している。この不合理性は、①労働者の業務の内容及び当該業務に伴う責任の程度、②職務の内容及び配置の変更の範囲、③その他の事情のうち、当該待遇の性質及び当該待遇を行う目的に照らして適切と認められるものを考慮しながら判断される。

この規定の解釈にあたっては、文言の類似性や短時有期法化に至る立法過程からも、旧労契20条の解釈が参照される。

⑵ 旧労契20条に関する最高裁二判決

旧労契20条に関しては、２つの最高裁判例が重要である。ハマキョウレックス事件・最二小判平30・６・１労判1179号20頁では、職務内容は同じであるものの、配置の変更の範囲に違いがある正社員と契約社員ドライバー間の諸手当の労働条件相違が争われた。

判決は、旧労契20条を有期雇用労働者の公正な処遇を図るための規定であるとした。また、職務の内容等の違いに応じた均衡のとれた処遇を求める規定であるともしている。

問題は、具体的な不合理性の判断である。判決は、結論として、住宅手当以外の諸手当の相違を不合理と判断した。ここでは、本判決がそのような結論を導いた理由が重要である。たとえば、原審で不合理な相違とされなかった皆勤手当について、これを皆勤を奨励する趣旨で支給されるものと解しつつ、出勤する者を確保することの必要性については、職務内容が同じ契約社員と正社員の間に差異が生ずるものではない判示したのである。誤解を恐れずにあえていえば、ハマキョウレックス事件最高判決は、前提条件が同じであれば同じく処遇することを求めたといえるのである。

正社員と定年再雇用後の有期雇用労働者との間の処遇格差が争われたのが長澤運輸事件・最二小判平30・6・1労判1179号34頁である。また本件は、両者間の職務内容や配置の変更の範囲はまったく同一のドライバー間の労働条件相違が問題となった事案でもある。長澤運輸事件の最高裁判決は、「その他の事情」の判断に注目すべきである。最高裁は、定年再雇用後の有期雇用労働者にも旧労契20条が適用されるとしつつも、定年再雇用という事情を「その他の事情」で考慮して、多くの労働条件相違の不合理性を否定したのであった。

また、「その他の事情」に老齢厚生年金の報酬比例部分の支給といった社会保障制度の存在を考慮した点も特筆される。しかし、労働条件という労働契約の問題について、社会保障制度という企業外部の事情を考慮して判断したことに対しては批判がある。

3　均等処遇規定―短時有期9条

短時有期9条は、基本的には「正社員と同視すべきパート労働者」の差別的取扱いの禁止規定を維持しつつ、これの適用を有期契約労働者にも拡大した規定といえる。

問題は、長澤運輸事件のようなケースに短時有期9条が適用されるかどうかである。学説には、定年後再雇用であることを理由とした待遇の相違であるから、「短時間・有期雇用労働者であることを理由」とした差別的取扱いではないとして、短時有期9条は長澤運輸事件のような場合には適用されないとするものがある。しかし、この場合の労働条件相違について、定年再雇用後の労働条件相違を、「有期契約労働者であることを理由」としたものか、それとも「定年再雇用後であることを理由」としたものかを排他的に明らかにすることはできないであろう。よって、短時有期9条不適用説は失当である。

4　均衡・均等処遇規定の課題

(1)　中核的労働条件の不合理性

短時有期8条の課題としては、基本給や賞与、退職金などの中核的労働条件の不合理性をどう判断するのかという点にあろう。旧労契20条に関する下級審判決の中には、すでに基本給、退職金、賞与といった中核的な労働条件の相違を不合理と判断したものがある。問題は、これらの不合理性判断の基準をどう普遍化するかである。

この点、短時有期法には有利な点がある。短時有期法は、パートタイム労働法の特徴を継承し、指針の策定や行政機関による指導等を通じたルールの浸透を図ることが可能である（指針の策定につき短時有期15条1項、事業主に対する厚生労働大臣の助言・指導・勧告につき短時有期18条1項）。とくに、いわゆる「同一労働同一賃金ガイドライン」（平30・12・28厚労告430号）は重要である。このガイドラインには、基本給や賞与といった個別の労働条件ごとに、不合理な労働条件の相違の解消に向けた原則的考え方が示され、さらに問題となる場合、問題とならない場合が例示されている。このガイドラインに基づく指導等によって、正規・非正規間の労働条件相違が是正されることを期待したい。

また、短時有期14条も、労働条件の相違の解消に寄与すると考えられる。なぜなら、労働者の求めに応じて、待遇差の内容や理由の説明義務が事業主に課せられるからである（2項）。なお、説明を求めた労働者に対する不利益取扱いは禁止されている（3項）。

⑵　比較対象者

労働条件相違の不合理性については、比較対象者の問題も重要である。短時有期8条・9条の比較対象者は、法文上は「通常の労働者」である（旧労契20条は、無期雇用労働者であった）。この「通常の労働者」について、厚生労働省は「正規型の労働者」と解している。しかし、「正規型の労働者」も多様である。パート・有期雇用労働者と職務内容等が近似している「通常の労働者」もいれば、それらがまったく異なる「通常の労働者」の場合もある。一般的には、前者と比較した方が、パート・有期雇用労働者にとって有利となろう。

この点、旧労契20条に関する裁判例では判断が分かれている。大阪医科薬科大学事件・大阪高判平31・2・15労判1199号5頁は正社員全体と比較すべきとする一方、メトロコマース事件・東京高判平31・2・20労判1198号5頁は、比較対象者は訴えを提起する労働者によって特定可能としている（判決は原告らと同じ売店業務にのみ従事している正社員との比較をした。）。いずれの事件も上告されており、最高裁がこの問題にどのような判断をするのかが注目される。

3　その他

1 事業主の義務等

前述のような均衡・均等処遇に関する規定のほか、事業主は賃金の決定、教育訓練の実施、福利厚生施設の利用に関して、均衡を考慮した措置努力義務、実施義務等が課せられている（短時有期10条〜12条）。

また、通常の労働者へ転換するための試験制度を設けるなど、通常の労働者への転換を推進するための措置義務も規定されている（短時有期13条）。

2 紛争の解決

事業主は、相談体制の整備が義務づけられている（短時有期15条）ほか、苦情に対する自主的な解決を図ることについて努力義務が課せられている（短時有期22条）。

また、短時有期法に関する紛争は、都道府県労働局に置かれている紛争調停委員会による調停の対象となる。

第3節　派遣労働

1　労働者供給事業の例外としての労働者派遣

1 労働者供給事業の禁止

労働者派遣のように、三者が関係する労務供給関係は、古くは江戸時代にも見られる。しかし、このような労務供給関係は、直接の労働関係以外の第三者が介在することから弊害も顕著であった。そこで、戦後になると労働関係の民主化のもとに、三者間労務供給関係は厳しく制限されることになった。1947（昭22）年に制定された職業安定法は、三者間の労務供給関係を「労働者供給」と定義し、これを事業として行うことを原則として禁止したのである（職安44条。労働組合等が行う無料の労働者供給は例外—同45条）。この原則は、現在でも維持されている。

2 労働者派遣法の制定

1980年代になると、ME化・OA化、経済構造の高度化の進展に伴って「派遣ビジネス」が台頭する。しかし、これら派遣的形態の事業は、法形式的には業務請負という形式で行われているものの、その実態は労働者供給事業に該当するものが多かったとされる。このような実態に対して、派遣的事業が果たしている役割を積極的に評価し、これを制度として確立すべきとする機運が高まる。一方、このような労働者派遣の解禁論に対しては、従来型の正規雇用を脅かすものであるとして労働者側からの強い反対があった。これら激論の末に制定されたのが労働者派遣法であり、「労働者派遣」は新たな労働力需給システムとして整備されたのであった。なお、新たに認められた労働者派遣は、労働者供給の例外と位置づけられている。

労働者派遣を認めるとしても、それには様々な懸念があった。たとえば、三者間の労務供給関係の中で、雇用上の責任を誰にどの程度負わすかという点は、派遣労働者の保護と密接に関係するだけに重要な論点である。詳細は後述するが、雇用関係は派遣元にあるとした上で、指揮命令と関係する労基法等の一部の規定を派遣先に適用することによってこの問題を解決している。

また、制定された労働者派遣法は、労働者側からの懸念に応える形で「常用代替の防止」の仕組み導入した。主なものとしては、派遣対象業務の限定や、派遣期間の制限がある。

2　労働者派遣の仕組み

1 労働者派遣の定義

労働者派遣は、例外的に認められているものであるから、他の三者間労務供給関係との区別が重要となる。労派遣2条は、労働者派遣を「自己の雇用

図表3　労働者派遣事業モデル

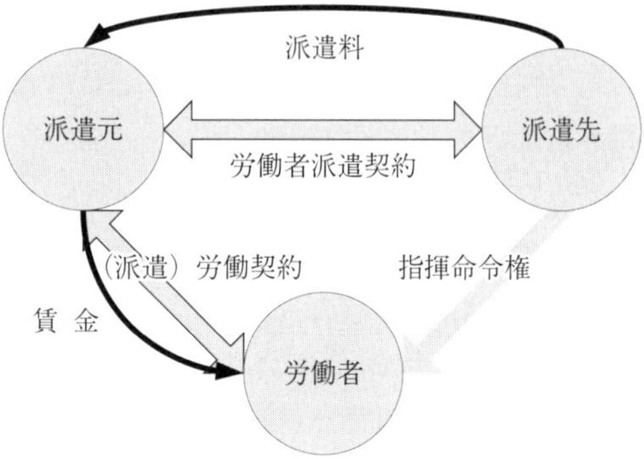

する労働者を、当該雇用関係の下に、かつ、他人の指揮命令を受けて、当該他人のために労働に従事させることをいい、当該他人に対し当該労働者を当該他人に雇用させることを約してするものを含まないもの」と定義している。一般的には、「自己の雇用する労働者を、当該雇用関係の下に」派遣する点で労働者供給と、「他人の指揮命令を受けて、当該他人のために労働に従事させる」点で請負と、「当該他人に対し当該労働者を当該他人に雇用させることを約してするもの」という点で出向と区別されていると解説されている。

労働者派遣については、図表3を参照した方がわかりやすいであろう。重要なのは、①派遣元と（派遣）労働者との間に労働契約関係があること、②派遣先は、派遣元との間に締結される労働者派遣契約を根拠に、（派遣）労働者を指揮命令できる、という点である。

2 派遣事業の規制

(1) 派遣元に対する規制

現在、派遣対象業務はネガティブリスト化されており、港湾・建設・警備業・政令で派遣労働者に従事させることが適当でないと認められる業務（医療関係業務、一部の「士業」）以外に制限はない（労派遣4条等）。派遣元が労働者派遣事業を行う場合は厚生労働大臣の許可を受けなければならない（同5条）。禁錮以上の刑に処せられた者など許可の欠格事由が定められている（同

６条)。許可を受けるためには、一定の許可基準を満たす必要がある（同７条１項)。とくに、特定の者に労働者派遣すること（専ら派遣）を目的としている場合には許可されない（同７条１項１号)。

派遣元は、争議行為が行われている事業所に労働者を派遣してはならない（労派遣24条、職安24条)。

派遣元は個人情報の目的外収集が禁止され、個人情報を適正に管理するために必要な措置を行わなければならない（労派遣24条の３)。また、派遣元の関係者は秘密の漏示が禁止されている（同24条の４)。派遣元には多くの（派遣）労働者の個人情報が蓄積されるがゆえの当然の規制である。

派遣元は、全体の派遣のうちグループ企業への派遣は８割以下にしなければならない（同23条２)。専ら派遣と同様、常用代替の防止のための規制である。また、派遣元は、マージン率（派遣労働者の賃金平均／派遣料金の平均）について関係者に情報提供しなければならない（同23条５項)。派遣元の手数料の割合を公表されることによって、派遣元の適正な事業運営を担保させることを目的とした規定である。

(2)　派遣先に対する規制

派遣先は、許可を受けた派遣元以外から（派遣）労働者を受け入れることが禁止されている（同24条の２)。また、原則として、派遣先を離職してから１年以内の者を（派遣）労働者として受け入れることが禁止されている（同40条の９)。これも、専ら派遣と同様の目的をもった規制である。

3　派遣労働者の保護

(1)　労働者派遣契約

労働者派遣は、派遣元と派遣先間の労働者派遣契約の締結に始まる。（派遣）労働者の保護にとっては、この労働者派遣契約で定められる条件の整備が重要となる。そこで派遣法は、労働者派遣契約で定められるべき事項を法定している（同26条１項)。具体的には、（派遣）労働者の人数、業務の内容、派遣場所、指揮命令者、派遣期間および就業日、就業時間、苦情処理などである。また、労働者派遣契約の中途解除は、（派遣）労働者の雇用の安定を阻害することから、雇用の安定に関する措置についても定める必要がある。

派遣先は派遣元に対して派遣可能期間を超えることとなる日（抵触日）を通知しなければならない（同26条４項）。抵触日の通知がなければ、派遣元は労働者派遣契約を締結できない（同26条５項）。これらは、派遣期間に関する規制（後述）を守らせるためのものである。

（派遣）労働者の均衡・均等規定の施行に伴い、派遣先に雇用されている比較対象労働者の賃金その他の待遇に関する情報の提供義務が派遣先に課せられている（同26条７項）。（派遣）労働者の均衡・均等処遇については後述する。

(2)　派遣可能期間

(a) 派遣期間の制限の根拠

常用代替の防止を実効ならしめるために、労働者派遣は原則として臨時的・一時的な労働力ニーズの需給調整システムと位置づけられている（たとえば労派遣25条）。労働者派遣の臨時的・一時的性格を担保させるため、派遣可能期間の制限は労働者派遣法の重要な規制の一つとなっている。

現在の派遣可能期間の制限は、①派遣先の事業所単位（同35条の２・40条の２）と②（派遣）労働者個人単位（同35条の３・40条の３）のそれぞれでなされている。

(b) 派遣先事業所単位の派遣可能期間

派遣先の事業所単位では３年を超えて（派遣）労働者を受け入れることはできない。これは、事業所単位ではじめて（派遣）労働者を受け入れた時からカウントされる。異なる派遣先から（派遣）労働者を受け入れていたとしても、最初の受入れから計算される。

この派遣先事業所単位の派遣期間制限には例外がある。すなわち、派遣先が、派遣先の過半数代表に意見聴取すれば、派遣可能期間を超えて（派遣）労働者を受け入れることが可能となるのである（同42条の２第３項）。しかし、重要な派遣可能期間の制限について、派遣先の労働者に対する「意見聴取」だけで緩和を認めることには疑問がある。派遣先の労働者らが派遣可能期間の延長について「反対」を表明しても、法的には派遣先は派遣可能期間を延長できるからである。常用代替の防止を担保させているとはいえないだろう。

なお、派遣終了と次の派遣開始の間の期間が３か月を超えないときは、労働者派遣は継続しているものとみなされる。

(c) 派遣労働者単位の派遣可能期間　個別の（派遣）労働者単位においても、派遣先は、同一の組織単位内に継続して３年を超えて受け入れることが禁止される。ただし、組織単位（厚生労働省は「課」単位としている）を超えて異動している場合は適用されないとされており、この制限も実態としては緩やかなものである。

事業所単位の制限と同様に、派遣終了と次の派遣開始の間の期間が３か月を超えないときは、労働者派遣は継続しているものとみなされる。

(d) 派遣期間制限の例外　いずれの派遣可能期間についても、下記の場合は例外となり派遣期間の制限を受けない。

① 派遣元事業主に無期雇用される（派遣）労働者を派遣する場合

② 60歳以上の（派遣）労働者を派遣する場合

③ 終期が明確な有期プロジェクト業務に（派遣）労働者を派遣する場合

④ 日数限定業務（１か月の勤務日数が通常の労働者の半分以下かつ10日以下であるもの）に（派遣）労働者を派遣する場合

⑤ 産前産後休業、育児休業、介護休業等を取得する労働者の業務に（派遣）労働者を派遣する場合

(e) 派遣可能期間を超えた派遣労働者の受け入れ　派遣先が、派遣可能期間を超えて（派遣）労働者を受け入れたときは、労働契約申込みみなし制度が適用される（後述）。

(3)　日雇派遣の原則禁止

日雇派遣やスポット派遣といわれるものは、以前は規制されていなかった。しかし、このような派遣に対しては、極度に不安定な雇用形態であることや労災も多発していたことなどから、批判が強かった。また、日雇派遣を主力としていた派遣会社が多数の法令違反を行っていたこともあって、現在では原則として禁止されている。具体的には、一定の例外（例外業務および例外者—60歳以上の高齢者や昼間部学生等）を除き、派遣元は日雇労働者（日々または30日以内の期間を定めて雇用する労働者）について労働者派遣を行ってはならないとされている。

(4) 労働者派遣契約の中途解除

(a) 法的規制

労働者派遣契約と、派遣元・(派遣) 労働者間の労働契約はそれぞれ別な契約であるが、密接に関係していることも事実である。とくに、派遣先によって労働者派遣契約が解除されると、派遣元が (派遣) 労働者を継続して雇用する利益が失われる。(派遣) 労働者の雇用を安定させるためには、労働者派遣契約の解除規制が重要となろう。

まず、派遣先は、(派遣) 労働者の国籍、信条、性別、社会的身分、(派遣) 労働者が正当な組合活動行ったこと等を理由として労働者派遣契約を解除してはならない (27条)。これは、一定の理由に基づく解雇を禁止している労基法等の規制に準じたものといえよう。

労派遣27条に規定されている理由以外での中途解除は規制されていない。しかし、それによって不利益を被るのは (派遣) 労働者と派遣元である。このため、労派遣29条の２は、派遣先に対して、派遣先の中途解除によって派遣元に支払い義務が生じる休業手当の費用負担を含め、(派遣) 労働者の雇用の安定を図るために必要な措置を講じるよう命じている。

(b) 派遣先による中途解除と派遣元の賃金支払い義務

派遣先による中途解除がなされても、派遣元は (派遣) 労働者に対する賃金支払い義務を免れられない場合が多い。この場合、派遣元が支払うべき賃金は全額か、それとも休業手当 (労基26条) に限られるのかについては争いがある。しかし、派遣元にとってこのような事態は当然に予想すべきことであり、また、中途解除の際の取扱いについても派遣元＝派遣先間で事前に取り決めるべきことになっていることから、民536条２項によって全額支払いが義務づけられると考えるべきであろう。

(5) 雇用安定化措置

2015 (平27) 年改正によって、派遣労働者の雇用安定に関する規制が強化された。派遣元は、同一の組織単位内に１年以上継続して派遣がなされる見込みの (派遣) 労働者 (「特定有期雇用派遣労働者」という) に対して、つぎの (１)～(４) のいずれかを実施する努力義務 (１年以上派遣見込み)、あるいは措置義務 (３年派遣見込み) が課せられている (労派遣30条)。

(１) 派遣先に対し、労働契約の申込みをすることを求めること

（２）派遣先の機会の確保とその提供

（３）（派遣）労働者派遣以外の無期雇用の確保とその提供

（４）その他安定した雇用の継続が確実に図られると認める措置

派遣先にも、一定の（派遣）労働者を雇用する努力義務が課せられている（同40条の４）。

⑹ 派遣労働者に対する段階的・体系的教育訓練

2015（平27）年改正は、（派遣）労働者の教育訓練機能を強化した。雇用安定化措置と相まって、労働者派遣が、正規雇用への架橋的機能を有することを明らかにしたものといえよう。

労派遣30条の２は、派遣元に対して、段階的かつ体系的な教育訓練の実施を義務づけている。また派遣先にも必要な措置を講じることを求めている（同40条２項）。

⑺ 派遣元責任者・派遣先責任者

派遣法は、派遣元と派遣先にそれぞれ責任者を選任することを義務づけて、労働者派遣の適正な運営を図っている。派遣元責任者（同36条）・派遣先責任者（同40条）は、それぞれ連絡調整するほか、（派遣）労働者の苦情処理などを担う。このほか、派遣先責任者は労働者派遣法等の内容を派遣先の指揮命令者等に周知する義務を負う。

⑻ 労基法等の適用関係

労働者派遣において労働契約上の使用者は派遣元である。したがって、使用者に適用される労働関係法規は、派遣元に適用されることになる。しかし、（派遣）労働者は実際には派遣先により指揮命令を受ける。指揮命令に関連する法令は、派遣元よりも派遣先に適用されるのが望ましい。そこで、一部の規定が読みかえ規定により派遣先に適用される。

労基法の均等待遇（労基３条）・強制労働の禁止（同５条）、徒弟の弊害除去（同69条）の規定は、派遣元・派遣先ともに適用される。公民権保障（同７条）・法定労働時間（同32条）等の労働時間規制には派遣先のみに適用される。

労安衛法等の安全衛生に関する法律も一部派遣先に適用される。均等法中の婚姻、妊娠、出産等を理由とする不利益取扱いの禁止規定（雇均10条）や、性的な言動に起因する問題に関する雇用管理上の措置規定（同11条）等は派遣先に適用される。

4 派遣労働者の均衡・均等処遇

⑴ 均衡・均等処遇規定新設の意義

働き方改革関連法によって、(派遣) 労働者の均衡・均等処遇規定が整備された。すなわち、短時有期８条・９条と同趣旨の規定が新設されたのである。具体的には、均衡処遇規定が労派遣30条の３第１項、均等処遇規定が労派遣30条の３第２項である。パート労働者や有期雇用労働者とは異なり、これまで派遣労働者の均衡・均等処遇規定は存在していなかった。この点、働き方改革関連法の意義は大きい。

しかし、パート労働者等とは異なり、(派遣) 労働者の均衡・均等処遇に関する議論はまったく蓄積されていない。労働条件相違の不合理判断等は、具体的にどのようになされるのかという重要な論点も含めて、今後の大きな課題である。

⑵ 均衡・均等処遇の義務者と比較対象者

まず、(派遣) 労働者に対して均衡・均等処遇を義務づけられるのは派遣元である。一方、その比較対象者は派遣先に雇用されている通常の労働者となる。このように、労働者派遣という性格を反映して、パート有期法とは比較対象者が異なるのである。

また、労働者派遣契約の締結時に比較対象者が事前に特定される点もパート有期法と異なる。なぜなら、派遣元は派遣先から情報提供を受けなければ、派遣元は (派遣) 労働者の均衡・均等処遇を図ることができないからである。

⑶ 労使協定方式の例外

(派遣) 労働者の均衡・均等処遇には重要な例外が設けられた。いわゆる「労使協定方式」による逸脱である。派遣元と、派遣元の過半数代表との間に労使協定が締結されれば、(派遣) 労働者の均衡・均等処遇規定は適用されず、労使協定で定める賃金額を支払えばよいこととなる。労使協定で定める賃金は、厚生労働省によって毎年通知される「同種の業務に従事する一般労働者の平均的な賃金の額」以上を定めなければならない。この厚生労働省による通知額は、職種ごとの賃金が、能力・経験地域別差をもとに算定される。労使協定方式では、「同種の業務に従事する一般労働者の平均的な賃金の額」が事実上の最低賃金となるのである。結局、この場合の（派遣）労働者の保護は、「一般労働者の平均的な賃金の額」次第ということになろう。

問題は、はたして労使協定によって（派遣）労働者の意思を反映できるのか、である。この労使協定の労働者側の締結当事者は、派遣元労働者の過半数代表である。これには、派遣会社の社員が含まれる。また、（派遣）労働者は通常派遣元で就労していない。さらには、登録状態の労働者は、この過半数の分母に含まれない。労使協定方式による逸脱を認めるとしても、公正に（派遣）労働者の意思を反映できる制度を整備すべきであろう。

5 労働契約申込みみなし制度

(1) 松下プラズマディスプレイ事件最高裁判決

かつての派遣法は、偽装請負のように派遣法の枠組みを逸脱した労働者派遣の利用について、十分なペナルティーを用意していなかった。とくに派遣先のそれは極めて貧弱であったといってよい。これに対して、派遣先の私法上の責任、具体的には派遣先との直接雇用を求めて裁判で争う事案が多発した。下級審裁判例で中には、派遣先と派遣労働者の黙示の労働契約関係の成立を認めるものも登場する。

これに対して最高裁（松下プラズマディスプレイ事件・最二小判平21・12・18民集63巻10号2754頁）は、つぎのように否定的に解した。すなわち、偽装請負の事案につき派遣法に違反するものであったとしつつ、「労働者派遣法の趣旨及びその取締法規としての性質、さらには派遣労働者を保護する必要性等にかんがみれば、仮に労働者派遣法に違反する労働者派遣が行われた場合においても、特段の事情のない限り、そのことだけによっては派遣労働者と派遣元との間の雇用契約が無効になることはない」とし、また、結論としても「雇用契約関係が黙示的に成立していたものと評価することはできない」と判断したのである。この判旨によれば、法の解釈によって黙示の労働契約関係の成立を認めることは困難であろう。ただし、「特段の事情」の成立を認め、黙示の労働契約関係の成立を認めた裁判例がある（マツダ事件・山口地判平25・

３・13労判1070号６頁）。

この問題については、2012（平24）年改正によって、一定の解決が図られた。それが、労働契約申込みみなし制度（同40条の６）である。

⑵　労働契約申込みなし制度の概要

労働契約申込みみなし制度は、違法派遣を受け入れた者に対するある種の民事的制裁として導入された。具体的には、下記の派遣法違反がある場合に、派遣先から（派遣）労働者に対して労働契約の申込みをしたものとみなされる。したがって、（派遣）労働者が直接雇用を欲すれば、「同意」したことになり、派遣先と（派遣）労働者との間で直接雇用関係が生じる。なお、直接雇用後の労働条件は、労働契約の期間も含めてそれ以前の派遣元との労働契約内容が踏襲される。

《労働契約申込みみなし制度が適用される場合》

・派遣禁止業務の業務での（派遣）労働者の受け入れ
・許可事業者以外からの（派遣）労働者の受け入れ
・派遣可能期間を超える期間の（派遣）労働者の受け入れ
・いわゆる偽装請負など

しかし、派遣先が上記各類型に該当することを「知らず、かつ、知らなかつたことにつき過失がなかったとき」は、例外的に申込みみなし制度が適用されない。しかし、派遣先責任者には、派遣法等の内容を指揮命令者に周知する義務が課せられているので、この「善意無過失」は容易に認定されるべきではない。また、偽装請負に関しては、「免れる目的」というある種の故意要件が設定されている。

派遣先が、国または地方公共団体の機関である場合は、採用その他の適切な措置義務にとどまる（同40条の７第１項）。

第3編
労使関係法

第１章
労働基本権の保障

第１節　労働基本権の意義

1　労働基本権の保障と法的効果

憲法28条は、「勤労者」（労働者）に、「団結する権利」（団結権）、「及び団体交渉その他の団体行動をする権利」（団体交渉権、団体行動権）を保障している。この労働三権は、労働基本権と呼ばれるが、団結権（広義）と総称されることもある。団体行動権は、通常、争議権（ストライキ権）を指すが、労働組合が組織的・団体的活動を行う権利（組合活動権）も、この団体行動権に含まれると解されている。

憲法28条は、憲法上の権利（国に対する国民・私人の権利）であるが、一般に、私人間（私人である労働者と使用者の労働契約関係）においても保障される（憲法の私人間効力論における直接適用説）と解されている。なお、憲法28条の労働基本権保障が民法90条の公序の内容を構成するとして、労働基本権は民法90条を媒介として労使関係において保障される（間接適用説）と説かれることもある。

労働基本権の保障は、法的には、労働三権を侵害する立法、行政措置・施策を違憲（無効、違法）とするだけでなく、労働三権の正当な行使に対する刑事罰則の適用（刑事責任）を否定し（刑事免責）、労使間における民事上の責任（債務不履行・契約責任、不法行為責任）を発生させない（民事免責）。また、使用者による、労働三権の正当な行使を理由とする解雇、その他の不利益取扱いの効力を否定する（不利益取扱いの禁止、不当労働行為制度による行政救済制度）。

これらの法的保護の意義、内容等、詳細については、後述する。

2　団結権と団体交渉権

団結権（狭義）は、労働者が労働組合を結成する、あるいは既存の労働組合に加入する権利である。また、個々の労働者が、労働組合の組織としての意思形成や集団的な組織活動に関与、参加する権利を含む。したがって、労働組合の視点からすれば、組合活動の権利（組合活動権）は、組合の日常的な維持・運営に係る活動については団結権保障によって基礎づけられ、組織としての団体的行動（争議行為、団体交渉以外の労使対抗的活動）は団体行動権の内容として保障されていると解される。

団体交渉権（以下、団交権という。）は、個々の労働者が使用者との間で労働条件について交渉する自由・権利（契約自由の原則）を労働者団体・労働組合との間にも保障するものである。団結権、団体行動権は、それぞれ独自の法的意義を有する権利であるが、団交権との関係でみれば、団結権は労働条件交渉の主体となる団体（労働組合）を結成し、これを維持・運営する自由・権利であるという意味で、団交権保障の基礎となる権利であり、団体行動権はこの団体（労働組合）の組織的・団体的活動の権利（組合活動権）、労働条件交渉における経済的圧力行使の自由・権利（争議権）であるという意味で、団体交渉の実効性を担保する権利ということができる。そこで、憲法28条の核心的権利は団体交渉権の保障であって、団結権保障はその前提であり、団体行動権（争議権）は団体交渉の行き詰まりを打開するための権利である、あるいは、争議権保障の基本的政策は団体交渉の容認ないし奨励である（団交権中心論）と説かれることがある。しかし、この団交権中心論が、例えば争議行為の正当性判断は、種々の争議行為の団体交渉機能性に着目してなされるべきとする議論であるのなら、それは、争議権保障の趣旨・意義、権利内容の規範性に係る議論を軽視するものであろう。

団交権は、憲法上、労働者団体（労働組合）が使用者との間で団体交渉を行うことを権利として保障するものであるから、使用者は、団体交渉に応じる法的な義務を負うと解される。しかし、団交権が、労使双方に具体的にいかなる権利と義務を付与、負担させるものであるかについては、後述するように、見解の対立がある。

3　団体行動権としての争議権（ストライキ権）

争議権がいかなる性格の権利であるのか、その権利的特性の理解については活発な議論が展開されてきた。当初、争議権は、労働者の生存権（憲25条）を確保するための手段的な意義を有する、いわゆる生存権的基本権として理解されてきた。しかし、最高裁が、労働基本権のこの手段的性格に着目して公務員の労働基本権制限法制を正当化した（たとえば、全農林警職法事件・最大判昭48・4・25刑集27巻4号547頁は、労働基本権は勤労者の経済的地位の向上のための手段として認められたものであって、それ自体が目的とされる絶対的なものではないから、勤労者を含めた国民全体の共同利益の見地からする制約を免れず、現行法上、この制約に見合う、生存権擁護のための代償措置としての法制度が整備されているので、国公法上の争議行為禁止は憲法28条に違反しない、と判示した。）ために、この最高裁の論理を克服すべく、争議権の自由権的側面を強調する見解が登場する。いわく、ストライキの自由は労働者の生存権実現のための唯一・不可欠の手段であり、基底的には、取引の自由の実質的具現であると同時に、いやな条件では働かないという人間の尊厳にも根ざす根源的自由にほかならない、あるいは、ストライキ権は弾圧からの自由にその本質があり、人間に根ざす権利であるから代償にしたしまない、と。

しかし、この自由権的基本権理解に対しては、その意義（手段的権利・代償措置論に対する批判）を認めつつ、ストライキの本質たる集団性が看過ないし過小評価されている、あるいは、ストライキ権は市民法上の個人主義的取引の自由を止揚した労働力の集団的取引の論理であり、すぐれて労働法的なものではないか、と批判された。また、労働基本権保障は、経済的諸条件決定過程への労働者の関与を保障しようとしたものであり、憲法13条に基礎をおく自己決定の理念に結びつく、また、労働基本権は生存権的基本権や社会権として位置づけられるよりは、むしろ拡大された自由権ないし特殊な形態の自由権的基本権として位置づけたほうがその実質的内容に適合している、と主張されている。しかし、これに対しては、憲法13条に依拠する「自己決定の理念」の法体系上の位置や性格に疑念が呈されており、争議権の法理念的な基礎はやはり生存権保障、「人たるに値する生存」「人間の尊厳にふさわしい生存」の保障、に求められるべきである、としたうえで、争議権は自由を本質的な要素とする権利であるが、市民的自由と同質的なものではなく、労働者の社会的地位や争議行為の実体に即した実質的、積極的な自由であり、そして集団的な自由である、と論評されている。これは、労働基本権保障に自由権の理念を読み込みつつ、労働基本権保障と生存権保障を架橋する論理であり、説得的である。

第２節　公務員の労働基本権の制限

前掲・全農林警職法事件・最高裁大法廷判決は、公務員についても労働基本権は保障されるが、「国民全体の共同利益の見地」から制約を免れないとして、非現業国家公務員の争議行為禁止の論拠を、①公務員の地位の特殊性と職務の公共性（憲15条）、②勤務条件法定主義・議会制民主主義（憲73条４号）、③市場の抑制力の欠如、④制限の代償措置としての人事院の設置に求めている。本判決は、官公労働者の争議行為禁止規定について合理的限定解釈論（争議行為の制限は合理性の認められる最小限度のものに限定）を採った全逓東京中郵事件・最大判昭41・10・26刑集20巻８号901頁、争議行為禁止規定違反に対する違法性評価について二重の絞り論を説いた都教組事件・最大判昭44・４・２刑集23巻５号305頁を斥け、官公労働者の争議行為を一律に全面禁止する現行法制を正当化したものである。この最高裁の立場に対して、多くの学説は批判的であり、勤務条件法定主義（憲73条４号）や財政民主主義（憲83条）を採用する憲法において、同時に、労働基本権が基本的人権として保障されている、その実質的意義を適切に考慮すべきことを強調している。

現行法上、団結権については、国公法は、警察職員、海上保安庁職員、監獄に勤務する職員につき、勤務条件交渉団体の結成（団結）を禁止し、罰則を科しており（国公108の２第５項・110条１項20号）、地公法は、警察職員と消防職員の団結を禁止する（地公52条５項）が、罰則は科していない。しかし、軍隊、警察を団結権保障の例外とするのは、各国に共通するが、消防職員の団結禁止には、説得的な根拠はない。上記を除けば、公務員は職員団体（登録制）を結成できる。

次に、団交権については、登録職員団体には交渉権は認められているが、団体協約（労働協約）を締結する権利は認められていない（国公108の5条2、地公55条2項）。また、交渉権の内容について制約を受ける（国公108の5条3～第7項、地公55条3項～7項）。

近時、相次いで実現した公共企業体等（旧三公社五現業）の民営化によって、官公労働者の労働基本権制限の法的正当性、現実的妥当性に係る社会的関心が低下している。しかし、公務の特殊性による一定の制約は否定できないにせよ（そもそも、争議権保障には一定の内在的限界がある）、官公労働者にとっても、勤務条件の維持・向上を図るためには、団体的活動、当局との団体交渉等が重要な意義を有することは言うまでもなかろう。官公労働者の労働基本権保障のあり方は、現在もなお、労働法上の重要課題であることを看過してはならない（なお、2011年に国家公務員制度関連4法案が閣議決定され、国家公務員の労働関係に関する法律案において、非現業国家公務員の労働基本権保障の制度的枠組の改編が提案されたが、結局、実現をみなかった）。

第2章　労使関係法の当事者

第1節　労働者

労組法上の労働者は、「職業の種類を問わず、賃金、給料その他これに準ずる収入によって生活する者」と定義されている（労組3条）。この定義は、労基法や労契法上の労働者（労基9条、労契2条1項）のそれとは異なり、「使用される」ことを要求せず、また、「賃金を支払われる者」にとどまらず「賃金…に準ずる収入によって生活する者」を含んでいる。労組法上の労働者が、労組法のルールを適用すべき者はいかなる者かという観点からの独自の概念であり、失業者も含むなど労基法や労契法上のそれよりもより広範な労務供給者を包摂しうることは概ね承認されている。

もっとも、労組法上の労働者が具体的にどこまでの労務供給者を含むかについてはなお議論が続いている。最高裁判所は、これまでのところ、事例判断を行うにとどまり、労組法上の労働者に関する一般論といえるものを示してはいないが、最近の3つの最高裁判例にみられる次の共通点は、最高裁判所の考え方を示すものと考えることができる。

第1に、労組法上の労働者概念に包摂される労務供給者が有する要素である。2つの判決は、当該労務供給者につき、①事業組織への組入れ、②契約内容の一方的決定、③報酬の労務対価性、④業務の依頼に応ずべき関係、⑤指揮監督下の労務提供や一定の時間的場所的拘束という5つの要素を有することに言及して労働者性を肯定し（新国立劇場運営財団事件・最三小判平23・4・12民集65巻3号943頁、INAX メンテナンス事件・最三小判平23・4・12労判1026号27頁）、残りの判決は、この5つの要素を当該労務供給者が有することを前提に、独立の事業者としての実態を備えていると認めるべき特段の事情がない限り、労組法上の労働者性を肯定すべきであると判示した（ビクターサービスエンジニアリング事件・最三小判平24・２・21民集66巻３号955頁）。それゆえ、最高裁は、①から⑤の要素に加え、⑥独立の事業者としての実態がないという６つの要素を有する労務供給者については、労組法上の労働者に含まれると考えている。

第２に、上記の要素の有無の判断にあたり、形式よりも実態に着目することである。３つの最高裁判決の各原審判決は、契約書の記載や法的義務の存否を重視して、上記④⑤の要素の存在を否定して労働者性を否定した。これに対し、最高裁の三判決は、当事者の認識や契約の運用実態に着目して、原審とは評価を変えてこれらの要素の存在をある程度緩やかに認め、労働者性を肯定している。

労組法上の労働者について判断を行う際の問題は、最高裁判決が言及した上記６つの要素をどのように考慮するのかである。最高裁判決の文章からは、これらの要素が求められる理由や、どの要素を重視すべきで、どの要素は補充的要素にとどまるといった相互関係は明らかではなく、学説では、理論的な観点から疑問や批判が提起されている。また、これらの要素を有する労務供給者が当然に有すると考えられる別の要素に着目してより広範囲の労務供給者を含む可能性も残されている。しかし、上記の３つの最高裁判例以後の労働委員会命令や裁判例において、労組法上の労働者性を６つの要素を用いて総合的かつ実質的に判断することが定着しつつある（ソクハイ事件・東京地判平24・11・15労判1079号128頁等）。最近では、フランチャイズ・チェーンに加盟し、コンビニエンスストアの店長等として自ら店舗運営業務にも従事している経営者が、チェーン運営会社に団体交渉を求めるにあたり、労組法上の労働者にあたるかが問題となり、県（都）労委がこれを認めて注目を集めた。しかし、中労委は、労組法上の労働者性を否定して初審命令を取り消しており、今後の動向が注目される（本編第７章第３節②「団体交渉拒否」参照）。

第２節　使用者

労組法には使用者の定義規定がないが、労組法上の使用者が個別的労働関係上の使用者とは異なる独自の概念であることは、一般に承認されている。労組法上の使用者は、労働組合との間で団交義務を負い、集団的労使関係の運営を担う主体である。救済命令という行政処分により集団的労使関係の構築を助成する不当労働行為制度は、契約責任を追及するものではないから、労組法上の使用者が必ず労働契約の当事者としての雇用主でなければならないわけではない。それゆえ、①労働者派遣や業務処理請負のようにある企業から他企業に出向いて業務に従事する労働者やこれを組織する労働組合との関係での派遣先（発注）企業や、②親子会社の関係にある２つの会社の子会社の方に雇用された労働者やこれを組織する労働組合との関係での親会社も、労組法上の使用者といえる可能性がある。

もっとも、労組法上の使用者の捉え方には、労働契約との関係において学説上大きな対立がある。一方では、不当労働行為制度上の独自の概念であることを重視して、労働契約とは別の視点から労組法上の使用者を捉える見解（支配力説）がある。この見解は、労組法上の使用者を労働関係に対して、不当労働行為制度の適用を必要とするほどの実質的な支配力ないし影響力を及ぼす地位にある者と広く捉える。他方で、労組法上の労働者を、労働契約との関係において捉える見解（労働契約基準説）も有力に主張されている。この見解は、集団的労使関係を基本的に労働契約関係を基盤として成立するものとし、労組法上の使用者を労働契約関係またはそれに近似ないし隣接する関係を基盤として成立する集団的労使関係の一方当事者とする。この見解も雇用主以外の主体を労組法上の使用者と認める可能性はあるものの、その範囲は支配力説よりも狭いものと考えられる。

最高裁判所も、労働契約上の雇用主以外の主体であっても、労組法上の使用者となりうることを認めている（朝日放送事件・最三小判平７・２・28民集49巻２号559頁）。すなわち、「雇用主から労働者の派遣を受けて自己の業務に従事させ、その労働者の基本的な労働条件等について、雇用主と部分的とはいえ同視できる程度に現実的かつ具体的に支配、決定することができる地位にある場合には、その限りにおいて、…『使用者』に当たる」と判示した上で、実際にも請負企業の労働者を受け入れて番組制作業務に従事させていた放送会社を使用者と判断した。この最高裁判決の位置づけは、学説においても一定していない。上記各説の立場から自らの立場に引き寄せた判決の理解が提示されるとともに、その射程も事案との関わりにおいて限定的に解するのか、労組法上の使用者についての判示部分を他の事案類型にも及ぶ事実上の先例規範と捉えるのかで違いが見られる。

しかし、その後の裁判例や命令例は、労働契約上の雇用主以外の主体を労組法上の使用者と認める場合をかなり限定的に解する立場をとりつつあるように見える。

第１に、労働者派遣における派遣先の使用者性に大きな限定が加えられた。原則として派遣先は使用者に該当せず、例外的に、労働者派遣法の枠組みを逸脱している場合や、労働者派遣法上一定の責任や義務のある事項についての団体交渉の場合は、派遣先に労組法の使用者性を認める余地があるとの枠組みが提示された（国・中労委（阪急交通社）事件・東京地判平25・12・５労判1091号14頁等）。

第２に、子会社の従業員の雇用や労働条件等に関する団体交渉につき、親会社の使用者性は否定される傾向にある。雇用主以外の主体の使用者性につき、賃金、労働時間等の労働契約の本質的要素をなす労働条件全般について雇用主と同視できる程度の支配、決定力を求め、それがないことを理由に親会社の使用者性が否定されている（高見澤電機製作所他２社事件・東京高判平24・10・30別冊中労時1440号47頁等）。

なお、不当労働行為法上の「使用者」の詳細については、本編第７章第２節 1 「不当労働行為の主体」を参照されたい。

第３章
労働組合

第１節　労働組合と資格審査

1　労働組合の法的基盤と機能

憲法28条は、労働者（勤労者）の労働基本権、すなわち団結権、団体交渉権および団体行動権（組合活動権、争議権）を保障している。労使の労働条件交渉において劣位の立場にある労働者が、交渉力を獲得、担保するために結成するのが労働組合であり、労働組合の法的基礎はこの団結権にある。憲法27条２項は、労働条件基準の法定を謳い、これに基づいて労基法や男女雇用機会均等法等が制定されているが、その労働条件基準は最低のものである。これを上回る労働条件を獲得するために、憲法28条は労働基本権を保障して、労使の自治的な労働条件交渉による労働条件形成を可能としている（労使自治）。

このように、労働組合は、法定基準を上回る労働条件形成の担い手であるが、現行法上、労働組合の結成は強制されておらず、また結成するための特段の法的手続き（例えば、届出、許可等）は不要である（自由設立主義）。また、労働組合が、法律上の利益（法的保護）を享受するに際して、組合員数の多寡は問題とならないので、企業内組合が一般的であるわが国においては、企業内に複数の組合が組織され、併存している場合は珍しくない（競争的組合主義）。組合を結成するか否か、どのような労働組合を結成するかは、労働者の自主的な選択に委ねられており、この意味でも労働条件形成における労使自治が尊重されている。

2 「労働組合」の定義

労組法２条は、「労働組合」を定義している。すなわち、①労働者が主体であること（主体性）、②自主的であること（自主性）、③主たる目的が労働条件の維持改善その他経済的地位の向上を図ることであること（目的性）、④団体またはその連合団体であること（団体性）が、労組法上の「労働組合」の要件である。

なお、労組法２条但書によれば、②の自主性要件に関わるものとして、役員や人事権限を有する者その他使用者の利益代表者の参加を許すもの（１号）、および使用者の経理上の援助を受けるもの（２号）は、「労働組合」ではない。前者は組織・運営の人的側面において、後者はその物的・経済的側面において、使用者からの労働組合の独立性、自主性を疑わせるものだからである。ただ、前者については、労働組合の組織対象者についての制約となるので、その当否について議論がある。また、後者については、経理上の援助に該当しない例外が明記されており（ⅰ就業時間中の協議・交渉についての経済的保障、ⅱ福利厚生基金等への寄付、ⅲ最小限の広さの事務所の供与）、企業内組合が一般的である組織実情への配慮がうかがわれる。

また、同条但書では、③の目的性要件に関わるものとして、共済事業その他福利事業のみを目的とするもの（３号）、主として政治運動または社会運動を目的とするもの（４号）は、「労働組合」ではないとされているので、反対解釈として、労働組合が、一定の範囲で共済事業・福利事業や政治運動・社会運動を展開することは妨げられないことになる。労働組合は、多様な社会的活動の担い手としての役割を果たすことが想定されているのである。

3 労働組合の労組法適合性（資格審査）

労組法５条２項は、組合規約に含まれるべき事項を列挙し、労働組合に民主主義的な組織と運営の基本原則を定めることを求めているので、これを労働組合の民主性の要件と呼ぶ。労働組合は、労働委員会に証拠を提出して労組法２条（労働組合の定義規定）及び５条２項（組合規約に含まれるべき事項）に適合することを立証しなければ、労組法上の手続きに参与する資格を有せず、かつ労組法上の救済を与えられない（労組５条１項）。これが、労働組合の資格審査と呼ばれるもので、この審査をパスした労働組合が労組法適合組合である。労組法上の手続き、救済とは、不当労働行為の救済手続き、法人登記、労働協約の一般的拘束力の申立て等であるが、不当労働行為に対する行政救済制度の利用の可否が最も重要な意味を有する。

しかし、資格審査によって労組法適合組合と認められない場合であっても、憲法28条は勤労者（労働者）に労働基本権を保障しているので、当該組合は、憲法上の労働組合（いわゆる憲法組合）として、憲法28条の法的保護（民事免責、刑事免責、団結権侵害に対する司法救済）を享受できる。たとえば、管理職組合が、労組法２条但書１号の自主性要件を充足しない（使用者の利益代表者が参加している）ために、団結権侵害等の不当労働行為に対する行政救済（労組法上の保護）は受けないとしても、当該不当労働行為に対する司法救済を受けることはできる（もっとも、管理職で組織する組合であっても、当該管理職の「使用者の利益代表者」該当性いかんによっては、当該組合は必ずしも労組法適合組合であることを否定されるわけではない。中労委（セメダイン）事件・最一小決平13・６・14労判807号５頁）。

第２節　労働組合の運営

1　加入・脱退

労働組合は、自主的に結成される労働条件交渉のための団体であるから、組合へ加入するか加入しないかは、労働者の自主的選択に委ねられている。ただし、労働組合が、組合の組織・運営につき一定の方針のもとに、加入資格を限定することがある。このような制限は、労組法５条２項４号（人種、宗教、性別、門地または身分による組合員資格剥奪の禁止）に抵触しない限り、法的には許される。しかし、労働者の団結、交渉力強化を旨とする組合本来の姿からすれば、組合員資格を特定の従業員（たとえば正社員）に限定することは適切ではなかろう。

脱退について、組合規約に組合総会や執行機関等の承認を要する旨の定めがある場合、組合員の脱退の自由は制約されるか。労働組合が、自主的、任意的な団体であることからすれば、労働者には組合を脱退する自由があるので、そのような制約に法的な効力はない。なお、労使の対立が絶頂に達する争議行為の最中の脱退が、その後の労使交渉の帰趨を決定づける場合があるが、そのことは、労働者の脱退の自由を制約する理由にはならない。

2　組合員の権利と義務

労働組合への加入は、組合規約にもとづく一定の権利の取得と義務の承認をその内容とする労働者と組合との間の契約（組合加入契約）の締結と解される。組合員は、組合規約の定めにしたがって、組合運営（意思決定、組織の編成や活動等）に参加する権利（議決権、選挙権、被選挙権等）を享受し、同時に、組合運営に関連する義務（機関決定・指示に従い活動する義務、組合費納入義務等）を負う。

組合費は、組合運営の経済的基盤をなすものであるから、組合費納入義務は組合員の基本的義務であり、国民の納税義務（憲30条）と同様に、その不履行に対する制裁（統制処分）を背景として、納入義務の履行確保が図られている。組合費には一般組合費のほかに、特定の目的に用立てるために徴収する臨時組合費があるが、臨時組合費については、その徴収目的の内容（たとえば政治活動や選挙活動資金）によっては、その納入を義務付けることができるのか、争われることがある。最高裁は、組合費の納入義務を組合員の協力義務の一内容と位置づけたうえで、組合活動の範囲が本来の経済的活動の域を超えて政治的活動、社会的活動、文化的活動など広く組合員の生活利益の擁護と向上に直接間接に関係する事項にも及んでいることを踏まえて、問題とされている具体的な組合活動の内容・性質、これについて求められる協力の内容・程度・態様等を比較考量し、多数決原理に基づく組合活動の実効性と組合員個人の基本的利益の調和という観点から、組合員の協力義務の範囲に合理的な限定を加えることが必要である（国労広島地本事件・最三小判昭50・11・28民集29巻10号1698頁）として、組合員と組合間の利益調整を図る考え方を示している。

組合費の徴収方法として法的に問題になるのが、チェック・オフである。チェック・オフとは、労働組合と使用者との合意（チェック・オフ協定）により、使用者が組合員の賃金から組合費を控除し、それを組合に渡す方法により、組合費を徴収することをいう。チェック・オフは、法的には、労働組合と使用者との間の組合費の取立委任契約（チェック・オフ協定）に基づくものであるが、これを有効になしうるためには、同時に、組合員と使用者との間に組合費の支払委任（賃金から組合費相当額を控除して組合に支払う旨の委任）契約が必要である。したがって、組合員がチェック・オフの中止を申し入れた時には、使用者はチェック・オフできない（エッソ石油事件・最一小判平５・３・25労判650号６頁）。

チェック・オフは、賃金の一部を控除するものであるから、労基法24条１項の賃金全額払い原則に抵触する。そこで、同条１項但書にいう全額払い原則の例外扱いの要件（労働者過半数代表との間の書面協定の締結）を満たすためには、過半数を組織する労働組合でなければ、チェック・オフできない（済生会中央病院事件・最二小判平元・12・11民集43巻12号1786頁）ということになる。しかし、チェック・オフ協定は、その適用対象が組合員に限られているので、労働協約としての要件を具えている限り、労基法24条１項但書の賃金控除協定とは異なるものとして、その効力を認めるべきであるとの見解が有力である。チェック・オフは、組合運営の経済的基盤を維持・確立するために重要な機能を果たしているので、過半数要件を満たさない労働組合のチェック・オフを可能とする法解釈を採ることには十分な意味がある。しかし、チェック・オフという形式による組合費徴収には、組合費徴収に要する人的・時間的コストを軽減できるというメリットと同時に、組合自身の組織活動の足腰を弱めるというデメリット（組合自身による組合費徴収は、組合運営・活動への組合員の帰属意識・参加意識の覚醒、意思の反映を図る意義を有するが、組合はチェック・オフによってこの貴重なチャンスを自ら放棄している）があることに留意すべきである。

第３節　労働組合の内部統制

1　組合自治と内部統制・統制権

労働組合は、使用者を相手とする労働条件交渉を主たる任務とする団体であるから、その交渉力の維持・強化を図るために、内部組織の維持・運営、組織活動の展開にさいして、組合員の行動を組織の決定・方針にもとづく統制下におく。これが労働組合の内部統制といわれるものであるが、労働組合には、そのように組合員を統制する権限、いわゆる統制権が認められるのか。

労働組合の統制権を明示的に根拠づける法規は存在しないが、統制権を団体一般が有する権限によって根拠づける考え方（団体固有権説）、憲法28条の保障する団結権に統制権の根拠を求める考え方（団結権説）、組合規約にその根拠を求める考え方（規約準拠説）がある。労働組合は、任意加入の団体である以上、加入者に対して団体の維持・運営に必要な範囲でその行動について一定の規律を求め、それを規制する権限を有すると考えられる。同時に、労働組合は憲法上の保障された権利（団結権）の具体的行使の所産であるので、内部統制はこの団結権保障の趣旨に則したものでなければならない。また、内部統制の具体的内容は、個々の労働組合の組合規約に応じて異なるので、統制権の行使たる統制処分の実質的根拠は組合規約に求めざるをえない。こうしてみると、いずれの考え方にも一定の説得力がある。

しかし、労働組合は、任意団体であるとはいえ、一般市民の結社・団体とは異なり、労組法上特別の法的利益を保障されている公的な性格を有する団体である。この点からすれば、統制権行使の具体的根拠を内部統制に係る組合規約に求めるにしても、その権利内容は、憲法上の団結権保障の趣旨に則して、解釈・適用されなければならない。最高裁（三井美唄労組事件・最大判昭43・12・４刑集22巻13号1425頁）は上記の団結権説に立つが、その意義はこのように解すべきであろう。

2　統制処分の内容と統制権の限界

統制処分の種類や手続きは、労働組合が、組合規約において自治的に定めるところによるが、一般には、譴責、戒告、罰金、権利停止、除名等が、定められている。これは、使用者が服務規律・職場秩序違反に対して就業規則に設けている懲戒処分に類似した不利益処分を組合員に課すものであるので、任意的団体の自治的な制度・運用として放任されるわけではない。すなわち、労働組合にはその民主的運営が求められている（労組５条２項の民主性の要件）ので組合の統制処分は司法審査の対象となり、統制処分が適法であるためには、適正手続き（統制事由の明示、弁明機会の付与等の処分手続の公正さ）や処分事由と処分内容の相当性等を要することになる。

統制処分の対象事由として問題になるのは、執行部等に対する批判活動である。特に、組合運営の方針等を巡って厳しい意見対立が生じて、組合運営の主導権をめぐる争いのなかで対立組合員を排除するために統制処分が発動されることがある。しかし、組合内の活発な意見表明は、組合民主主義の理念に照らして尊重すべきものであり、執行部等の批判を理由とする統制処分は原則として許されるべきではない。

また、労働組合は政治結社ではないので、組合員は、労働組合によって、市民として憲法上保障されている政治的自由（政治活動の自由）を制約されるわけではない。公職選挙にさいして、労働組合が特定の政党や候補者を推薦して選挙応援活動をすることは珍しくないが、支援決議自体にどのような法的効力を認めることができるかについては、学説上、議論がある。最高裁は、組合員が特定の政党から立候補して当選したのちに統制処分に付することや、決議に反して別の候補者の支援活動をした組合員を処分することは、統制権行使の限界を超えているとする（前者は、権利停止処分に関する前掲・三井美唄労組事件・最大判昭43・12・４刑集22巻13号1425頁、後者は、除名処分に関する中里鉱業所事件・最二小判昭44・５・２集民95号257頁）が、適切な判断といえよう。

第4節　労働組合の組織強制（ショップ制）

1　組織強制の意義と種類

労働組合は、労働条件交渉のために結成される団体であるので、その交渉力の強弱は組合の存続を左右する重要な問題である。交渉力を強化するためには労働市場（労働力の売買、すなわち労働力の需要と供給のマッチング）をコントロールする力を強める必要がある。より多くの労働者を組織化することによって、強い交渉力を得ることができるので、労働組合にとって組合員数はその存在意義を示す指標ともいえる。労働組合が基本的に任意加入の団体であるとはいえ、組織拡大（組合員獲得）のために様々な活動を積極的に展開するのにはこのような背景がある。ショップ制とは、このような労働組合の交渉力強化のために組合員を獲得し、これを維持するための制度であり、組織強制と呼ばれる。

ショップ制には、クローズド・ショップ（雇用を得るためには、当該組合に加入していることを要する）、ユニオン・ショップ（雇用された場合に、当該組合に加入することを要する）、エージェンシー・ショップ（加入義務はないが、加入しないものは組合費相当額の支払いを要する）などがあるが、わが国では、一般に、ユニオン・ショップが採用されている。ユニオン・ショップは、労働組合と使用者の間の協定（ユニオン・ショップ協定。以下、「ユ・シ協定」という）によって運用されるが、このユ・シ協定により、当該使用者の従業員は協定締結組合に加入する義務を負う。使用者は、当該組合に加入しない者を解雇する義務を負うこととされ、当該組合を脱退した者や当該組合を除名された者を解雇する旨、明記される場合もある。すなわち、使用者は、組合員資格を有しない者を解雇する義務を負う。ユ・シ協定により、労働者の従業員としての地位と組合員資格がリンクされるので、協定締結組合にとっては、使用者が雇用する従業員を、労せずして自動的に組合員とすることができ、かつ組合から離脱（脱退）・排除（除名）した労働者を当該企業から排出することによって、交渉力の維持・強化を図るという大きなメリットを得ることになる。

2 ユ・シ協定の法的効力

しかし、ユ・シ協定は、協定締結使用者に雇用された労働者に、協定締結組合への加入を義務づけるものであるので、労働者の組合に加入しない自由（消極的団結権）だけでなく、企業内に複数組合が併存している場合には、組合選択の自由（積極的団結権）を侵害するものではないかとの疑念が生じる。また、当該組合からの脱退や除名により組合員資格を失った場合に、従業員としての地位が奪われること（解雇）が予定されているので、労働者利益の重大な侵害をもたらすものとして、その法的有効性が問題となる。

最高裁は、労働者には組合選択の自由があり、協定締結組合以外の労働組合の団結権も等しく尊重されるべきであるので、これらを侵害することは許されないとして、①締結組合以外の他の組合に加入している者、②締結組合から脱退しまたは除名されたが、他の組合に加入しまたは新たな組合を結成した者については、ユ・シ協定のうち使用者の解雇義務を定める部分は、民法90条により無効と判断している（三井倉庫港運事件・最一小判平元・12・14民集43巻12号2051頁）。この判断は、ユ・シ協定自体を無効とするのではなく、限定的に無効（一部無効）とするものであり、（イ）協定締結組合に加入せず、他の組合にも加入しない者、（ロ）締結組合を脱退しまたは除名されたが、他の組合に加入せず、新たな組合を結成しない者については、使用者による解雇を認める（ユ・シ協定にもとづく使用者の解雇義務を肯定する）ものである。

学説上は、ユ・シ協定は個人の尊重（憲13条）や消極的団結権を侵害する、あるいは協約自治の限界を超えるものとして無効とする見解も有力であるが、多くの論者は、ユ・シ協定が、組織強制としての意義を有することを重視して、最高裁の判断を支持している。労働組合に加入しない自由（消極的団結権）は、憲法28条による積極的団結権の保障に対して劣後する、また、解雇を避けるためには、団結権の行使（他組合への加入または新組合の結成）が保障されている、このように考えれば、ユ・シ協定の効力をすべて否定するまでもないかもしれない。

しかし、前述のチェック・オフについて触れたことに関係するが、ユ・シ協定にもとづいて組合員となった労働者が、組合活動を積極的に推進する力

（交渉力の基盤となる力）を発揮しているか、あるいはそのような期待を抱くことができるかといえば、疑問である。ユ・シ協定により、企業に雇用されると同時に、自動的に組合のメンバーに算入され（組合加入）、チェック・オフ協定により、給与から税金や社会・労働保険料と同様に自動的に組合費が控除される（組合費の納入）組合員に、組合への帰属意識や参加意欲を期待することは難しいのではなかろうか。ユ・シ協定が交渉力強化を図る組織強制であるという、その意味を問い直す必要があろう。

第４章 団体交渉

第１節　団体交渉の当事者・担当者

[1]　団体交渉の当事者

団体交渉の当事者は「労働者」の団体と「使用者」または「使用者」団体である。当事者は、交渉の主体であり、交渉成果の帰属先のことである（労組法上の「労働者」、「使用者」の概念については、本編第２章「労使関係法の当事者」、第７章第２節[1]「不当労働行為の主体」参照）。

労働者側の当事者である労働者の団体は通常は労働組合であるが、いわゆる争議団にも団交権が保障されると解されている。団交の当事者資格は、自主的な団結体として、その構成員である組合員の労働条件を規律するに相応しい組織的実体を有していることに対応するものなので、組織上は組合の支部・分会と位置付けられていても、独自の規約や人的・経済的組織を備えていれば、団体交渉の主体として当事者資格が認められる。また、組合の上部団体（たとえば連合団体）については、団交におけるその権限（役割分担）についての組合規約の定め等によって、その当事者資格の有無が判断される。

企業内に複数組合が併存する場合、各組合には団交権が平等に保障されているので（複数組合主義）、特定の組合と使用者との間で、当該組合を唯一の交渉団体とする旨の約定（いわゆる唯一交渉団体約款）が結ばれていても、使用者は、この約定を理由として他の組合からの団交要求を拒否することはできない。この唯一交渉団体約款は、他の組合の団交権を否認する点で無効と解されている。労働協約にこのような条項が設けられる場合、協約締結組合にとっては、団交の相手方（労働条件交渉のパートナー）としての確認（団結承認）という労使関係上の意義を認め得るが、法的な効力はないということになる。

2　団体交渉の担当者

団体交渉の担当者とは、当事者の利益の実現のために具体的な交渉を行う者のことである。労組法6条は、労働組合の代表者または組合の委任を受けた者が交渉権を有すると定めている。労働組合の代表者とは、通常は、組合の委員長や規約で代表者と定められている者である。しかし、これらの者が交渉権を有するからといって、交渉の後に、当然にその合意事項につき協定を結ぶ権利（協約締結権）を有するというわけではなく、その権利の有無は組合規約 の定めによる。一般に、交渉の妥結については、組合大会等の組合の意思決定機関の承認を要するとされている。

労組側の交渉権は、第三者たとえば上部団体等に委任できるが、企業内組合による労使交渉に慣れ親しんでいる使用者にとっては、これを忌避することが珍しくない。そこで、労働協約に第三者へ交渉委任をしない旨の条項（第三者交渉委任禁止約款）が設けられることがある。多くの論者は、この約定は、団体交渉権を不当に制限するものとして無効であると解しているが、唯一交渉団体約款のように組合から団交権を奪ってしまうものではないから有効であるとの見解もある

使用者側の担当者が誰であるかは、企業内での責任分担、職責の定めによることになるが、通常は、組合交渉の対応責任者である支店長や工場長などに、交渉権が委ねられていると解される。交渉の妥結、協約の締結権限の所在も、企業内でのその旨の定めによる。

第2節　団体交渉事項と誠実交渉義務

1　団体交渉事項

団体交渉権の保障により労働組合は使用者に団交に応じるよう要求するこ

とができるが、使用者に団交を義務づける対象となる事項を義務的団交事項という。使用者が義務的団交事項について団交を拒否した場合には、使用者の不当労働行為として行政的救済と司法救済の対象となるので、その範囲をどのように解するかは重要な法律問題となる。しかし、義務的団交事項を明記する法律の定めはない。そこで、その範囲は解釈論上の問題として論じられている。一般に、義務的団交事項の範囲は、団交権保障の趣旨に即して判断されるべきであると解されており、組合員の労働条件に関する事項や組合と使用者間の労使関係の運営に関する事項（たとえば、組合事務所の供与、ユニオン・ショップ協定の締結、チェック・オフの実施、団体交渉手続等）で、かつ使用者が対処できる事項が、これにあたる。

組合員の労働条件には、賃金、労働時間だけでなく安全衛生や福利厚生等、多岐に亘るものが含まれるが、使用者の専権事項と考えられている経営層の人事や組織再編等の事業計画に関わる事項であっても、労働者の労働条件に影響を及ぼす（たとえば、職種や勤務地の変更をもたらす等）場合には、これは義務的団交事項と解される。また、非組合員の労働条件であっても、組合員の労働条件に影響することが認められる場合には、同様に、義務的団交事項と解されている（新規採用者の初任給について、根岸病院事件・東京高判平19・７・31労判946号58頁）。

２　団体交渉と誠実交渉義務

団体交渉の態様に係るルールとして、明文の規定はないが、法解釈上、使用者には誠実交渉義務がある、と解されている。すなわち、使用者は、交渉において合意の達成を目指して、労働組合に誠実に対応しなければならない。したがって、交渉に際しては、組合の主張に対して、その趣旨を真摯に受け止め、求められるのであれば十分な説明を行い、反論するのであれば明確な根拠となる資料等を提示して、組合を説得するに足るだけの十分な意見交換を行うように努めなければならない（カール・ツアイス事件・東京地判平元・９・22労判548号64頁参照）。

使用者がこの誠実交渉義務を果たさない場合、実際に交渉のテーブルにつき、交渉のために人と時間を割いたとしても、法的には団体交渉の拒否（団交拒否）と評価される。しかし、誠実交渉義務は交渉態様に係る使用者の義務として誠実に対応することを求めているのであり、使用者に交渉の妥結が強いられるわけではない。誠実な交渉を重ねた結果、結局は組合との間で合意が得られないこともあり得るので、労使の主張が平行線をたどって打開の道筋が失われたと評価される場合には、団交を打ち切ったとしても、それは団交拒否とはならないと解されよう。

第3節　団体交渉の拒否に対する法的救済

1　労働委員会による行政救済（行政委員会による救済）

正当な理由のない団交拒否は不当労働行為となる（労組7条2号）。団交拒否の正当な理由としては、交渉を申し入れた者が当事者の適格性を欠いている、担当者が交渉権限を有していない、申し入れの交渉事項が義務的団交事項ではない、交渉が行き詰まり状態にある等が、それにあたると考えられる。

労働組合は、行政委員会である労働委員会（都道府県労働委員会と中央労働委員会）に対して、労組法適合組合であることを前提として、またはその資格審査の申請と並行して、団交拒否の不当労働行為に対する救済を申し立てることができる（労組7条・27条）。これが、不当労働行為の行政救済である（詳細については、本編第7章第4節 1「行政救済」参照）。

なお、労働組合は、団交拒否について、労働委員会に対して、不当労働行為救済手続きではなく、「あっせん」による紛争解決手続きを利用することもできる（労調6条・12条）

2　裁判所による司法救済（裁判所による救済）

団交拒否に対する司法救済については、労働組合が、裁判所に対して、団交の実施を求めて団交請求権を被保全権利とする団交応諾仮処分を申請することができるか否か、また、損害賠償を請求できるか否かが問題となってきた。

前者の問題については、従来から、学説、判例上争いがあり、憲法28条および労組法７条２号によって私法上の団交請求権が保障されており、団体交渉の履行強制（間接強制）は認められるとする見解と、これを否定する見解が対立してきた。否定説は、労組法７条２号は不当労働行為に対する行政救済の根拠規定である、あるいは、団体交渉を私法上の請求権とした場合には請求に対応する給付の内容が特定できない難点がある、また、団体交渉の間接強制は実効性がないと論じた。これに対して、団体交渉権を、団体交渉を求める法的地位と具体的に誠実交渉を求める権利とに分けて、前者については確認請求やこれを被保全権利とする仮処分申請を肯定し、後者についてはこれを否定する見解が提示され、最高裁がこれを容れた判断を示すに至っている（国鉄事件・最三小判平３・４・23労判589号６頁）。

後者の問題については、法制度上は、団交拒否が不法行為（民709条）の要件を充足すれば、肯定される。団交拒否によって、当該労働組合にどのような損害が発生したと認められるか、損害額をどのように算定できるかが問題であるが、通常は、当該組合の存在意義を否定し、その社会的評価や信用を棄損したことによって生じた無形の財産的損害に対する慰謝料を請求できよう（本編第７章第４節②「不当労働行為の司法救済」も併せて参照）。

第４節　団体交渉と労使協議

憲法28条は、労働組合と使用者との間の団体交渉によって、法定基準を上回る自治的な労働条件が形成されることを想定している。ところが、現実には、団体交渉ではなく、「労使協議」という形で労働条件内容について労使の意見交換（説明、意見聴取）を行い、それを通じた労働条件の決定・変更が広く普及している。労使協議は、労使関係の展開のなかで定着してきた任意的な労使コミュニケーションの手段であるが、多くの場合、労働協約によって制度化されており、団体交渉と無関係ではない。すなわち、労使協議には、団体交渉の予備的折衝的な役割を果たすものや団体交渉に代わる役割を果たすものがあり、団体交渉とリンクしているものが多い。

前述したように、現行法上、団体交渉は集団的な労働条件形成のための法的な手続きとして一定の法的ルールに規律されており、団体交渉をめぐって生じるトラブルは法的紛争となる。しかし、労使協議は、自治的、任意的性質の手続きであるので、このような事態は回避することができる。法的規制のもとに置かれている公的な性質を有する団体交渉と、法的規制から自由な労使協議とが併用されていることは、それが労使双方にとってメリットがあるからであろう。確かに、労使協議には、労働条件交渉、取引である団体交渉の対象事項とされない経営上の問題を取り上げて、経営の実情について労使の共通理解を深めることを図る経営参加的なものがあり、団体交渉とは異なる独自の意義が認められる。しかし、一方で、法的手続としての団体交渉権保障の意義が問われているともいえよう。

第５章 労働協約

第１節　労働協約の意義と機能

労働協約とは、労働組合と使用者（またはその団体）との間で定める、労働条件や労使関係の運営に関する事項等についての取決めをいう。労組法は、労働協約は、「書面に作成し、両当事者が署名し、又は記名押印すること」により、その効力を生ずるものとしている（労組14条）。これは、労働協約に後述の特別な効力を認めていることや、労働協約の履行をめぐる不必要な紛争を防止する必要性から、その存在及び内容を明確にさせるためである（都南自動車教習所事件・最三小判平13・３・13民集55巻２号395頁）。

労働協約は、通常は、団体交渉において労使間の複雑な駆け引きを経て最終的に妥結した事項につき締結されるものであり、集団的・統一的決定によって労働者に有利な労働条件その他の待遇を設定し、これを一定期間確保する機能をもつ。また、労使の関係に一定の秩序と安定をもたらす役割も果たす。労働組合は、労働協約の有効期間中は、協約所定の事項について争議行為等に訴えて争うことはなくなるし、労働協約は、組合活動、団体交渉、争議行為など労使関係の運営に関する事項についても協定するのが通常だからである。

労働組合が産業別・職種別の形態をとる国では、労働協約は、労働組合と使用者団体との間で締結され、産業・職種の労働条件の最低基準として機能する。これに対し、日本では、労働組合の大部分が企業別組合であり、労働協約は、企業ごとに労働組合と使用者の間で締結され、当該企業における労働条件等を定めるものであって、広く産業や職種の最低基準となるものではない。企業別組合の多くは、組合員の範囲を正規従業員に限定し、パート、契約社員等の非正規従業員を組織対象にはしておらず、労働協約は、企業内においても、労働条件の最低基準としては機能していないのが実情である。また、日本の労働協約は、賃金・労働時間等の労働条件については、その内容を定める場合にも、抽象的な定めにとどまり、その詳細を就業規則に委ねる例も少なくない一方で、組合員の範囲、便宜供与、組合活動など労使の直接的関係については、その定めをおく割合が相対的に高い（厚労省「平成23年労働協約等実態調査」）。

第2節　労働協約の法的性質と法的効力

1　労働協約の法的性質

労働協約は、労働組合と使用者（ないしその団体）との間の契約であるが、後に詳述するように使用者と個々の労働者との間の労働契約を規律するという単なる契約以上の効力も認められている（労組16～18条）。このような協約当事者以外にも効力が及ぶという意味での規範性が認められる理由を説明することもあり、労働協約の法的性質が論じられてきた。

この議論の当初は、労働協約を慣習法と位置づける、あるいは、労働組合と使用者が法規範の性格を有する労働協約を締結することが慣習法として認められている等の説明により、協約それ自体を法規範であるとする見解が有力であった。しかし、産業別の労働協約が実際に社会的に機能していた国とは異なり、日本では、少なくとも労働協約が産業別の社会規範としては機能していない。企業別協約も、労働組合と使用者の間の労使関係に関する取決めであることが多く、また、就業規則という集団的規範が機能していることから、協約の規範性はあるとしても限定的なものにとどまる。それゆえ、労働協約の社会規範としての実態から慣習を媒介としてその法規範性を認めるという説明は些か無理があると考えられた。

他方で、労働協約は基本的には労働組合と使用者の間の契約であり、それ自体を法規範とみることはできないが、実定法により特別な規範としての効力を付与されたとする見解も主張された。この見解のなかには、実定法上の根拠を憲法28条とし、団結権保障あるいは団体交渉権保障から同条の解釈として労働協約に法規範性を付与することが導かれるとするものもあったが、団結権保障あるいは団体交渉権保障の具体的内容は様々なものがありえるから、同条から直接的に労働協約への法規範性の付与を導くことは無理がある等として、支持を集めなかった。これに対し、労働者保護や労使関係の安定という政策的考慮から労組法によって契約である労働協約に創設的に特別な効力が付与されたとする理解がほぼ通説として定着し、現在では労働協約の法的性格をめぐる議論は一応の収束をみた状況にある。

2　労働協約の効力

労働協約は、協約当事者である労働組合と使用者との間に債権債務を発生させ、その違反には債務不履行責任を生じさせる。この労働協約の効力は、債務的効力と呼ばれ、労組法にその定めがないが、労働協約の契約としての性質から協約当事者間で生じる効力である。協約当事者は、民法の契約法理に従って、協約内容の履行義務を負い、一方当事者の協約違反に対して、その相手方は損害賠償請求が可能であるが、その具体的な適用にあたっては労使関係の特性への考慮が必要となりうる。これに対し、労働協約は、労組法16条が定める使用者と個々の労働者との間の労働契約を規律する効力も有している。この効力は、規範的効力と呼ばれており、次節で説明する。

労働協約の債務的効力は、労働条件について定めた規範的効力が生じる部分も含めて労働協約の全体に生じるものであり、規範的効力（と債務的効力の双方）が認められる部分は規範的部分と呼ばれるのに対し、債務的効力のみが生じる部分は債務的部分と呼ばれる。協約の債務的部分には、組合組織条項（組合員の範囲、ユニオン・ショップ、チェック・オフ等）、組合活動条項（企業施設の利用や就業時間内の組合活動）、団体交渉条項（団交の担当者、手続等）、争議条項（手続、事後処理等）など、協約当事者に直接関わる労使関係の運営について定める部分が含まれる。

労働協約の債務的効力に関する具体的な問題の１つとして、平和義務をめぐる問題がある。平和義務とは、協約当事者が、労働協約の有効期間中は当該協約に定められた事項をめぐる争議行為を控える義務をいう。これは、労働協約に定められている事項を対象とする争議行為が禁止されるものであり、協約期間中の一切の争議行為を禁止する絶対的平和義務とは区別して、相対的平和義務と呼ばれることもある。

労組法には労働協約の平和義務に関する規定はないが、平和協定たる性格を有する労働協約に内在する本質的義務であるとする理解により、あるいは協約当事者の黙示の合意ないし信義則を法的根拠として、協約中に明文の定めがない場合にも平和義務は認められるものと解されている。もっとも、労働協約に定められていない事項をめぐる争議行為や、協約有効期間中の次期協約の内容をめぐる争議行為は、この平和義務による禁止の対象とはならず、これらの争議行為を含め協約期間中の一切の争議行為を行わない義務（絶対的平和義務）を生じさせるためには、明文の定めが必要であると解される。

平和義務が課されるのは、協約当事者である労働組合と使用者の双方であるが、平和義務違反の行為として主として問題となるのは、労働組合の争議行為である。労働組合は、自らが争議行為を実行または指令することを控え、組合員の一部が開始した争議行為を支持しない義務（不作為義務）を負うとともに、その統制力を行使して、組合員による平和義務違反の争議行為の開始または続行を阻止する義務（作為義務）を負う。平和義務違反の争議行為が行われる場合には、労働協約の債務的効力として損害賠償や差止請求が問題となる。損害賠償については、民法の損害賠償法理によれば、その範囲は相当因果関係のあるところまでということになる。しかし、学説では、使用者が平和義務違反を問われる場合の損害賠償額は賃金相当額程度にとどまるのに比べると、労働組合が平和義務違反を問われる場合は損害賠償額が多額となり、均衡を失するとして、損害の範囲を争議行為による経済的損失ではなく、協約秩序の維持という相手方の信頼に応えなかったことに対する精神的損害の賠償に限定する見解も主張されている。差止請求については、実定法上の根拠がない限り、これを制約する論拠はないと考えられるが、平和義務違反の争議行為に対する差止の仮処分請求の裁判例には、被保全権利として平和義務の履行請求権は認められないとして却下したもの（日本信託銀行事件・東京地決昭35・6・15労民集11巻3号674頁）や仮処分の必要性を欠くことを理由にこれを却下したもの（ノース・ウエスト事件・東京高決昭48・12・27労民集24巻6号668頁）がある。

また、平和義務違反であることが、争議行為の正当性を失わせるのかが、平和義務違反の争議行為に参加した労働者に対する民事責任の追及や懲戒処分等の不利益取扱いをめぐり問題となる。学説には、労働協約の実効性を法的に担保するという平和義務の機能を重視し、平和義務違反の争議行為は、正当性の評価に影響をもたらす瑕疵を有するとする見解がある一方で、平和義務の機能を過大評価すべきではなく、平和義務違反という協約違反と争議行為の正当性は別問題であり、平和義務違反というだけの理由では争議行為の正当性は失われないとする見解もある。最高裁判決には、平和義務違反の争議行為に参加したことのみを理由に当該労働者を懲戒処分にはできないとしたものがあるが（弘南バス事件・最三小判昭43・12・24民集22巻13号3194頁）、その判示からは最高裁が平和義務違反の争議行為の正当性についてどのように考えているのかは明らかではない。

第３節　労働協約の規範的効力と一般的拘束力（拡張適用）

1　規範的効力

1　規範的効力の内容

労組法16条は、労働協約に定める労働条件その他の労働者の待遇に関する基準に違反する労働契約の部分は無効となるという強行的効力と、強行的効力により無効となった労働契約の部分、もしくは元々労働契約に定めがない部分は、協約所定の基準によるという直律的効力を定める。労働協約の規範的効力とは、この労組法16条所定の「労働協約に定める労働条件その他の労働者の待遇に関する基準」に認められる２つの効力の総称である。規範的効力は、協約当事者以外の者に対して労働協約の効力を及ぼすものであり、その理論的説明に関わって議論されてきたのが、第2節において言及した労働協約の法的性質である。

規範的効力が、労働協約の基準を下回る労働契約の部分を協約の基準に引き上げる効力を有することは争いがないが、労働協約の基準を上回る労働契約の部分にも及ぶのか、すなわち協約よりも有利な労働契約の定めを無効とし、協約の基準まで引き下げる効力をも有するのかは議論がある。このような効力を認めない、すなわち協約の基準は最低基準にすぎず、労働契約でそれよりも有利な定めをすることは有効であるとする考え方を有利原則といい、ドイツではこれを法律で定めている。しかし、日本の労組法にはそのような定めがなく、労組法16条が「…基準に違反する労働契約の部分」と述べ、労基法13条や労契法12条のように「…基準に達しない労働条件」という表現を用いていないことから、有利原則を否定して、規範的効力は有利にも不利にも拘束力をもつことも可能であるとしつつ、個々の協約の有利原則の有無は、協約当事者の意図に委ねられているものと解釈されている。問題は、協約当事者の意図をどのように解するかである。

労働組合の形態が職種別や産業別であり、団体交渉、協約締結も個別企業を超えた職種別、産業別の次元で行われる場合には、労働協約の内容は、各企業の固有の事情を捨象して、当該職種・産業において一般的に妥当する共通の基準を設定するにとどまらざるを得ない。有利原則は、このような団体交渉・協約締結の慣行を背景として、各企業において固有の事情を反映させる必要があることから、労働協約の内容を当該職種・産業における最低基準と位置づけて、それを上回る労働条件を労働契約によって形成することを認めるものである。これに対して、日本の労働組合の形態は企業別が多く、団体交渉や労働協約は当該企業・事業場の組合員の現実の労働条件を対象とするものであるから、有利原則が必然というわけではない。また、有利原則が認められると、使用者が協約所定の事項について個々の労働者と個別交渉を行うことを通じて、組合の団結が乱されて労働組合の統制力が低下することも予想される。そこで、多数説は、協約当事者の意図は、一般的には、労働協約は当該企業・事業場の定型的基準を定めるものであり、有利原則を排除して、協約は有利にも不利にも拘束力をもつ趣旨であるとしつつ、協約当事者が有利原則を認める意図であると解される場合には、これを認めるとする見解をとっている。

2 規範的効力の認められる部分（規範的部分）

労働協約のうち規範的効力が認められる部分は規範的部分と呼ばれており、労組法16条によれば、その範囲は、「労働条件その他の労働者の待遇に関する基準」である。

「労働条件その他の労働者の待遇」は、賃金、労働時間、休日、休暇、安全衛生、職場環境、災害補償、教育訓練、人事事項（服務規律、懲戒、配転、出向、昇進、休職、解雇、定年制等）、福利厚生など、労働者の取り扱いのほとんどすべてを含みうるものと解されている。また、「基準」とは、労働契約の内容を規律できるだけの具体的で客観的な準則をいうものと解される。それゆえ、「年２回の賞与支給に努める」などの労働者の待遇に関する使用者の抽象的努力義務の定めは、労働協約における「労働者の待遇に関する」定めであっても「基準」とはいえないので、規範的部分には当たらない。

解雇、懲戒等の人事を行うに際して、組合との協議や組合の同意を必要とする旨の条項が規範的部分を構成するかは見解の対立がある。多数説は、これらのいわゆる人事協議・同意条項は規範的部分を構成するものと解し、それら条項に違反する人事措置は規範的効力により無効となるとする。他方で、人事協議・同意条項は、その違反性の判断が困難な場合があり基準といえるだけの明確性を欠いている等として、これを規範的部分には当たらないとする見解も有力である。規範的部分には当たらないとする見解は、協議・同意条項違反は、人事措置の効力を権利濫用法理の枠組みで判断する際に考慮すべきとしており、協議・同意条項違反の人事措置が権利濫用で無効となるのであれば、多数説との実際上の違いは少ない。

[2] 一般的拘束力（拡張適用）

労働協約の規範的効力は、協約締結組合の組合員の労働契約に及ぶものであるが、労組法は、ある単位において協約が多数の労働者に適用されている場合には、当該協約は協約締結組合の組合員以外の労働者にも適用されることを定める。このように協約締結組合の組合員以外の労働者に労働協約を適用することを拡張適用といい、そのような労働協約の効力を一般的拘束力という。労組法は、事業場単位と地域単位という２つの種類の拡張適用を定めている。

1 事業場単位の拡張適用

(1) 制度趣旨

労組法17条は、ある事業場において、常時使用されている同種の労働者の４分の３以上の者が、１つの労働協約の適用を受けるようになった場合には、当該事業場の他の労働者にも、その労働協約が適用されることを定める。この制度の趣旨について、協約以下の労働条件で非組合員が使用者に雇用されることを排除して、労働協約の実効性や存立基盤を確保し、団結を擁護することにあるとする見解がある。もっとも、企業別組合では労働者が入社後に組合に加入することが通常であり、使用者が非組合員を優先して雇用するという事態はあまり想定できないし、ユニオン・ショップ協定により労働協約の実効性を確保することや組合員の脱退防止を図ることも可能であるから、この制度趣旨の理解によると、日本の労使関係においてこの制度の必要性はさほど大きくはないことにもなる。

他方で、この制度の趣旨として、団結の擁護という労組法の目的とは直接関連しない政策目的を挙げる見解もある。すなわち、多数組合の獲得した労働条件にまで引き上げて少数労働者を保護する制度であるとする理解や、多数組合の獲得した労働条件を事業場の公正労働基準とみなして事業場の労働条件を統一し紛争を防止する制度であるとする理解である。もっとも、多数組合に加入すればその労働協約の適用がある未組織労働者については、その保護を図ったり、公正労働条件を適用したりする必要性はそれほど大きくなく、かえってこの制度があることにより組合に加入しなくなる可能性が生じるし、労働条件の統一という点も労組法の目的とは直接関連しないだけに労組法の規定の体系的理解という点ではその根拠が弱い。

現在の学説の多くは、いずれに重点を置くかは違いがあるものの、以上の複数の観点を考慮した制度であるとする理解に立っている。最高裁も、労組法17条「の趣旨は、主として一の事業場の4分の3以上の同種労働者に適用される労働協約上の労働条件によって当該事業場の労働条件を統一し、労働組合の団結権の維持強化と当該事業場における公正妥当な労働条件の実現を図ることにあると解される」（朝日火災海上保険（高田）事件・最三小判平8・3・26民集50巻4号1008頁）としており、その重点をどこに置いているのかまでは明らかではないが、以上の複数の観点を制度趣旨として考慮しているものといえる。

(2) 要　件

労組法17条の事業場単位の拡張適用が生じる要件は、「一の工場事業場に常時使用される同種の労働者の4分の3以上の数の労働者が一の労働協約の適用を受けるに至った」ことである。

拡張適用の要件である協約適用労働者の割合は、「工場事業場」、すなわち企業を構成する個々の工場や支店等の事業場単位で判断され、拡張適用も当該事業場のみで生じる。

「4分の3以上」という協約適用労働者の数的比率の要件の分母を構成するのは、「常時使用される同種の労働者」である。「常時使用される」労働者か否かの判断は、現に雇用されている労働者個々人について、雇用上の地位や名称、雇用形態、期間の有無等にかかわらず、実質的に常時使用されているか否かを基準に行われる。また、「同種の」労働者をめぐり、正規従業員との関係で、非正規従業員がこれに含まれるのかが議論されている。前述の事業場単位の拡張適用の制度趣旨を労働協約の存立基盤や団結の擁護とする理解にたつと、同種性の判断にあたり、当該協約が適用を予定する労働者か否か、あるいは、当該労働組合が組織対象としている労働者か否かという事情を重視することとなり、非正規従業員は同種の労働者には含まれないことが多いと考えられる（日野自動車工業事件・東京高判昭56・7・16労民集32巻3＝4号437頁等）。これに対し、制度趣旨を少数労働者の保護や公正な労働基準の実現にあるとする理解に立つと、前述の事情よりは職務内容等の客観的な観点から同種性を判断すべきことになろうが、この場合でも人材活用の仕組や雇用形態まで考慮に入れるならば、非正規従業員は同種の労働者には含まれないことが多いだろう。

協約適用労働者の数的比率の要件の分子に算入されるのは、「常時使用される同種の労働者」のうち「労働協約の適用を受ける」労働者である。この場合の「適用を受ける」とは、当該協約を締結した労働組合の組合員として当該協約の適用を受けることと解されており、就業規則や個別契約などにより事実上労働協約の基準によっている場合や拡張適用により適用される場合は含まない。なお、この数的比率の要件は、効力存続要件でもあり、いったんは満たしても、のちに組合員数が減少するなどして要件を満たせなくなった場合には、拡張適用の効力は失われる。

⑶　効　果

以上の要件が満たされた場合には、当該協約の規範的部分が、「当該工場事業場に使用される他の同種の労働者」にも適用される。この拡張適用は個々の労働者に対して認められるものであるから、当該協約の債務的部分は拡張適用の対象とはならないと解されている。前述のように人事に組合の関与を必要とする旨の人事協議・同意条項が規範的部分を構成するかどうかは見解の対立があるが、これを規範的部分とする見解に対しては、拡張適用が認められる場合に使用者が非組合員の人事措置について協約締結組合との協議・同意を義務づけられることになる点が妥当ではないとの指摘がある。

拡張適用となる労働協約を締結した労働組合とは別の少数組合に所属する労働者にも拡張適用が認められるかについては見解の対立がある。

第１に、条文の文言上は拡張適用が認められる労働者について何らの限定もないことから、別組合員にも完全な拡張適用を認める見解がある。もっとも、この見解によると、少数組合による団体交渉や協約締結は多数組合の協約の内容となっていない事項に限定されることになり、すべての組合に平等に団体交渉権を認めている現行法の立場にそぐわないとの指摘がある。

第２に、拡張適用が認められる場合を、別組合員にとって有利となる場合や少数組合が労働協約を締結していない場合に限定することにより、少数組合の団体交渉権を侵害しないような形での別組合員への拡張適用を認める見解がある。もっとも、この見解によると、少数組合は、多数組合の協約の成果を享受しつつ、それに満足しなければより有利な協約を求めて団体交渉ができることになり、多数組合が組織を拡大して労働力の独占性を高めて、経済的圧力を背景に団体交渉を行うことを法的に軽視することにもつながるという問題がある。

第３に、別組合員への拡張適用を一切否定する見解がある。この見解が現在の多数説であり、現行法制が少数組合の団体交渉権を多数組合のそれと同等に保障していること、自己決定権を重視する立場から自組合との団体交渉を経ていないにもかかわらず他組合の協約が拡張適用されるのは疑問であることなどを理由とする。

拡張適用はいずれの労働組合にも入っていない未組織労働者に対して認められるが、この場合でも、未組織労働者の労働条件を引き下げることになる内容の労働協約の拡張適用が認められるかに関しては見解の対立がある。この点は、第４節で説明する。

2 地域単位の拡張適用

労組法18条は、一定地域での労働協約の拡張適用を定める。その趣旨は、当該地域の労働市場において協約締結組合の組合員ではない労働者が協約以下の労働条件で使用者に雇用されることを排除して労働協約の実効性や存立基盤を確保し、団結を擁護するとともに、労働協約が適用されない使用者が協約以下の労働条件で労働者を雇用することにより競争力を高めることを排除し当該地域での使用者間の公正な競争を確保することにある。

この制度は、産業別や職種別の労働組合が存在し、それに応じて労働協約も締結されている状況を前提としている。これに対し、日本では、企業別組合が主流であり、労働協約も企業単位で締結されていることが多く、企業横断的な協約の例はほとんどないことから、この制度の適用要件の一つである一の地域において同種の労働者の大部分が一の労働協約の適用を受けるに至ることは稀である。

第4節　労働協約による労働条件の変更

1　協約締結組合の組合員の場合

就業規則や労働協約によりいったん労働契約の内容となった労働条件を、新たな労働協約を締結することによって変更することができるだろうか。新協約が組合員にとって有利なものである場合には問題ないが、従前の労働条件を不利益に変更するものである場合には、組合員間に利害対立が生じ、一部組合員の利益が犠牲にされる可能性が否定できないこともあり、組合員に新協約の規範的効力が及ぶのか、及ばないとすればそれはいかなる場合かが問題となる。

この点が問題となった初期の裁判例では、労働組合の目的は労働条件の維持改善（労組2条）にあることから、組合員の個別の同意又は組合に対する授権がなければこれを認めないとするものがあった（大阪白急タクシー事件・大阪地決昭53・3・1労判298号73頁、北港タクシー事件・大阪地判昭55・12・19労判356号9頁等）。しかし、実質上労働協約による労働条件の不利益変更を認めないに等しいこの見解に対しては、労働協約は、相互譲歩の取引により総合的に労働条件を定めるものであり、その一部を捉えて有利不利をいうのは適当でないし、労使自治により経営環境の変化等に柔軟に対応することを困難にするとの批判がなされた。これを受けて、その後の裁判例では、労働条件を不利益に変更する労働協約の規範的効力を原則として認めるものが一般的となっていき、最高裁も、朝日火災海上保険事件（石堂）事件（最一小判平9・3・27労判713号27頁）において、不利益変更の労働協約の規範的効力が一般的に否定されるわけではないし、組合員の個別の同意や組合に対する授権を要件とすることもできないとして、労働条件を不利益に変更する労働協約の規範的効力を原則として認める立場に立つことを明らかにした。

もっとも、同事件において、最高裁は、労働協約による労働条件の不利益変更には、協約締結の経緯、使用者の経営状態、協約に定められた基準の全体としての合理性に照らして「協約が特定の又は一部の組合員を殊更不利益に取り扱うことを目的として締結されたなど労働組合の目的を逸脱して締結された」場合にはその規範的効力が否定されるという限界があることも同時に明らかにした。その後の下級審裁判例では、この最高裁判決に依拠して判断するものもあるが（中央建設国民健康保険組合事件・東京高判平20・4・23労判960号25頁）、組合の目的をどのように理解するかは解釈の余地があるし、組合の目的からの逸脱がいかなる場合に認められるかも、最高裁判決は例示をしているものの定まっているわけではない。学説では、一部の組合員に大きな不利益を与える内容の労働協約における当該組合員の保護を念頭に内容の合理性を審査すべきとする見解がある一方で、組合員は脱退することにより労働協約の規範的効力から逃れることができるので、逆に組合員でいることは組合の決定に従っているとみなしてよいし、使用者も後から労働協約の効力が争われることはないとみてよいから、労使自治を尊重して、裁判所は協約内容への直接介入には謙抑的であるべきであるとする見解も有力である。後者の見解は、組合内での意見集約・調整プロセスの公正さの観点からの手続審査にとどめるべきとするが、変更内容の不利益性を全く考慮に入れないというわけではなく、手続は変更内容の不利益の程度に応じたものを求められ、例えば、一部の組合員に大きな不利益を与える内容の協約では、当該組合員の意見を聴取・反映させる手続が実質的にとられていない場合や一部の組合員の犠牲の上に多数が利益を享受する多数決の濫用ともいえる状況の場合には規範的効力を否定すべきとする。

なお、未払の賃金や退職金などの既に発生した個々の組合員の債権や、特定組合員の雇用契約の成立や終了などの個々の組合員の処分に委ねられるべき事項については、労働組合には処分権限がなく、協約で定めをしてもその効力は認められない。

2　未組織労働者の場合

労組法17条の事業場単位の拡張適用は、未組織労働者の労働条件が労働協約の基準に引き上げられるのであれば特段問題は生じない。しかし、未組織労働者の労働条件を引き下げることとなる内容の労働協約の拡張適用が認められるかについては見解の対立がある。

学説上は、労働条件を引き下げる拡張適用は認められないとする見解が有力である。拡張適用の趣旨を協約以下の労働条件での非組合員の雇用を排除することや少数労働者を保護することに求めるのであれば、未組織労働者の労働条件を労働協約の基準まで引き下げるのは妥当性を欠くこと、未組織労働者は自らの見解を協約締結組合の決定に反映させる機会がない一方で、協約締結組合も未組織労働者の利益に配慮すべき立場にはないことなどがその理由として挙げられている。

これに対して、最高裁は、朝日火災海上保険（高田）事件（最三小判平8・3・26民集50巻4号1008頁）において、未組織労働者への不利益な労働協約の拡張適用を原則として肯定している。その理由としては、①条文の文言が労働者に不利益な場合を排除していないこと、②労働協約は、その全体が労使の取引の結果であり、労働協約の一部について有利、不利を論じるのは適切ではないこと、③労働条件を統一して、団結権の維持強化と公正妥当な労働条件の実現を図るという拡張適用の制度趣旨が挙げられている。

もっとも、最高裁は、①未組織労働者が組合の意思決定に関与しないこと、②組合は未組織労働者の利益を擁護する立場にはないことの二点を指摘して、「労働協約によって特定の未組織労働者にもたらされる不利益の程度・内容、労働協約が締結されるに至った経緯、当該労働者が労働組合の組合員資格を認められているかどうか等に照らし、当該労働協約を特定の未組織労働者に適用することが著しく不合理であると認められる特段の事情がある」場合には、未組織労働者への不利益な労働協約の拡張適用を認めないという労組法17条の文言にはない例外も同時に明らかにし、当該事件における退職金の引き下げを内容とする協約の拡張適用を否定している。

第5節　労働協約の期間と終了

1　労働協約の期間

労働協約の有効期間が設けられる場合には、その上限は3年であり、これを超える有効期間の定がなされても、有効期間は3年とみなされる（労組15条1項、2項）。これは、労働協約が締結された時点とは状況が変化した場合であっても、当該協約があまりに長期間にわたって拘束力を持ち続けるのは妥当性を欠き、労使紛争を生じさせかねないという政策的考慮によるものである。

有効期間が経過して労働協約が失効することにより、労働協約がない状態となることを回避するために、労働協約の有効期間が設けられる場合には、あわせて自動延長条項や自動更新条項が設けられることがある。自動延長条項は、新協約締結に向けての交渉が継続している間、現協約の有効期間経過後も暫定的にその効力が存続する旨を定めるものである。延長期間について期間の定めがない場合には、有効期間の定めがない労働協約の場合と同様に、当事者の一方は、90日前に予告することにより現協約を解約することができる（労組15条3項後段・4項）。延長期間について期間の定めをする場合には、元の協約の有効期間と延長期間を通算して、上記の有効期間3年の規制に服すると解されているが、通算して3年を超えた労働協約が自動的に失効するか、失効に90日前の予告による解約が必要かには見解の対立がある。これに対し、自動更新条項は、労働協約の有効期間の満了前の一定期日までに当事者の一方から当該協約の改定または終了の通告がないかぎり、当該協約は自動的に更新される旨を定めるものである。この自動更新は、新協約が現協約と同一内容で締結されたものと捉えられるので、自動更新後の有効期間は、現協約のそれとの通算ではなく、独立して上記の有効期間3年の規制に服する。

2　労働協約の終了

1 終了事由

労働協約の終了事由として、前記の有効期間の満了のほか、解約、当事者の消滅がある。

(1)　解　約

有効期間の定がない労働協約は、当事者の一方が、署名または記名押印した文書によって解約しようとする日の90日前までに予告をして解約することができる（労組15条３項前段・４項）。もっとも、使用者による一方的解約は、労働組合の壊滅や弱体化が目的であるとして、不当労働行為と見なされることがある（駿河銀行事件・東京地判平２・５・30労判563号６頁等）。また、協約の一方的解約は、協約全体についてなされるべきであり、原則として一部解約は許されないと解されている。協約は、その全体が労使の取引の結果であり、各部分は相互に関連性をもっていることが通常であるにもかかわらず一部解約を許容すると、自己に不利な部分のみの解約が可能となり、妥当ではないからである。裁判例もこのような見解をとり、例外的に一部解約が認められる場合を、協約自体の中に客観的に他と分別できる部分があり、かつ、分別して扱うことを協約当事者も予想しえたと考えるのが合理的である場合（ソニー事件・東京高決平６・10・24労判675号67頁）や当該条項が協約締結の経緯・内容に照らして他の条項から独立しており、一部のみの解約によって他方当事者に締結当時に予想しえなかった不利益を与えないなどの特段の事情が認められる場合（黒川乳業事件・大阪高判平18・２・10労判924号124頁）等に限定している。

協約の有効期間の定の有無にかかわらず、当事者双方が協約の解約に合意する場合には、予告は要せず、いつでも解約が可能である。労働協約の締結の場合に必要な要式性（労組14条）との均衡や、それまで労働協約によって形成されていた労使関係への解約の影響の大きさに鑑みると、一方的解約における要式性の要求（労組15条３項）を準用ないし類推適用にすることにより、合意解約の場合にも、書面による両当事者の署名または記名押印を要すると解すべきであろう。

⑵　当事者の消滅

労働協約は、締結当事者の一方が消滅すれば、その時点で終了する。労働組合については、解散する場合、清算手続中は労働協約は存続するが、清算手続が終了すると、労働協約も終了する。連合団体が独自の協約当事者となっている場合にも同じことが妥当するが、加盟組合が連合団体と並んで協約当事者となっている場合には、当該加盟組合と使用者の労働協約として存続する。なお、労働組合が組織を変更する場合は、その過程で旧組織の解散手続がとられていたとしても、旧組織と新組織の間でその実体に変更がないかぎり労働協約は維持される。

使用者についても、会社解散の場合、会社は清算手続中は清算目的の範囲内で存続するから労働協約も存続するが、清算手続が終了すると労働協約も終了する。使用者団体が独自の協約当事者となっている場合にも同じことが妥当するが、日本では使用者団体と並んで個別使用者が協約当事者となっている場合や、使用者団体が個別使用者の委任にもとづいて協約を締結している場合が多く、これらの場合には、使用者団体が解散しても労働協約は終了しない。

会社が合併した場合には、消滅会社の労働協約は、他の債権債務と同様に新設（存続）会社に承継される。会社分割の場合は、労働契約承継法6条により、分割会社と労働組合との間で締結されている労働協約は、組合員の労働契約が承継（設立）会社に承継される場合、承継（設立）会社と労働組合の間で従前と同一内容の労働協約が締結されたものとみなされるが、労働協約の債務的部分については、分割会社と労働組合の間で承継（設立）会社に承継する部分についての合意をすることができる。事業譲渡の場合は、労働協約は当然には承継されず、承継には譲渡・譲受会社間の合意が必要とする見解と、企業活動の実質的同一性が肯定される限り、労働契約関係は承継され、それを規律する労働協約も存続するとする見解がある。

2 協約終了後の労働条件

労働協約が有効期間の満了や解約などにより終了し、新協約も締結されない場合、従前の労働協約の規範的効力（労組16条）により決まっていた労働契約の内容はどうなるのか。日本の労組法には、ドイツのような労働協約の終了後も、新たに異なる取り決めがなされない限りその規範的効力を認めるとする明文の規定がないため、労働協約が終了した場合に、その規範的効力を引き続き認めることはできない。しかし、労働関係の継続性に鑑みると、労働協約が終了したがゆえに労働条件が空白のままとするのは妥当ではなく、空白を埋める解釈が必要となる。

一つの見解は、労働協約の規範的効力について、労働契約の中に入り込み、その内容になる効力であるとする理解（化体説）に基づいて、労働協約上の労働条件は規範的効力により労働契約の内容となっている以上、労働協約終了後も存続するとするものである。もう一つの見解は、労働協約の規範的効力は労働契約に対して外部から規律する効力であるとする理解（外部規律説）に基づいて、労働協約が終了して規範的効力が失われると、規範的効力により外部から規律されていた労働条件も失われるが、その場合でも、労働契約関係の継続性から、労働条件の空白を避けるべく、従前の労働協約、就業規則、慣行、個別契約を参照しつつ、契約の合理的解釈により労働条件を補充するとするものである。

後者の見解でも、従前の労働協約の労働条件が引き続き妥当するのが契約の合理的解釈とする場合には、前者の見解と結論において違いは生じない一方で、後者の見解では、従前の労働協約の労働条件以外の補充も認めうる点でより柔軟な労働条件の補充が可能である。

第6章 団体行動

第1節　団体行動の法的保護

1　争議行為と組合活動の意義

労働組合は、労働者の労働条件の維持改善や経済的地位の向上を図るために、さまざまな団体行動を展開する。それらの活動のうち、第三編第4章で論じられる「団体交渉」を除いたものが、本章で取り上げる争議行為と組合活動である。

争議行為と組合活動をどのように定義するかについては、後述するように議論があるが、争議行為とは、一般的には、労働者団結がその主張を示威しあるいは要求を実現するために行う団体行動のことをいい、①ストライキ（集団的労務提供拒否のことで、「同盟罷業」ともよばれる）、②ストライキ以外の業務阻害行為（怠業、順法闘争など）、③それらに随伴する行為（ピケッティング、ボイコット、職場占拠など）がある。争議行為は、典型的には、団体交渉において使用者に譲歩を迫る圧力手段として行われるが、他の労働者集団の争議を支援したり、抗議意思や政治的意思を表明するために行われることもある。

これに対して、組合活動とは、一般的には、労働組合その他の労働者集団が団結体の結束を維持するために行う団体行動のことをいい、①労働組合の日常的な組織運営のための活動（各種会議の開催、連絡、日常業務の遂行、役員選挙など）、②組合員や非組合員等に対する情宣活動（集会、ビラ・ニュースの配布、掲示板の利用、署名活動など）、③使用者等に対する闘争的活動（ビラ貼り、リボン等の着用、企業内外の抗議行動など）に大別される。

2　団体行動の法的保護と労働法上の「正当性」の意義

労働組合の団体行動、とりわけ争議行為は、使用者の業務を阻害することによって多大な損害を与えるだけでなく、ときには一般公衆や国民経済の運営にも重大な影響を及ぼす。そのため、歴史的にはまず刑事責任が科され、刑事責任からの解放が実現した後にも、契約違反あるいは不法行為を理由とする損害賠償責任の追及や差止命令による抑圧を受けてきた。憲法28条が団体行動の権利を労働者の基本権として保障することになったのは、こうした経緯を踏まえ、使用者に対して従属的立場にある労働者が、その経済的地位の向上や労働条件の決定に実質的に関与していくために不可欠と考えられたからである。

団体行動としての争議行為と組合活動は、「正当性」が認められることを要件として、前者は団体行動権（争議権）によって保護され、後者は（団結権あるいは団体行動権を根拠とする）組合活動権によって保護されると解されてきた。団体行動の権利が、個々の団体行動の市民法上の違法性を除去するために確立されてきたことからすると、団体行動の「正当性」は、市民法上の違法効果を打ち消し、憲法28条および労組法の団体行動権保障の範囲（限界）を画するための労働法上の概念ということになる。このことを、労組法は、3つの側面から、争議行為について規定している

第1は、「刑事免責」である。労組法1条2項は、刑法35条の規定（「法令又は正当な業務による行為は、罰しない」）は「労働組合の……行為であって前項に掲げる目的を達成するためにした正当なものについて適用があるものとする」と定め、憲法28条の内容を確認している。正当な争議行為は、「正当行為」として、犯罪成立要件の1つである違法性が阻却されるということである。

第2は、「民事免責」である。労組法8条は、「使用者は、同盟罷業その他の争議行為であって正当なものによって損害を受けたことの故をもって、労働組合又はその組合員に対し賠償を請求することができない」と規定し、正当な争議行為は債務不履行や不法行為の成立要件の1つである違法性が否定

されることを明らかにしている。

第3は、「不利益取扱いからの保護」である。「労働組合の正当な行為」を理由とする解雇、懲戒処分などの不利益な取扱いは、法律行為については、不当労働行為（労組7条1号）ないし憲法28条を体現する公序違反（民90条）として無効となり、事実行為については、不法行為（民709条）として違法となる。

正当な組合活動にも、「刑事免責」と「不利益取扱いからの保護」が及ぶことについては、争いがない。問題があるとすれば、「民事免責」である。文言上、保護の対象を争議行為に限定している労組法8条は、その反対解釈として、組合活動には民事免責が及ばないという考え方も成り立ちうるからである。しかし、同条の規定形式を根拠に、民事免責だけはその対象が争議行為に限定されるというのはいかにも不自然であるし、下位規範である労組法から上位規範である憲法の意味内容を限定するという方法論上の誤謬を犯すものである。また、立法上の沿革からみると、労組法8条は、争議行為に対する損害賠償責任の追及が熾烈を極めたイギリスやアメリカの歴史的経緯を踏まえて、「念のために」規定された旧労組法の内容（12条）をほぼそのままの形で引き継いだにすぎず、審議過程において、組合活動を保護の対象外とすることが議論の俎上に上ることはなかったとされている。したがって、組合活動にも民事免責が認められると解する多数説が支持されるべきである。

3　争議行為と組合活動の区別（関係）

労組法には、争議行為や組合活動について、一般的な定義規定は置かれていない。そこで、法的概念としての争議行為はどのような要素によって定義づけられるのか、また、争議行為と組合活動とはどのように区別され、それらにどのような法的効果が認められるのかが、学説上、論じられてきた（なお、法令や規則を厳格に遵守する態様で労務を遂行することによって事業の能率を低下させる安全闘争や、年休権などの労働者の個人的な権利を集団的に行使する一斉休暇闘争などのいわゆる順法闘争が争議行為といえるかどうかも、かつては問題とされた）。

多数説は、「この法律において、争議行為とは、……業務の正常な運営を阻害するものをいふ」と規定する労調法7条を拠り所として、争議行為を労働組合または労働者集団が一定の目的のために行う集団行動であって、使用者の「業務の正常な運営を阻害する一切の行為」と解してきた（「業務阻害説」）。この考え方によれば、争議行為と組合活動は、当該行為が「業務の正常な運営を阻害する行為」か否かによって区別されることになる。

これに対して、組合活動に対する民事免責を否定する立場は、業務阻害の有無は単なる結果に過ぎず、争議行為の概念規定とは無縁のものであるし、業務を阻害する組合活動は不当なはずであるにもかかわらず、業務を阻害すれば争議行為となって正当性が認められると多数説が説くのは矛盾も甚だしいと批判し、争議行為とは、意図的かつ計画的な争議意思をもって行われる一切の集団的・同盟的行為をいい、その概念は争議意思を表現する「宣言」を中心に構成されるべきであるとする（「宣言説」）。また、争議権保障の対象となる争議行為は労調法7条の対象となる業務阻害行為と表裏一体をなすものではなく、集団的な労働力の取引拒否行為に限定されると解する立場は、争議行為とは「労働者の集団がその主張の示威または貫徹を目的として労務を完全または不完全に停止し、また必要によりこの労務停止を維持するためのピケ行為及び使用者との取引拒否の呼びかけを行うこと」と定義されるべきであるとしている（「労務不提供中心説」）。この立場によれば、組合活動は、団結体の統制下にある行為であって、その目的は団体交渉上の事項以外にも広く及ぶが、その態様は労働義務違反や使用者の業務運営の故意の阻害などを含まない点において、争議行為と区別されることになる。

たしかに、多数説に対するこれらの批判には傾聴に値するものがあり、「業務の正常な運営の阻害」を争議行為概念の一般的要件とすることは適切でない。しかし、「宣言説」は、なぜ宣言が争議行為の本質的要素となるのかを説明していないばかりか、争議行為概念と「正当性」評価の判断とを結び付けて把握している点でも疑問がある。「労務不提供中心説」にしても、なぜ争議権と争議行為の対象が「集団的な労働力の取引拒否行為」という狭い枠内に限定されるのかが明らかでないし、多種多様な戦術が採られる争議の実態にそぐわないという実際上の問題も無視できない。

組合活動に対する民事免責を否定する「宣言説」はもちろん、「業務阻害説」や「労務不提供中心説」も、争議行為と組合活動と間に民事免責の範囲に相違があることを所与の前提としている。しかし、組合活動にも民事免責が認められると解するかぎり、それと争議行為を概念上明確に区別することにさしたる実益はない。団体行動が争議行為として行われたのか、それとも組合活動として行われたのかは、あくまでその目的や態様との関連で、「正当性」の判断要素の１つとして考慮すべきものであって、そのいずれかであることから「正当性」の範囲がおのずと定まることにはならないからである（「争議行為概念相対性説」。この点は、「業務阻害説」の立場に立つ学説も認めるところである）。

第２節　争議行為の正当性

1　総　説

争議行為の正当性は、争議権行使としての法的効果が認められるか否かという問題であり、争議行為による団結目的の追求と、それによって影響を被る使用者や第三者の利益との間の一種の利益衡量の問題でもある。したがって、その評価は、争議行為が使用者の業務を阻害したり、第三者に損害をもたらすだけではもはや不当と評価されないという争議権保障の趣旨を前提にして、社会通念に従って判断されることになるが、その判断に当たっては、以下の点に留意する必要がある。

第１は、争議中の個々の行為それ自体に着目するのではなく、争議全体に占める個々の争議行為の意義や労使双方の対応などの諸般の事情を考慮することが求められるということである。第２は、争議行為の正当性評価には絶対的な基準があるわけではなく、正当性が問題となるそれぞれの法的効果（刑事免責、民事免責、そして解雇や懲戒処分などの不利益取扱いからの保護）に応じて、考慮されるべき基準や要素も異なりうるということである。これらのことを前提にして、以下では、争議行為の正当性評価の要素とされてきた争議の「目的」と「手段・態様」について検討する。

2　目的の正当性

争議行為の目的の正当性とは、争議行為の目的が憲法28条の予定するものであるか否かの判断のことである。もっとも典型的な争議目的は、労働者の労働条件の維持改善や経済的地位の向上、労働関係上の諸利益に関する要求である。争議行為は、使用者に労働組合を承認させ、団体交渉に応ずるよう要求して行われることもあるが、これらが正当な目的であることはもちろんである。しかし、争議権はその確立に至る歴史的経緯や憲法28条の趣旨・目的からみて、一定の限界がある。

1 政治スト

政治ストとは、国や地方公共団体などの公的機関に対する立法的・政治的要求や抗議等の政治的目的にもとづくストライキのことである。

争議行為は団体交渉を機能させる手段としてのみ保障されると考える立場（「団交中心論」）によれば、政治ストは団体交渉とは無縁のものとして正当性が否定される。判例も、「政治目的のための争議行為を行うごときは、もともと憲法28条の保障とは無関係なもの」であるとしている（全農林警職法事件・最大判昭48・4・25刑集27巻4号547頁、三菱重工長崎造船所事件・最二小判平4・9・25労判618号14頁）。もっとも、厳密な意味での「団交中心論」の立場から政治ストを違法とした裁判例は、憲法28条の団体行動権の保障の趣旨を「労働者が、労働条件等使用者に対する主張、要求事項に関して使用者と交渉するに際し、使用者と対等な立場に立つことを可能ならしめるべく、労使の力の均衡を図ったもの」と解することにより、「安保反対・三菱の侵略兵器製造抗議」を目的とした時限ストを「使用者に対する関係において憲法28条の保障する争議行為としての正当性の限界をこえる」とした三菱重工広島精機製作所事件（広島地判昭54・1・24労判314号52頁）が散見される程度である。

しかし、今日では、国の政治が国民の日常生活や労働生活の隅々まで浸透しており、労働者の労働条件の維持や経済的地位の向上という団結目的を実現するためにも、一定の政治活動が不可欠であるから、政治ストは一定の範囲で正当性を有すると解される。とはいえ、現代社会における政治と経済の不可分性を理由に、すべての政治ストを憲法28条の保障の範囲に含まれるとする立場（「28条説」）に与することはできない。多数説が主張するように、政治ストを「経済的政治スト」（労働立法改悪反対や社会保障に関連する要求など、労働者の労働条件に関連する目的のスト）と「純粋政治スト」（安保条約反対のような国民的立場に立ち、国民的要求を掲げて行うスト）に分け、前者は憲法28条によって保障され、後者は憲法21条の表現の自由の行使と位置づける考え方が妥当である（「政治スト二分説」）。裁判例においても、労働者の経済的地位の向上という労働者団結の目的から争議行為の正当性を判断し、政治ストを正当とするものがある（日韓条約反対ストを正当とする国労宮原操車場事件・大阪地判昭47・４・11労旬810号56頁や政暴法反対ストを正当とする七十七銀行事件・仙台地判昭45・５・29労民集21巻３号689頁）が、上記の学説との関係は必ずしも明らかではない。

2 同情スト

同情ストとは、他企業の労働者の争議を支援する目的で行われる争議行為のことである。

同情ストは、その当事者が団体交渉を通じてその原因となった争点を直接解決することができない点で、政治ストと同様の論点が含まれるため、「団交中心論」の立場によれば、憲法28条の保護を受けられないとされている。同情ストに関する唯一の裁判例である杵島炭鉱事件（東京地判昭50・10・21労民集26巻５号870頁）も、同情ストを違法とし、労働組合の損害賠償責任を肯定している。もっとも、この事案は、炭労指令の統一ストともみることができ、こうした争議行為の正当性を認めないことに対しては、「団交中心論」の立場からも批判がなされている。

これに対して、労働条件の維持改善その他労働者の経済的地位の向上という団結権の目的に沿う争議目的であれば正当であると考える多数説によれば、同情ストも一定の範囲でその正当性が認められることになる。たとえば、争議労働者と支援（同情）労働者との間の労働条件や経済的利害などが産業や地域の同一性から実質的な関連性を有しており、争議の結果が支援（同情）労働者の労働条件や経済的な地位の向上に影響を与えると認められる場合について、その正当性を否定することは、憲法28条の争議権保障の趣旨を没却することになりかねないからである。

3 争議目的と争議権の濫用

争議行為が会社の経営方針に反対する目的で行われたり、使用者に対する抗議の意思を表明するために行われたりする場合には、争議権の濫用という視点から論じられることがある。しかし、鉱業所長の追放などの人事権に干渉する要求であっても、その真意が組合員の労働条件の改善を図るための必要な手段である場合（大浜炭鉱事件・最二小判昭24・4・23刑集3巻5号592頁）や、非組合員の解雇撤回に関連する争議行為が組合員の利害に直接間接に関連を有する場合（高知新聞社事件・最三小判昭35・4・26民集14巻6号1004頁）には、争議権の濫用とはいえない。抗議ストも、広い意味で労働者の労働条件・経済的地位の向上に関係しているかぎり、他の争議行為と区別されるいわれはないから、その方法において正当である場合には、争議権の濫用とはならない（明治乳業戸田橋工場事件・東京地判昭44・10・28判タ242号225頁、国鉄千葉動労（違法争議損害賠償）事件・千葉地判平12・7・14労判797号75頁。なお、ロードスター工業事件・東京地決昭55・4・7労経速1052号3頁は、単に使用者に対する広義のみを目的とする争議行為は正当でないとしているが、賛成できない）。

3　手段・態様の正当性

争議行為の手段・態様の正当性とは、争議行為に至った経緯や具体的な目的、具体的態様、周囲の客観的情況その他諸般の事情等にかかわる総合的な判断のことであり、使用者の業務に対する阻害行為がどこまで許されるのかという問題である。このこととの関係で注意を要するのは、「暴力の行使は、労働組合の正当な行為と解釈されてはならない」と規定する労組法1条2項ただし書を、有形力の行使があれば当然に正当性が失われるという意味に解してはならないということである。このただし書の意味は、正当性が失われるほどの有形力の行使が「暴力」となるという当然のことを注意的に規定したにすぎないからである。

手段・態様面での争議行為の正当性判断に当たっては、争議行為に至った事情、とくに使用者側の対応等を考慮した総合的な判断が必要である。争議行為の態様は多種多様であるが、以下、主要な争議態様に限定して検討することとする。

1　ストライキ（同盟罷業）

争議手段のなかでもっとも典型的なものは、集団的な労務提供拒否を意味するストライキである。ストライキには、全部スト、部分スト、指名スト、時限ストなどさまざまな形態があるが、それが単純な労務不提供にとどまり、他人の生命や身体を危険にさらしたり、生産設備に回復困難な損害をもたらしたりしないかぎり、原則的に正当な争議手段と評価されることについては、争いがない。

もっとも、一部の組合員や独自の交渉権をもたない組合の下部組織が独自の判断で行う「山猫スト」や、下部組織が上部組織の承認をえないで行う「非公認スト」については、いささか事情が異なる。山猫ストについて、判例はほぼ一致して正当性を認めておらず（呉羽紡績事件・最大判昭31・10・24刑集10巻10号1500頁、西鉄到津自動車営業所事件・福岡高判昭36・５・19労民集12巻５号795頁、三井鉱山三池鉱業所事件・福岡高判昭48・12・７判時742号103頁）、学説も、とくに「団交中心論」の立場は、正当性を否定している。しかし、山猫ストの正当性が問題となる局面があるとすれば、それは労働組合と使用者との間の団体交渉による問題処理を妨げ、使用者の対応を困難にさせるという点である。したがって、貫徹ストの場合は格別、短時間の示威ストにとどまるかぎり、正当性が否定されるべきではない。非公認ストも、上部組合の承認がないという点において統制違反とされる余地があるが、使用者との関係では、正当性を否定されないと解される。

団体交渉を経ないで行われるストも、「団交中心論」の立場からは、正当性が認められないことになる。裁判例も、使用者から回答がないなかで行われたストの正当性を否定したものがある（富士文化工業事件・浦和地判昭35・３・30労民集11巻２号280頁）。しかし、団体交渉と争議行為との間に必然的な結びつきはなく、労使間に主張の対立があることが客観的に認められれば、正当に争議行為を行うことができると解される。予告なしに行われる抜き打ちストについては、それによって使用者に不測の損害を発生させるおそれのあることは否定できないが、労調法や労働協約上の予告義務を除き、使用者に争議行為を予告しなければならない法律上の根拠は存在しない。学説上、一部に異論はあるが、裁判例は、争議行為が予告なしに行われたという理由だけではその正当性が否定されることはないとしている（日本化薬厚狭作業所事件・広島高判昭34・５・30労民集10巻３号531頁、日航不当解雇事件・東京地決昭41・２・26判タ193号175頁、柳井商店事件・神戸地判平７・４・18労判684号79頁。反対、日航乗務員指名スト事件・東京地判昭44・９・29判タ241号157頁）。平和義務や平和条項に違反するストも、同様に解してよい。組合規約に定められた争議開始手続に反して行われるスト、とくに労組法５条２項８号違反のストライキについては、重大な手続違反として正当性を失うとする考え方がある。しかし、同号は、労働組合の資格審査に関する要件を規定したにとどまり、規約違反という点は組合内部の意思形成における瑕疵にすぎないから、使用者との関係で正当性が否認されることにはならないと解される（興国人絹パルプ事件・大分地判昭41・10・25労民集17巻５号1280頁。反対、日本通運事件・秋田地判昭25・９・５労民集１巻５号683頁）。

2　怠業（サボタージュ）

怠業とは、作業能率の低下や特定業務の拒否等を内容とし、全体としてみれば使用者の指揮命令に従いつつも、部分的にこれを排除することによって、不完全な労務を提供するという争議手段であり、賃金カットを免れるために作業能率を低下させる戦術（スローダウン）として行われることが多い。

怠業は、それが不完全な労務提供といった消極的な態様にとどまるかぎり、正当性が認められる（日本化薬厚狭作業所事件・広島高判昭34・５・30労民集10巻３号531頁）。しかし、集金した金員を納金せずに労働組合が保管するといった戦術（納金スト）の民事上の正当性については、判断が分かれている（ユニヴァーサルタクシー事件・神戸地判昭45・11・11労民集21巻６号1500頁は正当性を認めるが、大阪高判昭47・２・10判タ276号187頁はこれに疑問を呈している）。会社の機械・製品の破壊・毀損などの積極的な業務妨害を用いるいわゆる積極的サボタージュについては、正当性が否定されている（松下電工事件・最二小判昭25・

３・17刑集４巻３号378頁）。

3 ピケッティング

ピケッティングとは、監視や見張りを意味し、欧米ではストライキやサボタージュ、ボイコット等の効果を高めるための補助的な争議手段として、会社や工場の門前の公道で平穏に行われるのが通常である。これに対して、わが国では、かつては非組合員等の争議不参加者やスト中の代替要員の就労阻止・使用者に対する出入荷の阻止・妨害戦術として、ピケッティングが行われてきた。

こうした経緯から、ピケッティングの正当性については、労使関係の特殊性と憲法上の争議権保障を根拠に実力行使を容認する独特の法理が構築され、裁判例においても、スクラムによる代替労働者の入構阻止の正当性を認めるものも一部にみられた（東亜石油事件・東京地判昭44・６・28労民集20巻３号614頁、御国ハイヤー事件・高松高判平元・２・27労判537号61頁）。しかし、最高裁は、朝日新聞西部本社事件（最大判昭27・10・22民集６巻９号857頁）以降、同盟罷業（ストライキ）の本質は「労務供給義務の不履行にあり、その手段方法は労働者が団結してその持つ労働力を使用者に利用させないことにある」との見地から、ピケッティングは「平和的説得」（言論による説得）にかぎって許されるとの原則を定立した上で、最終的な刑事上の違法性（阻却事由）の有無は、「諸般の事情」を考慮して判断を行うとの立場に立っている（三友炭鉱事件・最三小判昭31・12・11刑集10巻12号1605頁、札幌市労連事件・最三小決昭45・６・23刑集27巻３号418頁、国鉄久留米駅事件・最大判昭48・４・25刑集27巻３号18頁）。

4 職場滞留・職場占拠

わが国の争議行為は、企業内組合がほとんどであることもあり、概して職場滞留型であるといわれている。スト参加者は、ストライキ中も会社の構内にとどまり、集会を開いたりデモ等の示威行動をしたりすることが多いが、こうした態様にとどまるかぎり、法的にとくに問題とされることはない（国産自動車交通事件・最三小判平６・６・７労旬1349号58頁、岡惣事件・東京高判平13・11・８労判815号14頁）。

これに対して、職場占拠は、スト参加者が団結を維持し、スト中の操業を妨害（阻止）するために行われ、とくにタクシー会社やバス会社などでは、車両や車検証、エンジンキー等を組合の排他的占有の下に移す車両確保戦術として職場占拠が行われることが多い。学説・裁判例は、占拠の場所的範囲・排他性の有無、実力行使の有無、占拠に至る経過等の諸般の事情を考慮して具体的にその正当性を判断しており（国光電機事件・東京地判昭41・3・29労民集17巻2号273頁）、使用者の占有を排除せず、その操業を妨害しない場合には正当性を認めるが、使用者の支配権を排除し、その業務を妨げる排他的職場占拠については、正当性を否定する傾向にある。

4　正当性を欠く争議行為の責任

争議行為の正当性が認められない場合には、その責任が問題となりうる。しかし、正当性の欠如が責任の発生に直結するわけではないから、刑事上あるいは民事上（損害賠償責任や解雇・懲戒処分など）の各要件を満たしてはじめて責任が課されることになる。

1 刑事責任

刑事責任については、その性質上、構成要件に該当する行為を行った者の個人責任が追及される。もっとも、ストライキやスローダウンのように、労務の不提供あるいは部分的提供という単純不作為にとどまるかぎり、原則として刑事責任が問題となることはない。

刑事責任が問われる可能性があるのは、ピケッティングなどの物理的な力の行使を伴う場合である。このような場合には、威力業務妨害罪（刑234条）、傷害罪（204条）、暴行罪（208条）などにより、組合員・役員の個人責任が問題となるが、それぞれの行為者ごとに、違法性阻却事由の存否、有責性の有無、とくに期待可能性の存否などについて、慎重な判断が求められる。また、民主的な手続にもとづいて形成された集団的意思に支えられる争議行為にあっては、組合役員による指令に対して、安易に教唆の成立を認めるべきではないという点にも留意する必要がある（東京都教組事件・最大判昭44・4・2刑集23巻5号305頁）。

2 損害賠償責任

損害賠償責任については、組合員（個人）と労働組合（団体）のいずれが責任を負うのか、その法的構成はいかにあるべきかが、諸外国の歴史や理論を踏まえて、論争が展開されてきた。

民法の一般原則によると、個人が責任を負うのは当然の前提とされ、次いで、その個人責任がどの範囲で労働組合に及ぶのかが問題となる。また、こうした個人責任と団体責任の関係は、不真正連帯責任の関係にあるとされ、個々の組合員は労働組合と並んで正当でない争議行為の全損害について責任が課されるとされてきた（国鉄損害賠償請求事件・東京地判昭26・４・13労民集２巻４号475頁、みすず豆腐事件・長野地判昭42・３・28労民集18巻２号237頁、書泉事件・東京高判平４・５・６労民集43巻２・３号540頁、本山製作所事件・仙台地判平15・３・31労判858号141頁）。

しかし、学説は、こうした裁判例の立場に対して、概ね批判的である。まず、個々の組合員も責任を負うとする「個人責任肯定論」によれば、不真正連帯という構成を批判し、争議行為の構造分析から、組合規約所定の決定手続を経て違法争議行為が行われた場合には、労働組合の責任を第一次的なものとし、争議に参加した組合員個人の責任は二次的責任にとどまるとされている。他方、「個人責任否定論」によると、争議行為は組織化された団体性にあり、正当でない争議行為といえども労働組合の意思決定を経て行われたものである以上、労働組合の行為として評価され、労働組合のみが不法行為責任を負い、個々の組合員は責任を負わないことが団結権保障にもとづく「団結自治の承認」あるいは「使用者の団結承認義務」から導かれるとされている。

労働組合という民主的組織において、組合員の総意にもとづいて実行される争議行為を誰が指導し、誰が積極的に関与したのかを追及することは、団結自治への不当な介入に当たると解される。したがって、正当でない争議行為の責任追及が許されるとすれば、それは労働組合に対する損害賠償請求にかぎられ（民709条。労働組合の単独責任の立場に立つ裁判例としては、炭労杵島炭礦事件・東京地判昭50・10・21労民集26巻５号870頁がある）、個々の争議参加者や組合役員の責任は原則として許されない。個人責任の追及が認められるのは、組合の統制を逸脱した個人的行為にかぎられるべきである。

3 懲戒処分

わが国で、争議行為に対する責任追及として多用されてきたのは、懲戒処分である。この点に関しても、「個人責任否定論」の立場からは、組合員個人の懲戒責任を否定する考えや、争議中の行動に対しては就業規則が適用されないとする考えが唱えられてきた（この立場に立つ裁判例としては、七十七銀行事件・仙台地判昭45・5・29労民集21巻3号689頁がある）が、「個人責任肯定論」や裁判例の多くは、組合役員や争議参加者の行為が就業規則上の懲戒事由に該当するかぎり、懲戒処分を課しうるとしている（全逓東北地本事件・最三小判昭53・7・18民集32巻5号1030頁。もっとも、企業秩序への侵害の程度いかんによっては懲戒処分が無効となることもありうる。大和交通事件・奈良地判平12・11・15労判800号31頁）。

懲戒処分でとくに論点となるのは、組合役員はその地位ゆえに、いわゆる「幹部責任」を負わなければならないのかという問題である。概して裁判例は、社会通念、一般法人法78条（2006年改正前の民44条1項）または執行責任を根拠として、組合役員の幹部責任を肯定している（ミツミ電機事件・東京高判昭63・3・31労判516号5頁）。しかし、一般法人法78条から幹部責任を類推することにはそもそも無理がある。また、組合役員であるという理由だけで、直接には関与していない組合員の行為についても責任を負担すべきというのは、不当な責任の拡張といわなければならない。

5 争議行為と賃金

1 争議参加者の賃金

ストライキに参加した労働者は、労働契約上負担する労務提供義務を履行していないのであるから、争議行為の正当性の有無に関係なく、これと対価関係にある賃金請求権は発生しない。しかし、一般的に、わが国の賃金体系はさまざまな項目から構成されているため、ストライキによってカットできる賃金の範囲が問題となる。これが「賃金カットの範囲」の問題である。

⑴　ストライキと賃金カットの範囲

賃金カットの範囲に関しては、かつては「賃金二分論」が有力であった。この考え方によれば、賃金には、日々の具体的な労務提供に対応して支払われる「交換的部分」（対価的部分）と、従業員たる地位に対応して支払われる「保障的部分」（報償的部分）とがあり、後者に属する家族手当や住宅手当等は、ストライキの場合でも賃金カットの対象にすることができないとされてきた。最高裁も、かつてはこの学説の影響を受けたとみられる判断を示したことがある（明治生命事件・最二小判昭40・２・５民集19巻１号52頁）が、今日では、使用者が支払義務を負う賃金の発生要件や内容は、労使間に明示の合意や規定、慣行がある場合には、それによって定まり、それがない場合には、月給や日給等の賃金支払形態、当該賃金が労働時間に対応して支払われることを予定されているかどうかなどの個別の賃金構成要素を基礎として、合理的な意思解釈を通じて個々的に確定・判断されるという考え方が定着している（「労働契約の合理的解釈説」）。最高裁も、抽象的一般的賃金二分論を否定し、労働慣行の存在を根拠として、ストライキ中の家族手当のカットを認めている（三菱重工長崎造船所事件・最二小判昭56・９・18民集35巻６号1028頁）。

⑵　ストライキ以外の争議行為と賃金カット

作業能率の低下や労務の一部拒否を内容とする怠業が行われた場合、不完全とはいえ労務の提供が行われているのであるから、これに対応する部分の賃金請求権が発生する。他方、労務の部分的停止については、これに対応する賃金カット（割合的賃金カット）が許されることになるが、その範囲は、平常時になすべき労務の質・量に照らして、どの程度の不完全履行があったかを個人ごとに算定しなければならない。したがって、賃金カットには、相当の困難がつきまとうことになる（西区タクシー事件・横浜地判昭40・11・15労民集16巻６号991頁。ただし、東洋タクシー事件・釧路地帯広支判昭57・11・29労判404号67頁は、争議参加者の賃金を一律にカットする、「応量カット」を認める）。

出張・外勤業務従事の命令を拒否し、内勤業務に従事するという争議行為についても、賃金請求権の帰趨が問題となるが、最高裁は、内勤業務への従事は債務の本旨に従った労務の提供とはいえず、また、使用者があらかじめその受領を拒否していれば、賃金請求権は発生しないとしている（水道機工事件・最一小判昭60・３・７労判449号49頁)。また、一定の単位時間の労働を完結させることが労働契約の内容となっていると認められる場合において、単位時間の一部についてストライキが行われたときは、当該単位時間全体が債務不履行となり、賃金カットの対象となるとしたものもある（府中自動車教習所事件・東京地判昭53・11・15労民集29巻５＝６号699頁)。

2 争議行為不参加者の賃金・休業手当

組合員の一部のみによって行われる「部分スト」や、従業員の一部を組織する労働組合によって行われる「一部スト」の場合、それによって就労できなくなった争議不参加者の賃金請求権がどうなるのかが問題となる。

最高裁は、部分ストが原因でスト不参加者の労働義務の履行が不能となった場合、使用者が不当な目的をもってことさらにストを行わしめるなどの特別の事情がないかぎり、同ストは民法536条２項にいう使用者の「責めに帰すべき事由」には当たらず、スト不参加者は賃金請求権を失い、また、休業手当請求権（労基26条）も発生しないとしている（ノースウエスト航空事件・最二小判昭62・７・17民集41巻５号1350頁)。一部ストについても、裁判例は概ね同様の立場に立つが、休業手当に関しては、労働者の生活保障という労基法の基本理念がその解釈に反映されるべきであるとして、請求権を認めたものがある（明星電機事件・前橋地判昭38・11・14労民集14巻６号1419頁)。

しかし、ストにより争議不参加者の本来の業務への就労が客観的に不能ないし無価値となったことの立証責任は使用者側にある。また、他の作業への就労や待機などを命ずることもありうるから、使用者が就労を命じた場合はもちろん、そのことについて明確な意思を表明せず、就労申入れを放置するなど、スト不参加者の労働が客観的に無価値になっていないときは、使用者の責に帰すべき履行不能として、正当なロックアウトの場合を除き、反対給付である賃金請求権や労基法26条による休業手当請求権も失わないと解される。

6　使用者の争議対抗行為（ロックアウト）

1 ロックアウトの意義

使用者は、労働者の争議行為に対して、さまざまな対抗手段を講ずる。そのなかで使用者の争議行為とされるのが、ロックアウトである（労調7条、行執労17条2項および地公労11条2項では、「作業所閉鎖」とよばれる）。ロックアウトとは、労働者を事業場外に閉め出すことであるが、労働者と生産手段を遮断する行為もしくは宣言によって労働者の就労（労務の受領）を集団的に拒否する使用者の争議行為であり、賃金支払義務を免れることを目的として行われるが、争議拠点を奪還し、非組合員による就労を可能とするために行われることもある。

2 ロックアウトの法的根拠

ロックアウトをめぐる最大の争点は、使用者による集団的な労務受領拒否をどのように根拠づけて、賃金支払義務を免除する効果を導き出すかという点である。

このことについて、学説は大きく分けて2つの立場が存在した。1つは、労働法上のロックアウトの権利の成立を否定し、使用者の賃金支払い義務はすべて使用者の受領遅滞（民413条）の問題と解して対処する考え方である。この立場によると、使用者は、不可抗力など例外的な場合にかぎり受領遅滞の責任を免れる（賃金支払い義務が否定される）にすぎないことになる。もう1つは、使用者のロックアウトを労働法上の権利として承認し、正当な場合には使用者は賃金支払義務を免れるとする考え方である。

こうした対立のなかで、最高裁は、憲法28条の労働者の争議権法認の趣旨は労使対等の促進・確保にあり、窮極的には公平の原則に立脚するものであるから、一般的に使用者の争議権を認めるべき理由も必要もないが、「個々の具体的な労働争議の場において、労働者側の争議行為によりかえって労使間の勢力の均衡が破れ、使用者側が著しく不利な圧力を受けることになるような場合には、衡平の原則に照らし、使用者側においてこのような圧力を阻止し、労使間の勢力の均衡を回復するための対抗防衛手段として相当性を認められる限りにおいては、使用者の争議行為も正当なものとして是認されると解すべきである」との考え方を明らかにした（丸島水門製作所事件・最三小判昭50・4・25労判227号12頁）。これによって、ロックアウトは労働法上の使用者の権利と認められ、それによる賃金支払義務の問題は、使用者の争議行為の正当性の問題として処理すべきとする判例法理が確立し、学説上もこうした考え方が多数を占めることとなった。

3　ロックアウトの正当性

上記の考え方によれば、ロックアウトは、「労使間の勢力の均衡を回復するための対抗防衛手段」としてのみ行使することができる。したがって、労働者の争議行為を前提としない「攻撃的（先制的）ロックアウト」は許されず、正当性が認められるのは、争議行為に対抗するために行われる「防御的（受動的）ロックアウト」にかぎられることになる。たとえば、時限スト終了後、腕章を着用して職場に赴き平穏に就労を申入れた組合員らに対して、無期限ロックアウトを宣言し、就労申入れを拒否した会社の行為は「先制的・攻撃的ロックアウトであるに近い」として、その正当性が否定されている（ノースウエスト航空事件・最一小判昭50・7・17集民115号465頁）。これに対して、労働者側の怠業、一斉休暇、出張拒否等の争議行為によって、会社の正常な業務の遂行が著しく阻害され、作業能率も低下して、このままでは会社の経営にも支障をきたす虞が生じたとの理由から一時的に作業所を閉鎖する場合には、正当性が認められる（前掲・丸島水門製作所事件、安威川生コンクリート工業事件・最三小判平18・4・18労判915号6頁）。

「対抗防衛手段」という要件は、継続要件でもある。したがって、当初は正当な防衛的ロックアウトであったとしても、労働組合の組合員数が半減して弱体化し、平常時に近い営業を行い、経営内容も著しく改善されるなど、客観情勢が会社にきわめて有利に変化しているにもかかわらずロックアウトを継続することは、企業防衛の性格を失ったものとして、以後の正当性が否定される（第一小型ハイヤー事件・最二小判昭52・2・28判時850号97頁）。

ロックアウトを行うことができる部門や対象も、必要性の観点から制約を受ける。たとえば、一部門で行われる労働者の争議行為に対して企業全体をロックアウトすることによって対抗することは、原則として許されない。ロックアウトの対象も、原則として争議行為を実施している労働組合の組合員や争議集団に限定されることになる。

第３節　組合活動の正当性

1　目的の正当性

組合活動も、労働条件の維持改善および労働者の経済的地位の向上を目的とするものであるかぎり、正当性が認められる。この場合において注意を要するのは、組合活動は労働組合の指令にもとづく活動に限定されないという点である。組合員の自主的活動や未組織労働者の活動であっても、それが労働条件の維持改善や労働者の経済的地位の向上を目的とする活動であり、かつ、所属組合の自主的、民主的運営を志向して行われるものであるかぎり、正当性が認められ、法的保護が与えられると解されるからである（千代田化工建設事件・東京高判平７・６・22労判688号15頁、最一小判平８・１・26労判688号14頁により維持）。

組合活動の目的について、議論の余地があるのは政治活動である。しかし、労働組合が付随的に政治活動を行いうることは、労組法２条ただし書４号の認めるところであり、判例も、政治活動を広く組合目的の範囲内の行為と解した上で、個々の組合員との関係では、組合の決定に反対する組合員に対する統制権の行使を制限する一方、使用者との関係では、その正当性を広く認めていると解される（国労広島地本事件・最三小判昭50・11・28民集29巻10号1698頁）。

2　手段・態様の正当性

1　問題の所在

わが国の労働組合のほとんどは企業別組合であり、その組織や活動の本拠は企業内にある。それだけに、企業内の組合の活動は本来的に使用者の有する種々の権限と抵触する可能性があり、ひとたび労使関係の安定が崩れると、組合活動の正当性をめぐって、さまざまな法的問題が発生することになる。

組合活動は、就業時間中に行われるという点では、業務命令や職務専念義務などの労働契約条の権利義務との関係が問題となり、企業施設を利用して行われるという点では、企業の施設管理権との関係が問題となる。

2 業務命令・職務専念義務と組合活動

労働者は、労働契約にもとづき、就業時間中は使用者の業務命令に従い、職務に専念すべき義務を負う。したがって、就業時間中、労働者は、使用者の許可がないかぎり、原則として労務の提供と抵触する行動を差し控えなければならない。このことは組合活動であっても例外ではない。しかし、就業時間中であっても、組合活動が、労働協約や就業規則、労使慣行によって認められていたり、使用者によって是認されていたりする場合には、紛争が生ずる余地はほとんどない。

問題となるのは、組合活動として行われるワッペンやリボン、プレートなどの着用行為が労働者の負担する労務提供義務（職務専念義務）に抵触するかどうかである。

この点をめぐって、学説・判例上、活発な議論が展開されてきたが、問題の核心は職務専念義務をどのように理解するのかにかかっている。判例においては、相対立する２つの考え方が示されている。１つは、職務専念義務の内容を厳しく考えて、労働者は、就業時間中、「職務上の注意力のすべてを職務遂行のために用い職務にのみ従事すべき義務」と解し、これに反する行為は義務違反となるばかりか、職場の規律秩序を乱すもの（現実に職務の遂行が阻害されるなどの実害の発生は必要ないとされる）と捉える立場である（目黒電報電話局事件・最三小判昭52・12・13民集31巻７号974頁。特段の判断枠組を示すことなくホテルにおけるリボン闘争の正当性を否定した大成観光事件・最三小判昭57・４・13民集36巻４号659頁の判断の基底にあるのも、こうした考え方である）。これに対して、大成観光事件最高裁判決における伊藤正巳裁判官の補足意見は、「職務専念義務といわれるものも、労働者が労働契約にもとづきその職務を誠実に履行しなければならないという義務であって、この義務と何ら支障なく両立し、使用者の業務を具体的に阻害することのない行動は、必ずしも職務専念義務に違背するものではない」としている。

労働者が就業時間中に職務に専念すべきは当然であるとしても、それを職務以外のことに一切注意を向けてはならない義務というように厳格に考えることは、労働者の全人格的支配につながり、妥当でない。学説の多数も、伊藤裁判官の補足意見を支持している。

組合活動権が憲法28条の団体行動権の内容として保障されていることを考えるならば、就業時間中の組合活動についても、それが現実に職務遂行に支障を生じさせた場合、あるいはその具体的危険がある場合にかぎって、職務専念義務違反になると解される。具体的には、会社の業務、労働者の職務の性質・内容、当該活動の態様などを総合考慮して、職務専念義務違反の有無が決せられることになろう。

3 施設管理権と組合活動

企業施設を利用して行われるビラ貼りやビラ配布などの組合活動は、しばしば使用者の施設管理権との衝突という問題を発生させてきた。

施設管理権とは、所有権や占有権などの物権や賃借権などにもとづく企業施設に対する使用者の管理権・利用権を総称する概念である。施設管理権は、労働者の行動を規律する権限（人的管理権）まで含むものではないはずであるが、最高裁は、企業の維持運営のために、企業を構成する人的要素と物的施設を総合し、合理的に配備組織して企業秩序を定立する使用者の権限（「職場秩序定立権」）を強調することで、施設の管理権やそれにもとづく指示、命令権限、違反者に対する懲戒処分権限をすべてこの職場秩序定立権から導き出している（国労札幌地本事件・最三小判昭54・10・30民集33巻６号647頁）。

しかし、こうした考え方によれば、使用者の命令が幅広い裁量権に委ねられてしまい、恣意的な禁止命令まで正当化されかねないため、学説は総じて批判的である。使用者は、施設の物的管理のために必要なかぎりで労働者に禁止等を命ずることができるが、その根拠はあくまで所有権等に求められるべきであり、施設管理権と組合活動権との合理的調整は、それぞれの権利の内容を明確化した上で、両者の比較衡量の視点から行われる必要がある。ところが、上記の最高裁判決は、使用者の所有・管理する物的施設であって、定立された企業秩序のもとに事業の運営の用に供されているものを使用者の許諾をえずに組合活動のために利用することは許されず、「その利用を許さないことが当該物的施設につき使用者が有する権利の濫用であると認められるような特段の事情がある場合を除いて」、正当な組合活動として許容されないとしている（「許諾説」）。

これに対して、学説は、「受忍義務説」と「違法性阻却説」に大別される。「受忍義務説」は、憲法28条の団結権や団体行動権を根拠に、企業内組合にとって企業施設の利用が不可欠であることを加味しながら、組合活動の必要性と業務運営や施設管理への支障の有無や程度を考慮し、正当と認められる組合活動については、使用者は施設の利用を受忍する義務があるとする。他方、「違法性阻却説」は、施設利用の必要性を「受忍」や「義務」に結びつけることには反対しつつ、使用者の許諾をえない組合活動は本来違法であるが、組合活動にとって施設利用の必要性があり、使用者の業務運営や施設管理に支障を与えない場合には、違法性が阻却されるとしている。一見しただけでは、これら2つの立場の間に大きな相違があるようにみえるが、結論的に大きな差異があるわけではない。いずれの立場も、組合活動の態様（ビラ貼りであればその形状・枚数・貼り方など、ビラ配布であればその経緯・態様・内容など）や施設の性質（食堂等の供用施設であるか、会社の専用施設であるかなど）を総合し、一方では組合活動としての必要性、他方では業務上・施設管理上の支障を比較衡量することで、組合活動の正当性を判断しようとしているからである。いずれにしても、判例の立場は、憲法28条の団体行動権保障の趣旨を軽視し、施設管理権と組合活動権との調整の視点を欠落させたいびつな議論といわざるをえない。

第７章
不当労働行為

第１節　不当労働行為制度の趣旨・目的

1 不当労働行為制度の沿革

1 旧労組法と団結活動の保護

日本国憲法が誕生する前年の1945（昭和20）年に制定された労働組合法（「旧労組法」）は、団結権（広義）を保護するために、11条で「使用者ハ労働者カ労働組合ノ組合員タルノ故ヲ以テ之ヲ解雇シ其ノ他之ニ對シ不利益ナル取扱ヲ為スコトヲ得ス」（１項）、「使用者ハ労働者カ組合ニ加入セサルコト又ハ組合ヨリ脱退スルコトヲ雇傭條件ト為スコトヲ得ス」（２項）と定めていた。これらの規定内容は、禁止行為の対象が解雇以外の不利益取扱いに拡大されている点を除けば、ILO の団結権保護思想を体現したといわれる戦前の進歩的な労働組合法案と通底するものがあるとされている。

同法は、11条違反に対する制裁として、刑事罰（６月以下の禁錮または500円以下の罰金）を用意していた（33条１項。「科罰主義」ないし「直罰主義」という）が、この罪については、「労働委員会ノ請求ヲ待テ之ヲ論ス」（２項）とされ、新たに設けられる労働委員会が調査の上で検察官に処罰請求を行うという斬新な方式が採られていた。旧労組法11条は、翌年の労調法制定に伴って改正され、禁止される不利益取扱いの行為類型に、「労働組合ヲ結成セントシ若ハ之ニ加入セントスルコト又ハ労働組合ノ正当ナ行為ヲナシタルコト」が追加されている（同時に労調法にも、労働争議の調整における労働者の発言などを理由とする不利益取扱いの禁止（旧40条）と、それに対する刑罰規定（旧41条）が設けられた）。

統計によると、旧労組法の時代（1946年〜1950年）に、全国の地方労働委員会が取り扱った同法11条や旧労調法40条違反の件数は1017件であった。うち、処罰請求されたものは69件（6.8%）で、起訴されたのは37件（3.6%）、有罪が確定したのは16件（1.6%）にとどまる。しかし、労働委員会が違法な不利益取扱いが行われたと認めた場合には、それを撤回して原状回復するよう使用者に勧告を行い、これに従えば処罰請求しないという対応をとることによって、処罰することなしに労働関係に発生する諸事件の適切な解決を図ることができたし、また、それこそがこの方式のねらいの１つでもあったとされている。

2　現行労組法の不当労働行為制度

労組法は、1949（昭和24）年に大改正され、７条には、禁止される使用者の行為（不当労働行為）類型として、①組合所属や組合活動、労働委員会等への申立てを理由とする不利益取扱い・黄犬契約（１号、４号）、②正当な理由のない団体交渉拒否（２号）、③組合結成・運営に対する支配介入・経費援助（３号）が掲げられた。また、27条以下で、これらの行為については、行政機関である労働委員会が、使用者に対して救済命令を発し、その是正を求めることができるとされた。

旧労組法と比較すると、現行労組法には以下の２つの点で大きな変更がもたらされていることがわかる。第１は、不当労働行為として禁止される行為類型拡大され、団交拒否や支配介入・経費援助をもカバーするようになったことである。第２は、科罰主義（直罰主義）に代えて、労働委員会命令による救済方式（「原状回復主義」）が採用されたことである。これらの変更は、当時の政治状況を背景に、GHQ（連合国総司令部）の指示により進められたが、その際にモデルとされたのは、アメリカの1935年全国労働関係法（通称、ワグナー法）における不当労働行為制度であった。

団結権の承認は、論理的には、使用者による団結権侵害行為の禁止を包含している。しかし、使用者との関係における団結権保障のあり方は、国ごとに大きく異なる。たとえば、イギリスは、世界ではじめて団結権が法認された国であるが、根強く残る「ヴォランタリズム」（集団的自由放任主義）の伝統の影響から、使用者の団結侵害行為を包括的に禁止するには至らず、組合員の権利を個別的に保障しているにすぎない。ドイツでは、ボン基本法において、団結権の制限・妨害を目的とする措置は違法であることが宣言されており、使用者による団結権侵害行為に対しては、労働裁判所による司法救済が図られる。これに対して、憲法上の団結権保障規定をもたないアメリカでは、ワグナー法によって、労使間の交渉力の不平等を是正して「自由な州際通商」を確保するという政策目的を実現するために、団結権侵害行為の救済を行政機関である全国労働関係局（National Labor Relations Board）に委ねる独特の不当労働行為制度が創設されている。

日本では、団結権（広義）を保障する憲法28条の効果として、使用者に団結承認義務が課されるから、これに違反する使用者の行為は私法上、違法・無効と評価され、妨害排除・予防請求の対象ともなりうる。この点で、日本の団結権保障法制は、ドイツのそれと類似している。ところが、上述したように、現行労組法は、そうした前提の上に、日本法とは原理を異にするアメリカの不当労働行為制度を接ぎ木し、行政機関である労働委員会に使用者の団結権侵害行為によって生じた状態を是正する役割を担わせたのである。日本の不当労働行為制度が「すわりの悪い制度」とよばれる由縁はここにある。

2　不当労働行為制度の趣旨・目的

1　不当労働行為制度と憲法28条

現行労組法は、使用者による団結権侵害行為に対して、司法救済（訴訟を通じた裁判所による法的救済）とは別に、あるいはこれと併行して、労働委員会による特別な救済制度を設けた。このため、こうした行政救済としての不当労働行為制度の位置づけをめぐって、①憲法28条の団結権（広義）保障の内容それ自体の具体化とみる考え方（「団結権保護説」）、②憲法28条の団結権（広義）保障の上に確立される公正な労使関係秩序の確保を目的とするとみる考え方（「団結権保障秩序維持説」）、③憲法28条に基礎を置くものではあるが、円滑な団体交渉関係の実現のために、同条の目的を達成するために労組法が政策的に規定したものとみる考え方（「団体交渉重視説」）との間で、論争が展開された。

そうしたなか、最高裁は、第二鳩タクシー事件（最大判昭52・２・23民集31巻１号93頁）において、「労働者委員会による救済命令制度は、労働者の団結権及び団体行動権の保護を目的とし、これらの権利を侵害する使用者の一定の行為を不当労働行為として禁止した法７条の規定の実効性を担保するために設けられたもの」であり、「法が、右禁止規定の実効性を労働委員会という行政機関による救済命令の方法を採用したのは、使用者による組合活動侵害行為によって生じた状態を右命令によって直接是正することにより、正常な集団的労使関係秩序の迅速な回復、確保を図る」とともに、「その裁量により、個々の事案に応じた適切な是正措置を決定し、これを命ずる権限をゆだねる趣旨に出たものと解される」との立場を明らかにした。この判示は、上記いずれの考え方にも親和的なところがあるが、とくに「正常な集団的労使関係秩序の迅速な回復、確保」という表現からは、②説の影響を受けたものと受けとめられている。

この最高裁判決以降、もっぱら相互の異質性や対立点を強調してきた学説の傾向には変化が生まれた。そして、近年では、不当労働行為制度は、使用者の市民法上の権能（財産権や契約上の権利）・法益（名誉等）と憲法28条の団結権（広義）保障との交錯・抵触関係を、労使関係の実情を踏まえて適正に（利益）調整し、正常な集団的労使関係（秩序）を回復・確保するための法的枠組みであるという点で、ほぼ共通の理解が形成されるに至っている。①説といえども、不当労働行為制度が労組法によって創設されたことや、公正ないし正常な労使関係の回復・確保を目的とすることを否定するわけではない。また、②説や③説に対しては、政策的視点から不当労働行為制度を把握するものであるとの批判がみられるが、これらの立場といえども憲法28条の存在を軽視しているわけではないからである。

したがって、学説における３つの立場は、相互に排他的な関係に立つというよりもむしろ、不当労働行為のもつ３つの側面、すなわち、「規範的根拠」、「機能」、「労組法における制度化の契機」という、いずれかの側面に光を当てて論じたものと解することができよう。ただし、その救済対象・範囲を考えるにあたっては、正常な労使関係秩序の回復・確保の意味を企業内のそれに狭く解したり、団体交渉の目的を集団的労働条件に関する労働協約の締結にかぎられるといった解釈態度を採ることは、厳に慎まなければならない。団結権や団体交渉権等の実効的保障という不当労働行為制度の意義からは、可能なかぎり広く門戸を開き、合目的的に対応していくことが求められるからである。

2 労組法７条各号の関係

労組法７条は、①不利益取扱い・黄犬契約（1号、4号)、②団交拒否（2号)、③支配介入・経費援助（3号）を不当労働行為として禁止している。７条各号の行為のうち、１号（4号）は不利益取扱いを受ける個々の労働者を対象としているのに対し、２号と３号は労働組合が対象となるという点に違いがある。

これら各号相互の関係でとくに問題となるのは、３号の位置づけである。通説は、７条の各号はそれぞれ対等な立場で並列していると解している（「7条各号列挙規定説」)。１号（4号）と３号は異なる行為類型を想定しているとするのである。これに対して、３号が基底的であって、１号（4号)、２号はその具体的な現れの一部を表現・規定するという意味で、３号を包括条項とし、１号（4号)、２号は例示的規定と把握する考え方が唱えられてきた（「3号包括規定説」)。

たしかに、正当な組合活動を理由とする組合委員長に対する解雇などの不利益取扱い（1号）は、同時に組合の弱体化をねらった支配介入（3号）に当たるとされることが多い（このことは2号違反の場合も同様である)。この場合、双方の成立を認めるメリットは、不利益取扱いを受けた組合員がその後組合員資格を失ったときにも、労働組合が支配介入について救済を受けられるという点にある（旭ダイヤモンド工業事件・最三小判昭61・6・10労判476号6頁は、不利益取扱いとしての（違法な）賃金カットは、同時に組合活動に対する支配介入の意味をもつから、組合員が積極的に雇用関係上の権利利益を放棄する意思表示したり、組合の救済命令申立てを通じて権利利益の回復を図る意思のないことを表明した場合を除き、組合は、「当該組合員が組合員資格を喪失したかどうかにかかわらず救済を求めることができる」としている)。しかし、1つの行為が1号と3号の双方に該当しうることを認めるかぎり、3号が包括規定かどうかをあえて論ずる実益は乏しいといえよう。

第2節　不当労働行為の主体と不当労働行為意思

1　不当労働行為の主体

1「使用者」の意義

不当労働行為として禁止されるのは、「使用者」の行為である（労組7条柱書）。しかし、労組法には「使用者」の定義規定は存在しないため、「使用者」の意義は法解釈に委ねられることになる。

「使用者」とは、通常は、労働契約の当事者たる事業主（法人企業の場合は当該法人、個人企業の場合は当該個人）のことである。しかし、不当労働行為は、労働契約上の問題にかぎられるわけではないから、その意義や範囲は、雇用関係（労働契約関係）の存在を前提にして相手方との関係がこれと同視できるかどうかという視点（「労働契約基本説」）からではなく、団結権（広義）を実効的に保障するという不当労働行為制度の法目的に即して、実質的に検討する必要がある。

2 使用者の「外延」

最近は、労働契約の当事者以外の企業であっても、派遣労働者などの外部労働者を利用したり、企業間の支配関係を通じて、当該労働関係に実質的な支配力・影響力を及ぼす例が増えている。そこで、労働契約の当事者以外のこうした企業が、労組法7条の「使用者」といえるかどうかが問題となる。

使用者の範囲は、労組法7条各号ごとに、また、負担すべき責任の内容に応じて判断されるが、一般論としては、労働関係上の諸利益に対して「実質的な支配力ないし影響力を及ぼしうる地位にある者」（「支配力説」）ということになろう。

⑴　社外労働者の受入れ事例

受け入れた社外労働者を指揮命令したり、その者の労働条件の決定等に実質的な支配力ないし影響力を及ぼしている者は、「使用者」となりうる。最高裁も、「雇用主以外の事業主であっても、雇用主から労働者の派遣を受けて自己の業務に従事させ、その労働者の基本的な労働条件について、雇用主と部分的とはいえ同視できる程度に現実的かつ具体的に支配、決定することができる地位にある場合には、その限りにおいて」労組法７条の使用者に当たると述べて、部分的使用者性を肯定している（朝日放送事件・最三小判平７・２・28民集49巻２号559頁）。

ところが、近時、中労委は、労働者派遣事例において、朝日放送事件の判断枠組みに依拠しつつも、派遣先は原則として使用者に該当せず、労働者派遣法の枠組みまたは労働者派遣契約で定められた基本的事項を逸脱して労働者派遣が行なわれている場合や、労働者派遣法上、派遣先に課される責任や義務を履行していない場合等に限り、例外的に使用者性が認めるられるにすぎないとしている（ショーワ事件・中労委平24・９・19別冊中労時1436号16頁）。また、偽装請負が問題となった事例では、朝日放送事件判決にいう「雇用主と部分的とはいえ同視できる程度に現実的かつ具体的に支配、決定することができる」という判断基準を厳格に適用することによって、派遣先が派遣された労働者の採用、配置、雇用の終了に実質的な影響力を及ぼしている場合であっても、それらの雇用管理に直接関与していない限り、雇用主と同視できる程度の具体的・現実的支配力を有していたと認めることはできないとして、派遣先の使用者性を否定している（中国・九州地方整備局（スクラム・ユニオン・ひろしま）事件・中労委平24・11・21別冊中労時1437号21頁）。

しかし、こうした中労委の解釈態度は、労働者派遣法の規律や労働契約との関係性を重視するあまり、憲法28条の団体交渉権保障や不当労働行為制度の趣旨・目的を軽視し、朝日放送事件の射程を不当に狭めるものといわなければならない。朝日放送事件は、労組法７条が「同結権の侵害に当たる一定の行為を不当労働行為として排除、是正して正常な労使関係を回復することを目的としていることにかんがみ」て、同条の使用者性を把握すべきとしていたのであるから、労働者派遣事例においても、そのような基本的姿勢の下に、使用者性の判断を行なっていくべきである。

⑵　支配会社・従属会社の事例

支配会社（親会社・持株会社等）も、株式所有、役員派遣、専属的下請関係などにより、従属会社の経営を支配し、その労働者の労働条件を事実上支配している場合には、使用者となりうる（中労委（大阪証券）事件・中労委平15・3・19命令集125集1139頁、富士通・高見澤電気製作所事件・長野県労委平17・3・23労判894号94頁要旨、住友電装・三陸ハーネス事件・宮城県労委平19・6・12労旬1696号49頁）。

ところが、近時は、従属会社の事業組織再編や労働者の雇用確保等が団交事項となった事例において、朝日放送事件の判断組みを踏襲しながら、そこから「部分的とはいえ」というフレーズを削除することによって、あるいは、当該団交事項に対する支配会社の支配力ではなく、労働者の基本的労働条件について、雇用主である従属会社と同程度の現実的かつ具体的な支配力の存在を要求することによって、支配会社の使用者性を否定する裁判例や中労委命令が相次いでいる（例えば、大阪証券取引所事件・東京地判平16・5・17労判876号5頁、高見澤電機製作所外2社事件・中労委平20・11・12別冊中労時1376号1頁、東京地判平23・5・12判時2139号108頁、東京高判平24・10・30別冊中労時1440号47頁）。しかし、このような立場は、不当労働行為制度の趣旨を損ない、ひいては憲法が保障する団体交渉権を形骸化がさせてしまうおそれがある。

朝日放送事件は、社外労働者の受入先が当該労働者の労働力を直接利用している点を捉えて、受入先が当該労働者の労働条件を具体的かつ現実的に支配、決定している場合には、その限りで部分的使用者性が肯定するものであった。これに対して、支配会社・従属会社の事例においては、支配会社が従属会社の労働力を直接利用しているわけではないし、労働条件等への関与も、資本関係を基礎として、役員派遣による人的関係や管理運営規程を通じた管理・支配関係の下で、間接的に行なわれるのが一般的である。また、使用者性が争われる団交事項は、本来の雇用主が決定主体と考えられる事項（たとえば、雇用そのものや賃金等）とされることが多い。つまり、ここでは、当該団交事項とされている決定について、それぞれの主体がどのような影響力を行使しているかが重要であるということになる。したがって、支配会社がこれらの事項を「決定」しているといえる場合はもちろん、当該事項について具体的かつ現実的な「支配」力を行使していると認められる場合にも、それらの事項について、部分的使用者性を肯定すべきである。

(3)　労働契約関係成立前・終了後の事例

解雇された労働者が解雇の効力を争っている場合や、退職労働者が在職中の労働条件・退職条件等の労働関係上の問題が未解決であるとして争っている場合にも、以前の使用者は「使用者」となりうる（日本鋼管鶴見造船所事件・東京高判昭57・10・７労判406号69頁。最三小判昭61・７・15労判484号21頁により維持）。また、現実に生起する労働条件をめぐる問題にはさまざまなものがあるから、たとえ労働契約関係存続中に紛争が顕在化していなくても、①当該紛争が雇用関係と密接に関連して発生し、②使用者において当該紛争を処理することが可能かつ適当であり、③団体交渉の申入れが雇用関係終了後、社会通念上合理的といえる期間内になされたときは、以前の使用者も「使用者」となる（住友ゴム工業事件・大阪高判平21・12・22労旬1715号64頁、ニチアス事件・奈良県労委平20・７・24労旬1706号44頁。ただし、後者は、中労委平22・３・31労経速2077号22頁および東京地判平24・５・16労経速2149号３頁で、「使用者」性が否定されている）。

季節的に労働者を雇用する企業は、労働契約締結以前であっても、雇用される労働者の労働組合との関係で「使用者」となりうる（万座硫黄事件・中労委昭27・10・15命令集７集181頁）。

なお、最高裁は、国鉄分割民営化の過程で行われた旧国鉄職員に対するJRの採用拒否（組合間差別）について、「雇入れの拒否は、それが従前の雇用契約関係における不利益な取扱いにほかならないとして不当労働行為の成立を否定することができる場合に当たるなどの特段の事情がない限り、労働組合法７条１号本文にいう不利益な取扱いにも、同条３号の支配介入にも当たらない」としている（JR北海道・日本貨物鉄道事件・最一小判平15・12・22集民57巻11号2335頁）が、賛成できない。国・中労委（青山会）事件（東京地判平13・４・12労判805号51頁）がいみじくも指摘しているように、「労組法は、労働組合所属や労働組合の正当な活動を行ったことを理由とする雇入れ拒否を不当労働行為として禁止していると解すべき」であって、「採用拒否は、労組法７条１号本文前段の不利益取扱いに当たるのと同様に、労働組合の結成への妨害や労働組合の弱体化を図ることを禁ずる労組法７条３号に該当する」と解するのが正鵠を得ているからである（ちなみに、同事件・東京高判平14・２・27労判824号17頁は、「契約自由の原則とはいえ、当該契約の内容が我が国の法秩序に照らして許容されないことがあり得る」との見地から、本件職員採用の実態は「実質的には雇用者と被用者との雇用関係を承継したに等しいものとなっていた」として、承継企業による組合所属などを理由とする不採用は不利益取扱いの不当労働行為に当たるとしている）。

⑷　企業変動の事例

労働組合を嫌悪して会社を解散し、別会社を設立して実質的に同一の事業を継続する「偽装解散」の場合、会社解散・事業承継における組合潰しの意図および解散会社と承継会社との間に実質的同一性が認められるときは、解散会社の使用者責任が承継会社に承継される（太田鉄工所事件・大阪地判昭31・12・１労民集７巻５号986頁、東京書院事件・最一小判昭50・９・11労裁集14集222頁、吾妻自動車交通事件・中労委平21・９・16命令集145集890頁）。

合併については、合併により存続会社を新設する新設合併、別会社を吸収する吸収合併のいずれの場合にも、消滅会社の権利義務は存続会社に包括承継されることになるから、不当労働行為の使用者としての地位も存続会社に承継される。また、合併前に合併後の会社に対する団交請求が認められたものがある（日産自動車事件・東京都労委昭41・７・26命令集34=35集365頁）。

事業譲渡については、前掲・国・中労委（青山会）事件のほか、譲渡会社の組合からの承継会社に対する団交請求を認めたもの（盛岡観山荘事件・中労委平20・２・20別冊中労時1365号１頁）や、閉鎖会社の事業を承継する事業主（企業グループの支配会社）に対する団交請求を認めたもの（魚沼自動車事件・神奈川県労委平19・３・19別冊中労時1354号461頁）などがある。

会社分割の場合にも、権利義務の部分的包括承継により、新設（吸収）会社は分割会社の不当労働行為責任を承継したものとして取り扱われる。なお、会社分割前後で法人格に何らの変動もない会社と従業員である組合員との間で、会社分割前において労働契約関係が存在し、かつ、不当労働行為がこのような労働契約関係存在中に生起したものである場合には、分割後の新会社（組合員からすれば元の会社）は、なお使用者たる地位を失わないとされている（国・中労委（モリタほか）事件・東京地判平20・２・27労判967号48頁。吸収分割については、国・中労委（阪急交通社）事件・東京地判平25・12・5労判1091号14頁）。

3 管理職等の行為の使用者への「帰責」

会社の人事や労務に直接関与し、一定の影響力をもつ者がその地位を利用して行った行為も、使用者の行為とみなされる（使用者への「帰責」）。また、使用者の利益代表者に近接する地位にある者が、「使用者の意を体して」労働組合に対する支配介入を行った場合には、使用者との間で具体的な意思の連絡がなくても、あるいは、当該管理職が当該組合もしくは別組合の組合員であったとしても、その行為が組合員としての活動とみるべき特段の事情のないかぎり、使用者の行為とみなされる（中労委（JR東海・科長脱退勧奨）事件・最二小判平18・12・8労判929号5頁）。もっとも、現場の職制に関しては、使用者との間の意思の連絡（黙認を含む）ついて、より具体的な認定が必要となる。職務権限を利用した行為については、使用者の監督義務を根拠に帰責を認めることは可能であるが、純粋に個人的な立場でなされた組合批判の発言などを使用者の行為とすることは困難といえよう。

2　不当労働行為意思

1 不利益取扱いと不当労働行為意思

労組法7条は、組合所属などの「故をもって」（1号）、あるいは、労働委員会への申立などを「理由として」（4号）、使用者が不利益な取扱いをすることを不当労働行為としている。したがって、不利益取扱いの不当労働行為が成立するためには、組合所属や組合員の行為（原因）と使用者による不利益取扱い（結果）との間に因果関係の存在が必要となるが、両者は異なる法主体の行為であるから、そこに客観的な因果関係を認めることは困難である。また、不当労働行為の成立にとって重要なのは、使用者の行為である。そこで、原因と結果を結びつけるものとして、使用者の認識というものが浮上してくる。これを「不当労働行為意思」という。

不当労働行為意思は、使用者が労働者の組合所属や組合活動等の事実を認識し、それとの関係で当該組合員に対して不利益な取扱いをしたことが認められれば、それで足りる。しかし、使用者は間違っても「不当労働行為をするつもりでした」とはいわないから、不当労働行為意思は、外部に現れた間接事実から総合的に判断していくほかない。同様のことは、取引先の強要によって組合員を解雇するなど、不利益取扱いが第三者の圧力によってなされた場合にも当てはまる（山恵木材事件・最三小判昭46・６・15民集25巻４号516頁）。

2 動機（原因）の競合

「動機（理由）の競合」は、とくに不利益取扱いの不当労働行為において問題となる。たとえば、組合員の解雇や配転の場合、不当労働行為意思が認められたとしても、同時に労働者側に解雇に値する理由があったり、配転に業務上の必要性があることがある。このような場合に、不当労働行為が成立するかどうかが論点となる。

裁判例や命令は、使用者の行為を正当化する理由と不当労働行為意思とのいずれが決定的であったかによって、決せられるとするものが多い（「決定的動機説」。東京焼結金属事件・東京高判平４・12・22労判622号６頁、最三小判平10・４・28労判740号22頁、東日本旅客鉄道（国労組合バッジ）事件・東京高判平11・２・24労判763号34頁）。これに対して、それでは不当労働行為の成否は判定者の心証次第ということになりかねないことから、学説においては、解雇や配転を正当化しうる理由が存在したとしても、組合所属や組合活動等がなければ解雇や配転はなかったと認められる場合には、不当労働行為の成立を肯定すべきであるとの考え方（「相当因果関係説」）や、組合所属等が不利益取扱いの原因の１つをなしていれば不当労働行為が成立するとの考え方（「因果関係説」）が主張されてきた。何が決定的な動機であるかを客観的に立証することは困難であることを考えると. 具体的な労使関係全般にわたる諸事情を考慮して、不当労働行為の成否を判断する「相当因果関係説」の立場が妥当といえよう。

3 支配介入と不当労働行為意思

労組法７条３号には、「故をもって」（１号）、あるいは、「理由として」（４号）という文言が存在しない。そこで、支配介入の不当労働行為の成立には、不当労働行為意思は不必要なのかという問題が生ずる。この点について、最高裁は、山岡内燃機事件（最二小判昭29・５・28民集８巻５号990頁）において、組合員への不利益取扱いを暗示しつつ組合が上部団体に加入したことを批判する会社社長の発言が「組合の運営に対し影響を及ぼしたと認められる以上、たとえ、発言者にこの点につき主観的認識乃至目的がなかったとしても」、不当労働行為の成立が認められるとした。しかし、この判決は事例判断にとどまり、最高裁が、一般論として、不当労働行為意思不要説の立場を明らかにしたということはできない。

この問題は、詰まるところ支配介入の意思をどのように捉えるかに帰着する。支配介入をしようという使用者の意欲・認識は必要ないとしても、たとえば、終業時刻後に組合大会が予定されていることを知らずに組合員に残業を命じたという場合についてまで不当労働行為の成立を認めることは、妥当とはいえない。そこで、支配介入の不当労働行為が成立するためには、具体的な組合弱体化の意思（支配介入をしようとする意欲・認識）までは要件とされないが、広い意味で反組合的意思をもって行為が行われたことは必要であるとする考え方が支持を集めることになる。もっとも、上部団体に加盟するかどうかの決定などのように、本来的に労働組合の自主的な決定に委ねられ、使用者の介入が禁止される領域（団結固有の領域）については、使用者の主観的意図の有無にかかわらず、不当労働行為の成立が認められるべきである。

第３節　不当労働行為の態様

1　不利益取扱い・黄犬契約

1　不利益取扱いの禁止

労組法７条１号は、①労働組合の組合員であること、②労働組合に加入し、または労働組合を結成しようとしたこと、③労働組合の正当な行為をしたことを、また、４号は、④労働委員会への救済申立てや労働委員会による調査・審問、労働争議の調整に際しての証拠の提示・発言を、差別理由として掲げている。

これらのうち、しばしば論点とされてきたのは、差別理由のなかの③「労働組合の正当な行為」をどのように解すべきかという問題である。

「労働組合の正当な行為」とは、「労働組合の行為」であって、かつ、「正当な」ものをいう。

まず、「労働組合の行為」については、組合機関の決定に基づく行為や明示・黙示の授権に基づく行為はもちろん、組合の正式な決定に基づかない反執行部派の活動であり、他面において、政党員の活動としての性格を有するものであっても、「それが所属組合の自主的、民主的運営を志向する意思表明行為であると評価することができる」場合も含まれる（千代田化工建設事件・東京高判平7・6・22労判688号15頁、最二小判平8・1・26労判688号14頁）。活動の性格については、「団体交渉またはその他の労働者の相互扶助ないし相互保護」にかぎられるとする考え方もあるが、労働組合が自主的判断に基づいて行う活動は、社会運動、政治運動を含めて「労働組合の行為」に当たると解されている。

次に、「正当な」行為について、判例は、原則として職務専念義務や施設管理権などの使用者の権利と組合活動の権利との両立・調整を否定する立場を維持している（職務専念義務と組合活動の関係については、目黒電報電話局事件・最三小判昭52・12・13民集31巻7号974頁および大成観光事件・最三小判昭57・4・13民集36巻4号659頁、施設管理権と組合活動の関係については、国労札幌地本事件・最三小判昭54・10・30民集33巻6号647頁。詳しくは、第6章第3節参照）。しかし、両者の利益調整の視点は、やはり欠かせないといわなければならない。また、ここでいう「正当な」行為には、当該行為がそれに対する使用者の報復を許容しうる程度の不当性を持たないという意味も含まれるから、民・刑事上違法とされる行為であっても、不利益取扱いの不当労働行為との関係ではなお「正当」と評価される余地がある（国・中労委（JR西日本・国労バッジ）事件・東京地判平24・10・31別冊中労時1434号20頁は、組合員の行為の不当性を問責しうる場合でも、懲戒事由と比べて過重な処分が課されるときは、不当労働行為の成立が認められるとしている）。

2　不利益取扱いの態様

禁止される不利益取扱いの態様は、経済上の不利益にとどまらず、生活上の不利益、精神上の不利益、組合活動上の不利益、労働関係上の不利益など多岐にわたる。また、不利益取扱いは、当該労働者や他の労働者が不利益と感じられる取扱いをすることで足り、必ずしも他の労働者と比べて差別的であることまでは要しないとされている。

以下では、これらのうち主なものだけを取り上げる。

(1)　雇用関係上の不利益取扱い

労働契約関係を終了させる不利益取扱いには、労組法７条１号に例示されている「解雇」だけでなく、退職強要、有期契約の更新拒絶（雇止め）なども含まれる。企業変動における解雇や雇用の不継承（第２節1-３-(4)参照）については、支配企業による従属企業の解散、事業譲渡、会社分割等の企業変動に伴う解雇や採用拒否の場合において、新旧会社間に実質的同一性が認められるときには、新会社への採用等を命ずることができる。また、新会社の雇用責任が認められない場合でも、旧会社の不法行為責任を認め、その権利義務を承継した会社に損害賠償の支払いを命じうる（鉄道建設・運輸施設整備機構事件・東京高判平21・３・25労判984号48頁）。

雇入れ拒否（採用拒否）については、学説や命令の多くは不利益性を肯定しているが、すでにみたように、裁判実務においては考え方が分かれている（第２節1-２-(3)参照）。もっとも、季節労働者や定年退職者の再雇用拒否、事業譲渡の際の再採用拒否のように、実質的に解雇とみなしうる場合には、最高裁の立場によっても不利益取扱いが成立する余地がある。

賃金差別（査定差別）や昇進・昇格差別、降格、配転・出向、残業差別、配車差別、発令差別、懲戒処分など、労働契約関係の展開過程におけるさまざまな人事上の措置も、不利益な取扱いに当たることがある（東日本旅客鉄道事件・最一小判平24・２・23労経速2142号３頁では、組合併存下の特定組合所属を理由とする運転士発令差別が不当労働行為に当たるとされている）。

しかし、多くの企業で採用されている職能資格制度の下では、人事考課（査定）の結果が昇給・昇格等に反映されることになるため、それによって生じた格差について、組合所属などを理由とする不利益取扱いとして争う場合には大きな困難を伴う。その立証責任は救済を申し立てる組合員の側にあるが、査定に関する証拠は使用者に偏在しているからである。このため、労働委員会実務においては、査定差別事件の特質と迅速審査の要請を考慮して、申立組合員の査定結果が非組合員や別組合員などの他の従業員集団と比較して全体的に低位であること（集団的低位性）や、使用者が申立組合を嫌悪しているなどの一定の間接事実の立証を当該組合員の側に課すことで差別を推認し、使用者がこの推認を覆すために査定の合理性を立証しないかぎり、不利益取扱い（と同時に支配介入）の成立を認めるという手法が採られてきた（「大量観察方式」）。この方式は、学説においておおむね支持され、最高裁も紅屋商事事件（最二小判昭61・1・24労判467号6頁）で、事例判断とはいえ、その適法性を認めたと受けとめられてきた。しかし、その後、学説や裁判例から、比較の対象となる集団が勤務成績において等質の集団であることや、各集団が比較可能な程度の人数を有していることなどの条件が必要であるなどの指摘が相次いだことから、今日では、不利益取扱いの個別立証と大量観察方式とを組み合わせる新たな立証方式が採用されるに至っている（「修正大量観察方式」）。この方式によれば、まず申立組合員の側において、集団間の格差、すなわち、自分たちの集団が他の従業員集団との間で昇進・昇格、賃金等に格差があることを主張立証させ、また、申立組合員の勤務成績が他の労働者に比べて劣っていないことを「可能なかぎり」で立証させる。これに対して、使用者側においては、個々の申立て組合員に関する個別的な査定結果についての合理的理由とともに、査定制度の内容や運用の適正さをも立証させることになる。

配転・出向、その他の人事配置上の差別的措置も、不利益取扱いとなる（サンデン交通事件・広島高判平6・3・29労判669号74頁、最三小判平9・6・10労判718号15頁、神戸陸運事件・神戸地判平9・9・30労判726号80頁）。

(2)　組合活動上の不利益取扱い

組合活動が困難になるような職場への配転・出向は、組合活動上の不利益取扱いとなる（関東醸造事件・東京高判昭34・4・28労民集10巻2号257頁）。昇進、昇格についても、組合活動家である銀行員を春闘および定期大会を控えた時期に、非組合員である支店長代理に昇格させたことが不利益取扱いおよび支配介入の不当労働行為に当たるとされている（中央相互銀行事件・名古屋高判昭47・2・9判時663号92頁）。

⑶　私生活上の不利益取扱い

組合員に対し、勤務時間の変更を指示することにより、家庭での役割分担のなかで子どもの保育園の送り迎えの時間をやり繰りするのに支障を生じさせることは、私生活上の不利益に当たる（東和交通事件・名古屋高判平28・2・10労働委員会関係命令・裁判例データベース［平成28年］）この場合には、雇用関係上の処遇の変更が、労働者の私生活、家庭環境に重大な影響を及ぼし、それが実質的には労働者の組合活動を制約する意味をもつという点で、不利益性が認められることになる。

3　黄犬契約の禁止

「黄犬契約」（yellow dog contract）とは、労働者が労働組合に加入しないこと、もしくは、労働組合から脱退することを雇用条件とすることをいう。黄犬契約には、複数組合併存下において、一方組合に加入しないことや組合活動をしないことを約束させることも含まれる（JR全動労事件・東京地判平12・3・29労判841号46頁）。なお、労組法7条1号ただし書によれば、禁止される黄犬契約の例外として、労働組合が工場事業場の過半数を組織する場合において、労働者が当該組合の組合員であることを雇用条件とする労働協約（ユニオン・ショップ協定）を締結することができるとされているが、これはただし書の要件を満たした協定が不当労働行為とならないことを宣言したものと解されている。

2　団体交渉拒否

労組法7条2号は、使用者が「雇用する労働者の代表者と団体交渉することを正当な理由がなくて拒むこと」を禁止している。団交拒否の不当労働行為が成立するのは、義務的団交事項について、使用者が団体交渉に応じなかったり、誠実交渉義務に違反した場合である（義務的団交事項および誠実交渉義務については、第三編第4章2および3参照）。

最近は、団交拒否事件において、「グレーゾーン」に位置する労務供給者が「労働者」に該当するかどうかが争われる事案が増えている。最高裁は、最近の「三部作」（INAXメンテナンス事件・最三小判平23・4・12労判1026号27頁

［カスタマーエンジニアの事例］、新国立劇場運営財団事件・最三小判平23・4・12労判1026号6頁［オペラ合唱団員の事例］、ビクターサービスエンジニアリング事件・最三小判平24・2・21労判1043号5頁［出張修理業務を行う個人代行店の事例］）において、事例判断ではあったが、これらの者が「労働組合法上の労働者に当たる」と判示し、下級審裁判例の混乱状況に一応の決着をつけた。しかし、最高裁がこの問題を労組法３条にいう「労働者」に当たるかどうかとして検討したかについては、理解が分かれている（労組法上の「労働者」については、第三遍第２章①参照）。

なお、これらの判決が出そろう前の2011年７月には、厚労省「労使関係法研究会報告書（労働組合法上の労働者性の判断基準について）」が公表され、労組法上の労働者に当たるかどうかは、（１）基本的判断要素として、①「事業組織への組入れ」、②「契約内容の一方的・定型的決定」、③「報酬の労務対償性」を、（２）補助的判断要素として、④「業務の依頼に応ずべき関係」、⑤広い意味での「指揮監督の下での労務提供、一定の時間的・場所的拘束」を、さらに、（３）消極的判断要素として、⑥「顕著な事業者性」を総合勘案して判断すべきことが提言されている（なお、近時、コンビニ店主の「労働者」性について、都道府県労委と中労委との間で相対立する判断が示されるに及んで、フランチャイズ契約と労組法との関係をどのように理解したらよいかという問題が浮上している。セブン－イレブン・ジャパン事件・岡山県労委平26・3・13別冊中労時1461号1頁、中労委平31・3・15労判1209号15頁、ファミリーマート事件・東京都労委平27・3・17別冊中労時1488号1頁、中労委平31・2・6別冊中労時1526号63頁）。

③　支配介入・経費援助

1　支配介入の禁止

労組法７条３号は、「労働者が労働組合を結成し、若しくは運営することを支配し、若しくはこれに介入すること、又は労働組合の運営のための経費の支払につき経理上の援助を与えること」を禁止している。労働組合が使用者による干渉を受けずに存立・運営されることは、団結権保障の核心をなす事柄だからである。前者の「支配」と「介入」は、程度の問題にすぎないため、両者は一括して支配介入の不当労働行為とよばれる。後者の「経費援助」も、支配介入の一態様と解されている。

2 支配介入の態様

支配介入は多様な形態をとるが、支配介入が問題化する局面に応じて類型化すると、①組合結成の妨害（組合結成の中心人物の配転・解雇、従業員への組合不加入の働きかけ、親睦団体の結成など）、②組合の内部運営への介入（組合幹部の懐柔、役員選挙への介入、脱退勧奨、反組合的言論、複数組合併存下における別組合の（組合員の）優遇など）、③組合活動の妨害（組合役員の配転・解雇、監視カメラによる監視、掲示板・掲示物の撤去、複数組合併存下における一方組合への便宜供与の拒否など）に大別することができる。

支配介入のなかで、不当労働行為の根幹に関わる論点が含まれるのは、使用者の言論の自由や複数組合併存下の取引の自由と組合の自由な存立・運営との抵触問題である。以下では、これら2つの論点にかぎって、取り上げる。

(1) 使用者の言論と支配介入の不当労働行為

使用者といえども、憲法上・市民的自由としての言論の自由（表現の自由）が保障されている。しかし、労使関係においては、組合結成や運営に対する妨害・干渉が、言論（口頭または文書）の行使という形をとって行われることが多いことから、両者の関係をどのような視点から、どのように調整するかが問題となる。

裁判例は、団交は決裂状態であるがいまだ争議行為が行われていない状況下で、会社が組合幹部を誹謗し、組合員へのスト不参加の呼びかける社長声明文を全事業所に掲載した事案において、「組合に対する使用者の言論が不当労働行為に該当するかどうかは、言論の内容、発表の手段、方法、発表の時期、発表者の地位、身分、言論発表の与える影響などを総合して判断し、当該言論が組合員に対し威嚇的効果を与え、組合の組織、運営に影響を及ぼすような場合は支配介入となる」とした（プリマハム事件・東京地判昭51・5・21判時832号103頁。東京高判昭56・9・28、最二小判昭57・9・10（いずれも労経速1134号5頁）により維持）。他方、会社の経営状況に関する説明会における、ストをやれば会社は潰れるなどの職制に発言については、その全体の趣旨は経営危機の現況を明らかにし、組合のストライキ回避を率直に訴えたもので、支配介入には当たらないとした労委命令もある（日本液体運輸事件・中労委命令昭57・６・２別冊中労時972号78頁）。

学説においては、アメリカの1947年タフト・ハートレー法の判断基準に依拠して、「報復若しくは暴力の威嚇又は利益の約束」（いわゆるプラス・ファクターの要素）が含まれないかぎり、支配介入の成立を否定する考え方もみられる。しかし、多数説は、日本法とアメリカ法の構造上の相違や労働組合主義の定着の度合いを考慮して、「団結固有の領域」への介入は、使用者の主観的意図に関わらず、支配介入が成立するとしている。

⑵　複数組合並存下における取引の自由と支配介入の不当労働行為

労組法は、アメリカのような排他的交渉代表制度を採用していないため、同一企業内に複数の組合が併存する場合、組合員数の多寡にかかわらず、それぞれの組合は憲法28条の労働基本権の保障を享受することができる。したがって、併存する組合は独自の団体交渉権を行使することになるが、こうした事態は使用者にとっては格好の介入手段となりうる。「取引の自由」を口実にして、組合間で交渉における提示内容・交渉方法に差異を設けたり、差し違え条件の受入れを妥結条件とすることによって、組合間で労働条件等に格差を設けることが容易になるからである。

判例は、一般的抽象的には、交渉結果における格差は自由な取引の結果にほかならないとしつつ、使用者に「平等取扱い義務」と「中立保持義務」を課すことにより、当該交渉事項について「当該組合に対する団結権の否認ないし同組合に対する嫌悪の意図が決定的動機となって行われた行為があり、当該団体交渉がそのような既成事実を維持するために形式的に行われている場合」には、支配介入の不当労働行為が成立するとしている（日産自動車（残業差別）事件・最三小判昭60・４・23労判450号23頁）。この「中立保持義務」は、組合併存状態を予定した法制度が用意されていない状況において、現実に生起してくる問題の処理を委ねられた裁判所によって形成されてきたものであり、労働条件格差事件だけでなく、便宜供与差別事件等を含めた複数組合併存下における不当労働行為の成否の判断においても重視される（日産自動車（賞与差別）事件・最二小判昭62・５・８労判496号４頁）。

組合事務所や掲示板の貸与などの便宜供与についても、併存組合の一方についての便宜供与の拒否が不当労働行為となる場合がある。一方組合には無条件で組合事務所等の貸与に応じておきながら、他方組合の貸与申入れに対しては一貫してそれを拒否することは、当該組合の組合活動に支障をもたらしその弱体化を図ろうとする意思を推認させるものとして、支配介入の不当労働行為に当たるとされている（日産自動車事件・最二小判昭62・5・8労判496号6頁）。ただし、併存組合のいずれに対しても、掲示板の貸与につき同一条件が提示され、その条件の諾否の違いによってもたらされた一方組合への不貸与については、その貸与条件は不合理ではないとして、支配介入の不当労働行為の成立が否定されている（日本チバガイギー事件・最一小判平元・1・19労判533号7頁）。

3 経費援助

労組法7条3号は、「労働組合の運営のための経費の支払につき経理上の援助を与えること」を不当労働行為として禁止している。経費援助を禁止することによって、組合運営に対する使用者の影響力を排除しようとしているのである。もっとも、これには例外があり、「労働者が労働時間中に時間又は賃金を失うことなく使用者と協議し、又は交渉することを使用者が許すこと」、「厚生資金又は経済上の不幸若しくは災厄を防止し、若しくは救済するための支出に実際に用いられる福利その他の基金に対する使用者の寄付」、「最小限の広さの事務所の供与」は、禁止される経費援助に該当しない（同号ただし書）。

現実の労使関係においては、わが国の労働組合のほとんどが企業内組合であるという事情を反映して、在籍専従の給与負担やストライキ中の賃金保障、組合掲示板等の組合業務に不可欠な施設の設置維持に要する費用の会社負担など、7条3号ただし書に明示された事項以外にもさまざまな経費援助・便宜供与が行われている。したがって、これらの経費援助が不当労働行為に当たるかどうかは、それが現実に労働組合の自主性を喪失させるおそれがあるか、使用者がいかなる意図に基づいて当該援助を行っているのかなどを考慮して、実質的に判断すべきとするのが多数説の立場である。

裁判例において、経費援助が不当労働行為に当たるかどうかが争われた例はごくわずかしかみられない。たとえば、北港タクシー事件（大阪地決昭57・2・4労経速1117号8頁）は、組合専従者に対する夏・冬の一時金支給が経費援助には当たらないとしている。他方、安田生命事件（東京地判平4・5・29労判615号31頁）は、組合費収入が2000万円である組合について、使用者が専従組合員に約900万円の給与を支給することは、「客観的に見て、労組法7条3号により不当労働行為として禁止された経理上の援助に当たることを免れ得ない」としている。

第4節　不当労働行為の救済

不当労働行為の救済は、大きく分けて、労働委員会による救済と裁判所による救済の2つのルートがある。労働委員会による救済は、行政委員会が行う行政処分とされているため、裁判所による取消訴訟の対象となる。

1　行政救済

1　労働委員会による救済

労組法によって設置された労働委員会は、公益委員、労働者委員、使用者委員（各同数）からなる三者構成の独立行政委員会であり（19条以下）、簡易な手続の下、労使関係に関する委員の専門的な知識・経験を活用し、実情に即して不当労働行為を迅速かつ柔軟に実効的に解決することが期待されている。労働委員会は、厚生労働大臣の所轄の下に置かれる中央労働委員会（19条の2以下）と、都道府県知事の所轄の下に置かれる都道府県労働委員会（19条の12以下）からなる。

(1)　申　立

不当労働行為の救済申立をすることができるのは、労働組合と労働者である。救済申立は、通常はまず都道府県労働委員会に対してなされ、都道府県労働委員会の命令に不服がある当事者は、中央労働委員会に再審査の申立をすることができる（27条の15）。

救済申立の期間は、「行為の日（継続する行為にあってはその終了した日）」から１年以内に制限される（27条２項）。申立期間については、とくに昇給・昇格差別の救済を求める事案において、「継続する行為」とは何かが論点とされてきた。昇給・昇格は、通常、人事考課（査定）に基づいて行われるが、査定差別が行われた場合、査定行為と昇給・昇格との関係をどのように理解するか、何をもって「継続する行為」と考えるかによって、申立期間の始期が異なってくるからである。最高裁は、〈査定差別における差別的意図は賃金支払によって実現される〉→〈差別的査定行為とそれに基づく各月の賃金支払行為は「一体として一個の不当労働行為」をなす〉→〈同一の差別的査定に基づく賃金が支払われているかぎり不当労働行為は継続する〉と解し、当該査定に基づく賃金の最後の支払のときから１年以内になされた昇給差別に関する救済申立てを適法としている（紅屋商事事件・最三小判平３・６・４民集45巻５号984頁）。しかし、年度を超える差別を全体として「継続する行為」とみるかについては、判例・命令・学説は多岐に分かれている。

⑵　救済命令の内容と限界

救済申立がなされると、労働委員会は調査、審問、公益委員会議などの準司法的な審査手続により、不当労働行為の成否を判断する。不当労働行為の成立が認められた場合には救済命令が、認められなかった場合には棄却命令が、それぞれ発せられる（27条の12。もっとも、審査の途中で労働委員会の勧告により和解が成立することも多い。27条の14）。

救済命令の内容は、労働委員会の裁量に委ねられると解されている。労働委員会は、労使関係の実情に即して適切な是正措置を決定し、命令する権限（裁量権）が認められているからである（前掲・第二鳩タクシー事件）。もっとも、判例は、不当労働行為の成否（要件該当性）の判断についての裁量（要件裁量）は認められないとしている。しかし、労働委員会の救済命令は、文字どおりの行政処分ではなく、労使関係における紛争解決のための行政審判であり、裁判所はそれを上級審として再審理するにすぎないのであるから、一見明白に違法であることが明らかな場合を除き、専門的な知識と経験をもつ労働委員会に広く裁量（要件裁量）を認めたものと解し、裁判所はその命令を尊重すべきである。

労働委員会の救済命令の内容としては、①不利益取扱いに当たる解雇については、原職復帰命令やバック・ペイ（解雇期間中の賃金相当額の支払）命令、②団交拒否については、当該事項に関する誠実交渉命令、③支配介入については、支配介入行為の禁止命令、ポスト・ノーティス（文書掲示）命令などを挙げることができる。

もっとも、労働委員会に広い裁量権が認められるとはいっても、不当労働行為制度の趣旨・目的に照らして是認される範囲を超える場合には、裁量権の濫用とされることがある。たとえば、バック・ペイについてみると、解雇期間中、労働者が他社で働いて得た中間収入どのように扱うかが問題となる。労働委員会命令は、中間収入を控除するかどうかはその裁量によるとの立場（「控除不要説」）に立つものが多い。これに対して、最高裁は、前掲・第二鳩タクシー事件において、労組法7条1項違反の解雇に関する救済命令の内容は、「被解雇者個人」の被害救済の観点からすれば控除が原則となるが、個人の被害を超える「組合活動一般」に対する侵害がある場合には、そのような侵害状態を除去、是正して法の所期する正常な集団的労使関係秩序を回復、確保する観点から必要かつ適切と判断されれば控除は不要であるとしている。したがって、判例の立場からすれば、このような検討を行わずに全額バック・ペイを命ずる労働委員会命令は、裁量権の限界を超えた違法な命令とされることになる（京都淡路交通事件・最二小判昭52・5・2労判277号35頁）。また、昇進・昇格差別に対して、特定の職位に就けることを命ずる昇進命令も、人事権への過度の介入として取り消されることがある（第一小型ハイヤー事件・札幌高判昭52・10・27労判291号59頁、男鹿市農協事件・仙台高判平3・11・20労判603号34頁）。その他、成否未定の不当労働行為についての不作為を一般的・抽象的に命ずる「抽象的不作為命令」や、申立人（労働者、労働組合）が一定の行為を行うことを条件として救済を命ずる「条件付救済命令」、使用者の支配介入に対する組合の組織防衛に要した費用の賠償を命ずる「損害賠償命令」などについても、裁量権の限界を超えるかどうかが論点とされてきた。

2 労働委員会命令の取消訴訟（行政訴訟）

都道府県労働委員会または中央労働委員会の命令に対し不服のある当事者は、命令の取消を求めて訴訟を提起することができる（出訴期間については、労働者・労働組合は行訴14条１項、使用者は労組27条の19第１項）。取消訴訟の被告は、救済命令を発した労働委員会が所属する都道府県または国であるが（行訴11条１項）、使用者が原告となる場合は労働者・労働組合が、労働者・使用者が原告となる場合は使用者が、補助参加人として訴訟に参加することができる。

取消訴訟で審査の対象となるのは、労働委員会の事実認定の当否、不当労働行為の成否、救済命令の内容の適法性である。

使用者が救済命令の取消訴訟を提起した場合、労働委員会は、受訴裁判所に対し、緊急命令（取消訴訟の判決が出て救済命令の効力が確定するまでの間、使用者に暫定的に救済命令の全部または一部に従うよう裁判所が命令するもの）の申立をすることができる（労組27条の20）。裁判所が緊急命令を発するに当たっては、①救済命令の適法性と②緊急命令の必要性の有無を審査することになるが、①については、暫定性緊急命令制度の暫定的性格から、救済命令の認定判断に重大な疑義がないかを疎明資料にもとづいて検討すれば足りると解されている。使用者が緊急命令に従わない場合には、過料が課される（32条前段）。

取消訴訟において、労働委員会の救済命令が裁判所の確定判決によって支持された場合、命令違反行為をした者は１年以下の禁錮もしくは100万円以下の罰金またはこれらが併科される（28条）

2　不当労働行為の司法救済

労働者・労働組合は、労働委員会への救済申立というルートを経ずに、直接、裁判所に対して不当労働行為の救済を求めることもできる。この場合に論点となるのは、いかなる法的根拠にもとづいて司法救済を求めることができるかである。

通説・判例は、不当労働行為は、憲法28条の団結権（広義）を侵害する行為であるから、私法上は労組法７条を根拠に、法律行為であれば無効となり、事実行為であれば違法となると解している。たとえば、組合活動や組合役員であることを理由とする不利益取扱いとしての解雇については、労働契約上の地位確認や解雇期間中の賃金、慰謝料の支払を、昇給・昇格等の賃金差別であれば、差額賃金や不法行為に基づく損害賠償の支払を求めることができることになる（医療法人新光会事件・最三小判昭43・4・9民集22巻4号845頁は、労組法7条の不当労働行為禁止規定が憲法28条に由来し、労働者の団結権・団体行動権を保障するための規定であるから、それに違反する解雇などの法律行為は無効となるとしている）。団交拒否については、団体交渉を求めるべき地位の確認請求や地位保全の仮処分申請、不法行為に基づく損害賠償の支払を求めることができる（国鉄団交拒否事件・最三小判平3・4・23労判589号6頁は、憲法28条との関連性を指摘しつつ、直接的には7条2号を根拠として私法上の効力を認めた二審判決・東京高判昭62・1・22労判505号92頁を維持している。不法行為にもとづく損害賠償請求については、前掲・鉄道建設・運輸施設整備機構事件参照）。支配介入についても、不法行為に基づく損害賠償請求や団結権侵害を理由とする妨害排除請求権を被保全権利とする仮処分の請求が可能である（全税関横浜支部事件・最一小判平13・10・25労判814号34頁）。

これに対して、学説のなかには、労組法7条は、労組法上の不当労働行為制度（行政救済制度）を定める規定であり、司法救済の根拠とはならないとする考え方がある。もっとも、この立場も、不当労働行為に対する司法救済を否定するものではなく、不利益取扱いや支配介入は団結権を侵害する行為として公序違反（民90条）や不法行為（709条）を構成し、団交拒否に対する団交を求める地位確認請求は憲法28条の要請を受けて団体交渉の法的枠組みや地位を定めた労組法1条1項や6条にその根拠が求められるとしているから、結論において通説・判例との間に大きな差異はないといえよう。

第8章
労使自治と従業員代表制

第1節　総　説

労働組合は、労働者の自発的意思に基づく任意団体（voluntary association）であり、団体交渉を通じて組合員の権利や利益を擁護することを主たる目的としている。しかし、早くから団結権が確立したヨーロッパ諸国では、ドイツの事業所委員会（Betriebsrat）やフランスの企業委員会（comité d'entreprise）にみられるように、企業横断的に行われる団体交渉の弱点を補い、あるいは、従業員の経営参加を企図した従業員代表が制度化されてきた。

従業員代表制度とは、法が一定規模以上の企業に代表機関の設置を義務づけ、団体交渉事項以外の従業員の利害に関係するさまざまな決定に関与する権利（情報提供、協議、共同決定等）を付与するものである。そこでは、労使の利害対立を前提とする団体交渉とは異なり、企業における労使の共同利益を推進することが目的とされ、従業員代表は、法の定める手続に従い、従業員全員が参加する中で選出され、その活動のために使用者から一定の便宜が供与される。

わが国では、とくに大企業において、早くから団体交渉とは別異の協議・苦情処理制度が作られてきたが、法の枠組みとしては、労使関係は労働組合と使用者との団体交渉によってもっぱら規律される関係が基本とされている。こうした状況は、労働組合を唯一の従業員代表とする一元的な労使関係制度が長きにわたって維持されてきたかつてのイギリスのそれと類似している。しかし、20世紀後半以降、労働組合の影響力の低下と使用者のイニシアティブによる協議制度の増加という事態に直面したイギリスでは、従業員代表制度の導入に積極的なEC／EU労働法の活用を通じて、労働者権と労働組合権の回復を図ろうとする機運が高まった。そして、21世紀初頭までには、営業譲渡や剰員整理、EU多国籍企業だけでなく、50人以上を雇用するすべての国内企業に対して、従業員代表の設置が義務でけられるようになった。イギリスのこうした転換が、ローバー事件（2000年）—自動車会社ローバーのロングブリッジ工場に働く従業員は、自分たちの工場が売却されることを、それが発表される当日の朝、メディアの報道によってはじめて知らされた！—という衝撃的な事実を直接の契機とするものであったことはよく知られている。

翻って日本では、2005年に20％を割り込んだ民間企業の労働組合組織率は、2019年には16.7％にまで低下し、とくに1000人未満～300人未満規模の企業では11.4％、100人未満～29人以下規模の企業では0.8％と、その低さがきわだつものとなっている（対照的に、1000人以上の企業の組織率は40.8％）。また、近年は非正規労働者が急激に増加し、雇用労働者に占める割合は38.3％に達しているが、パートタイム労働者の組織率は8.1％でしかない。このように、多くの企業では労働組合が存在せず、また、存在したとしても従業員の一部しか組織できていないという事実は、団体交渉による庇護を受けられず、企業の決定からも阻害されている労働者がいかに多いかを物語るものであり、従業員代表制度の創設が求められる背景要因をなしている。

もっとも、わが国（の大企業）で主流を占めている企業別組合には、従業員代表としての役割を代行する側面がなかったわけではない。また、労基法をはじめとする個別労働関係法には、たとえば、時間外・休日労働に関する労使協定（書面協定）の締結や就業規則の作成・変更に関する意見聴取、労働安全衛生法上の安全委員会等の委員の指名などにみられるように、従業員の過半数代表に一定の権限を与え、あるいは、企画業務型裁量労働制の導入要件や労働時間に関する過半数代表との協定の代替物として労使委員会の決議を位置付けるなど、労使自治に関与する仕組みも数多く形成されてきている。したがって、従業員代表制度を構想する場合には、それにどのような役割を担わせるか、既存の制度との間の役割分担・調整をどうするかという問題が生ずる。労働組合を唯一の労働者代表と位置づけている憲法28条との関係の整理も、もちろん避けて通ることができない。そこで、以下では、まず現行の過半数代表制度等が果たしている機能を概観した上で、従業員代表の法制度化をめぐる課題を要約することとする。

第２節　労使自治と過半数代表制の意義・機能

1　現行法の過半数代表制の意義・機能

1　過半数代表の選出

過半数代表の選出や活動の単位は、事業場である。また、過半数代表は、特定事項・案件ごとに従業員を代表するとされており、常設性は求められていない。

事業場に労働者の過半数で組織する労働組合がある場合には、当該労働組合（過半数組合）が自動的に過半数代表となる。過半数組合がない場合には、労働者の過半数を代表する者（過半数代表者）が選出される。過半数組合が優先されるのは、「その意思を体現できる自主的な組織である」と考えられたからである。後者の過半数代表者は、使用者の責任の下で選出される。その選出方法については、①労基法41条２号の「監督若しくは管理の地位にある者」でないこと、②労基法等に規定する協定等をする者を選出することを明らかにして実施される投票、挙手等の方法によることが必要とされ、また、③過半数代表者であること等を理由とする不利益取扱いが禁止されている（労基則６条の２）。しかし、法が要求しているのはこれだけであり、その選出をめぐってはさまざまな問題が指摘されている（たとえば、トーコロ事件・東京高判平９・11・17労判729号、最二小判平13・６・22労判808号11頁は、親睦会会長の過半数代表者性を否定している）。

2　過半数代表の機能

過半数代表の機能は、３つに大別することができる。

(1) 最低労働条件基準の解除・緩和

過半数代表は、労働者保護法の設定する規制を解除ないし緩和する労使協定を締結することができる。これを「三六協定」（労基36条）についてみると、強行法の基準に違反に対する使用者の刑事責任を免責する効果（「免罰的効力」）とともに、本来は無効となるはずの時間外・休日労働を適法に行いうる時間数（日数）の枠を設定する効果（「適法化効力」）が認められる。労使協定に個別労使の権利義務を発生させる効果が認められるかどうかがしばしば問題となるが、一般的には否定されている（昭63・1・1基発1号）。これが労使協定の効力の基本であるが、計画年休協定（39条6項）などの一部の労使協定には、私法上の効力が認められている（三菱重工長崎造船所事件・福岡高判平6・3・24労民集45巻1＝2号123頁、昭63・3・14基発150号）。また、たとえば労働時間規制の柔軟化措置の1つである1年単位の変形労働時間制のように、協定の締結が制度導入の要件とされているものもある。

(2) 労働条件の決定・雇用管理等への関与

過半数代表は、使用者の作成・変更する就業規則について、意見を述べることができる（労基90条1項）。また、協定の締結を通じて、事業主が育児介護休業の申し出を拒むことのできる労働者の範囲の決定（育介休6条1項、12条2項）や派遣先による派遣労働者の派遣可能期間の延長（労派遣40条の2第4項）、寄宿舎規則の作成・変更（労基95条2項）などにも関与する。

(3) 法律にもとづいて設置される諸機関の構成員の指名・推薦等

過半数代表は、労使委員会の労働者委員の指名権を有し（労基38条の4第2項1号）、労働安全衛生法が事業主に設置を義務付けている安全委員会、衛生委員会、安全衛生委員会の委員の指名については、推薦権を有する（17条4項、18条4項、19条4項）。また、均等法に基づく苦情処理機関の構成員となることができる（15条）。

2　労使委員会の意義・機能

労使委員会とは、「賃金、労働時間その他の当該事業場における労働条件に関する事項を調査審議し、事業主に対し当該事項について意見を述べることを目的とする委員会」のことであり、労使それぞれを代表する委員によって構成される（労使委員会については、第一編第2章[2]参照）。委員の半数は、過半数代表が任期を定めて指名しなければならない（労基38条の4第1、2項）。労使委員会は、企画業務型裁量労働制の導入要件として法定されたが、委員の5分の4以上の賛成による決議には、労働時間に関する過半数代表との協定に代わる効力が認められている（38条の4第5項）。

第3節　労使自治と従業員代表制論

[1]　従業員代表の法制度化をめぐる議論

従業員代表制の法制度化をめぐる議論は、1987年の労基法改正を契機として労働法学の大きなテーマの1つとなったが、今日では沈静化の様相を呈している。しかし、このテーマを浮上させることになった背景要因（第1節参照）は、改善されるどころか悪化の一途をたどっている。また、2007（平成19）年に制定された労契法7条が、就業規則の法的拘束力（「労働契約規律効」ないしは「契約内容補充効」とよばれる）を法定化したことで、使用者が過半数代表等との間で締結した労使協定の内容を就業規則に取り込んだ場合には、労働契約の内容が実質的に規律されることになるため、過半数代表等の労働条件決定権限が法制度化されたに等しい事態が生まれている。最近の法改正により、過半数代表の役割が拡大しつつあることも忘れてはならない。このように、従業員代表をめぐる議論の必要性は、いささかも衰えていないのである。

従業員代表の法制度化をめぐっては、これまで概ね3つの論点について、議論が展開されてきた。第1は、そもそも従業員代表制を導入すべきなのか、という論点である。「消極論」は多岐に分かれるが、労働組合の強化こそが先決であるとの主張や、憲法28条の組合優先主義の建前からすれば、それと異なる制度メニューを用意すべきではないなどの主張が根強いからである。第2は、従業員代表制を導入するとしても、労働組合の有無にかかわらず、各事業場に従業員代表を設置する（並存型従業員代表制）のか、それとも過半数組合がない事業場に、従業員代表を組合補完的に設置するのか（補充型従業員代表制）かという、制度構想そのものにかかわる論点である。この点での見解の相違の背景には、現在の労働組合機能に対する評価の違いがあるからである。第3は、従業員代表制を法制化する場合、それにどのような役割・機能・権限を与えるのか、また、これらを労働組合との間でどのように分担・調整させるのかという論点である。従業員代表に組合と同様の労働条件規制権限を付与した場合には、組合機能を蚕食しかねないからである。

2　従業員代表法制度化の課題

従業員代表の法制度化とは、従業員の中から選出された代表によって構成される常設の代表機関に対し、一定の範囲で従業員の労働条件にかかわる問題について、規制力を与えることである。したがって、その導入を考えるに当たっては、従業員代表を主体とする労使関係が、労働組合を主体とする自律的な労使関係とは異なる原理的基礎に立つことを十分留意した上で、それが労働組合の形成する労使関係制度とどのような関係に立つかを整理する必要がある。

その際に押さえておくべきは、① ILO の135号条約（1971年採択、日本未批准）や154号条約（1981年採択、日本未批准）が、労働組合と並んで従業員代表にも団体交渉権を付与しつつ、従業員代表が労働組合代表の地位を阻害しないような措置を求めていること、②西欧諸国の諸制度が従業員代表に対する労働組合の優越的地位を認めていること、そして、③わが国では企業別組合が主流をなしていることから、従業員代表が労働組合組織と真正面から競合するような事態を避ける必要があるということである。そうすると、あるべき従業員代表制度とは、労働組合との併存をめざすもの（併存型従業員代表制）ではなく、あくまで現行の過半数代表制を基本として、労働組合を補完するもの（補完型従業員代表制）ということになってこよう。

また、具体的な法の仕組みを構想していく際には、従業員代表の資格や定期的選出、選挙管理の方法などについて、きめ細かな対応が求められる。最大の問題は、従業員代表に付与されるべき役割・機能・権限であるが、それが過半数代表や労使委員会の任務を引き継ぎつつも、労使協議制度を普遍化するものであることから考えると、人事に関する事項について、どこまで協議する権限を与えるかが論点である。また、従業員代表を労使関係制度として位置づける以上、その選出や過半数代表組合の認定に関する方法、決定・協定に付与すべき効力内容はもちろん、従業員代表に対する不利益取扱いの禁止や紛争解決制度の整備なども必要となろう。

第４編

雇用・就労保障法

第１章
雇用・就労保障法の意義と当事者

第１節　労働権保障と雇用・就労保障法

現代社会において多くの人は、雇用されて就労し賃金を得て生活をしている。安定した生活を営むため、家族の誰かが労働市場に参入し雇用労働＝職に就いている。このように、雇用は、労働者がその生活を維持する上で基本的ニードである。わが国の憲法が労働権（勤労権）を保障しているのは（憲法27条）、このような雇用の社会的意義を基本的人権のレベルで承認したためである。

労働権が保障しようとする雇用は、質を備えたディーセント・ワーク（decent work）でなければならない。人間の尊厳に値する一定水準以上の労働条件を備えた雇用が保障されることを労働権は規範的に要請する。労働権は、その規範的内容として、労働者が自己の能力と適性を活かすことのできる、労働条件等の質を備えた適職を選択する自由・適職選択の権利を含むものと解される。

今日における労働権は、就労（働くこと）の価値（「就労価値」）が「人間としての社会的な存在の承認」にあるとの認識の下、その実現を図ることを規範内容とするものと解される。この就労価値には、就労を通じて個人が社会に包摂されること（「社会的包摂（social inclusion）」）によって、社会の安定が図られることも含まれる。今日における労働権は、就労価値を基本的ニードとして承認し、その実現を規範内容としている。このような労働権の理解からは、今日においては、雇用の保障のみならず、例えば、雇用によらない個人就業や福祉的就労の保障も、労働権が規範的に要請するところといえよう。

以上のような労働権の今日的理解からは、適職（雇用）を保障するための法政策の体系としての雇用保障法と、雇用ではない就労の保障をするための法政策の体系としての就労保障法という2つの法領域が形成されることになる。

第2節　雇用・就労保障法の当事者

雇用保障法の領域では、雇用関係を形成することを目的としているため、そこに登場する当事者は、まず、労働者・求職者と使用者・求人者である。求職者の中には、求職者支援法に基づく職業訓練や職業訓練受講給付金の受給の関係で公共職業安定所（以下、「職安」）に求職の申込みをしている自営業者であった者が含まれる（詳細については後述）。労働者・求職者と使用者・求人者の他に、職業紹介や職業訓練等のサービスの提供を行う者として、国、地方公共団体、事業者（職業紹介事業者（職安4条9項）、労働者供給事業者（同条10項）等）が、当事者として登場する。この点が、雇用関係法や集団的労使関係法の領域とは異なるところであり、雇用保障法の特徴といってよかろう。これらの者の行う活動については、職業安定法（以下、「職安法」）や職業能力開発促進法（以下、能開法）等の法令により規制されている。

就労保障法の領域では、雇用関係にない就労の機会の保障が中心となるため、通常の事業所に雇用されることが困難な障害者や雇用による就業が著しく困難な生活困窮者等が、就労支援等のサービスを受ける当事者となり、それら支援事業を行う事業者が、他方の当事者となる。それら事業者の行う支援事業に関わる活動については、障害者の日常生活・社会生活を総合的に支援するための法律（以下、「障害支援法」）や生活困窮者自立支援法（以下、「自立支援法」）等の法令により規制されている。その他、シルバー人材センターを通じた高齢者の生きがい就労の機会の保障にみられるように、一定の個人就業者が、就労保障法の当事者となる。

第2章
雇用保障法

第1節　職業の安定と雇用保障法

「職業の安定」は、労働権の実現のために制定されている職安法等の立法の目的概念であり、それらの立法により労働市場を何らか規制するに際し、その規制内容を領導する役割を果たす。職業の安定は、憲法上の基本権である労働権とその実現のための立法政策をつなぐ概念と位置づけられる。

そうした目的概念である職業の安定は、これまでその時々の労働市場の構造・状態を反映する形で、その内容の理解が変遷してきた。長らく職業の安定は、雇用の安定と理解されてきたが、その後、転職を含む労働者の広い職業キャリアの継続も含むとの理解に変わっていき、さらに労働市場の構造変化・就業形態の多様化の進展とそうした事態への制度対応の必要性が認識され、自営による職業の安定も含むとの理解へと進んできた。

とはいえ、職業の安定が基本権としての労働権をその保障のための立法政策へとつなぐ概念であることからすれば、職業の安定は、労働権の規範内容についての理解を反映しているものでなければならない。このように考えれば、今日の労働権が、その権利主体として自営業者も含み、その保障されるべきものはディーセント・ワークであると解されることから、今日における「職業の安定」は、各人がその能力に応じたディーセント・ワークである適職を自由に選択し、そうした職業（雇用に限らず自営も含む）に生涯にわたって安定して従事できることを意味すると解される。その意味で、雇用保障法は、雇用労働と個人就業の間を行き来することもその対象とする。

このような職業の安定を実現するべく、雇用保障法制を整備し運用すべきこととなる。雇用保障法制をその役割・機能から整序すると、①雇用政策の基本法、②職業紹介等のマッチングの法、③就職促進の法、④失業防止の法、⑤失業中の生活保障の法、⑥雇用創出の法に分類することができる。雇用保障法は、それらの6つの法領域をその内容とする一般雇用保障法と特定の属性を有する者を対象とする特定雇用保障法とに分けられる。

第2節　一般雇用保障法

1　雇用政策の基本法

1 雇用政策の基本法としての労働施策総合推進法

雇用保障の目的を達成するためには、国による積極的・総合的な雇用政策の展開と多様な法的措置が講ぜられる必要がある。労働施策総合推進法は、2018年に働き方改革関連法により雇用対策法が名称を含む一部を改正されたものであるが、「国が、少子高齢化による人口構造の変化等の経済社会情勢の変化に対応して、労働に関し、その政策全般にわたり、必要な施策を総合的に講ずることにより、労働市場の機能が適切に発揮され、労働者の多様な事情に応じた雇用の安定及び職業生活の充実並びに労働生産性の向上を促進して、労働者がその有する能力を有効に発揮することができるようにし、これを通じて、労働者の職業の安定と経済的社会的地位の向上とを図るとともに、経済及び社会の発展並びに完全雇用の達成に資することを目的」としている（1条）。この目的規定からも明らかなように、同法は、広く労働政策全般にわたる国の施策の基本法となったが、雇用政策の基本法であることに変わりない。

ただ、同法について注目すべきは、それまでの雇用対策法とは異なり、「雇用の安定」とともに「職業生活の充実」を明記している点である。このことは、雇用政策の推進がディーセント・ワークの保障となるようにすべきことをより明確にしたものと解される。また、同法は、労働者が、職務の内容・職務に必要な能力・経験その他の職務遂行上必要な事項（「能力等」）の内容が明らかにされ、これらに即した評価方法により能力等を公正に評価され、当該評価に基づく処遇を受けることその他の適切な処遇を確保するための措置が効果的に実施されることにより、その職業の安定が図られるように配慮されることも、基本理念として定め（3条）、雇用政策がディーセント・ワークの保障となるように推進されるべきことを明確にしたといえよう。

2 国の総合的施策

労働施策総合推進法は、国が講ずべき総合的施策として、現在具体的な15の施策（4条1号～15号）と、その他職業の安定、産業の必要とする労働力の確保等に資する雇用管理の改善の促進その他労働者がその有する能力を有効に発揮することができるようにするために必要な施策を充実することを定める（4条16号）。2018年の法改正により、「各人が生活との調和を保ちつつその意欲及び能力に応じて就業することを促進するため、労働時間の短縮その他の労働条件の改善、多様な就業形態の普及及び雇用形態又は就業形態の異なる労働者の間の均衡のとれた待遇の確保に関する施策を充実すること」（同条1号）が、国の講ずべき施策に新たに明記されたが、これは、職業の安定が、ディーセント・ワークによるものでなければならないことを明確にしたものと解される。また、2020年の法改正により、具体的な施策として、労働者の職業選択に資するよう、雇用管理・採用の状況等の職場に関する事項または職業に関する事項の提供のために必要な施策が加えられた。地方公共団体も、国の施策と相まって当該地域の実情に応じ、雇用に関する必要な施策を講ずるよう努めることとされる（労働施策総合推進法5条）。雇用政策の推進に当たり、国と地方公共団体との連携が求められる（同31条）。

3 事業主の責務

労働施策総合推進法は、事業主（使用者）を国家の雇用政策の実質的な担い手（＝分担者）として雇用保障法の法的責任主体と捉え、事業主に以下の努力義務を課す。①ディーセント・ワークによる職業の安定となるよう、雇用する労働者の労働時間の短縮その他労働条件の改善その他の労働者が生活との調和を保ちつつその意欲・能力に応じて就業することができる環境の整備（6条1項）、②事業規模の縮小等に伴い離職を余儀なくされる労働者に求職活動その他の再就職への援助を行うことによりその職業の安定を図ること（同条2項）、③その雇用する外国人が有する能力を有効に発揮できるよう、職業への適応を容易にするための措置の実施その他の雇用管理の改善、および雇用する外国人が解雇その他事業主の都合により離職する場合に再就職を希望するときは求人の開拓その他再就職の援助に関し必要な措置を講ずること（7条、同法施行規則1条の2）、④労働者の募集・採用を行うとき（一定の場合を除き）、年齢にかかわりなく均等な機会を与えること（9条、同法施行規則1条の3）（なお、③と④は、特定雇用保障法の領域のものである）。

2　職業紹介等のマッチングの法

1　職業安定法と職業紹介等のマッチングの意義

求職者（労働者）が雇用に就く機会を保障されるためには、労働市場において求職者と求人者をマッチングする仕組みを整備する必要がある。各人に有する能力に適合する職業に就く機会を与え、産業に必要な労働力を充足し、それにより職業の安定を図ること等を目的とする（1条）職安法は、求職者と求人者のマッチングの仕組みとして、①職業紹介、②労働者の募集、③募集情報等提供、④労働者供給、⑤労働者派遣について規制を加えている（労働者派遣は労働者派遣法が規制している、第2編第7章第3節を参照）。

職安法は、①の「職業紹介」を「求人及び求職の申込みを受け、求人者と求職者との間における雇用関係の成立をあつせんすること」（4条1項）と定義し、そのうち「無料の職業紹介」を「職業紹介に関し、いかなる名義でも、その手数料又は報酬を受けないで行う職業紹介」（同条2項）と、「有料の職業紹介」を「無料の職業紹介以外の職業紹介」（同条3項）と定義する。職業紹介にはヘッドハンティング等のスカウト行為も含まれると解される（東京エグゼクティブサーチ事件・最二小判平6・4・22民集48巻3号944頁、平11・11・17労働省告示141号5－44）。

次に、職安法は、②の「労働者の募集」を「労働者を雇用しようとする者が、自ら又は他人に委託して、労働者となろうとする者に対し、その被用者となることを勧誘すること」（同条5項）と定義し、労働者を雇用しようとする者がその被用者以外の者に労働者の募集に従事させる場合を「委託募集」（36条1項）として特にこれを規制している。

③の「募集情報等提供」は、「労働者の募集を行う者若しくは募集受託者……の依頼を受け、当該募集に関する情報を労働者となろうとする者に提供すること又は労働者となろうとする者の依頼を受け、当該者に関する情報を労働者の募集を行う者若しくは募集受託者に提供すること」（同条6項）と定義され、一定の規制を受ける。

職安法は、④の「労働者供給」を「供給契約に基づいて労働者を他人の指揮命令を受けて労働に従事させることをいい」派遣法「第2条第1号に規定する労働者派遣に該当するものを含まないもの」（同条7項）と定義し、⑤の「労働者派遣」について、派遣法の定めるところによると規定する（47条の2）。これを受けて、派遣法は、労働者派遣を「自己の雇用する労働者を、当該雇用関係の下に、かつ、他人の指揮命令を受けて、当該他人のために労働に従事させることをいい、当該他人に対し当該労働者を当該他人に雇用させることを約してするものを含まないもの」（2条1号）と定義する。このように、労働者派遣は、派遣法の規制に服するものとして、職安法が規制（原則禁止）する「労働者供給」事業の一部が適法化され切り出されたものである（労働者派遣については、第2編第7章第3節で解説している）。

2　一般原則

職安法は、職安・無料職業紹介を行う特定地方公共団体（職安4条8項）・職業紹介事業者、労働者の募集を行う者・委託募集の募集受託者、労働者供給事業者に共通して適用される一般原則を定めている。

第1に、職業紹介等のマッチングの場面において、憲法上保障された人権（憲22条、14条等）が守られるべく、求職者の職業選択の自由（職安2条）、職業紹介、職業指導等における均等待遇原則（同3条）、求職者の個人情報の適切な取扱いの原則（同5条の4）（職安48条、平11・11・17労働省告示141号・平29厚労告232第4）が、定められている。

第2に、職安・特定地方公共団体・職業紹介事業者、労働者の募集を行う者・委託募集の募集受託者、労働者供給事業者は、求職者等に対し、また求人者は、職安・職業紹介事業者に対し、労働者供給を受けようとする者は労働者供給事業者に対し、労働者が従事すべき業務の内容・賃金・労働時間その他の労働条件を明示しなければならない（労働条件明示義務）（職安5条の3第1項・2項）。求人の際に明示される労働条件等が実際の労働条件等と異なることから生じるトラブルが後を絶たないことへの対策として、明示された従事すべき業務の内容や賃金、労働時間その他の労働条件（従事すべき業務の内容等）を変更する等の場合、当該契約の相手方となろうとする者に対し、当該変更する従事すべき業務の内容等の事項を書面交付等の方法により明示しなければならないことが定められている（同条3項・4項、職安則4条の2）（職安48条、平11・11・17労働省告示141号・平29厚労告232第3－3）。

第3に、職安法は、労働争議に対する中立の立場が維持されるよう、争議行為の行われている事業所に、職業紹介、委託募集、労働者供給を行ってはならないとする労働争議不介入の原則を定める（20条、34条、42条の3）。この原則は、労働者派遣にも適用される（派遣24条）。

第4に、暴行・脅迫・監禁その他精神または身体の自由を不当に拘束する手段や虚偽の広告・虚偽の条件提示によって、公衆衛生・公衆道徳上有害な業務に就かせる目的で、あるいは労働条件が法令に違反する工場事業場等のために、職業紹介、労働者募集、労働者供給を行うことは、罰則をもって禁止される（職安63条、65条8号・9号・10号）。

第5に、職安・特定地方公共団体・職業紹介事業者・労働者供給事業者は、労働力の需要供給の適正かつ円滑な調整を図るため、雇用情報の充実、労働力の需要供給の調整に係る技術の向上等に関し、相互に協力するよう努めなければならない（職安5条の2第1項）。また、職安・特定地方公共団体・職業紹介事業者は、求職者の希望する地域で能力に適合する職業に就けるよう、職業紹介に関し相互協力に努めなければならない（同条2項）。

3　労働者の募集

(1)　労働者の募集を行う者等の責務

労働者の募集を行う者・募集受託者・募集情報等提供事業者は、労働者の適切な職業選択に資するため、それぞれの業務の運営に当たり改善向上を図るために必要な措置を講ずるよう努めなければならない（42条の２）（職安48条、平11・11・17労働省告示141号・平29厚労告232第６）。

⑵　文書募集・直接募集

募集主が新聞等に掲載する広告、文書の掲出・頒布その他インターネットを用いた方法による労働者の「文書募集」と文書募集以外の方法で直接労働者に働きかけて応募を勧誘する「直接募集」は、原則として自由に行える。文書募集について、募集主は、従事すべき業務の内容等の明示に際し、応募する労働者に誤解を生じさせることのないよう的確な表示に努めなければならない（職安42条１項）。労働者の募集を行う者は、募集情報等提供事業者をして労働者の募集に関する情報を労働者となろうとする者に提供させるときは、当該募集情報等提供事業者に必要な協力を求めるように努めなければならない（同条同項第２文）。的確な表示についての行為基準として、指針が定められている（職安48条、平11・11・17労働省告示141号・平29厚労告232第３）。

⑶　委託募集

委託募集は第三者に委託して募集を行うものであるため、募集受託者が報酬をできるだけ多く得ようと労働条件等を偽って募集に応募させること等の弊害が生じる。そうした弊害の防止を目的として、報酬を受けて労働者の募集を行う募集受託者の適格性を事前にチェックする許可制がとられている（職安36条１項・60条、職安則37条１項６号）。報酬の額も、あらかじめ厚生労働大臣の認可を受けなければならない（職安36条２項）。報酬を受けない委託募集は、厚労大臣に届け出る（同条３項）。募集主・募集受託者は、募集に応じた労働者から募集に関しいかなる名義でも報酬を受けてはならない（報酬受領の禁止ルール・職安39条）。募集主は、募集受託者に対し、認可を受けた報酬を与える場合を除き、報酬を与えてはならない（報酬供与の禁止ルール・同40条）。

⑷　募集情報等提供

募集情報等提供事業者は、労働者の募集を行う者・募集受託者・労働者となろうとする者の依頼を受け提供する情報が的確に表示されたものとなるよう、当該依頼をした者に必要な協力を行うよう努めなければならない（職安42条２項）（平11・11・17労働省告示141号・平29厚労告232第３－２）。

4 職業紹介

(1) 職安・特定地方公共団体・職業紹介事業者

職安法は、職業紹介を行うものとして、国の設置する職安（通称「ハローワーク」)、特定地方公共団体および職業紹介事業者を定めている。職安は、職業紹介、職業指導、雇用保険その他職安法の目的を達成するために必要な業務を行い、無料で公共に奉仕する機関とされる（職安８条１項)。職安における職業紹介は、その設置目的との関係からも、失業した人が再就職するための職業紹介や就職困難者（高齢者、フリーター、障害者等）の就職促進のためのものが中心となる。地方公共団体は、厚生労働大臣に通知し、無料の職業紹介事業を行うことができる（職安29条１項・２項)。これを行う特定地方公共団体は、その地域内の若年者等の支援を必要とする住民のため無料職業紹介を行う。職業紹介事業者は、厚生労働大臣の許可を得てまたは届出をして職業紹介事業を行うものである（職安33条・33条の２・33条の３)。職業紹介事業者のうち有料職業紹介を行う民間の職業紹介事業者は、スカウト行為等を含む転職者への職業紹介を中心に職業紹介事業を行うものが多く、学校等の職業紹介事業者は、その生徒等の構成員のために、無料職業紹介を行う。

(2) 職業紹介の一般原則

職安法は、職安、特定地方公共団体および職業紹介事業者（以下、「職安等」）に共通して適用される職業紹介の一般原則を定める。第１に、職安等は、求人の申込み・求職の申込みはすべて受理しなければならない（求人・求職の申込み受理の原則）（職安５条の５、５条の６)。ただし、求人申込みの内容が法令に違反するとき、求人申込みの内容である労働条件が通常の労働条件に比し著しく不適当であると認めるとき、求人者が労働条件を明示しないとき、特定の労働関係法令の違反に関し法律に基づく処分・公表等の措置が講じられた者からの求人の申込み等については、不受理とすることができる（職安５条の５第１項ただし書・２項・３項)。これらの原則に対する例外は、不適切な求人を排除することを企図するものである。第２に、職安等は、求職者に対し能力に適合する職業を紹介し、求人者に対して雇用条件に適合する求職者を紹介するよう努めなければならない（適職紹介の原則）（同５条の７)。これら原則は、成立した雇用関係を安定的なものにすることを目的とし、職業選択の自由（憲22条1項）・労働権（同27条）の規範的要請に応ずるためのものである。

(3) 職安・特定地方公共団体が行う無料職業紹介

職安が行う職業紹介は無料で行われる。職安は、求職者が就職の際に住所・居所の変更を必要としない職業を紹介するよう努めなければならない（職安17条）。職安は、必要な求人・求職の開拓を行う（同18条1項）。その際、職安は、地方公共団体、事業主団体、労働組合その他の関係者に情報提供その他必要な連絡・協力を求めることができる（同条2項）。

職安は、学校と協力して学生生徒等の能力に適合した職業のあっせんに努め（同26条1項）、学校が行う職業指導に協力し（同条2項）、学校その他の関係者と協力してインターンシップその他の職業選択についての学生生徒等の関心と理解を深めるために必要な措置を講ずる（同条3項）。公共職業安定所長は、必要な場合は、学校の長の同意を得て、または学校の長の要請により、学校の長に職安の業務の一部を分担させることができる（同27条1項・2項）。この場合、学校の教育課程に適切でない職業に関する求人・求職の申込みを受理しないことができる（同条3項）。

地方公共団体は、民間とは明確に異なる公的な立場で無料の職業紹介事業を実施できるものとされ、国への届出義務はなく、民間の職業紹介事業者に課される各種の規制と国による監督を受けない。

(4) 有料職業紹介事業

職業紹介事業者の行う有料職業紹介事業は、強制労働、中間搾取等の弊害が問題となってきたところから、そうした弊害を防止し求職者を保護するため、特に次のような法規制が加えられている。

第1に、有料職業紹介事業を行うには、財産的基礎や適正な個人情報管理等の許可基準を満たして厚生労働大臣の許可を得る必要がある（職安30条、31条）。厚生労働大臣は、欠格事由に該当する者に許可をしてはならない（同32条）。職安法・派遣法（第3章第4節の規定を除く）の規定・行政命令・処分に違反したとき等の法所定の場合に該当するときは、厚生労働大臣は許可を取り消すことができる（同32条の9）。なお、港湾運送業務や建設業務への有料職業紹介は禁止される（同32条の11、職安則24条の3）。

第2に、求職者の利益のために必要と認められる場合（芸能家やモデル等）（職安則20条2項）を除き、有料職業紹介業者は求職者から手数料を徴収してはならない（職安32条の3第2項）。有料職業紹介事業者は、命令で定める額の手数料またはあらかじめ厚生労働大臣に届出した手数料表による手数料のいずれかを選択して徴収できるが（同条1項）、後者による手数料が著しく不当である場合は、厚生労働大臣が当該手数料表の変更を命ずることができる（同条4項）。

第3に、その他のルールとして、職安法は、有料職業紹介事業者に対し、①職業紹介責任者の選任（32条の14）、②帳簿の備付け（32条の15）、③事業報告書の厚生労働大臣への提出と紹介実績の情報等の提供（32条の16）、④守秘義務を課している（51条）。③の紹介実績の情報等の提供は、求職者・求人者が適切な職業紹介事業者を選択できるようにするためのもので、紹介により就職した無期雇用就職者の数、無期雇用就職者のうち6か月以内の離職者数、手数料等についてなすべきとされている（職安則24条の8第3項）。

実効性確保の仕組みとして、指導・助言（職安48条の2）や改善命令（同48条の3）等が定められている（同48条の4）。

(5)　無料職業紹介事業

学校等はその学生生徒等について（職安33条の2）、特別の法人（商工会議所等）は当該法人の構成員を求人者とし、または当該法人の構成員若しくは構成員に雇用されている者を求職者として（同33条の3）、厚生労働大臣に届け出て、無料職業紹介を行うことができる。これら以外の者も、厚生労働大臣の許可を受けて無料職業紹介を行える（同33条）。厚生労働大臣の許可を受けて行う無料職業紹介には、手数料規制に関するものを除き、有料職業紹介の規制が準用される（職安33条4項）。厚生労働大臣に届け出て行う無料職業紹介には、手数料規制と許可に関わる規制を除き、有料職業紹介の規制が準用される（同33条の2第7項、33条の3第2項）。

5　労働者供給

労働者供給には戦前から、労働の強制、中間搾取、使用者責任の不明確等の弊害が多くみられたため、職安法は、労働者供給を原則として罰則付きで禁止し（44条、64条９号）、労働組合等が厚生労働大臣の許可を受けた場合に限り無料で行えるとしている（同45条）。供給労働者と供給先との間には労働契約が存するが、それは供給契約が存する限り存続すると解される（泰進交通事件・東京地判平19・11・16労判952号24頁等）。

契約形式として請負契約の形で労働者供給がなされることもあるため、労働者を提供しこれを他人の指揮命令を受けて労働に従事させる者（労働者派遣法２条３号に規定する労働者派遣事業を行う者を除く）は、たとえその契約の形式が請負契約であっても、以下の４つのすべてに該当する場合を除き、労働者供給事業を行う者と扱われる（職安則４条１項）。①作業の完成について事業主としての財政上・法律上のすべての責任を負うこと、②作業に従事する労働者を指揮監督すること、③作業に従事する労働者に対し、使用者として法律に規定されたすべての義務を負うこと、④自ら提供する機械、設備、器材（業務上必要なる簡易な工具を除く）、その作業に必要な材料、資材を使用し、または企画、専門的な技術、専門的な経験を必要とする作業を行うものであって、単に肉体的な労働力を提供するものでないこと。

3　就職促進の法

1　意　義

労働者・求職者に対し雇用を保障するためには、職業紹介等のマッチングの仕組みの他にも、労働者・求職者の就職を促進するための仕組みの整備が必要である。この就職促進の仕組みは、労働者・求職者が職業紹介等のマッチングを通して雇用に就くことを容易にし、それをスムースにするための条件整備となる。就職促進の法的措置は、様々なものがあり、いくつかの法律の中に定められている。労働施策総合推進法は、中途採用の環境整備のため、一定規模（雇用する常用労働者数301人以上）の事業主に中途採用者の割合を定期的に公表するよう義務づける（27条の２）（2021年４月施行）。

2　職業指導

職業指導は、「職業に就こうとする者に対し、実習、講習、指示、助言、情報の提供その他の方法により、その者の能力に適合する職業の選択を容易にさせ、及びその職業に対する適応性を増大させるために行う指導」である（職安4条4項）。職安は、身体・精神に障害のある者、新たに職業に就こうとする者その他職業に就くについて特別の指導を加える必要のある者に対し、職業指導を行わなければならない（同22条）。職安は、必要があると認めるときは、職業指導を受ける者に適性検査を行うことができ（同23条）、公共職業能力開発施設その他の関係者に必要な協力を求めることができる（同24条）。

3 職業訓練・職業能力開発

(1) 意　義

求職者・労働者が職業能力を開発・向上させ職業選択の幅を広げることで、就職促進が図られる。職業訓練・職業能力開発の施策は、労働者の職業能力の開発・向上を促進することを目的とする（能開1条）能開法に定められている。同法は、職業能力の開発・向上の促進が、労働者の適応性を増大させ、円滑な再就職に資するよう、労働者の職業生活設計に配慮しつつ、その職業生活の全期間を通じて段階的・体系的に行われることを基本理念と定め（3条）、労働者の自発的な職業能力の開発・向上の促進を職業能力開発施策の柱の1つに位置づけ、労働者のキャリア形成に資する職業能力開発政策の推進を図るとしている（3条の2参照）。これは、経済のグローバル化による経済環境の激変と労働市場の流動化による労働移動の増大の中で、従来の事業主主導の職業能力開発だけでは労働者の雇用保障に欠けるとの認識によるものと考えられる。そのため、労働者のキャリア形成に関し助言・指導を行う「キャリアコンサルタント」の国の登録制、名称独占、守秘義務が定められている（同30条の3～30条の29）。

事業主は、雇用する労働者が職業生活設計（能開2条4項）に即して自発的な 職業能力の開発・向上を図ることを容易にするために必要な援助を行うこと等により労働者の職業能力の開発・向上の促進に努める責務を負う（同4条1項）。国・都道府県は、自主的な努力を尊重しつつ、事業主の講ずる措置等の奨励、特に援助が必要な者に対する職業訓練の実施、労働者が職業生活設計に即して自発的な職業能力の開発・向上を図ることを容易にするための援助、技能検定の円滑な実施等に努める責務を負う（同4条2項）。

⑵　事業主等が行う職業能力開発促進の措置

事業主は、雇用する労働者が多様な職業訓練を受けること等により職業能力の開発・向上を図ることができるよう、その機会の確保に配慮する（能開８条）。事業主は、実習併用職業訓練、実務経験を通じ労働者自ら職業能力の開発・向上を図ることができるようにするための配置等の雇用管理における配慮、有給教育訓練休暇・長期教育訓練休暇・再就職準備休暇等の付与、始業・終業時刻の変更・勤務時間の短縮等の職業に関する教育訓練・職業能力検定を受ける時間を確保するために必要な措置といった多様な措置をとることができるが（能開９条〜10条の４）、その際それら措置に関する計画を作成し職業能力開発推進者（同12条）を有効に活用して計画の円滑な実施に努めなければならない（同11条）。

⑶　国・都道府県による職業能力開発促進の措置

国・都道府県は、認定職業訓練等の能開法に定める措置を通じて職業能力の開発・向上を図ることができる機会の確保に配慮する（15条）。そのため、国・都道府県は、事業主への助言・指導、職業能力開発推進者に対する講習の実施、職業訓練指導員の派遣、委託訓練の実施、公共職業能力開発施設を使用させる等の援助や助成を行う（同15条の２）。国は、労働者への援助等の措置を事業主が講ずることを奨励するため、事業主等に対する助成その他必要な措置を講ずる（同15条の３）（「キャリア形成促進助成金」（雇保則125条）等）。このように、能開法は、国・都道府県に対し、自らが職業訓練を行うだけではなく、事業者や求職者・労働者に対する支援・助成を通じ、求職者・労働者の職業能力開発の機会の拡大と就職促進を図るよう求めている。そのため、国は、職務経歴等記録書（ジョブカード）の普及に努める（同15条の４）。

⑷　国・都道府県等による職業訓練の実施

国・都道府県は、労働者が段階的・体系的に職業に必要な技能・知識を習得できるよう、職業能力開発校、職業能力開発短期大学校、職業能力開発大学校、職業能力開発促進センター、障害者職業能力開発校を設置し、当該施設の区分に応じた職業訓練を行う（能開15条の６第１項）。公共職業能力開発施設は、職業訓練の水準の維持向上のための基準として職業訓練の訓練課程ごとに教科、訓練時間、設備その他の事項に関し省令で定める基準に従い、普

通職業訓練・高度職業訓練を行う（同19条1項、能開則10条～15条）。

(5)　認定職業訓練

事業主等は、公共職業訓練の教科、時間、施設等に関する基準に適合するものであることの都道府県知事による認定を受け、当該職業訓練を実施することができる（能開13条、24条、能開則10条～15条）。この「認定職業訓練」を行う事業主等は、事業に支障のない範囲内で認定職業訓練のための施設を他の事業主等の行う職業訓練のために使用させ、委託を受けて他の事業主等に係る労働者に職業訓練を行うよう努める（同26条）。認定職業訓練制度は、公共職業訓練と同一の基準を満たす職業訓練の機会を求職者・労働者に拡大するものといえよう（同15条参照）。

(6)　職業能力検定

「職業能力検定」とは、「職業に必要な労働者の技能及びこれに関する知識についての検定」（能開2条3項）で、労働者の有する技能を一定の基準によって検定し、これを公証する国家検定制度である（同44条～51条）。その中の技能検定制度は、労働者の技能習得意欲を増進させ、労働者の雇用の安定、円滑な再就職、労働者の社会的な評価の向上に重要な役割を有する（検定職種は2019年度現在130職種）。それは、再就職時に、求職者の職業能力の評価を客観的にわかるようにするため、ミスマッチを防ぐことにも資する。

4　職業転換給付金

労働施策総合推進法は、国と都道府県が、他の法令の規定に基づき支給するものを除くほか、労働者が有する能力に適合する職業に就くことを容易にし、促進するため、求職者その他の労働者または事業主に対し、「職業転換給付金」を支給できると定め（18条）、就職促進を図っている（同法施行令1条～3条、同法施行規則1条の4～6条の2）。

5　事業主による再就職援助措置

労働施策総合推進法は、事業主に対し、1つの事業所において1か月の期間内に30人以上の常時雇用する労働者が離職を余儀なくされることが見込まれる事業規模の縮小等を行おうとするときは、当該事業所の過半数代表の意見を聴き、当該離職を余儀なくされる労働者の再就職の援助のための措置に関する計画（再就職援助計画）を作成し、公共職業安定所長に届出をして認定を受けることを義務づける（24条1項・2項・3項、同法施行規則7条の2）。認定を受けた再就職援助計画に基づく再就職の促進に特に資すると認められる措置を講ずる事業主に対し、政府は必要な助成・援助を行う（同26条）。

1つの事業所で1か月の期間内に30人以上の労働者の離職者が発生する大量雇用変動の場合、事業主は少なくとも1月前に離職者数等の事項を厚生労働大臣に届け出なければならない（労働施策総合推進27条1項、労働施策総合推進則8条・9条）。国は、職業安定機関による離職前からの雇用情報の提供・広範囲にわたる求人開拓・職業紹介や公共職業能力開発施設での必要な職業訓練の措置を講じ、労働者の再就職促進に努める（同法27条3項）。

6 教育訓練給付

雇保法は、受講開始日現在で雇用保険の被保険者として雇用されていた期間（支給要件期間）が3年以上あること等一定の要件を満たす一般被保険者（在職者）または一般被保険者であった者（1年以内の離職者）が、①雇用の安定・就職の促進を図るために必要な職業・教育訓練として厚生労働大臣が指定する教育訓練（一般教育訓練）を受けて修了した場合、その者に対し、教育訓練施設に支払った入学料および受講料の20％に相当する額（上限10万円）が支給される教育訓練給付、および②雇用の安定・就職促進を図るために必要な職業に関する教育訓練のうち中長期的なキャリア形成に資する専門的・実践的な教育訓練として厚生労働大臣が指定する教育訓練（専門実践教育訓練）（原則2年）を受け、修了した者に対し、受講費用の50％（学位・資格取得の場合等に20％の追加、1年の上限56万円）が支給される教育訓練給付を定めている（60条の2、雇保則101条の2の2～101条の2の15）。これは、労働者の自発的な職業能力の開発を促し、そのエンプロイアビリティ（employability）を高めるためのもので、労働者個人への給付として制度設計されており、労働権・適職選択権の保障の具体化と評価できる。

7 求職者支援制度

求職者支援法は、職安に求職の申込みをしており、雇用保険の被保険者や受給者ではなく、労働の意思と能力を有し、職業訓練その他の支援措置を行う必要があるものと公共職業安定所長が認めた「特定求職者」（具体的には、雇用保険の適用がなかった者、加入期間が足りず雇用保険の給付を受けられなかった者、雇用保険の受給が終了した者、学卒未就職者や自営廃業者の者等）（2条）に対し、公共職業安定所長が、当該特定求職者に関し作成した「就職支援計画」に基づく「就職支援措置」（職業指導・職業紹介、認定職業訓練・公共職業訓練等、認定職業訓練を行う者による就職の支援に関する措置）を受けるよう指示した（11条・12条、支援則21条・22条）職業訓練の受講を容易にするための給付金（職業訓練受講給付金）を支給する（7条）求職者支援制度を定める。

職業訓練受講給付金の「職業訓練受講手当」は、本人収入が月8万円以下、世帯全体の収入が月25万円（年300万円）以下等の要件を満たす者に支給される（支援則11条1項）。支給額は、月額10万円で、1つの認定職業訓練等につき12（安定所長が特に必要があると認める場合は24）の給付金支給単位期間分を限度に支給される（支援則11条2項・3項）。職業訓練受講給付金は、特定求職者が正当な理由なく公共職業安定所長の就職支援措置の指示に従わなかったとき、その従わなかった日の属する給付金支給単位期間以後、支給されない。この職業訓練受講給付金の不支給事由とされている特定求職者が正当な理由なく公共職業安定所長の指示に従わなかったときの「正当な理由」の解釈に当っては、特定求職者の労働権・適職選択権の尊重の観点からこれをなすべきであろう。

8 就職促進給付

雇保法は、就職促進給付として、①「就業促進手当」（56条の3）、②「移転費」（58条）、③「求職活動費」（59条）を設けている。このうち中心となる①には、「就業手当」、「再就職手当」、「常用就職支度手当」がある（雇保則82条の5～85条の5）。その中の「再就職手当」は、基本手当の受給資格がある者が安定した職業に就いた場合に基本手当の支給残日数が所定給付日数の3分の1以上あり、一定の要件に該当する場合に支給される。支給額は、(a)

基本手当の支給残日数が所定給付日数の３分の２以上の者は、所定給付日数の支給残日数×70%×基本手当日額（一定の上限あり）、(b) 基本手当の支給残日数が所定給付日数の３分の１以上の者は、所定給付日数の支給残日数×50%×基本手当日額（一定の上限あり）とされている。就業促進手当は、所定給付日数一杯の基本手当の受給をせずに、早期に再就職をすることを経済的に誘導する仕組みである。

４　失業防止の法

雇用関係が成立した場合、その雇用関係を維持することは、労働者の雇用保障にとって非常に重要であることから、そのための様々な法的措置が講じられている。

1　解雇の法規制

労働者の非自発的失業の防止を考えるとき、解雇の法規制、とりわけ、整理解雇の法規制のあり方が重要となる。解雇規制のルールは、労契法16条に解雇権濫用禁止ルールとして定められているが、整理解雇について特別な規制ルールが明文化されてはいない。判例法理である整理解雇の法理として知られるいわゆる四要件による解雇権濫用の有無を判断するルールが形成されているだけである（第２編第２章第７節③参照）。労働施策総合推進法上の再就職援助措置等との接合を図るといった立法措置を検討すべきであろう。

2　職業能力開発と失業の防止

職業能力開発は、労働者のエンプロイアビリティを高めて労働者に雇用され続ける能力を獲得させるもので、失業の防止にも寄与する。能開法による職業能力開発の法的措置、および同様の役割を果たす雇保法上の教育訓練給付については、既に就職促進の法で述べた。

ここでは、現在は事業主が配慮すべきものにとどまっている有給教育訓練休暇（能開10条の４）を具体的権利として保障すること、事業主が作成する職業能力開発に関する計画（同11条）の作成・実施に労働者代表者との協議を義務づけること等を検討すべきことを指摘しておく。

3 雇用保険法と失業の防止

(1) 雇用継続給付と育児休業給付

雇保法は、失業等給付の中に「雇用継続給付」として、①「高年齢雇用継続基本給付金」、②「高年齢再就職給付金」、③「育児休業給付金」、④「介護休業給付金」という４つの給付を定めていた（10条６項）。2020年の法改正により、③は、子を養育するために休業した労働者の生活および雇用の安定を図るための給付としての位置づけを明確にするため、失業等給付から分離され、独立した給付とされた（61条の６～61条の８）。これらのうち、①と②は後述するので（本章第３節[2]）、ここでは③と④を概説する。

家庭責任を有する労働者が、職業生活と家庭生活を両立することが困難となって離職し非労働力化した後に、例えば育児が終わって家庭責任が軽減され再び労働市場に参入しようと求職活動を開始し失業者となる、ということはしばしばみられる。そこで、職業生活と家庭生活の両立（ワーク・ライフ・バランス）を可能とし、雇用継続を図れるようにすることでそうした失業を防止するため、育児・介護休業法は、育児休業、介護休業その他の措置について定めている（第２編第４章第３節を参照）。育児休業給付金、介護休業給付金は、労働者が育児・介護休業を取得しやすくするための所得保障である。

育児休業給付金は、（育児休業開始前の２年間に賃金支払基礎日数が11日以上ある月が12か月以上ある）一般被保険者が育児休業を取得した場合、支給対象期間（１か月）当たり原則として、休業開始時賃金日額×支給日数の67％（育児休業開始から６か月経過後は50％）相当額を支給するものである（上限額あり）（雇保61条の７・附則12条）。介護休業給付金は、（介護休業開始日前２年間に賃金支払基礎日数が11日以上ある月が12か月以上ある）一般被保険者が家族を介護するための休業をした場合、支給対象期間（１か月）当たり原則として、休業開始時賃金日額×支給日数×67％相当額を支給するものである（同一家族について受給した介護休業給付金の支給日数の通算が93日を限度）（雇保61条の４第６項）。

(2) 雇用安定事業・能力開発事業（二事業）

雇保法は、政府が、「被保険者等」（被保険者、被保険者であった者、被保険者になろうとする者）に関し、失業の予防、雇用状態の是正、雇用機会の増大その他雇用の安定を図るため、「雇用安定事業」として、労働者の雇用の安定を図るために必要な措置を講ずる事業主への助成・援助、その他、障害者等の就職が特に困難な者の雇入れの促進、雇用に関する状況が全国的に悪化した場合における労働者の雇入れの促進等の被保険者等の雇用の安定を図るために必要な事業を行うことができる、と定める（62条1項）。

雇用安定事業の失業防止の法的措置の代表的なものである「雇用調整助成金」（雇保62条1項1号）は、景気の変動、産業構造の変化その他の経済上の理由により、事業活動の縮小を余儀なくされた事業主が、労使協定に基づき雇用する労働者を一時的に休業・教育訓練または出向をさせた場合、休業・教育訓練または出向に係る手当や賃金等の一定割合を一定期間、一定限度日数において事業主に助成金を支給するものである（雇保則102条の2・102条の3）。これは、助成金の支給により賃金等の負担の軽減をすることで、失業の防止を図るよう事業主を経済的に誘導するものである。現在は、成長産業への「失業なき労働移動」を図ることを志向する「労働移動支援助成金」（雇保62条1項2号・3号、雇保則102条の4・102条の3）へ重点が移りつつある。

「能力開発事業」は、雇用保険の被保険者等に関し、職業生活の全期間を通じて、能力の開発・向上の促進の事業として政府により行われるもので、①職業訓練の振興等の目的で事業主等に助成・援助を行う都道府県、公共職業能力開発施設等を設置・運営する都道府県、技能検定の促進を目的に助成を行う都道府県への経費補助、②「職業講習」等の実施、有給教育訓練休暇を与える事業主への助成・援助、③公共職業訓練・職業講習を受ける労働者への交付金の支給等、労働者の能力開発・向上に必要な事業等とされる（雇保63条1項）（具体的な事業は、雇保令12条〜14条、雇保則121条〜139条）。

5　失業中の生活保障の法

1　雇用保険法と失業中の生活保障

(1)　雇用保険の意義

失業中の生活保障の仕組みとして、政府が管掌する強制保険制度である雇用保険制度が、雇保法により設けられている。雇用保険の適用事業（雇保5条1項）に雇用される労働者は、ⅰ）31日以上の雇用見込みがあり、かつ、ⅱ）1週間の所定労働時間が20時間以上である場合、原則としてその意思にかかわらず当然に被保険者となる（4条1項・6条）。雇用保険の被保険者は、①一般被保険者（雇保13条1項）、②高年齢被保険者（65歳以上の被保険者）（同37条の2第1項）、③短期雇用特例被保険者（4か月を超える期間を定めて雇用され、週所定労働時間が30時間以上の季節労働者）（同38条1項）、④日雇労働被保険者（同43条1項）の4つに区分される。

一般の事業の雇用保険の保険料は、原則として、賃金総額の1.55％であり（厚労大臣は保険財政の状況に応じて、1.15％～1.95％の間で増減させることができる）（「弾力条項」）、そのうち事業主のみが負担する0.35％（厚生労働大臣は、財政状況に応じて0.05％引き下げることができる）の二事業の費用分、および失業等給付から分離された育児休業給付の費用分（0.4％で労使折半）を差し引いた保険料率の保険料が失業等給付に当てられ、この部分は労使折半で負担する（雇保68条、徴収12条4項・6項・8項）。失業等給付の一部、および予算の範囲内で求職者支援事業に要する費用の一部、雇用保険事業の事務の執行に要する経費について、国庫負担がなされる（雇保66条）。

雇用保険の給付には失業等給付と育児休業給付があるが、失業等給付の中にはさらに、既に概説した「雇用継続給付」・「教育訓練給付」・「就職促進給付」と、労働者が失業してその所得の源泉を喪失した場合に支給される「求職者給付」がある（雇保10条）。ここでは、失業中の生活保障を行うための給付である「求職者給付」について概説する。

(2)　求職者給付

一般被保険者の求職者給付の中でも中心となる給付は、「基本手当」である。基本手当は、原則として、被保険者が失業した場合に離職の日以前2年間に被保険者期間が通算して12か月以上あったとき、支給される（雇保13条1項）（ただし、特定受給資格者（倒産・解雇等による離職者）（雇保23条2項）または特定理由離職者（有期契約の満了（雇止め）その他やむを得ない理由による離職者）（同13条3項、雇保則19条の2）は、離職の日以前1年間に被保険者期間が通算して6か月以上ある場合でも支給される）（同13条2項）。

基本手当は、この受給資格を有する者（受給資格者）が失業している日（失業していることについての認定を受けた日に限る）につき支給される（同15条1項）。基本手当は、離職した日の翌日から起算して原則1年間の受給期間中の失業

表　所定給付日数

① 特定受給資格者・一部の特定理由離職者＊

<table>
<tr><th>被保険者であった期間
離職時の満年齢</th><th>１年未満</th><th>１年以上
５年未満</th><th>５年以上
10年未満</th><th>10年以上
20年未満</th><th>20年以上</th></tr>
<tr><td>30歳未満</td><td rowspan="5">90日</td><td>90日</td><td>120日</td><td>180日</td><td>—</td></tr>
<tr><td>30歳以上35歳未満</td><td>120日</td><td rowspan="2">180日</td><td>210日</td><td>240日</td></tr>
<tr><td>35緞以上45歳未満</td><td>150日</td><td>240日</td><td>270日</td></tr>
<tr><td>45歳以上60歳未満</td><td>180日</td><td>240日</td><td>270日</td><td>330日</td></tr>
<tr><td>60歳以上65歳未満</td><td>150日</td><td>180日</td><td>210日</td><td>240日</td></tr>
</table>

＊離職日が2022年３月31日までの一部の特定理由離職者（有期労働契約が更新されなかったこと等により離職した者）が特定受給資格者と同じ所定給付日数が適用される

② 一般の離職者（定年退職・自己都合退職等）

被保険者であった期間 離職時の満年齢	10年未満	10年以上 20年未満	20年以上
65歳未満	90日	120日	150日

③ 障害者等の就職困難者

<table>
<tr><th>被保険者であった期間
離職時の満年齢</th><th>１年未満</th><th>１年以上</th></tr>
<tr><td>45歳未満</td><td rowspan="2">150日</td><td>300日</td></tr>
<tr><td>45歳以上65歳未満</td><td>360日</td></tr>
</table>

している日につき所定給付日数を限度に支給される（同20条１項）。ただし、失業している日が７日に満たない間は支給されない（待期）（同21条）。雇用保険で受給できる１日当たりの金額（「基本手当日額」）は、「賃金日額」（原則として離職した日の直前６か月に毎月きまって支払われた賃金（賞与等は除く）の合計÷180）×50〜80％（賃金の低い者ほど高い率、60歳以上65歳未満は45〜80％）とされている（下限額と年齢区分による上限額が定められている）（同16条・17条、雇保則28条の３）。このように失業時に給付される求職者給付の基本手当の支給期間が１年程度の短期間に限定されているのは、支給期間の長期化に伴う失業者の就労意欲の喪失と失業保険制度内への滞留というモラル・ハザード、および大量失業

に長期の給付を行うことによる財政問題があるためとされる。

所定給付日数は、①特定受給資格者（倒産・解雇等による離職者）（雇保23条、雇保則33条～35条）、②倒産・解雇等以外の事由による離職者（③を除く）（同22条１項）、③就職困難者（障害者等の就職が困難な者）（同22条２項、雇保則32条）の３つに区分され、「表　所定給付日数」のように定められている。

基本手当の支給要件である「失業」状態にあることとは、「被保険者が離職し、労働の意思及び能力を有するにもかかわらず、職業に就くことができない状態にあること」をいう（雇保４条３項）。受給資格者が基本手当の支給を受けるためには、職安に出頭して求職の申込みをし、原則４週間に１度、失業の認定（失業状態にあることの確認）を受けなければならない（同15条）。求職者給付の支給を受ける者は、必要に応じ職業能力の開発・向上を図りつつ、誠実かつ熱心に求職活動を行うことにより、職業に就くよう努めなければならず（同10条の２）、失業の認定を受けようとする期間中に、原則２回以上（基本手当の支給に係る最初の認定日における認定対象期間中は１回）の求職活動（就職しようとする意思を具体的かつ客観的に確認できる積極的な活動）の実績が必要とされる。自己都合等で退職した場合、離職理由によっては、待期期間満了後３か月間は基本手当が支給されない（離職理由による給付制限）（32条）。このような失業認定の手続と離職理由による給付制限の規定は、前述の財政的問題とモラル・ハザードの問題への対応のためとされているが、労働権・適職選択権の保障の観点から、解釈・運用されるべきである。なお、給付を受ける権利の消滅時効は２年である（雇保74条１項）。

2　求職者支援法と失業中の生活保障

求職者支援法の内容については、既に就職促進の法の箇所で説明したので、ここでは同法の失業中の生活保障の法としての意義と問題点についてのみ述べる。求職者支援法が制定されるまでは、失業中の生活保障の制度としては雇保法の求職者給付（基本手当）と生活保護法の扶助だけだった。求職者支援制度の対象には、雇用保険の適用がなかったり加入期間が足りず雇用保険の給付を受けられない者、雇用保険の受給が終了した者、学卒未就職者や自営廃業者等が含まれることから、以前は生活保護を受給できるところまで至らなければ何らの公的な支援も受けられなかった者に生活保障のための給付が支給されることになったことの意義は大きい。ただ、給付月額一律10万円は失業者（特定求職者）の生活ニーズからみて妥当か、6年以内に職業訓練受講給付金の支給を受けた特定求職者へは同給付金は支給されないこととなっているが（支援則13条）、経済状況の変化が激しく失業リスクが高まっている今日そうした扱いは妥当か、検討されるべきであろう。

6　雇用創出の法

様々な要因から雇用機会が不足している地域では、労働者を雇用する場の拡大・創出を図ることが必要となる。地域雇用開発促進法（以下、「地域法」）は、そのような雇用機会が不足した地域での雇用関係の成立という雇用保障の目的を実現するため、雇用創出の支援措置を定めている。

地域法は、雇用機会が不足しているため、求職者がその地域内で就職することが著しく困難な状態が相当期間にわたり継続することが見込まれる「雇用開発促進地域」（2条2項）と、上記の要件に加え、地域雇用創造協議会を設置し、市町村が雇用創出に資する措置を講ずる「自発雇用創造地域」（同条3項）の2つの地域について、地域雇用開発の施策を講ずるとしている（7条〜14条）。地域法は、地域雇用開発計画の作成に際し地域の関係者との連携・意思疎通を図る仕組みを入れて、雇用創出効果を上げようとしている。

地域法は、国が、同法に定める措置と別に講ぜられる地域の特性を生かして地域における経済活動を牽引する事業を促進するための措置その他の地域の活性化に資する措置とを総合的かつ効果的に講ずるよう努めることも定めている（14条）。これにより、産業政策と連動した地域雇用開発の促進が図られることになる。

第3節　特定雇用保障法

1　若年者の雇用保障法

1 若年者と雇用保障

新規学卒者一括定期採用の慣行は、揺らいできつつあるものの、現在でも学校から企業等への移行がうまくいかず困難を抱えた若年者を生み出している。いわゆるニートと呼ばれる職業生活を円滑に営む上での困難を抱えた若者の存在も、社会的な問題として認識されている。そのような若年者が正規雇用から閉め出されたまま低賃金で不安定なフリーターとして働くことを余儀なくされる状況や無業の状態から抜け出せない状況は、今日の若年者の雇用保障の問題を深刻なものとしている。若年者の雇用保障は、わが国の労働市場の全体の構造のあり様に関わる非常に重要な問題である。

2 青少年雇用促進法による若年者の雇用保障

青少年の雇用の促進等に関する法律（以下、「青少年雇用促進法」）は、青少年雇用対策に総合的・体系的に取り組むための法律として、青少年の適職選択、職業能力の開発・向上に関する措置等を総合的に講ずるための根拠法として、労働施策総合推進法4条7号に規定する青少年の雇用に関する国の施策の具体的措置を定めた個別法として、位置付けられる。

同法は、青少年が、その意欲と能力に応じ、充実した職業生活を営むとともに、有為な職業人として健やかに成育するよう配慮されること（同2条）、青少年である労働者が、将来の経済・社会を担う者としての自覚を持ち、自ら進んで有為な職業人として成育するよう努めること（同3条）を基本理念とし、①青少年の有する能力を正当に評価するための募集・採用方法の改善と職業能力の開発・向上に関する措置等を講ずることにより、雇用機会の確保と職場への定着を図り、青少年が能力を有効に発揮することができるよう努める事業主の責務（同4条1項）、②青少年の雇用機会の確保・職場への定着が図られるよう、相談に応じ必要な助言その他の措置を適切に行うよう努める職業紹介事業者等および青少年の職業能力の開発・向上の支援を業として行う者の責務（同条2項）、③青少年の適職選択を可能とする環境の整備、職業能力の開発・向上その他福祉の増進を図るため必要な施策を総合的・効果的に推進するよう努める国の責務（5条1項）、④国の施策と相まって地域の実情に応じ必要な施策を推進するよう努める地方公共団体の責務を定める（同条2項）。そして、国、地方公共団体、事業主、職業紹介事業者等、教育機関その他の関係者は、基本理念に則り相互に連携しながら協力するよう努めることを求められる（同6条）。

これら努力義務の内容となる必要な措置に関し、厚生労働大臣が、必要な指針を定め公表する（同7条、平27・9・30厚労告406号・平30・9・7厚労告322号）。また、厚生労働大臣は、青少年の雇用対策に係る施策の基本となるべき方針を策定する（同8条、平28・1・14厚労告4号）。

青少年雇用促進法は、職安による職業指導等の充実についても定める（同9条・10条）。職安（新卒応援ハローワーク等の青少年への支援を中心に行う部門）は、新規学卒者等であって職業経験がないこと、学校中退者であること、フリーターで不安定な就業を繰り返していること等、青少年の個別の状況に応じた職業指導、職業紹介等の措置を講ずるとともに、その就職後にも職場定着に向けて必要な支援を行う。同法は、若者の「使い捨て」が疑われる（いわゆるブラック）企業が社会問題となる中、新規学卒者一括定期採用慣行の下での新規学卒時のトラブルが職業生活に長期的影響を及ぼすことになりかねないため、就業を継続する上で問題を抱えることが懸念される労働関係法令違反で処分・公表その他の措置が講じられた求人者からの求人を学校卒業見込者等に紹介することがないよう、求人・求職受理の原則（職安5条の5）にかかわらず、職安がそのような求人者からの学校卒業見込者等の求人を受理しないことができる求人不受理の仕組みを創設した（同11条）。

青少年雇用促進法は、新規学卒者の卒業後3年以内の離職率が高く（いわゆる七五三現象）、不本意に非正規の職に就いている青少年の割合が他の年齢に比べ高いといった新規学卒時のミスマッチの問題があることから、学校卒業見込者等募集・学校卒業見込者等求人に当たり職場の就労実態に係る情報が積極的に学校卒業見込者等に提供される環境を整備し、学校卒業見込者等と企業の双方のマッチングの向上を図る目的で、学校卒業見込者等募集・学校卒業見込者等求人の申込みを行う者に対し、①「青少年雇用情報」（青少年の募集・採用の状況、職業能力の開発・向上、職場への定着の促進に関する取組の実施状況等の情報）の提供を努力義務として課し、②就職活動中の学生等が個別に情報提供の求めを行った場合、所定の事項の情報提供を義務づけ、③求人者が職安・職業紹介事業者（学校を含む）に学校卒業見込者等求人の申込みをする場合、当該申込みを受けた職安・職業紹介事業者からの求めに応じ、青少年雇用情報の提供を義務づけている（同13条・14条、同法施行規則５条）。

その他、青少年雇用促進法は、青少年の採用・育成に積極的な中小企業と大企業志向の強い青少年の間でミスマッチが存在していることへの対策として、青少年の雇用管理の状況が優良な中小企業を厚生労働大臣が認定する制度（「ユースエール企業」）を設けている（同15条～16条）。また、同法は、就業・修学・職業訓練の受講のいずれもしていない青少年であって、職業生活を円滑に営む上での困難を有する者（「無業青少年」）、いわゆるニートの若者への施策を講じる国と地方公共団体の責務を法律上明確にした（同23条、24条）。

青少年雇用促進法は、若年者の雇用保障に特有の諸課題に対応するため、以上に述べたような施策を規定するが、それらが十分に機能するためには、職安がその役割を積極的に果たしていくことが必要であろう。

3　職業能力開発と若年者の雇用保障

青少年雇用促進法は、青少年の職業能力の開発・向上を図るため、地方公共団体その他の関係者と連携し、青少年に対し、職業訓練の推進、職業能力検定の活用の促進、キャリアコンサルタントによる相談の機会の付与、職務経歴等記録書（ジョブカード）の普及の促進その他必要な措置を総合的・効果的に講ずる努力義務を国に課し（21条）、事業主に対し、雇用する青少年が準則訓練や高等学校の定時制の課程・通信制の課程等で行う教育を受ける場合、当該青少年が職業訓練・教育を受けるために必要な時間を確保することができるよう配慮する努力義務を課す（22条）。

能開法は、職業経験が少ない若年者（15歳～44歳）（能開則２条の２）に対し、実践的な職業能力の開発・向上の仕組みを設け、そのエンプロイアビリティを高め、若年者の就職促進、失業の防止を図っている（認定実習併用職業訓練の実施）（14条）。実習併用職業訓練は、事業主が、雇用する労働者の業務の遂行の過程内で行う職業訓練（OJT）と、公共職業訓練、認定職業訓練、専修学校等における教育訓練のいずれかを効果的に組み合わせることにより実施するもので、これにより習得された技能・知識についての評価を行うものである（能開10条の2第2項）。

2　高齢者の雇用保障法

1　高齢者の募集・採用と年齢制限の禁止

わが国の労働市場の構造上、高齢者がひとたび離職して労働市場に入り再び就職するには大きな困難をともなう。労働者の募集条件に年齢制限が付されことが多く、高齢者の就職には年齢が大きなハードルとなる。そこで、労働施策総合推進法は、募集・採用における年齢にかかわりない均等な機会の確保義務を事業主に課している（9条）。ただし、定年制をとる企業が多いわが国の長期継続雇用慣行の存在を前提に、例外的に合理的理由のある年齢制限が認められる場合を省令で列挙し、それらの場合以外の年齢制限が禁止される（同法施行規則1条の3）。事業主は、労働者の募集・採用をする際にやむを得ない理由で一定の年齢（65歳以下のものに限る）を下回ることを条件とするときは、労働者の募集・採用用の書面・電磁的記録に併せて記載・記録する方法で求職者にその理由を示さなければならない（高年20条1項、高年則6条の5）。この義務違反に対して、厚生労働大臣（都道府県労働局長または公共職業安定所長）による助言・指導・勧告等の措置がなされる場合があり（同33条・35条）、職安や職業紹介事業者に求人の受理を拒否される場合があるが（職安5条の5第1項ただし書）、罰則はなく、私法上の効果は予定されていないと解されている。場合によっては不法行為責任を生じさせうるとの見解がある。

2　高年齢者雇用安定法と高齢者の雇用保障

(1)　意　義

高年齢者雇用安定法（以下、「高年法」）は、定年の引上げ、継続雇用制度の導入等による高年齢者の安定した雇用の確保の促進、高年齢者等の再就職の促進、定年退職者その他の高年齢退職者の就業機会の確保等の措置を総合的に講じ、高年齢者等の職業の安定その他福祉の増進を図ることを目的とする（１条)。高年法は、わが国の定年制の下での長期継続雇用慣行の存在を前提に、高年齢者の雇用保障を図ろうとしている。

高年法は、①「高年齢者」（55歳以上の者）と、②「高年齢者等」（高年齢者および「中高年齢者」（45歳以上）の求職者または中高年齢失業者等（45歳以上65歳未満の者その他、身体障害者等の就職が特に困難な失業者）であって高年齢者ではない者）をその対象者と定める（２条１項・２項、高年則１条～３条)。

高年法は、①高年齢者等が、その職業生活の全期間を通じ、意欲・能力に応じた雇用機会その他の多様な就業機会を確保され、職業生活の充実が図られるよう配慮されること、②労働者が、高齢期における職業生活の充実のため、自ら進んで高齢期の職業生活設計を行い、その設計に基づき職業能力の開発・向上、健康の保持・増進に努めることを、基本理念と定める（３条１項・２項)。

この基本理念を受けて、事業主は、①雇用する高年齢者の職業能力の開発・向上、作業施設の改善その他の諸条件の整備、雇用する高年齢者等の再就職の援助等により、その意欲・能力に応じた雇用機会の確保等が図られるよう努め、②雇用する労働者が高齢期に意欲・能力に応じて就業することにより職業生活の充実を図ることができるよう、高齢期の職業生活設計に必要な援助を行うよう努める責務を負う（高年４条)。国・地方公共団体は、事業主、労働者その他の関係者の自主的努力を尊重しつつ必要な援助等を行い、高年齢者等の再就職の促進のために必要な職業紹介、職業訓練等の体制の整備を行う等、高年齢者等の意欲・能力に応じた雇用機会その他の多様な就業機会の確保等を図るために必要な施策を総合的かつ効果的に推進するよう努める（同法５条)。この責務を果たすため、厚生労働大臣が、高年齢者等の職業の安定に関する施策の基本となるべき「高年齢者等職業安定対策基本方針」を策定する（同法６条、平24厚労告559号)。そして、国は、この方針に従い、事業主等への援助等の措置を講ずることができる（同法49条１項)。

⑵　60歳定年の義務化と高年齢者雇用確保措置

高年法は、事業主が定年の定めをする場合、その定年は60歳を下回ることができないと定め、60歳定年を義務化している（８条）。この義務規定は強行規定であるから、これに反して60歳未満の定年制を設けた場合、その定年制は無効となり定年の定めのない状態になると解される（牛根漁業協同組合事件・福岡高宮崎支判平17・11・30労判953号71頁）。

しかし、これでは公的年金の支給開始年齢が段階的に65歳に引き上げられることになっていたため、65歳までの間に所得のブランクが生じることになる。そこで、65歳未満の定年の定めをしている事業主は、雇用する高年齢者の65歳までの安定した雇用を確保するため、次のいずれかの「高年齢者雇用確保措置」を講ずる義務を課された（高年９条１項）。①定年年齢の引き上げ、②継続雇用制度の導入、③定年の定めの廃止。なお、事業主は、毎年１回、定年・継続雇用制度の状況その他高年齢者の雇用に関する状況を厚生労働大臣に報告する義務を負う（高年52条）。

ここで②の「継続雇用制度」は、現に雇用している高年齢者が希望するときは、当該高年齢者をその定年後も引き続き雇用する制度であり（同法９条１項２号）、希望者全員を雇用するものである。2012年の改正までは、この原則には例外として、当該事業所の過半数代表との書面協定により継続雇用制度の対象となる高年齢者に係る基準を定め当該基準に基づく制度を導入したときは、雇用確保措置を講じたものとみなされるとの定めがあった（旧高年９条２項）。この改正前の規定に関する事案のものであるが、労働者が継続雇用制度対象者の選定基準を満たすにも関わらず継続雇用制度に基づく再雇用を拒否された場合、雇止め法理に準じた法律構成をとり、雇用継続の期待に合理性が認められる場合に雇用継続（再雇用契約の締結）をしないことの客観的合理性・社会的相当性の有無により「再雇用されたのと同様の雇用関係が存続している」とされるか否かを判断すべきとする最高裁判決がある（津田電気計器事件・最一小判平24・11・29労判1064号13頁）。同判決は、労使協定による継続雇用の対象者を選別可能とする制度が経過的に2025年まで認められるため、それまでは先例としての意義を有する。また、希望者の全員を継続雇用するといっても、事業主が再雇用を拒否することに客観的に合理的な理由があり社会通念上相当と認められうる場合もあるから（平成24・11・９厚労告560号）、同判決は改正法下でも先例として用いられうる。

高年法９条１項の違反に対しては、厚生労働大臣の指導・助言・勧告がなされることとなっているが（10条）、同規定の法的性質について、学説・裁判例・行政解釈の間で見解の対立がある。学説の中には、同規定に私法上の強行的効力を認め、①～③のいずれの雇用確保措置もとらないまま、65歳未満の定年年齢が維持されている場合、定年制は同規定に違反する限りで無効となり、使用者が継続雇用制度を実施するまで定年は65歳に設定されたものとみなされ、労働者は65歳に達するまで労働契約上の地位の確認等を請求しうるとするものがある。これに対し、同規定はあくまで公法上の取締規定であり私法上の強行的効力は認められないとする学説・裁判例・行政解釈の見解では、60歳定年制は、②の雇用確保措置が許容されている以上、一義的に無効ということはできない、また、① と③のいずれの雇用確保措置もとらなかった場合、当然に②の雇用確保措置の私法上の効果が発生すると解することも、②の雇用確保措置の内容自体、当事者が合意しない限り確定しない以上、困難であるとする。ただ、学説では、①～③のいずれの雇用確保措置もとらなかった場合、不法行為として損害賠償責任が発生することはあり得るとするものがあるが、下級審裁判例は、私法上の強行的効力を認めないだけでなく、不法行為責任も認めないものが支配的である（NTT 西日本事件・大阪高判平21・11・27労判1004号112頁、愛知ミタカ運輸事件・大阪高判平22・９・14労判1144号74頁、NTT 東日本事件・東京高判平22・12・22判時2126号133頁等）。

②の継続雇用制度として認められる措置は、前述の改正で労使協定による対象者選定制度が廃止され（2025年まで経過措置）、希望者全員を対象とすべきものとなった。その代わりに、継続雇用先の範囲を所定の要件を充足するグループ会社（特殊関係事業主）にまで拡大する定めが設けられた（高年９条２項）。この高年法の改正については、対象者と継続雇用先を拡大する一方で、労働条件に関する規制を盛り込まなかったことから、年金支給開始までの所得自体の確保のため質（労働条件）よりも量（対象者と雇用先の拡大）を重視したとの指摘がみられる。この点は、ディーセント・ワークの保障の観点から今後の課題といえよう。裁判例には、定年前後での不合理な職種変更や大幅な労働条件の低下を伴う再雇用の提案が、高年法の趣旨に反するとして不法行為の成立を認めたものがある（トヨタ自動車ほか事件・名古屋高判平28・９・28

労判1146号22頁、九州惣菜事件・福岡高判平29・９・７労判1167号49頁)。

高齢者の雇用保障のあり方として、今後の立法政策は年齢差別禁止の方向に動いていくか。その方向で動くべきであろうが、定年制の存在を前提にした高年法による高年齢者の雇用保障の法制度との調整をどのように図りながらソフトランディングできるようにするか検討が必要である。日本で年齢差別禁止の立法政策へ向かうことは簡単ではない。2020年の高年法の改正では、65歳から70歳までの高年齢者就業確保措置（定年引き上げ、継続雇用制度の導入、定年廃止、労使で同意した上での雇用以外の措置（「創業支援等措置」）のいずれか）を講ずることが、使用者の努力義務とされた（2021年４月施行）（10条の２）。

(3)　高年齢者等の再就職の促進・援助

国は、高年齢者等の再就職の促進等を図るため、高年齢者等への職業指導、職業紹介、職業訓練等の措置が効果的に関連して実施されるよう配慮し（高年12条）、求人の開拓等を行い、求人・求職情報を収集して高年齢者等の求職者および事業主に提供するよう努める（同13条）。職安は、高年齢者等に能力に適合する職業を紹介するため必要なときは、求人者に年齢その他の求人条件につき指導し、高年齢者等を雇用しまたは雇用しようとする者に、雇入れ、配置、作業の設備・環境等の技術的事項につき必要な助言・援助を行うことができる（同14条）。このように、（再）就職に困難を抱えることが多い高年齢者等の就職促進のため、国が特別な措置を講ずることとされている。

こうした国の施策に加え、高年法は、事業主による高年齢者等の再就職の援助等についても定める。第１に、事業主は、雇用する高年齢者等（「再就職援助対象高年齢者等」）が解雇等により離職する場合で、当該再就職援助対象高年齢者等が再就職を希望するときは、求人の開拓等の再就職の援助に関し必要な「再就職援助措置」を講ずるよう努めなければならない（高年15条１項、高年則６条）。事業主は、この再就職援助措置について職安に助言・援助を求めることができる（高年15条２項）。第２に、事業主は、雇用する高年齢者等のうち５人以上の者が解雇等により離職する場合、当該届出に係る離職が生ずる日の１月前までにその旨を公共職業安定所長に届け出なければならない（高年16条１項、高年則６条の２）。第３に、事業主は、解雇等により離職する予定の高年齢者等が希望するときは、その円滑な再就職を促進するため、職務経歴、職業能力等の再就職に資する事項（解雇等の理由を除く）および事業主が講ずる再就職援助措置を明らかにする「求職活動支援書」を本人の再就職・在職中の求職活動に関する希望の内容を聴いて（高年齢離職予定者に共通して講じようとする再就職援助措置の内容については過半数組合または過半数代表者の意見を聴いて）作成し、当該高年齢者等に交付しなければならない（高年17条１項、高年則６条の３）。この場合、事業主は、雇用する者のうちから再就職援助担当者を選任し、その者に、当該求職活動支援書に基づき職安と協力して、当該高年齢者等の再就職の援助に関する業務を行わせる（高年17条２項、高年則６条の４）。求職活動支援書の交付を受けた労働者が職安に求職の申込みを行うときは、職安により職務経歴等を明らかにする書面の作成に関し求職活動支援書の記載内容を参酌した助言・援助がなされる（同19条）。第４に、事業主は、雇用する高年齢者の定年退職等の場合における退職準備援助の措置を講ずるよう努めなければならない（同21条）。

失業した中高年齢労働者の中で、前の会社からの斡旋を受けた人ほど再就職までの期間が短く、前の会社の紹介なしに短期間で再就職することは非常に難しい実態があることから、高年法の定める再就職の促進・援助の制度は、高年齢者等の再就職の促進に一定の有効性を有すると思われる。しかしながら、それらは事業主の努力義務にとどまり、実効性確保の面で十分ではないという問題がある。そうした問題点の改善が図られるべきであろう。

⑷　中高年齢失業者等に対する特別措置

中高年齢失業者等で、職安に求職の申込みをし、誠実かつ熱心に就職活動を行う意欲を有し、厚生労働大臣が策定する計画に基づき行われる職業指導・職業紹介、公共職業訓練等の措置（高年25条１項）を受ける必要があると認められる等の要件を満たし（同22条、高年則７条）、公共職業安定所長が、中高年齢失業者等求職手帳の発給を受けた者に「就職促進の措置」を受けるよう指示し実施することで、中高年齢失業者等の就職促進が図られる（高年26条～24条）。就職促進措置の円滑な実施のため、関係機関は相互に密接に連絡・協力するよう努めなければならない（同27条）。就職促進措置を受ける者に、手帳の有効期間中、労働施策総合推進法に基づく手当が支給される（同28条）。

厚生労働大臣は、特定地域に居住する中高年齢失業者等の雇用促進のため必要な事項に関する計画を作成し、その計画に基づき必要な措置を講ずる（高年同31条）。厚生労働大臣は、特定地域の中高年齢失業者等の就職状況等から必要なときは、当該特定地域で計画実施される公共事業について、その事業種別に従い、職種別・地域別に、当該事業に使用される労働者の数とそのうちの中高年齢失業者等の数との比率（「失業者吸収率」）を定める。失業者吸収率の定められた公共事業を計画実施する公共事業の事業主体等は、職安の紹介により、常に失業者吸収率に該当する数の中高年齢失業者等を雇い入れていなければならない（同32条）。これは、より就職が厳しい状況にある中高年齢失業者等への失業対策事業を国等が行うものといえよう。

⑸　定年退職者等に対する就業の機会の確保

国・地方公共団体は、定年退職者その他の高年齢退職者の職業生活の充実その他福祉の増進に資するため、臨時的・短期的その他軽易な業務に係る就業を希望する者に、就業に関する相談を実施し、希望に応じた就業の機会を提供する団体を育成し、その他その就業機会の確保のために必要な措置を講ずるよう努める（高年36条）。これを受けて、高年法はシルバー人材センター等に関する定めを置く。シルバー人材センターは、定年退職者その他の高年齢退職者への希望に応じた臨時的・短期的その他軽易な就業機会の確保と就業の援助により、能力の積極的な活用を図ることができるようにすることで高年齢者の福祉の増進に資することを目的とする一般社団法人・一般財団法人（「高年齢者就業援助法人」）であって、法定の基準に適合すると認められ、市町村（特別区を含む）の区域ごとに一個に限り、法定の業務を行うものとして都道府県知事により指定されたものである（高年37条）。

シルバー人材センターの行う業務は、次の４つである（同38条１項）。①雇用によらない臨時的・短期的その他軽易な就業の機会の確保と提供、②臨時的・短期的その他軽易な雇用による就業の有料職業紹介、③臨時的・短期的その他軽易な就業に必要な知識・技能の付与を目的とした講習、④雇用による臨時的・短期的その他軽易な就業の労働者派遣事業。これらのうち、②と④は、職安法および派遣法の例外として、厚生労働大臣に届け出て行うことができる（同条２項・５項）。ただし、②と④については、都道府県知事が、厚生労働大臣との協議を経て、指定した範囲の業種・職種のみを扱うことができる（39条）。①は、雇用によらない就業であり、雇用保障法ではなく就労保障法の領域に入る（詳しくは本編第3章第4節で説明する）。

3 雇用保険法と高年齢者の雇用保障

(1) 高年齢雇用継続給付・高年齢被保険者の求職者給付

高年齢労働者、とりわけ60歳以上の労働者の再雇用（就職）等では、賃金が大きく下がることが多い。こうしたことは、高年齢労働者の雇用の継続を困難とし、失業へとつながりかねないものとなる。そこで、雇保法は、高年齢労働者の雇用の継続を図り、失業を防止するため、「高年齢雇用継続給付」を設けている。高年齢雇用継続給付は、雇用保険の被保険者であった期間が5年以上ある60歳以上65歳未満の一般被保険者が、原則として60歳以降の賃金が60歳時点に比べ75%未満に低下した状態で雇用を継続し（「高年齢雇用継続基本給付金」）または再就職した場合（「高年齢再就職給付金」）、60歳に達した月から65歳に達する月までを支給期間として支給される（雇保61条・61条の2）。支給額は、60歳以上65歳未満の各月の賃金の15%相当額となる（一定の上限を超えるときは支給されない）。高年齢雇用継続給付については、労使協定による継続雇用の対象者を選別可能とする制度の経過措置が2025年に終了するため、その後の2030年度以降60歳になる人から廃止することが検討されていることから、2025年度から給付額が賃金の10%に減額される（雇保61条5項、61条の2第3項）。

65歳以上の高年齢被保険者が失業した場合、一時金の高年齢求職者給付金が支給される（雇保37条の2～37条の4）。

(2) 二事業による助成金

雇保法は、定年の引上げ、継続雇用制度の導入、再就職の援助等の高年齢者等の雇用の機会の増大に資する措置を講ずる事業主・事業主の団体に対して給付金を支給することを定める高年法の規定（49条）を受けて、雇用安定事業として各種の助成金の支給を定めている（雇保62条、雇保則103条・104条等）（2020年4月からは、高年齢者就業確保措置の実施についても対象となっている）。ここでも、経済的な支援による誘導の手法が用いられている。

3　障害者の雇用保障法

1　障害者雇用促進法と障害者の雇用保障

(1)　意　義

障害者雇用促進法（以下、「障害雇用法」）は、障害者の雇用義務等に基づく雇用の促進等のための措置、職業リハビリテーションの措置その他障害者がその能力に適合する職業に就くこと等を通じ職業生活において自立することを促進するための措置を総合的に講じて障害者の職業の安定を図ることを目的とする（1条）。その適用対象となる、①「障害者」は、身体障害、知的障害、精神障害（以下、「障害」）があるため、長期にわたり職業生活に相当の制限を受け職業生活を営むことが著しく困難な者、②「身体障害者」は、障害者のうち身体障害がある者で同法別表に掲げる障害があるもの、③「重度身体障害者」は、身体障害者のうち身体障害の程度が重い者で省令に定めるもの、④「知的障害者」は、障害者のうち知的障害がある者で省令に定めるもの、⑤「重度知的障害者」は、知的障害者のうち知的障害の程度が重い者で省令に定めるもの、⑥「精神障害者」は、精神障害がある者で省令に定めるもの、と定義されている（障害雇用2条1号～6号、障害雇用則1条～1条の4）。障害者の範囲は実質的に省令に委任されているが、その範囲が狭いことが問題とされている。心身の状態と生活・社会環境との相互作用から生じうるハンディキャップをも視野に入れた障害概念の再構築が検討課題であろう。

障害雇用法は、①障害者である労働者は、経済社会を構成する労働者の一員として、職業生活においてその能力を発揮する機会を与えられるものとすること（3条）、②障害者である労働者は、職業に従事する者としての自覚を持ち、自ら進んで、その能力の開発・向上を図り、有為な職業人として自立するように努めなければならないこと（4条）を、基本理念と定める。これを受けて、事業主は、①社会連帯の理念に基づき、障害者である労働者が有為な職業人として自立しようとする努力に協力し、②障害者である労働者の有する能力を正当に評価し、適当な雇用の場を与え適正な雇用管理を行うことによりその雇用の安定を図るよう努める責務を負う（5条）。国・地方公共団体は、障害者の雇用について広く啓蒙し、事業主、障害者その他の関係者に対する援助の措置、障害者の特性に配慮した職業リハビリテーションの措置を講ずる等障害者の雇用の促進と職業の安定を図るため必要な施策を、障害者の福祉に関する施策との有機的な連携を図りつつ総合的・効果的に推進するよう努める責務を負う（同６条）。国がその責務を果たすため、厚生労働大臣が「障害者雇用対策基本方針」を策定する（同７条、平30厚労告178号）。

障害雇用法は、障害者権利条約の批准準備の一環として、2014年に改正され、障害者に対する差別の禁止等（障害者に対する直接差別の禁止や合理的配慮提供措置義務等）の定めが置かれた（詳しくは、第２編第６章第２節④を参照）。これにより、障害者の雇用保障にとって、その雇用の機会（量）の確保 のみならず、労働条件等の雇用の質の確保が図られることが期待される。

⑵　職業リハビリテーション

職業リハビリテーションは、障害者に職業指導・職業訓練・職業紹介その他所定の措置を講じ、職業生活における自立を図ることである（障害雇用２条７号）。具体的には、職安による障害者の能力に適合する求人の開拓（同９条）、求人者に対する身体的・精神的な条件その他の求人の条件についての指導等（同10条）、適性検査の実施、雇用情報の提供、障害者に適応した職業指導等の必要な措置（同11条）、障害者職業センターと密接に連携して行う適性検査、職業指導等、障害者職業センターへのあっせん（同12条）、都道府県が標準的な作業環境の事業主に委託して行う適応訓練（同13条）、職安による適応訓練のあっせん（同14条）である。

職安は、障害者の職業の安定を図るため必要と認めるときは、その紹介により就職した障害者その他事業主に雇用されている障害者にその作業の環境に適応させるために必要な助言・指導を行い（同17条）、障害者を雇用しまたは雇用しようとする者に「障害者の雇用管理に関する事項」について助言・指導できる（同18条）。職業リハビリテーションを推進するため、「障害者職業センター」の設置・運営（同19条～26条）と「障害者就業・生活支援センター」の指定等（同27条～33条）がなされる。このように、職業リハビリテーションにおいて職安が重要な役割を果たすものとされているが、人員不足等から職安の体制が十分なものとなっていないとの問題点が指摘されている。

⑶　障害者の雇用義務

全て事業主は、対象障害者の雇用に関し、社会連帯の理念に基づき、適当な雇用の場を与える共同の責務を有し、進んでその雇入れに努める責務を負う（障害雇用37条）。国・地方公共団体と事業主は、雇用する労働者の数に障害者雇用率を乗じて得た「法定雇用障害者数」以上の身体障害者・知的障害者・精神障害者を雇用すべき義務を負う（同38条以下）。障害者雇用率は、少なくとも５年ごとに見直されるが、一般事業主については現在2.3％である（障害雇用43条、障害雇用令９条）。雇用する労働者の数が常時50人以上の事業主は、対象障害者である労働者の雇用に関する状況を厚生労働大臣に報告する義務を負う（同43条７項、障害雇用則７条）。

障害雇用法は、実効性確保のための仕組みとして、障害者雇用率未達成の事業主に対する厚生労働大臣による一般事業主の対象障害者の雇入れに関する計画の作成命令と、これに従わない場合の実施勧告（障害雇用46条）、この勧告に従わない一般事業主の企業名公表（同47条）を制度化している。障害者雇用率未達成企業の多さを考えると、実効性の観点からもっと機動的にこれら権限が発動されるべきである。

もう１つの実効性確保の仕組みとして、「障害者雇用納付金」制度がある（同49条～68条、障害雇用則15条～36条の14）（100人を超える事業主を対象とする）（障害雇用附則４条１項）。これは、障害者雇用率未達成の事業主から、法定雇用障害者数に不足する障害者数に応じ１人につき月額50,000円の障害者雇用納付金を徴収し、これを財源として、障害者雇用率を超えて障害者を雇用している事業主にその超えて雇用している障害者数に応じ１人につき月額27,000円の「障害者雇用調整金」を支給するものであり、「対象障害者の雇用に伴う経済的負担の調整」をするためのものとされているが（障害雇用49条１項）、実効性確保のための経済的誘導策とみることもできよう。適用対象とならない規模の中小企業への報奨金制度も設けられている（障害雇用附則４条２項～４項）。このようにみれば、障害者雇用納付金の額がそうした経済的誘導効果を有するだけの適正なものといえるか検討すべきであろう。また、障害者雇用納付金は、障害者の雇用の促進・継続を図るためのその他の助成金の支給の財源にも当てられる（同49条１項２号～８号、障害雇用則17条～22条の５）。

(4) 解雇の届出

事業主は、障害者である労働者を解雇する場合（労働者の責めに帰すべき理由により解雇する場合その他省令で定める場合を除く）には、その旨を公共職業安定所長に届け出なければならならず、この届出があつたときは、職安は、届出に係る障害者である労働者について、速やかに求人の開拓、職業紹介等の措置を講ずるよう努める（81条）。これは、障害者である労働者の失業期間をできるだけ短くしようとするもので、障害者の雇用保障の法的措置と位置づけうる。

2 職業安定法・職業能力開発促進法と障害者の雇用保障

身体障害者・精神障害者に対し、職安による職業指導が行われる（職安22条）。職安は、必要なときは職業指導を受ける者に適性検査を行う（同23条）。職安は、職業指導を受ける者に公共職業能力開発施設の行う職業訓練に関する情報の提供、相談その他の援助を与えることが必要なときは、公共職業能力開発施設その他の関係者に必要な協力を求めることができる（同24条）。

身体・精神に障害がある者等に対する職業訓練は、特にこれらの者の身体的・精神的な事情等に配慮して行われなければならない（能開３条の２第４項）。国は、職業能力開発校・職業能力開発短期大学校・職業能力開発大学校・職業能力開発促進センターにおいて職業訓練を受けることが困難な身体・精神に障害がある者等に対して行う能力に適応した普通職業訓練・高度職業訓練を行うための「障害者職業能力開発校」を設置し、その運営を独立行政法人または都道府県に委託できる（同15条の７第１項５号、16条１項・４項）。障害者職業能力開発校での職業訓練は、無料で行われる（同23条１項）。

4　外国人の雇用保障法

1 意　義

出入国管理及び難民認定法（以下、「入管法」）によって、日本国内での外国人の就労は在留資格が定める範囲に限られる。外国人の雇用保障は、その範囲内において認められる。2018年の入管法の改正で新たな在留資格として「特定技能」が設けられ、「人材を確保することが困難な状況にあるため外国人により不足する人材の確保を図るべき産業上の分野」に属する「相当程度の知識又は経験を必要とする技能を要する業務に従事する活動」および「熟練した技能を要する業務に従事する活動」が加えられた（入管２条の２第２項、同法別表１の２、平31法務省令６号）。特定技能の資格で就労する外国人労働者の保護のため、受け入れ機関と締結する「特定技能雇用契約」に定めるべき内容等につき入管法が規制を加えている（２条の５）。

2　労働施策総合推進法と外国人の雇用保障

労働施策総合推進法は、外国人の雇用保障に関わって、事業主が、新たに外国人を雇い入れた場合または雇用する外国人が離職した場合、その者の氏名、在留資格（入管２条の２第１項）、在留期間（同条第３項）等について確認し、当該事項を厚生労働大臣に届け出なければならないこと（28条、同法施行規則10条～12条）、この届出があったときは、国が、次に掲げる措置を講じて、当該届出に係る外国人の雇用管理の改善の促進・再就職の促進に努めることを定める（同条２項）。①職安による事業主への当該外国人の有する在留資格・知識経験等に応じた適正な雇用管理に関する必要な指導・助言、②職安による事業主への当該外国人への再就職援助に関する必要な指導・助言、③職安による有する能力・在留資格等に応じた当該外国人への雇用情報の提供・求人の開拓・職業紹介、④能開施設における必要な職業訓練。

3　外国人技能実習法と外国人の雇用保障

外国人技能実習制度は、現在、外国人技能実習法（以下、「実習法」）に従い実施されているが、もとは1989年の入管法改正による「研修」の在留資格が設けられたことから始まった。その目的は、現在の根拠法である実習法に定められている通り、人材育成を通じた開発途上地域等への技能・技術・知識の移転による国際協力の推進である（１条）。この目的は制度発足当初より変わっていない。ところが、この制度は、外国人研修生・技能実習生を低賃金労働力として利用し、その人権を侵害するような実態と制度の本来の目的・趣旨とが大きく乖離していることが問題とされてきた。そこで、技能実習の適正な実施と技能実習生の保護を図ることも目的として（１条）、実習法が定められた。

同法は、基本理念として、「技能実習は、労働力の需給の調整の手段として行われてはならない」と定め（3条2項）、外国人技能実習生の保護のために、彼らへの人権侵害行為を禁止し（46条～48条）、その違反につき出入国在留管理庁長官・厚生労働大臣に申告する権利を保障し（49条・50条）、罰則（両罰規定あり）を定める（108条・111条・113条）。また、同法は、技能実習計画の認定（8条～16条）、技能実習実施者の届出制（17条～19条）、監理団体の許可制（23条～26条）等を設け、技能実習制度の適正な実施を図ろうとしている。しかしながら、外国人技能実習制度は、このような仕組みが基本理念に基づき実施されるか疑問がないではなく、外国人技能実習生の職業能力開発という雇用保障法の目的の1つを十分に実現しうるか、今後も検討を要する。

第3章
就労保障法

第1節　社会的包摂概念と就労保障法

労働権の規範内容には、就労機会の保障を通じた人としての存在の承認を求める権利が内包されているとの今日的理解からは、雇用ではない就労を保障するための法政策の体系としての就労保障法の法領域が導かれる。この就労保障法は、就労を通じて個人が社会に包摂されることを意味する「社会的包摂」を目的概念とし、労働権の規範内容が法制度に具体化されるものである。

就労による社会的包摂は、就労の機会が付与されればその就労条件を問わないわけではない。社会的包摂は、好ましくない包摂（unfavourable inclusion）をむしろ社会的排除と捉え、就労条件がディーセントなものであることを要請する。このことは、就労保障法において保障すべき就労機会のあり方を考える際に重要な観点である。以下において、就労保障法の具体的な分野について概説する。

第2節　生活困窮者の中間的就労

自立支援法は、雇用による就業を継続して行うことが困難な生活困窮者に対し、就労の機会を提供し、就労に必要な知識・能力の向上のために必要な訓練等の便宜を供与する生活困窮者就労訓練事業としての「中間的就労」について定める（16条）。自立支援法は、「生活困窮者に対する自立の支援は、生活困窮者の尊厳の保持を図りつつ、生活困窮者の就労の状況、心身の状況、地域社会からの孤立の状況その他の状況に応じて、包括的かつ早期に行われなければならない」（2条1項）ことを基本理念として定めるが、その趣旨は、生活困窮者が社会的排除の状態に陥らないようにすることを生活困窮者に対する自立支援の基本理念とするものと解しうる。同法は、就労を通じた社会的包摂策と位置づけられる。

生活困窮者就労訓練事業を行う者が、生活困窮者の就労に必要な知識・能力の向上のための所定の基準に同事業が適合していることにつき都道府県知事の認定を受けた場合、国・地方公共団体は、認定生活困窮者就労訓練事業を行う者の受注の機会の増大を図るように努めることとされている（自立支援法16条1項・4項、自立支援則19条〜21条）。この認定基準は、雇用によらない生活困窮者就労訓練事業を利用する生活困窮者の安全衛生その他の作業条件について、労基法・安衛法の規定に準ずる取扱いをすること、および生活困窮者就労訓練事業の利用に係る災害が発生した場合の補償のために必要な措置を講じることを定めており（自立支援則21条3号・4号）、ディーセントな就労条件の確保を図るものといえよう。

生活困窮者就労訓練事業による雇用によらない中間的就労は、生活困窮者が雇用による就労へ移行することを可能とするための雇用保障法の側面も有する（国・地方公共団体、職安が、生活困窮者の雇用機会の確保のための措置をとることを責務として定めている）（自立支援17条）。しかしながら、雇用への移行がなかなかできない生活困窮者にとっては、この中間的就労は、就労を通じた社会的包摂を図る就労保障法に位置づけられる。

第3節　障害者の在宅就業と福祉的就労

1　在宅就業

障害雇用法は、対象障害者であって、自宅等において物品の製造、役務の提供その他これらに類する業務を自ら行う「在宅就業障害者」（雇用されている者を除く）の就業機会の確保等を支援するため、「在宅就業障害者特例調整金」を制度化している（74条の2、障害雇用則35条〜36条の2）。在宅就業障害者特例調整金は、在宅就業障害者に直接または在宅就業団体（同74条の3、障害雇用則36条の3〜36条の14）を介して業務を発注した事業主に在宅就業障害者に支払われた報酬に応じて雇用納付金制度の枠組みの中で特例調整金を支給するもので、発注者への経済的誘導策を用いた、雇用によらない個人就業による障害者への就労保障の施策とみることができる。

2　福祉的就労

前述のように障害雇用法に基づき障害者の雇用保障が図られているが（本編第2章第3節3を参照）、障害者の中には、職業リハビリテーションや合理的配慮がなされても、一般労働市場での就労が困難な者も存在している。こうした障害者のために、障害支援法に基づく福祉的就労が、就労による社会的包摂を実現するために制度化されている。

福祉的就労のための支援は、3つに分けられる。第1の「就労継続支援」は、通常の事業所に雇用されることが困難であって、雇用契約に基づく就労が可能である者に対して行う雇用契約の締結等による就労の機会の提供・生産活動の機会の提供その他の就労に必要な知識・能力の向上のために必要な訓練その他の必要な支援の「就労継続支援A型」と、同様の支援であるが、雇用契約に基づく就労が困難である者に対して行う「就労継続支援B型」に分けられる（障害支援5条の14、障害支援則60条の10）。第2の「就労移行支援」は、就労を希望する原則65歳未満の障害者につき、2年間、生産活動その他の活動の機会の提供を通じ、就労に必要な知識・能力の向上のために必要な訓練、求職活動に関する支援、その適性に応じた職場の開拓、就職後における職場への定着のために必要な相談その他の必要な支援を供与する（障害支援5条13項、障害支援則6条の9）。第3の「就労定着支援」は、就労移行支援や就労継続支援等を受けて通常の事業所に新たに雇用された障害者につき、最大3年間、当該事業所での就労の継続を図るために必要な当該事業所の事業主、障害福祉サービス事業者、医療機関その他の者との連絡調整、障害者が雇用されることに伴い生ずる日常生活・社会生活を営む上での問題に関する相談・指導・助言その他の必要な支援を供与する（障害支援５条15項、障害支援則６条の10～６条の14）。これら支援の詳細は、障害支援法に基づく障害福祉サービス事業の設備・運営に関する基準（平18厚労省令174号・平30厚労省令２号）が定める。

これら支援による福祉的就労のうち、第１の就労継続支援については、その就労が少なくとも福祉的給付等と相まってディーセントな条件となるよう社会的包摂の観点から要請されるため、現行の「雇用契約を締結していない利用者それぞれに対し支払われる１月あたりの工賃の平均額は、３千円を下回ってはならない」との基準（前出基準80条５項・87条２項）は、収益性の低さを考慮したとしても、その妥当性を再検討すべきであろう。その他、安全衛生や災害補償についても、少なくとも、生活困窮者自立支援制度におけるような基準を設けるべきであろう。第２の就労移行支援と第３の就労定着支援については、福祉的就労から一般労働市場の就労への移行が期待されるほどには十分なものとなっていない。この問題には様々な要因が考えられるが、就労保障から雇用保障への接合がうまく図られるよう制度設計を検討すべきであろう。

第４節　シルバー人材センターによる高齢者の就業

高年法の規定に基づきシルバー人材センターの行う業務の１つとして提供される雇用によらない臨時的・短期的その他軽易な就業の機会（38条１項）は、「生きがい就労」と呼ばれる。このような就業機会の提供は、シルバー人材センターが会員（高齢者）に提供する業務が臨時的・短期的その他軽易な業務となるため、現役世代の労働者等が１人で行う業務を複数の会員が時間や日にちで分担して行う方法（ローテーション就業）が基本となる。臨時的・短期的業務は概ね月10日程度以内のもの、軽易な業務は概ね週20時間を超えないものが目安とされる。

雇用によらない臨時的・短期的その他軽易な就業は、シルバー人材センターが、発注者から業務を受注し、その業務を会員に請負わせる方法により行う形態、またはその業務を会員に委任する方法により行う形態でなされる。会員が請負・委任の業務に従事する場合、最賃法は適用されないが、配分金の総額を標準的な作業時間で除した額は原則として最低賃金を下回らない水準を勘案したものとすることとされ、また、シルバー人材センターは、会員が就業中に傷害等を被った場合に補償を行うシルバー人材センター団体傷害保険に加入する必要があるとされる（厚生労働省・全国シルバー人材センター事業協会「シルバー人材センターの適正就業ガイドライン」2016年）。これらは、シルバー人材センターによる高齢者の就業についてディーセントな就労条件の確保を図るものといえるが、あくまでもガイドラインによるものである。省令等に明記すべきであろう。

事項索引

く

け

こ

さ

に

ぬ

ね

の

は

ひ

ふ

へ

ほ

ま

み

判例索引

執筆者紹介（50音順／＊編者）

＊有 田 謙 司（ありた けんじ）　西南学院大学法学部教授
第２編第２章第５節、第４編

井 川 志 郎（いかわ しろう）　山口大学経済学部准教授
第２編第２章第７節

石 田 信 平（いしだ しんぺい）　専修大学法科大学院教授
第２編第２章第４節、第２編第４章第２節

岩 永 昌 晃（いわなが まさあき）　京都産業大学法学部教授
第２編第１章・第２章第１節～第３節、第３編第２章・第５章

＊唐 津 　博（からつ ひろし）　中央大学法学部教授
第１編、第２編第３章、第３編第１章・第３章・第４章

國 武 英 生（くにたけ ひでお）　小樽商科大学商学部教授
第２編第２章第６節、第４章第１節・第３節

沼 田 雅 之（ぬまた まさゆき）　法政大学法学部教授
第２編第５章・第７章

長谷川　聡（はせがわ さとし）　専修大学法学部教授
第２編第４章第４節・第６章

＊古 川 陽 二（ふるかわ ようじ）　大東文化大学法学部教授
第３編第６章～第８章

ニューレクチャー労働法［第3版］

2012年7月1日　初　版第1刷発行
2016年4月20日　第2版第1刷発行
2020年11月1日　第3版第1刷発行
2022年3月20日　第3版第2刷発行

編著者　有田謙司
　　　　唐津　博
　　　　古川陽二

発行者　阿部成一

〒162-0041　東京都新宿区早稲田鶴巻町514
発行所　株式会社　成文堂
電話03(3203)9201㈹　FAX03(3203)9206
http://www.seibundoh.co.jp

製版・印刷　シナノ印刷　　製本　弘伸製本
©2020 有田・唐津・古川　Printed in Japan
☆乱丁・落丁本はおとりかえいたします☆
ISBN 978-4-7923-3402-4 C3032

定価（本体3000円＋税）